KB187215

세계와 정신

— 하르트만의 존재론 연구 —

세계와 정신

— 하르트만의 존재론 연구 —

손동현 지음

철학과 현실사

머리말

인간이 세계를 인식하고 그 안에서 삶을 기획하기에 앞서, 시간적으로든 원리적으로든, 세계가 먼저 존재한다고 생각하는 것이 평범하면서도 당연한 우리의 상식이다. 이른바 '주관독립적'인 존재가 인간의 정신 저편에 자체적으로 있다고 믿는 것이다. 이런 상식에 따르면 먼저 세계를 아는 것이 잘 살기 위한 노력의 첫 걸음이 된다. 지성의 자율적 독자성을 처음 자각한 그리스인들이 세계가 무엇인지를 묻는 것으로 철학적 성찰을 시작한 것은 자연스러운 일이다. 서양철학에서 아리스토텔레스로부터 스콜라 철학에 이르기까지의 '고전적인' 철학이 존재론을 '으뜸 철학(prote philosophia)'이자 '최종 철학(philosophia ultima)'으로 여기고 있는 것이 이를 말해 주고 있다.

그런데 알아야 할 세계가 더욱 복잡 미묘해지고 그에 따라 삶의 기획도 더욱 어려워지면서 서양에서는 근대 이후 세계 그 자체보다도 그것을 대하는 인간의 주관적 의식활동에 더 큰 관심을 갖게 되었다. 그리고 이러한 추세는 더욱 강화되어, 세계의 존재가 오히려 주관의 의식활동에 의존된다는 생각까지 하게 되었다. 이는 인간의 지성이 더욱 섬세하게 치밀해진 것이기도 하지만, 다른 한편으론 인간이 지나치게 자기중심적으로 세계를 바라보게 된 것으로, 말하자면 세계상이 전도된 것이기도 하다.

아무튼 근대 이래 서양철학의 중심문제는 세계의 존재로부터 인간의 의식활동으로 옮겨왔다고 볼 수 있다. "cogito, ergo sum"이라는 명제로 사유하는 자아를 세계존재의 기점으로 삼은 데카르트나 '코페르니쿠스적 전회'를 감행해 세계를 주관의 형식에 맞춰 구성해 낸 칸트의 지적 정향은 현대에 와서 세계를 '의식의 지향적 상관자(Intentionaler Korrelat)'로 규정하는 후설이나 세계의 존재의미를 종국에 가서는 인간 실존의 '심려(Sorge)'에서 찾는 하이데거에 이르러 더욱 세련되기에 이르렀다고 본다.

이러한 지적 지형 가운데서도 유독 '고전적인' 문제 설정에 충실했던 현대철학자가 바로 니콜라이 하르트만이다. 후설이나 하이데거의 광채에 가려져 독일 철학계에서조차 연구대상의 중심권에서 벗어나 있었던 것은 사실이긴 하나, 그렇다고 그의 철학이 지니는 학문적 중량이 미흡한 것은 아니다.

후설이나 하이데거가 많은 철학도들의 지대한 관심을 끌었다 해서 이들의 철학이 서양철학의 정통을 이어받고 있는 적통이라고 생각한다면 이는 큰 착각이다. 이들의 철학이 그토록 엄청난 반향을 불러일으킨 것은 이들이 서양의 전통적인 주류 철학에 대해 근본적인 비판을 가함으로써 그 적통과는 전혀 다른 세계상을 제시하고자 했기 때문이다. 이들의 비판과 창신의 노력이 폄하될 수는 없는 일이지만, 그렇다고 서양철학의 주류 전통이 이들에게로 전승되는 것은 아니다. 서양학문에 철학적 기초를 놓고 있는 것은 여전히 고전적인 '세계 중심의 철학'임을 간과해서는 안 된다.

어떤 점에서 그럴까? 오늘날 서양문명이 인류문명의 중심부를 차지하며 보편적인 문명으로 확장되고 있는 것은 근대의 실증과학과 이를 바탕으로 하는 제반 기술이 인간의 근본욕구를 충족시키는 데 그 어떤 다른 문화적 요인보다도 더 탁월한 성과를 올렸기 때문이다. 그런데 바로 이 실증과학이 전제로 하고 있는 세계상은 세계가 인간의 소망과 의지와는 무관하게 주관독립적 실재로 '객관적으로' 존재한다는 것을 그 핵심 내용으로 삼고 있다. 이렇게 보면, 서양의 문명이 범지구적으로 그 문화적 힘을 행사하는 한, 그 힘의 원천이 되고 있는 학적 기초는 '주관적 인간 중심'의 현대적 철학이 아니라 '객관적 세계 중심'의 고전적 철학이라고 봄이 합당하다.

현대철학자이면서도 여전히 이런 '고전적인' 철학 전통을 지키고 있는 사람이 곧 하르트만이다. 객관적인 세계 인식을 근본과제로 하는 존재론이야말로 철학적 탐구의 핵심이라는 '고전적인' 생각은 그의 이런 발언에 잘 나타나고 있다.

"존재자에 대한 근본통찰 없이는 어떤 철학도 성립할 수 없다."
"철학은 존재자에 대한 앎이 없이는 실천적인 과제에도 접근할 수가 없다."
"존재문제가 제기되고 다루어졌느냐 그렇지 않느냐에 따라 우리는 '정초된' 철학체계와 '정초되지 않은' 철학체계를 구분할 수 있다."

그렇다고 하르트만이 현대철학의 문제의식에 전혀 안목이 없었던 것은 결코 아니다. 그는 세계의 독자적 실재를 전제하고 존재론을 펼치지만, 그 실재성을 절대적인 것으로 교조화하려는 독단주의에 머물지 않고, 오히려 세계의 실재를 '우선' 전제하고 출발하자는 '가설적 실재론(Hypothetischer Realismus)'의 입장을 수용한다. 그런가 하면, 존재론적 탐구를 통해 밝혀진 세계의 모습에 대해서도 그 진리성을 절대적인 것으로 고집하지 않고, 더 진전된 탐구가 다른 모습의 세계를 보여준다면 언제라도 이를 교정할 수 있다는 포퍼 식의 '반증가능성의 원리(Prinzip der Falzifizierbarkeit)'를 옹호하기도 한다. 이를테면, 실질세계가 네 개의 존재층으로 이루어져 있다는 핵심 테제도 오늘의 모든 학적 탐구의 성과를 반영한 것일 뿐, 영원불변의 진리라고 주장하지는 않겠다는 것이다.

오늘날 영어권의 심리철학에서 널리 지지받고 있는 최신 이론인 '수반이론(Supervenience Theory)'도 상세히 들여다보면 이미 하르트만의 실질세계의 성층이론에 그 기본 얼개가 제시되어 있음을 알 수 있다. 그런가 하면, 헤겔 연구로부터 시작되었다는 역사세계에 대한 존재론적 탐구도 헤겔 식의 관념주의적 이상주의적인 안목을 탈피하고 경험세계에서 펼쳐지는 인간 정신의 활동과 그 산물의 분석을 벗어나지 않고 있다. 가다머가 지적했듯, 하르트만은 서양철학의 고전적 전통을 계승하면서도 현대철학의 지평을 예비하는 매개적 역할을 충실히 이행한 현대철학자라 할 수 있다.

이렇게 볼 때, 서양철학의 연구를 통해 서양학문의 기초를 파악하고 나아가 오늘날 인류 전체가 수용하고 있는 서양문명의 특성을 이해하고자 한다면, 하르트만 철학의 이해는 이에 이르는 매우 긴요한 통로가 될 것이다.

하르트만 철학의 이러한 면모를 드러내 보인다고 생각되는 글들을 모아 펴내는 것이 이 책이다. 그리고 사적인 실토를 하자면, 교수로서 정년을 맞아 제자 후배들 앞에 얼굴을 들지 못할 것이 두려워 겨우 면피용으로 내는 것이 이 책이다. 연구에서도 교육에서도 이렇다 할 성과를 보여주지 못한 것이 부끄러워서다. 어찌 됐든, 이 볼품없는 책이 서양철학 전통의 본류를 이해하고 나아가 현대 서양문명의 본질을 이해하는 데에 다소 기여를 한다면, 대학을 떠나는 사람에게 그나마 적잖은 위로가 될 것이다.

2013년 1월
명륜동 松石軒에서
손동현

차례

머리말

| 1부 |

세계의 존재

1 형이상학적 문제와 존재론적 탐구[*]

I. 서론: 주제 제기

철학적 사유가 본성상 더 분류될 수 없음은 분명하다. 그러나 실제로 철학적 탐구에는 그 탐구의 주제에 따라 서로 다른 여러 분과가 있으며, 이것이 철학의 통일성을 저해하는 것도 아니다. 그런데 보통 이 여러 분과 중에서도 아리스토텔레스가 제일철학이라고 명명한 이래 줄곧 가장 근본적이고 기초적인 분과라고 여겨져 오는 것이 있으니, 이것이 곧 형이상학이라고 불리는 것이다.

그런데 이 형이상학은 철학의 한 분과로서나 그 탐구의 주제 및 대상에 있어서나 존재론이라는 또 다른 이름의 탐구와 너무나 가까운 근친관

---

[*] 「형이상학적 문제와 존재론적 탐구」, 『철학연구』 21집, 1986.

계에 있다. 양자는 어떤 경우에는 구별되면서도 불가분적인 미묘한 관계에 있는 것으로 이해되며, 또 다른 경우에는 양자가 서로 그 영역을 아주 달리하기도 한다. 모든 철학적인 탐구는 궁극에 가서 형이상학적인 문제에 봉착하지 않을 수 없다는 명제와, 또 어떤 철학적인 통찰도 근본적으로는 존재 일반에 대한 존재론적인 통찰을 기초로 하고 있다는 명제가 각기 다 참이라고 한다면, 저 양자의 복잡 미묘한 근친관계는 오히려 당연한 것이라 생각된다. 이 소고(小考)의 목표는 니콜라이 하르트만의 견해에 비추어 형이상학과 존재론이 철학적 탐구 내에서 접할 수 있는 가능한 상관적 위치를 좀 더 명료히 조망해 보고자 함에 있다.

신칸트학파의 학풍 속에서 철학적으로 성장한 하르트만이 『인식형이상학의 개요(*Grundzüge einer Metaphysik der Erkenntnis*)』를 발표했을 때, 이 책은 그 제목 자체가 벌써 충격적인 것이었다. 왜냐하면, 신칸트학파에서는 인식비판을 통해 형이상학이 학으로서 성립할 수 없음을 구명했던 칸트의 철학적 유산을 더욱 철저하게 강화시켜 형이상학적 영역이라고 생각되었던 '물(物)자체'마저도 인식론적인 탐구의 영역 속으로 해소시키고자 했는데, 이런 입장에서 볼 때, 인식 자체의 형이상학적 문제성을 구명하고자 하는 '인식의 형이상학'이란 생각할 수 없는 것이었기 때문이다. 과연 하르트만은 '인식론(Erkenntnistheorie)'에 대한 새로운 이름으로서, 칸트 이래 신봉되어 왔던 '인식비판(Erkenntniskritik)'이란 말을 제쳐놓고 '인식형이상학(Metaphysik der Erkenntnis)'이란 말을 쓸 것을 제창하고 있다.[1]

하르트만의 의도가 이로써 인식론을 기초로 하는 어떤 새로운 형이상학을 구축하려는 데 있었던 것은 물론 아니었다. 그에 따르면 인식론을 기초로 하는 형이상학이란 도대체 불가능하거니와, 그 이유는 "인식론이 그 자체로선 결코 형이상학적 근본문제에 대한 결정을 내릴 수가 없기"[2] 때문이다. "형이상학만이 형이상학적 문제를 파악하고 다룰 수 있을"[3] 뿐, 그의 『인식형이상학의 개요』도 어디까지나 인식이론으로서, 다만 인식의 기초가 형이상학적인 문제연관에 뿌리를 갖고 있음을 밝히고자 하는 것이었다. 하르트만에 따르면 "인식의 문제는 심리적인 문제도 논리적인 문제도 아니요, 근본에 있어서 형이상학적인 문제"[4]이다. 칸트는 '장차 학(學)'으로 등장할 모든 형이상학을 위한 예비학[5]으로서 인식비판을 수행한다고 했으나, 하르트만이 보기에는 칸트의 비판적인 인식이론 자체도 인식에 있어서 "영원히 수수께끼로 남는 형이상학적인 핵심들"[6]을 다룰 수 있기 위해 이미 형이상학적으로 정초되어 있다는 것이다. 이렇듯 하르트만은, "비판 없이는 형이상학도 없다"는 칸트의 테제에 맞서 "형이상학 없이는 비판도 없다"는 안티테제를 던지는 것이다.[7]

그런데 여기서 중요한 것은, 하르트만이 형이상학적인 근본문제를 다루는 일이 "더 근본적인 분과인 존재론의 소관사"[8]라고 본 사실이다. 존

---

1 N. Hartmann, *Grundzüge einer Metaphysik der Erkenntnis*, Berlin, [5]1965(1921)(이하 MdE), Ⅲ 참조.
2 MdE Ⅳ.
3 MdE 4.
4 MdE 3.
5 칸트의 저술 *Prolegomena zu einer jeden künftigen Metaphysik, die als Wissenschaft wird auftreten können* 참조.
6 MdE 5.
7 MdE 5 참조.
8 MdE Ⅳ.

재론적인 탐구만이 인식의 형이상학적 기초를 밝혀줄 것이요, 따라서 인식론 자체도 존재론적으로 오리엔테이션을 받을 때,[9] 즉 "존재론의 빛을 통해"[10] 조명될 때, 그 제반 문제에 대한 밝은 해명을 얻을 수 있다는 것이다.

여기서 우리가 확인할 수 있는, 아니 분명히 해두어야 할 중요한 사실은, 첫째 하르트만이 형이상학의 본령을 회복하려 했다는 점이요, 둘째 그가 이 형이상학 회복의 길을 존재론에서 찾으려 했다는 점이다. 이와 같은 하르트만의 철학적 태도는, 물론 그의 독자적인 철학적 성숙의 첫 결실인 『인식형이상학의 개요』에서 비롯되긴 하지만, 비단 이 저술에서 다루어진 인식의 문제에만 국한되는 것은 아니다. 스스로 언명하듯이 "철학적인 문제영역의 배후에는 어디에나 형이상학적인 문제가 도사리고 있고"[11] "철학적 사고가 활동하고 있는 모든 탐구영역에 있어서의 형이상학적 근본문제들은 존재론적인 본성을 갖는다"[12]고 그는 보고 있다. 그리하여 그는 금세기에 들어서며 활발해지는 존재론적인 탐구의 관심도 '형이상학의 부활'과 긴밀히 연관되어 있는 것으로 파악한다.[13]

여기서 우리는 우리의 주제가 다음의 문제들로 제기됨을 보게 된다.

---

9 MdE V 참조.
10 하르트만의 저술 참조. *Die Erkenntnistheorie im Lichte der Ontologie*, 1949.4.26. München Kant 학회에서의 Vortrag. 지금 *Kleinere Schriften* I, Berlin, 1955에 실려 있음.
11 N. Hartmann, *Zur Grundlegung der Ontologie*, Berlin, [4]1965(1935)(이하 GdO), 25.
12 GdO 2.
13 GdO Ⅶ. 하르트만은 존재론적 탐구의 예로 H. Conrad-Martius, Günther Jacoby, Meinong, Scheler, Heidegger 등을 든다.

즉, 확보되어야 할 형이상학적 영역이란 무엇인가? 과연 형이상학이란 무엇인가? 어떤 의미에서 형이상학적 근본문제들은 본성상 존재론적인가? 형이상학적 문제들은 과연 존재론적으로 탐구 해명되는 것들인가? 이러한 문제들에 대한 답을 구할 때 우리는 하르트만에 있어 형이상학과 존재론이 어떻게 연관되어 있는지 알 수 있게 될 것이다. 이제 그의 입론을 좇으면서 저 문제들에 접근해 보기로 한다.

II. 형이상학의 본령: '비합리적인 것(das Irrationale)'

하르트만에 따르면 존재는 인식에 있어 우선 두 영역으로 구분된다. 대상영역과 초대상영역이 그것이다.[14] "인식은 존재에 대하여 국한되거니와, 다만 존재의 한 부분에까지만, 즉 존재자가 주관에 대상화되는 (objiziert) 범위에까지만 긍한다."[15] 따라서 "어느 방향으로나, 대상화된 것에 마주하여 인식되지 않은 초대상적인 것이 남아 있게"[16] 마련이다. 대상화를 경계선으로 하여 한편에는 주관을 비롯한 인식된, 대상화된 존재영역이 있고 다른 한편에는 인식되지 않은, 대상화되지 않은 존재영역이 있다는 것이다.

인식연관에 있어 존재영역이 존재론적으로 어떻게 구분되는지를 분석하는 하르트만의 의도는 물론 "인식이 대상의 창출, 생산이 아니라, …모

---

14 MdE 204 참조.
15 MdE 204.
16 MdE 204.

든 인식에 앞서 이에 무관하게 존재하는 것의 파악임"[17]을 입증코자 하는 데 있다. 그러나 바로 여기서 우리는 우리의 논의에 매우 중요한 단초를 보거니와, 하르트만이 초대상영역을 다시 둘로 구분하는 대목이 그것이다. 그에 따르면 "대상영역 저편에 있는 것은 모두 초대상적이지만, 모든 초대상적인 것이 다 인식불가능한 것은 아니다."[18] 따라서 여기에 초대상적인 것을 또 양분하는 제2의 경계가 등장하는데, 이것이 곧 대상화가능성의 경계(Grenze der Objizierbarkeit)요, 인식가능성의 경계(Grenze der Erkennbarkeit)다.

존재자는 대상화에 무관하기 때문에, 대상화의 경계는 존재자에 있어 원칙상 무제한 밀려날 수 있는 것이다. 그러나 그 경계를 밀어내는 주관의 능력에는 한계가 있으니, 여기에 제2의 경계, 즉 인식가능성의 경계가 나타난다는 것이다. 그리고 이 인식가능성의 경계는 유동적인 인식의 경계와는 달리 고정된 절대적인 것이다.[19]

전체적으로 볼 때 "제1의 경계와 제2의 경계 사이에 놓여 있는 것은 초대상적인 것 중 인식되진 않았으나 인식가능한(지성적인) 부분이요, 제2의 경계 저편에 놓여 있는 것은 초대상적인 것 중 인식불가능한 부분, … 비합리적인 것(das Irrationale), 더 정확히 말해 초지성적인 것(das Transintelligible)이다."[20]

우리가 여기서 주목해야 할 것은 바로 이 비합리적인 초지성적인 것이

---

17 MdE 1.
18 MdE 205.
19 MdE 59 참조.
20 MdE 59.

다. 왜냐하면 하르트만에 따르면 어떤 문제의 비합리적인 부분, '비합리적인 나머지 문제들(die irrationale Restprobleme)'이 곧 파악될 수 있는 문제들의 뒷편에, 모든 철학적 분과영역의 배후에 등장하는 '형이상학적인 것'을 구성하기 때문이다.[21]

이렇듯 '형이상학적인 것'을 '인식불가능성'이라는 의미의 '비합리성'에서 찾는 것이 바로 하르트만의 독자적인 입장인데, 우리는 그의 이 입장을 분명히 하기 위해 저 '비합리성', '초지성적'의 개념과 혼동되기 쉬운 개념들을 이로부터 구별 배제함이 필요하다고 본다.

우선 우리는 하르트만이 이 '비합리성'의 개념을 오직 인식론적인 개념으로만 사용하고 있음을 염두에 두어야 하겠다. 그래서, 이를 '즉자존재(Ansichsein)'라는 존재론적인 개념으로 그릇 생각하는 경우를 먼저 검토해야 하겠다.

하르트만은 칸트의 '물자체' 개념을 비판하는 가운데, 이 개념에 두 가지 계기, 즉 즉자존재성과 비합리성의 계기가 착종 혼합되어 있다고 지적한다. '현상'의 대립 개념으로서의 '물자체'를 하르트만은, "인식대상의 배후에 드러나는 것"[22]을 지칭하는 것으로 "비합리적인 것에 대한 비판적인 의식에 꼭 필요한 수단"이요, 이러하기에 "그저 제거해 버릴 수도, 더 이상 감축시킬 수도 없는, 오히려 요지부동의 형이상학적 중량 속에 버티고 있는, 해결할 수는 없으나 거부할 수도 없는 나머지 문제 중의 하나"로 이해한다. 이런 뜻에서 물자체가 비합리적임에는 틀림이 없다.

---

21 MdE 126 참조.
22 MdE 228.

그러나 하르트만에 의하면, 비합리성과 즉자존재성을 그 외연이 완전히 합치하는 것으로 이해하여 비합리적인 것은 곧 즉자존재적이라고 생각함은 잘못이다. "즉자존재적인 것도 얼마든지 합리적일 수 있다. … 즉자존재적인 것이라 하여 전적으로 비합리적일 필요도 없으며, 비합리적인 것이라 하여 또한 전적으로 즉자존재적일 필요도 없다."[23] 엄밀히 살펴보면 이 양 개념은 서로 전적으로 무관한 것이다. "즉자존재는 존재자의 양상이요, 일차적으로 순존재론적인 문제이다. … 이에 반해 '비합리성'은 인식의 양상인바, 일차적으로 인식론적인 문제가 되며 존재론적으로는 무관한, 대상에 있어서의 인식의 한계양상(Grenzmodus am Gegenstand)이다."[24] '비합리성'은 이렇듯 '즉자존재'와 동일시될 수 있는 개념이 아니다.

둘째로 검토해 볼 것은 존재론적 무근거성으로서의 비합리성 개념이다. 하르트만은 '라치오(ratio)'라는 말을 두 가지 의미로 풀이하면서 첫째는 '이유, 근거'로서, 둘째는 '이성'으로서 파악한다. 첫째 의미에 비춰보자면 '비합리적인 것'은 "존재론적으로 우연적인 것을 의미할 수도 있는 근거 없는 것"[25]이 되겠고, 둘째 의미에 비춰보자면 '비합리적인 것'은 "이성이 접근할 수 없는, 파악불가능한 인식불가능한 것, 인식가능성의 경계 저편에 있는 존재자요, 달리 말하자면 초지성적인 것이다." 전자는 존재론적인 의미의 비합리성이요 후자는 인식론적인 의미의 비합리

---

23 MdE 238.
24 MdE 238.
25 MdE 238 이하.

성인바, 하르트만이 '형이상학적인 것'의 본성으로 보고 있는 비합리성은 바로 이 후자이다.

비합리성을 달리 파악할 가능성이 또 하나 있는데, 라치오(ratio)를 논리적 지평에 연관시켜 파악함이 그것이다. 여기에서는 자연히 합리적인 것은 논리적인 것과, 비합리적인 것은 비논리적인 것과 각각 동일시된다. 그러나 "논리적 영역에 속하지 않는 것이라 하여 모두 인식할 수 없는 것은 아니며, 그에 속하는 것이라 하여 모두 인식가능하다고 할 수 없으므로"[26] 이렇게 동일시함으로써 '비합리성'을 이해한다면, 이로써는 '형이상학적인 것'을 옳게 파악하지 못한다는 것이 하르트만의 입장이다. 색깔이나 소리 같은 감각적 성질처럼 비논리적이면서도 인식할 수 있는 것이 있고 무리수처럼 논리적인 구조를 지니고 있으면서도 인식할 수 없는 것이 있다.

여기서 한 가지 더 언급해야 할 것은 하르트만이 '비합리적인 것'을 다만 오성적 사유를 통해 인식될 수 없는 것에만 국한시키지 않았다는 것이다. 논리적 구조를 통한 오성적 사유뿐 아니라 어떤 방식이든지 파악될 수 있는 것이면 그것은 '합리적', '지성적'인 것의 영역에 속하는 것으로 보아야 한다는 것이다. 따라서 신비주의가 말하는 계시나 직관이나 망아적(忘我的) 체득 등도 인식가능하다는 뜻에서 합리적인 것이요, "초지성적인 것이 뜻하는 바는 그것에 대해 어떤 인식도 없다는 것이다."[27]

요컨대 하르트만에게 있어서의 '비합리성'의 개념은 즉자존재, 존재론

---

26 MdE 239.
27 MdE 241.

적인 무근거성, 비논리성들의 개념과 혼동해서는 안 되며 오로지 '인식 불가능성'이라는 포괄적 개념으로 이해해야 한다.

III. 참된 형이상학: '문제의 형이상학(Metaphysik der Probleme)'

인식불가능한 초지성적인 비합리적인 것에서 형이상학의 본령을 찾는 다면, 거기에서 부활될 형이상학이란 과연 어떻게 가능할 것인가? 여기에 형이상학에 대한 하르트만의 독자적인 견해가 밝혀져야 할 것이다.

하르트만은 형이상학을 세 가지 유형으로 구별한다.[28] 그 첫째는 "내 용적으로 규정된 문제영역", 즉 "고유한 초월적 대상의 내용영역"[29]을 탐구하는 철학적 분과로서의 형이상학이다. '영역형이상학 (Gebietsmetaphysik)'이라고 불리는 이 형이상학에서는 존재론 (Ontologie)이 그 토대가 되며 우주론(Kosmologie), 영혼론 (Psychologie), 신학(Theologie)이 각기 그 특수영역들을 구성한다.[30] 볼프(Christian Wolff)가 존재론을 일반형이상학(metaphysica generalis)으로 놓고, 우주론, 영혼론, 신학을 특수형이상학 (metaphysica specialis)으로 놓은 것이 바로 그 전형이겠다.

둘째는 세계에 대한 통일적이고도 체계적인 해석을 시도하는 독단적 인 사변적 형이상학(spekulative Metaphysik)이다. 철학사상 서로 다

---

28 N. Hartmann, *Kleinere Schriften* I, Berlin, 1955(이하 KS I), 11 및 MdE 11 이하 참조.
29 KS I 11.
30 KS I 11.

른 체계, 학설, 세계상이 형이상학의 이름 아래 상충 각축해 왔다고 볼 수 있겠는데, 이때의 형이상학이 곧 이것이다. 그러나 이로써는 사변적인 가정(假定)들이 아주 자유롭게 변천했을 뿐, 문제들 자체는 해결되지 않은 채 다시금 제기되어 왔다.

이렇게 둘을 구별함으로써 저 전통적인 영역형이상학과 사변적 형이상학이 꼭 별개의 것이라 함은 아니다. 영역형이상학도 곧 사변적이었다. 사변적 체계로서의 고래(古來)의 형이상학은 칸트의 비판을 통해 치명타를 입었지만, 그것이 지녔던 문제영역은 그대로 남아 있다고 보아야 하므로 성격상 이 구분이 가능하다는 것뿐이다.

어떻든 전통적인 형이상학은 오늘날 생명을 다했다고 하르트만은 본다. 영역형이상학에 있어선 특정한 초월적 영역을 탐구의 대상으로 삼아 해결할 수 없는 문제에 대해 해답을 주려 했던 점, 그리고 사변적 형이상학에 있어선 탐구에 앞서 미리 완결된 체계를 독단적으로 구축하여 여기에 맞춰 세계를 해석하려 했던 점이 종래의 형이상학에 종언을 고하게 한 오류라는 것이다.

이에 하르트만은 세 번째로 '문제의 형이상학(Metaphysik der Probleme)'을 제시하는데, 그에 의하면 이것만이 오늘날 가능한 유일한 유형의 참된 형이상학이다. 문제의 형이상학이란 과연 무엇인가?

하르트만에 따르면 "문제들 가운데에는 결코 다 해결되지 않는 나머지, 즉 이해할 수 없는 비합리적인 것이 남게 되는 문제가 있는데",[31] 어

---

31 MdE 12.

떤 철학적 탐구에 있어서나 지식의 진보에도 불구하고 끝내 해결되지 않고 끝없이 되살아나는 이 '다년생성의(perennierende) 나머지 문제들(Restprobleme)'이 곧 형이상학적 문제들이다.[32] 이러한 문제들은 철학적 탐구에 있어서 비로소 제기되는 것도 아니고 실증적인 과학을 비롯한 모든 탐구에 있게 마련인데, 이들은 종국적으로 있는 그대로의 세계 자체가 지니고 있는 수수께끼로 귀착하는 것이라고 하르트만은 보고 있다.

여기서 우리는 문제제기(Problemstellung)와 문제상황(Problemlage)과 문제내용(Problemgehalt)을 구별해 볼 필요가 있다.[33] 문제제기는 현상이 우리에게 계기를 만들어주는 데 따라서 임의적으로 다양하게 이루어질 수 있으며, 아예 이루어지지 않을 수도 있다. 그래서 문제제기는 시대마다 사람마다 다를 수 있다. 이에 비해 볼 때 문제상황은 그렇게 임의적인 것은 아니다. 문제상황은 현상에 대한 우리의 이해가 한계에 부딪치는 데서 생겨나거니와, 이 한계가 그렇게 임의적인 것이 아니기 때문이다. 문제상황은 물론 저 이해의 경계가 옮아감에 따라, 즉 문제가 해결됨과 더불어 달라진다.

그러나 문제내용 자체에 있어서는 사정이 이상의 두 경우와 전혀 다르다. 인식되지 않은 것으로서의 문제내용은 "세계 일반의 구조와 더불어, 또 그 안에서의 인간의 위치와 더불어 이미 주어진 것"[34]으로 우리의 통제 밖의 것이다. 따라서 세계가 변하지 않는 한 문제내용도 달라지지 않

---

32 MdE 12.
33 MdE 13 이하 참조.
34 MdE 13.

는다. 사실 "모든 문제의 역사는 문제내용 자체의 역사가 아니라, 그에 관련된 문제상황의 변동의 역사요, 이 한계 내에서 또 다양하게 전개된 문제제기의 역사이다."[35] 이러한 문제내용 중에서도 결코 다 파헤쳐질 수 없는 것이 형이상학적 문제이거니와, 따라서 형이상학적 문제도 탐구하는 인간의 임의에 달려 있는 것이 아니라 세계 자체에 속하는 것임을 알 수 있다.

형이상학적 문제, 즉 "세계의 수수께끼는 인간에 의해 만들어진 것도 아니요, 인간에 의해 제거될 수 있는 것도 아니다. 인간은 있는 세계를 개조할 수 없으며, 그에게 나타나는 그대로의 세계를 그저 감수해야 한다. 그리고 세계가 그에게 부과하는 수수께끼와 씨름하는 수밖에 없다."[36]

형이상학적 문제가 본성상 이러한 것이라면, 하르트만이 말하는 '문제의 형이상학'이란 어떤 것인가?

첫째 그것은 '형이상학적 문제연관' 자체를 가리킨다. '메타피직 (Metaphysik)'이란 말을 우리는 '형이상학(形而上學)'이라고 옮겨 쓰지만 '자연에 관한 탐구의 뒤에 온다, 그것을 넘어선다'는 본래의 어의에 충실하자면, 그것이 반드시 지식의 체계로서의 학(學)이어야 할 필연성은 없을 것이다. 아직 해결되지 않은 문제가 아니라, 원리상 해결될 수 없는 문제만이 형이상학의 본령을 이룬다면, 이 해결 불능의 문제들을 해결하여 그 성과를 하나의 학적 체계로 세운다는 것은 자가당착이 아닐 수 없겠다. 종래의 형이상학에 대한 하르트만의 비판에서 보이듯이, 형

---

35 MdE 13.
36 KS I 7.

이상학은 따라서 폐쇄된 대상영역을 갖는 철학의 한 분과일 수도 없다. 그렇다면 이런 의미의 형이상학은 철학적 탐구와는 아무 상관이 없다는 것일까? 꼭 그렇지만은 않다는 데에 형이상학의 둘째 의미가 있다. 형이상학은 형이상학적 문제연관 자체를 가리키는 동시에 또한 그 문제들과의 대결을 일컫는다. "문제내용 중 결코 완전히 파헤쳐질 수 없는 그루터기에 대한 철학적 작업"[37] 자체가 곧 "불가피하고도 저절로 생겨난"[38] '문제의 형이상학'이라는 것이다.

인식의 문제를 논함에 있어 하르트만은 관념론과 실재론의 차안(此岸)에서, 아니 "어떤 입장에 서는 모든 선(先)결정의 차안에서"[39] 출발해야한다고 주장하면서, 이러한 입장문제에 있어서의 유보적 태도가 곧 형이상학적인 태도의 극복이라고 이해하는데, 이때 이로써 그가 뜻하고자 하는 것은 형이상학적인 문제 자체를 피하자는 것이 아니라 형이상학적인 특정 입장을 피하자는 것이다.

형이상학적 문제의 불가피성에 대한 주장은 그의 칸트에 대한 평가에서도 드러난다. 칸트의 인식비판 이후 특히 신칸트학파의 철학에 있어, 전통적인 의미에서 형이상학적 문제들이 학적으로 해결되리라는 견해는 사실상 논파되었고, 오히려 학적 확실성의 요구에 부응해 형이상학적 논구 자체를 유보시키거나 거부하는 입장이 타당시되어 온 것이 사실이다. 그런데 하르트만은 이를 칸트의 비판이 그 목표를 넘어서 지나친 결과를

37 MdE 13.
38 MdE 13.
39 MdE 3.

불러일으킨 것이라고 지적한다. 그에 의하면 칸트야말로 "형이상학적 문제를, 그 해결불가능성에 구애받지 않고, 거부할 수 없는 것으로 여겼고 … 비판작업을 그 문제를 다루기 위한 예비작업으로 간주했는데",[40] 칸트 이후 형이상학적 문제 자체가 거부당함으로써 "칸트의 유산이 그의 의도와 정신대로 관리되지 못하고"[41] 말았다는 것이다.

이렇게 볼 때, 하르트만은 '형이상학적'이라는 말을 종래의 형이상학의 성격을 나타내는 '사변적, 독단적'이라는 뜻으로도 쓰고, 본래 형이상학적 문제영역의 성격을 나타내는 '거부할 수 없으나 해결할 수도 없는'이라는 뜻으로도 쓰는데, 전자의 뜻으로서의 형이상학적 입장은 철저히 피하되 후자의 뜻으로서의 형이상학적 문제만은 외면하지 않고 다루는 것이, 그것도 궁극적인 해결은 기대하지도 않으며 다루는 것이 하르트만이 생각하는 진정한 형이상학이 된다.

사실 "철학적 작업이 오직 남김 없이 해결되는 문제내용에 대해서만 가능하다고 봄은 잘못"[42]이요 실제로 철학적 문제 중 "논구의 저편에 파악할 수 없는 비합리적인 것을 남기지 않는 문제는 없다."[43]

그렇다면, 궁극적 해결을 요구하지도 않으면서 해결되지도 않을 문제를 철학적으로 다룬다 함은 무엇인가? 하르트만은 이러한 탐구의 의의를 두 가지로 말한다. 첫째는 파악할 수 있는 것의 한계를 투시케 함으로

---

40 MdE 35.
41 MdE 35.
42 MdE 14.
43 MdE 14.

써 탐구자로 하여금 파악할 수 있는 것을 파악할 수 있는 것으로 보게끔 한다는 것이고, 둘째는 파악할 수 없는 것을 분명히 밝히며, 또 더욱 한정시켜 들어감으로써 문제해결에 대등한 철학적 가치를 갖는 의미 깊은 해명을 얻게 한다는 것이다.[44]

"문제를 다루는 가운데 해결되는 것은 물론 그것 중 오직 인식가능한 것, 통찰가능한 것, 즉 당초부터 어떤 식으로든 합리적인 것뿐이다. 그러나 문제의 비합리적인 부분도 이를 통해 최소한 소극적으로나마 그 윤곽을 드러내며 더 이상 환원할 수 없는 나머지 문제들에로 수렴된다."[45] 따라서 "비합리적인 나머지 문제가 무엇인지를 알고 그 이해되지 않는 내용을 적극적으로 평가하는 일은 논구에 있어 우회로가 아니라, 탐구적 사고가 원칙적으로 접근가능한 것을 다룰 수 있는 유일한 지름길이다."[46]

그런데 하르트만에 있어 특기할 점은 바로 이러한 탐구작업이 존재론의 과제라는 것이다. 우리는 서론에서 형이상학적 문제가 존재론적 성격을 갖는다는 하르트만의 견해를 언급했거니와 이제 그 내적 연관을 구명해야 하겠다.

---

44 MdE 14, 126 참조.
45 MdE 126.
46 MdE 126.

IV. 형이상학적 문제를 다루는 가능한 길: 존재론적 탐구

하르트만에 따르면 "우리가 비합리적인 것이라고 알고 있는 것은 항상 다만 부분적으로만 비합리적인 것이다."[47] 그 자체 인식불가능한 것이야 물론 인식불가능하지만, 우리가 인식불가능하다고 생각하는 것이 곧 그 자체 전적으로 인식불가능한 것이라고 볼 수는 없다는 것이다. 다시 말해 비합리적인 것 자체는 절대적이지만, 비합리적인 것에 대한 우리의 파악은 상대적이라는 것이다. 사실 형이상학적 문제내용 전체가 그 자체 전적으로 비합리적인 것이라면, 그것을 철학적으로 다룰 전망은 없을 것이다.

가정적으로 우리의 탐구가 그 자체 인식불가능한 경계에까지 접근해 나아가 인식가능한 영역으로 확인된 것과 그 자체 인식불가능한 영역이 만난다면, 철학적 탐구는 종언을 고할 것이다. 또 나아가 인식된 영역이 확장되어 인식가능한 영역을 완전히 그 안에 포함한다면, 따라서 인식된 영역과 그 자체 인식불가능한 영역이 만난다면, 모든 학적 탐구는 종언을 고할 것이다. 그러나 그 자체 인식불가능한 것에 대한 인식, 즉 무엇이 인식불가능한 것인지에 대한 인식이 인간에게는 불가능하므로, 철학적 탐구는 멈출 수 없고, 마찬가지 논리로 제반 학적 탐구 또한 완결될 수 없다.

우리가 인식불가능하다고 생각하는 것 중에는 더 깊은 탐구를 통해 인

---

[47] GdO 27.

식가능한 것으로 밝혀지는 부분도 있을 것이다. 형이상학적 문제가 문제로서 성립한다는 것 자체가 벌써 그것이 전적으로 인식불가능하지만은 않음을 가리키는 것이다. 문제 파악 자체에 이미 문제가 되고 있는 사태에 대한 어떤 인식이 있다고 보아야 하겠기 때문이다. "우리는 항상 알고 있는 것에 잇대어 알 수 없는 것을 발견해 낸다."[48] "인식된 것과의 연관관계를 근거로 하여 인식되지 않은 것에 접근해 들어가는 것"[49]이 곧 철학적 탐구의 길이다.

그러면 이는 왜 가능하겠는가? 하르트만에 따르면 그 이유는, 인식된 것이나 인식되지 않은 것이나 인식될 수 없는 것이나 모두 존재 그 자체에 있어서는 무차별적이기 때문이다. "인식에 있어서의 모든 경계들 너머로 다리를 놓아주는 현실적 세계의 연속적인 존재연관"[50]이 그것을 보장해 준다는 것이다. "상대적인 인식의 경계(대상화의 경계)나 절대적인 인식가능성의 경계(합리성의 경계)나 모두 … 존재의 본질이 아닌 의식의 본질에 뿌리박고 있어서 … 두 경계는 다만 인식론적인 성격을 가질 뿐 존재론적인 성격은 갖지 않는다."[51]

여기에서, 존재자는 그것이 인식되든 인식되지 않든 그에 상관없이 존재한다는, "대상화에 대한 모든 존재자의 무제한적 무관성"[52]이 확인된다. 앞에서도 '비합리성'이 존재론적인 개념이 아니라 다만 인식론적인

---

48 GdO 27.
49 KS I 47.
50 GdO 27.
51 MdE 248.
52 MdE 247.

개념임을 알아보았거니와, 비합리적인 것은 "존재의 고유한 방식 때문에"[53] 비합리적인 것이 아니라, "주관의 고유성, 즉 그의 인식 능력, 대상화 능력 때문에"[54] 비합리적인 것이다. 다시 말해 "비합리성의 근거는 존재에 있는 것이 아니라 주관에 있는 것이다."[55] 따라서 "즉자적으로 비합리적인 것이란 없고 오직 우리에 대해서 비합리적인 것만이 있다."[56]

합리적인 것을 토대로 하여, 비합리적인 것이라고 생각하는 가운데서 합리적인 것을 탐구해 들어간다고 하면, 이때 합리적인 것으로 탐구될 수 있는 것은 과연 무엇이겠는가?

앞의 논의로부터 우리는 그것이 곧 존재론적 요소임을 알 수 있다. 비합리적인 것도 합리적인 것과 꼭 마찬가지로 존재요, 합리적인 것의 존재를 탐구하듯 꼭 마찬가지로 비합리적인 것의 존재 또한 탐구할 수 있기 때문이다.

합리적인 것을 토대로 하여 비합리적인 것을 탐구하는 일이, 합리적인 것도 비합리적인 것도 그 자체 존재인 점에서 무차별적이라는 이유 때문에 가능하다면, 이때 그 탐구가 존재론적인 것이 됨은 당연한 일이다. 모든 존재자를 그것이 그저 존재자인 한에서, 즉 존재를 그저 존재 그 자체로서 탐구하는 것이 곧 존재론이기 때문이다. 비합리적인 것으로서의 형이상학적 문제가 존재론적 성격을 갖는다 함은, 그것이 이렇듯 존재의

---

53 KS I 46.
54 MdE 248.
55 KS I 47.
56 MdE 250.

한 영역으로서 존재론적인 탐구를 통해 접근될 수 있다 함이다.

이것이 물론, 형이상학적 문제가 오직 존재론적인 성격만을 갖는다는 뜻은 아니다. 또 마찬가지로 형이상학적 문제가 존재론적인 탐구를 통해 남김 없이 다 다루어진다는 것도 아니다. "형이상학적 문제의 형이상학적 성격은 그것의 비합리성에 있고, 존재론적인 성격은 그 문제의 내용에 있기"[57] 때문에 "존재문제가 반드시 형이상학적일 필요도 없고 … 형이상학적 문제가 반드시 존재론적일 필요도 없다."[58] 형이상학적 문제는, 그것이 존재론적인 성격을 갖는 그 범위 내에서만 존재론적으로 다루어질 수 있을 뿐이다.

그런데 문제는 이것만이 인간에게 가능한 유일한 학적 탐구의 길이라는 데 있다. 하르트만에 따르면, 우리가 모든 철학적 탐구에 있어 종국에 가서는 존재론으로 귀착하게 되는 이유가 여기에 있다.

존재론적인 문제내용들은 그 자체 반드시 비합리적이지만은 않다. 이를테면 "존재방식, 존재구조, 양상적인 그리고 범주적인 구조 등은 형이상학적 문제 중에서도 가장 비형이상학적인 것이요, 비합리적인 나머지 문제를 포함하는 문젯거리 중 비교적 합리적인 것이다."[59] 이렇듯 모든 탐구영역의 형이상학적 근본문제들 가운데서도 존재론적인 요소는 다룰 수 있고 탐구할 수 있는 측면이 된다. 그리하여 "존재론은 모든 형이상학의 논구 가능한 기초가 된다."[60] 하르트만은 칸트가 형이상학적 사고를

---

57 KS I 49.
58 KS I 49.
59 GdO 28.
60 KS I 49.

비판함에 있어서조차도 존재론적인 기초를 전제하고 있다고 본다. 그에 따르면 "순수이성비판은 존재론에 대한 비판이 아니라 존재론적인 문제 영역에 있어서의 연역적 요소에 대한 비판일 뿐이요, 실로 존재론 자체에 대한 비판은 있어본 적도 없다"[61]는 것이다.

　형이상학적 문제와의 대결로서의 형이상학은 따라서 존재론의 작업을 통해서만 가능하다. 그렇다고 존재론적인 탐구가 곧 형이상학이란 말은 아니다. 존재론적인 탐구의 성과가 형이상학의 기초가 될 뿐이다. 이 탐구의 성과가 하나의 형이상학적 이론을 가능케 할지 그것은 미지의 문제이다. 그러나 하여튼 그런 형이상학이 출현한다고 하면 그것은 그 기초로서 분명 존재론을 필요로 한다.

　그렇다면 아리스토텔레스 이래 이제까지의 형이상학은 존재론적인 정초를 얻지 못하고 있다는 말인가? 아리스토텔레스 이래의 전통적인 존재론은 형이상학의 정초를 위해 기여하지 않았단 말인가? 종래의 형이상학을 사변적 독단의 체계로 거부한 이상, 하르트만은 이런 문제에 대해 답해야 할 것이다. 여기서 우리는 하르트만의 전통적 존재론에 대한 비판의 내용을 살펴보아야 하겠다.

V. 전통적 존재론의 오류: 형이상학적 존재론

　하르트만이 비판하고 있는 '전통적인 옛 존재론'이란 아리스토텔레스

61　KS I 49.

에서부터 스콜라 철학을 거쳐 볼프에 이르기까지의 존재론을 일반적으로 지칭하는 것이다. 전통적 존재론이라곤 하지만 그 전개가 다양하여 임의적으로 검토하기는 물론 어려울 것이다. 하르트만에 의해 지적되는 오류 또한 광범하고도 다양함이 사실이다.[62] 우리는 여기서 다만 칸트 이후의 비판철학에 의해 일반적으로 비판받고 있는 범위 내에서 전통적인 형이상학적 존재론 일반을 문제 삼아, 하르트만이 어떤 그릇된 점을 그 안에서 지적해 내는지 살펴보기로 한다.

하르트만에 따르면, 첫째, 전통적 존재론은 보편자로서의 본질만을 참된 존재로 보고 이의 탐구를 그 과제로 삼는 오류를 범하고 있다. 여기서 본질은 사물의 존재근거요, 통일성, 항존성의 원리요, 규정성 즉 형상(形相)으로서 무상성(無常性), 시간성, 운동, 변화에서 벗어나며 따라서 현존성, 구체성, 생동성을 갖지 않는 것으로 이해된다.[63] 이 본질존재론(Wesensontologie)은 나아가 그 보편자를 자립적인 것으로 이해하고 또 바로 그 자체 때문에 원리적이고 근본적인 것으로 파악될 때,[64] 쉽게 실체 개념은 수용한다. 그리하여 "모든 다양한 존재자의 배후에 있다고 생각되는 어떤 통일적 존재자, 즉 어떤 실체, 절대자, 통일근거 등에 대한 탐구"[65]를 스스로의 과제로 삼게 된다.

이러한 실체 개념의 배후에는, 참된 존재라면 의존되어 있지 않고 자

---

62 N. Hartmann, *Kleinere Schriften* Ⅲ, Berlin, 1957, 268 이하 및 GdO 5-9절 참조.
63 GdO 58 이하 참조.
64 N. Hartmann, *Neue Wege der Ontologie*, Stuttgart, 1949(이하 NWdO), 11 이하 참조.
65 GdO 38.

립적이어야 하고, 통일성을 지녀야 하고, 또 생성 소멸하지 않는 항존적인 것이어야 한다는 생각이 깔려 있다고 하르트만은 지적한다.[66] 그리하여 이 '본질존재론(Wesensontologie)'의 오류는 그러한 보편자로서의 본질을 담지하고 있는 실재적 사물도 그 본질과 똑같이 존재라는 점을 간과한 데 있다는 것이다. "본질은 반드시 '그 무엇의' 본질이기"[67] 때문에 본질만을 참된 존재로 봄은 올바른 존재론적 탐구의 자세라 하기 어렵다는 것이다. 바로 여기에 극단적인 보편실재론(Universalienrealismus)을 논박할 근거가 있다 하겠다.

또 보편자를 실제로 파악하여 탐구함에도 마찬가지의 오류가 있다. 자립적 존재자뿐만 아니라 의존적 존재자도, 통일적 일자(一者)뿐만 아니라 다(多)의 존재자도, 항존하는 것뿐만 아니라 생성 소멸하는 것도 그것이 존재인 한에서 존재론적 탐구의 대상이 됨은 당연하다. 모든 존재자를 그것이 그저 존재인 한에서 탐구한다는 것이 그 모든 존재자의 배후에 존재 자체가 실체적 존재근거로서 놓여 있음을 전제하는 것은 아닐진대, 그러한 실체적 존재근거를 설정함은 그것을 무엇으로 보든 간에 하나의 형이상학적 가정이라 아니 할 수 없다.

둘째로, 하르트만에 의하면 전통적 존재론은 저 보편자로서의 본질형상(Wesensform)을 동시에 "사물을 목적적으로 규정하는 운동의 원리"[68]로 파악하는 오류를 저지르고 있다. 즉 본질형상이 사물의 생성과정의

---

66 GdO 54 이하 참조.
67 GdO 59.
68 NWdO 8.

최후의 목적으로, 그 운동의 방향 및 진행을 결정하는 것으로서 간주되고 있다는 것이다.

이 오류의 배경에는 목적론적인 세계관이 깔려 있는데, 이는 곧, 세계가 목적적으로 활동하고 있다고(zwecktätig), 아니 적어도 합목적적으로 질서지어져 있다고(zweckmäßig) 보는 견해이다. 그러나 하르트만에 따르면 이는 "인간의 행동을 특징지어주는 목적관계(Finalverhältnis)를 세계의 모든 과정에, 심지어 물리적인 과정에까지 확장시키는"[69] 오류이다. 목적론자들은 물론 이로써 세계해석이 단순해지고 많은 이해하기 어려운 연관관계들이 설명될 수 있다고 보겠지만, 이 또한 다만 형이상학적 가정에 불과하다는 것이다. "목적적 활동이란 목적을 설정하고 이 목적을 향해 능동적으로 지향하는 지성을 전제로 하는 것"[70]인데, 그런 지성은 오직 인간에게서만 확인될 뿐이기 때문이다. 그래서 하르트만은 이 목적론적 세계 이해가 갖는 오류를, 일반화를 통해 한 존재층의 존재원리를 다른 존재층에까지 부당하게 확장시켜 적용하려는 월경(越境, Grenzüberschreitung)의 오류 가운데 하나로 지적한다. 이 '위로부터의' 월경 외에도 아래로부터 위로 물질세계의 존재원리를 다른 모든 존재영역으로 확대시키려는 유물론이나, 또 중간존재층(생명, 의식)의 원리를 위아래로 확장시키려는 생명주의, 심리주의 등이 모두 같은 월경의 오류를 범하고 있는데, 이는 모두 "세계 전체를 그 자체 통일적이고 동질

---

69 NWdO 45. 이런 뜻에서 하르트만은 이를 의인주의적 세계관의 잔재라고 한다.
70 NWdO 45.

적인 것으로 파악하여 하나의 원리로 설명코자 하는 일원론적인 이성의 요구"[71]에서 유래하는 것이라고 하르트만은 보고 있다. 가능한 한 세계를 일원적으로 이해하고자 하는 것은 인간 이성의 본성적 경향이지만, 실제세계는 그렇게 '이성에 걸맞게(vernunftmäßig)' 구조되어 있지만은 않다는 것이다.

그렇다고 세계가 전혀 통일성을 갖고 있지 않다는 말은 아니다. 그것이 세계의 다양성만큼 우리에게 명료하지 않다는 것뿐이다. "세계의 통일적 성격은 다양성 속에 있으므로, 세계의 통일성에 대한 탐구에 있어 우리는 언제나 존재층의 범주적 이질성을 견지해야 한다."[72]

셋째로 전통적 존재론의 오류는 저 "실체적 형상(Formsubstanz, substanzielle Form)이 개념 가운데서 파악되며 그에 이르는 방도는 곧 논리적 정의"[73]라고 생각하는 연역적 방법론에 있다. 개념적 사유에 익숙한 오성은 일단 최고의 보편자, 최고의 원리를 설정하고 나면 그로부터 사물의 본질을 선천적으로 도출해 내고자 한다. '보편적, 형상적 실체'가 사물에 대한 경험으로부터 직접 파악되는 것은 물론 아니지만, 경험적인 지식을 소홀히 하고 개념적 사유의 법칙에만 의존하는 이 방법은 편파적이지 않을 수 없다. 이러한 방법을 취하는 합리론적 존재론은 실은 논리적 영역을 실체화하여 그 논리적 구조를 존재영역에 전이시키려는 것으로, 엄격히 말해 '존재의 논리학'에 지나지 않는다.[74] 따라서 여

---

71 NWdO 49.
72 NWdO 49.
73 NWdO 9.

기엔 비합리적인 것은 들어설 틈이 없다. 그러나 참된 존재론은 논리적 영역 자체에 대해서도 비판적이어야 하며, 나아가 비합리적인 것도 합리적인 것과 마찬가지로 존재로서 타당시해야 할 것이다.

이 구성적, 합리론적, 연역적 존재론은 실은 그 배후에 완전한 존재인식을 가정하는 형이상학적 입장을 깔고 있다. 그리고 이 완전한 존재인식이 가능한 근거로서는, 실재하는 세계의 구조와 본질세계의 구조와 사고의 구조가 모두 합치한다는 동일성의 명제(Identitätsthese)가 또 하나의 형이상학적 가정으로 전제되어 있다. 본질 즉 이념적 존재의 형식이 한편으로는 사물 즉 실재적 존재의 형식과 동일하며 다른 한편으로는 사유의 형식과 동일하므로,[75] "개념체계의 논리적 도식이 곧 실재세계를 지배한다"[76]고 생각하는 것이다. 따라서 선천적, 연역적 방법으로 존재론적 인식이 가능하다는 이 견해에 있어서는 세계에 대한 개념적 구조를 논리적 법칙성에 좇아 구명해 내는 일이 곧 세계의 본질연관을 구명해 내는 일에 다름없게 되는 것이다.

그러나 존재는 완전히 인식되는 것이 아니다. 존재가 완전히 인식된다면 형이상학적 문제란 있을 수도 없으며 형이상학은 존재론 속으로 완전히 해소될 것이다. 그렇다고 선험적 관념론에서 주장하듯, 우리가 인식할 수 있는 것은 오직 현상적 대상뿐이고 존재자 자체(즉 물자체)는 전혀

---

74 MdE 187 참조.
75 이 때문에 하르트만은 이 동일성을 이중적(zweifach) 동일성이라고 한다. MdE 189 이하 참조.
76 MdE 189.

인식될 수 없는 것도 아니다. 그래서 참된 존재론은 이 양극단의 중도를 걸을 수밖에 없게 된다.

사고의 법칙과 존재의 법칙이 일치하는 한에서 선천적 인식이 가능함은 사실이다. 그러나 이 선천적 인식이 무제한적인 것은 아니다. 저 양자 간의 일치관계는 하르트만의 표현대로 "결코 전폭적인 것이 아니라, 기껏해야 부분적인"[77] 것이다. 사유와 본질과 실재의 구조를 동일시함은 합리주의적 편견이요, 세계에 인식불가능한 것이 있음을 인정하고 싶지 않은 소망의 산물이라는 것이다.

이상에서 살펴본 것을 우리의 논의에 관련시켜 볼 때, 하르트만의 비판의 초점은 전통적 존재론이 형이상학의 기초로서 충실할 수 없을 뿐만 아니라, 오히려 그 존재론 자체가 특정한 형이상학적 입장에 의해 오도되고 있음을 적시하는 데 있다 하겠다. 전통적 존재론은 그 출발점이 형이상학적으로 미리 결정됨으로써 독단적이고 구성적인, 형이상학적 존재론이 되었다는 것이다.

형이상학적 요소가 존재론 자체에 혼합되어 양자의 구분조차 불투명하게 되었고, 그 결과, 독단적 형이상학에 대한 선험철학의 인식비판이 자연히 그와 결부되어 있는 존재론에게까지 가해짐으로써, 참된 형이상학의 정초를 위해서는 존재론 자체가 거부되어야 하는 것으로까지 생각되었다는 것이다.

그렇다면 형이상학적인 문제까지도 다룸으로써 그것의 정초를 놓아

---

77 MdE 191.

주어야 할 존재론은 어떤 것이어야 하겠는가? 앞서 살펴본 하르트만의 형이상학에 대한 독자적인 이해는 존재론에 대한 그의 새로운 시각과 긴밀히 연결되어 있거니와 이제 우리는 하르트만이 제시하는 존재론적 탐구의 새로운 길, 즉 비판적이고 분석적인 몰(沒)형이상학적 존재론의 길을 살펴봐야 하겠다.

VI. 존재론의 새로운 길: 몰(沒)형이상학적 존재론

모든 길에는 출발점과 종착점과 그 중간 과정이 있게 마련이다. 하르트만이 말하는 '존재론의 새로운 길'을 살펴봄에 있어서도 우리는 그 출발점과 지향목표와 그것이 수행되는 방법에 초점을 맞추기로 하자.

새로운 존재론이라곤 하지만 그 출발점에 하르트만은 가장 오래된 아리스토텔레스의 '존재자로서의 존재자에 대한 물음'을 놓는다. 형식적으로만 생각하자면 존재론의 근본문제는 '존재자'에 대한 것이 아니라 존재자의 '존재'에 대한 것이다. "존재와 존재자는 참과 참된 것, 현실성과 현실적인 것, 실재성과 실재적인 것이 각각 구별되듯 서로 다른 것이다."[78] 존재자가 아무리 많고 다양해도 존재는 하나다. 그렇다고 앞서 지적했듯이 존재를 존재자의 다양성 배후에 있는 어떤 실체나 절대자나 통일근거로 생각함은 잘못이다. 존재는, 존재자가 그저 존재자라는 점에서, 즉 그 가장 일반적인 점에서 이해될 때의 그런 존재자 외에 다른 무

---

78 GdO 37.

엇이 아니다.[79] 즉 존재는 모든 다양한 존재자와 "더불어 주어지는 것"[80]이요, 존재자 밖에는 아무것도 없다.

그런데 존재는 가장 일반적이고 최종적인 것이기 때문에 정의할 수도 파악할 수도 없다.[81] "모든 존재의 차별상들은 존재방식의 분수화(分殊化)된 모습들일"[82] 뿐이다. 따라서 우리는 아리스토텔레스처럼 '존재자로서의 존재자에 대한 물음'을 '존재에 대한 물음'으로 이해해도 되겠다.[83]

하르트만이 아리스토텔레스의 이 정식(定式)을 환기시키는 것은, 존재 그 자체에 대한 탐구로서의 존재론은 그 어떤 형이상학적 문제내용에 대해서도, 그 어떤 철학적 입장이나 체계에 대해서도 유보하는 입장을 지켜야 함을 강조하기 위해서다. 존재 그 자체에 대한 물음에 앞설 수 있는 문제는 아무것도 없다고 생각되기 때문이다. 존재문제를 다룸으로써 거기에서 형이상학에 대해 중요한 귀결들이 나올 수는 있다. 그러나 "존재문제에 들어서기에 앞서 우리는 세계와 세계근거에 대해 무엇을 알 수도 없고 … 이런 문제에 대한 가설이 존재문제를 규정할 수도 없다. … 존재문제는 현상에 달려 있지 가설에 달려 있는 것이 아니다."[84] 존재현상 그 자체는 어떤 선(先)결단도 요구하지 않은 채, 이를테면 관념론과 실재론,

---

79 GdO 38 참조.
80 GdO 44
81 GdO 43 참조.
82 GdO 38.
83 GdO 38 참조.
84 GdO 36.

유신론과 범신론 등의 대립에 무관해야 하기 때문에, 존재론의 과제는 우선 그런 입장들이 해석하는 현상 자체를 그 어떤 해석도 개의치 않고 충분히 기술하고 분석하는 일이다.[85]

"존재자로서의 존재자는 분명 설정된, 생각된, 표상된 것으로서의 존재자, 즉 주관에 연관된 대상으로서의 존재자가 아니다."[86] 따라서 존재론은 존재 자체에 대한 어떤 해석이나 의미부여도 보류한 채 "모든 입장과 선(先)결단의 차안(此岸)에서"[87] 출발해야 한다.

"형이상학의 논의가능한 지반"[88]으로서의 존재론은 형이상학적 문제를 다룰 수 있는 기초를 마련함이 그 과제다. 그리고 이 과제는 "세계로부터 그 통일성의 비밀을 찾아낼"[89] 때 완수된다. 그런데 이 목표가 하나의 도식, 하나의 원리에 따라 통일적 체계를 구성함으로써 달성될 수 없음은 분명하다. 그렇게 탐구에 앞서 미리 성급히 급조된 통일적 체계는 지탱될 수가 없다. 존재론이 탐구를 통해 찾아야 할 것은 "문젯거리들에 깊이 파고들 때 거기에 저절로 나타나는 통일성 유형"[90]이다.

형이상학적 문제들은 이질적인 대상영역에 산재해 있어서 아무런 통일성도 갖지 않은 듯이 보인다. 그리고 이들에 깃들어 있는 존재론적인 요소들도 그렇게 보인다.

---

85 GdO 37 참조.
86 GdO 39.
87 MdE 186.
88 GdO 30.
89 GdO 30.
90 GdO 29.

그러나 존재론은 모든 존재자에 제일의적인 존재 그 자체를 탐구하기 때문에, 어느 영역에 있어서나 존재에 있어 원리적으로 근본적인 것을 문제 삼는다는 바로 이 이유 때문에, 그 탐구대상을 하나로 묶는 방법적 통일성을 갖는다. 그러나 여기서 곧 세계의 통일성이 찾아진다는 것은 물론 아니다. 적어도 설문방식이 그것을 지향하고 있음이 유리한 여건이 된다는 것이다. (물론 그러한 통일성을 지향하기 위해 존재 자체를 묻는 설문방식을 취한다는 것은 아니다. 그렇다면 이 또한 형이상학적 선결단이겠기 때문이다.) 나아가, 그 통일성이 제일원리, 궁극적 기초, 절대자 등 반드시 어떤 정점에로 귀착, 환원되어야 하는 것은 아님도 전망을 밝게 해주는 점이다. "세계의 존재 통일성은 연관관계의 통일성일 수도 있고 질서의 통일성일 수도 있고 다양한 법칙성의 통일성일 수도 있다."[91]

하여튼 세계는 동일한 하나요, 그래서 그 하나로서의 결속은 의심할 수 없는 것이다. 형이상학적 문제들이, 그리고 이와 더불어 그 속에 깃든 존재론적 요소들이 아무리 서로 멀리 떨어진다(divergieren) 해도 그것이 무한히 멀리 떨어져 나갈 수는 없는 일이요, 어디에선가는 서로 수렴(konvergieren)할 것이다. 문제는 다만 그 형식이 우리에게 알려져 있지 않다는 것뿐이다. 이 형식은, 선입견 없이, 주어진 다양성을 그대로 추적할 때 발견될 수도 있을 것이다. 사변적으로 축조된 통일성의 도식을 세계 속에 억지로 맞추려 한다면, 이 인위적으로 상징된 통일성의 표상이 오히려 본래 있는 그대로의 통일성을 은폐할 것이다.[92] 사실 종래의 사

---

91 GdO 30 이하.

변적인 형이상학적 존재론은 그것이 전제로 삼았던 것을 입증해 보이지도 못했을 뿐 아니라, 그 철학사상의 창성에도 불구하고 자신의 귀결을 경험과학의 여러 탐구성들과 합치시키지도 못했던 것이다.[93]

그렇다면 새로운 존재론은 이러한 목표를 향해 그 과제를 수행하기 위해 어떤 방법을 택해야 할 것인가?

우선 그것은 탐구에 앞서 자명하다고 생각되는 하나 또는 몇몇의 원리로부터 전 체계를 선험적으로 연역해 내는 방법이어서는 안 된다. 원리로부터 출발하여 원리를 탐구한다는 것은 분명 선결문제 요구의 오류를 범하는 일이다. 존재론은 따라서 분화되어 다양하게 주어진 것으로부터 출발하여 원리적인 것, 근본적인 것에로 나아갈 수밖에 없다.

존재론은 그 자체 안에서도, 존재 자체라는 일반적인 근본문제를 다루되, 직접 그 해결로 넘어갈 수는 없다. 특수한 문제들, 이를테면 존재방식, 존재계기, 존재양상 등의 해명을 통해서만 점차 존재 자체라는 근본문제로 접근할 수 있을 뿐이다.

다른 탐구와의 관계에서 볼 때도, 모든 존재자에 있어 으뜸가는 것을 탐구하는 제일철학(philosophia prima)으로서의 존재론은 마찬가지 논리로 그것이 최후에 가서나 탐구된다는 뜻에서, 즉 다른 모든 탐구의 뒤에 마지막으로 수행된다는 뜻에서 최종철학(philosophia ultima)이다.

그러기에 존재론은 모든 입장을 떠나 있는 그대로의 다양한 존재소여,

---

92 GdO 29 이하.
93 GdO 26 참조.

존재현상을 토대로 해야 한다. 그리고 그것에 대해 자연적, 직선적 태도를 취해야 한다.[94]

인식이 대상을 지향하는 자연적인 방향에서 이루어지는 것이라면, 바로 이 인식 자신을 문제 삼는 인식론은 이러한 자연적인 방향을 거꾸로 돌려야 가능하다. 그러나 존재 그 자체를 탐구하는 존재론은 이러한 방향 반전을 필요로 하지 않는다. 존재론은 인식의 자연적인 방향을 바꾸지 않고 이를 직선적으로 그대로 따라가야 한다. 인식론뿐 아니라 심리학이나 논리학도 자연적, 직선적 태도를 지양하고 반전된 반성적 태도를 취할 때 성립한다. 그런데 이런 학문들을 근본학으로 삼는 잘못된 철학은 그 자신도 반전된 태도에 빠져 세계와의 자연적 관계를 상실한다. 그러나 세계를 인식하고 그 속에서 올바르게 자기정위를 하기 위해선, "세계를 우리 자신에게 오리엔테이션시키지 않고 우리 자신을 세계에 오리엔테이션시키는"[95] 자연적 태도가 요구된다.

하르트만은 근세 이후 여러 철학이론들이, 그리고 19세기에는 모든 철학이론들이 이 근본적인 오류를 범했다고 지적한다.[96] 비판주의, 논리주의, 심리주의 철학들이 바로 그렇다는 것이다. 새로운 존재론은 근세 이후 이러한 반성적 태도에 젖어온 철학적 사고방식을 깨고 세계와의 자연적 관계를 회복할 과제를 안고 있다고 하르트만은 본다.

(하르트만은 후설을 중심으로 한 현상학을 이러한 시도의 현대적 선구

---

94 이하 GdO 45 이하 참조.
95 KS I 63.
96 GdO 46.

로 높이 평가한다. 그러면서도 그는 저 현상학이 '사태 자체로'까지 나아
가지 못하고 '사태의 현상', 그것도 의식에 주어진 현상에까지만 도달함
으로써 '의식이론적인' 반성성을 벗어나지 못하고 있다고 비판한다.)[97]

존재론은 이렇게 자연적, 직선적 태도를 견지하는 가운데, 우선 다양
한 존재현상 그 자체를 충실히 기술하는 현상학(Phänomenologie)에서
출발해야 한다. 그러나 이는 출발일 뿐이다. 존재론은 나아가 기술된 형
상을 분석하여 그 가운데서 인식되지 않은 것, 이해할 수 없는 것을 문제
로 찾아내야 한다. 이제까지의 제반 탐구의 성과가 이 문제 발견에 있어
지반이 됨은 물론이다. 관심의 방향에 따라 문제를 인위적으로 설정하는
것이 아니라 있는 그대로의 문제를 이렇게 드러내는 것이 곧 '난제학
(Aporetik)'이다. 숨겨져 있는 난제를 명료히 함도 물론 존재론의 종국
이 될 수는 없다. 그러나 "문제를 다루기에 앞서, 그 해결가능성과는 무
관하게, 파악된 것으로부터 파악되지 않은 것을 구별하고, 주어진 현상
이 갖는 난점과 모순점을 그저 그 자체로서 파헤쳐 냄"[98]은 사태에 합당
한 탐구를 위해 긴요한 일이다.

현상학과 난제학의 예비작업을 통해서만 존재론은 그 마지막 단계인
난제의 해결, 즉 이론(Theorie)에로 접근해 갈 수 있다. 이론이라 하지
만, 이것도 난제의 전적인 해결을 가리킴은 아니다. 엄밀히 말하면 해결
을 향하여 난제를 그저 다루어 봄이 곧 이론이다. 그것은 그저 사태를 최
대한 밝힘을 목표로 하는 것이요, 더 이상 감축할 수 없는 최소한의 형이

---

97 MdE 20절 및 KS I 50 참조.
98 MdE 39.

상학적 나머지 문제를 좀 더 명료히 드러내 주는 데서 멈출 수밖에 없다. "최소의 형이상학적 전제로써 최대의 사태 해명"[99]을 기한다는 하르트만의 이 모토는 '테오리'란 말의 본원적인 뜻에 비추어 보아도 합당한 것이다.

'이론', 즉 '테오리'란 어원상 처음부터 학설, 체계나 이를 위한 설명, 입증을 뜻하는 것은 아니었다.[100] 그것은 '순수한 봄'이었다. '헤쳐들어가 봄'이요, 순수한 '들여다봄'이 그 본래의 뜻이다. 널리 조심스럽게 둘러봄으로써 그저 소박하게 바라다보는 것보다 더 많이 보는 것이다. 또 대상의 다양성에 두루두루 눈길을 돌림으로써 보여진 것을 함께 묶어서 봄이다. 이렇게 함으로써 '아포리아' 즉 길이 없는 곳에서 길을 다시 발견하게 해줄 뿐인 것이 곧 '이론'으로, 이에서 난제의 완전한 해결을 꼭 기대함은 조급한 소망에 불과한 것이다.

하르트만 스스로도 어떤 형이상학적 이론을 수립한 바 없지만, 그의 입론대로라면 세계의 존재근거, 세계의 통일성의 원리 등에 관한 형이상학적 이론의 체계적인 수립은 사실상 불가능하다.

그러나 과연 그 기초가 되어야 한다는 하르트만의 존재론 자체에는 형이상학적 요소가 과연 없는가? 형이상학은 과연 형이상학적 이론을 세우려는 노력 속에서만, 노력으로서만 존재하는가? 하르트만이 표방하는 이러한 세계 내재적인 실재존재론을 기초로 하지 않는, 이러한 탐구를 비약함으로써 오히려 가능해지는 그런 형이상학은 과연 생각할 수 없는

---

99 MdE 131, 201 참조.
100 이하 KS I 10 참조.

가? 형이상학은 실로 성취할 수 없는 인간 이성의 영원한 꿈이요, 이를 성취코자 하는 인간 이성은 헛된 도로를 불가피하게 감수해야 하는 숙명을 안고 있는가?

이러한 문제들을 놓고 하르트만을 비판적으로 검토하는 일은 그 자체 독자적인 또 하나의 작업이 될 것이고, 본 소고는 그런 작업을 위한 준비로서도 의의를 가질 것이다.

2 존재의 인식[*]
― 인식범주와 존재범주의 관계 ―

I. 서론: 주제의 한정

철학적 탐구의 으뜸가는 과제는 세계의 인식에 있다 하겠다. 그리고
그것도, 있는 그대로의 세계를 그 전체에 있어 원리적으로 인식하는 데
있다 하겠다. 있는 그대로의 세계를 그 전체에 있어 원리적으로 인식한
다는 것은, 인식하는 주관에 의해 왜곡되거나 일면화되지 않는 본래 모
습 그대로의 세계를 그 구체적 형상내용이 아닌 일반적 원리에 있어서
인식한다는 것이며, 바로 여기에 이 모든 함의를 포함하는 개념으로 등
장하게 된 것이 '존재자로서의 존재자'요, '존재 그 자체'이다.

그러나 일견 어떠한 차별적 요소도 모두 포괄하므로 그 의미내용이 일

---

[*] 「이성과 존재: 인식범주와 존재범주의 관계」, 『철학연구』 31집, 1992.

의적인 것같이 생각되는 이 존재 개념은 바로 그 이유 때문에 자못 다의적이고, 이에 따라 존재론적 탐구의 방향도 여러 갈래를 보이는 것이 사실이다. 이는, 존재 자체의 인식이 철학의 기본과제라곤 하지만 거기엔 불가피하게 그것을 인식하는 주관이 개입하게 마련이요, 존재와 주관과의 관계를 어떻게 보느냐에 따라 '존새'의 의미내용이 달라지게 되기 때문이다.

이렇게 볼 때 존재탐구의 바른 길을 찾으려는 철학적 반성은 자연히 존재를 인식하고자 하는 주관의 역할과 능력에 대한 반성을 동반하지 않을 수 없다. 따라서, 존재를 인식하는 주관의 역할과 능력을 주도하는 중심적 원리로서 '이성'을 생각한다면, 우리는 '이성과 존재'의 관계라는 주제 아래 존재론적 탐구의 바른길을 찾는 논구를 전개시켜 나갈 수 있을 것이다.

그러나 '존재' 개념과 '이성' 개념이 이렇게 서로 상관적이라곤 해도 각기 그 함의가 지극히 광범하고 다양하므로, 이 관계를 전면적으로 검토하여 존재론의 확실한 정초를 도모하고 그 올바른 방향을 모색하는 일은 철학사 전체, 철학체계들 전체를 비판적으로 재검토하는 일로 시작되어야 할 것이다.

이에 우리는 다음의 몇 가지를 대전제로 삼아 '이성과 존재' 일반에 관한 논구를 '인식범주와 존재범주의 관계'로 한정시켜 전개해 보고자 한다.

세계는 인간의 주관적인 인식작용 및 사유작용과 무관하게 독자적으로 실재한다.[1]

세계는 무질서한 카오스가 아니라 질서 있는 코스모스다. 존재의 원리

즉, 존재범주란 궁극적으로 이 질서에 다름 아니다.

세계의 인식에는 인간의 신체적, 정신적 작용 모두가 개입되나, 세계의 질서, 즉 존재의 원리를 인식함에는 정신적 작용, 그중에서도 정서적, 의지적 작용보다는 인지적 사유작용이 결정적인 역할을 한다.

그런데 이 인지적 사유작용은 일정한 보편적 원리에 따르며 이 원리란 바로 '인식범주'를 이루는 것이다.[2]

인식범주와 존재범주의 관계를 밝히는 일은 인식론과 존재론의 상관적 위상을 밝히는 일이기도 하지만, 궁극적으로는 인간 이성이 세계에 관해 무엇을 어떻게 얼마만큼 알아낼 수 있는지를 밝히는 일이기도 하다. 주지주의적 전통이 주조를 이루어 온 서양철학사에서 인간 이성의 권능에 대한 신뢰는 언제나 확고했지만, 바로 이와 같은 신뢰를 토대로 하여 한편으로 치우치는 편견이 형성되었고 세계인식의 가능성에 대한 철학적 반성이 독단적으로 흘렀던 것도 사실이다. 우리는 본 논의에서 이러한 독단적 이성신뢰의 경향이 갖는 오류를 드러냄으로써 이성에게 그에 합당한 작은 권능만을 누리는 겸손을 일깨워주게 될 것이다.

논의 중 우리는 우리의 이러한 관심사에 부합하는 논구를 비교적 상세히, 여러 이론들에 대한 조망을 갖고 펼치고 있는 니콜라이 하르트만에 많은 부분을 의거할 것이다. 실제로 우리는 인식범주와 존재범주가 동일하다는 이른바 '동일성 명제(Identitätsthese)'에 대해 그가 가하고 있는

---

1 본서 3장 참조.
2 인지적 사유작용의 원리가 아닌 인식범주를 부인하는 것은 아님.

비판에 의거하여 인식범주와 존재범주의 정당한 관계를 밝힐 것이다(Ⅲ절). 그러나 우리는 나아가 그의 비판이 궁극적으로, 존재 그 자체에는 지성적으로 인식할 수 없는 비합리적 영역이 있다는, 그의 이른바 '비합리성 명제(Irrationalitätsthese)'에 의거하고 있음을 밝히고, 이 후자의 명제에 대해 비판적 의문을 세시함으로써, 이 주제에 대한 후속될 논의에 단초를 제공해 보고자 한다(Ⅳ절). 물론 우리는 이에 앞서, 존재범주에 대한 여러 방향으로의 오해를 밝혀 존재범주 자체의 독자적 성격을 확보하는 일을, 논의를 위한 예비단계로서 수행할 것이다.

II. 독자적 규정원리로서의 존재범주

존재범주란 "존재자의 구성적 기초"[3]요, "존재자의 근본규정"[4]이요, 단적으로 "구성적 존재원리"[5]이다. 즉, 존재범주란 "그것에 모든 특수한 존재자들이 기초해 있고 또 의존되어 있는 일반적 존재기초"[6]이며, 그래서 "존재영역들, 존재단계들, 존재충돌 간의 근본적인 차이 및 한 영역 내부를 지배하는 공통의 특성과 결합적 관계"[7] 등을 드러내는 근본규정이자 "근본술어"[8]이다. 존재자를 구성적으로 결정짓는 존재원리로서의 범주는 따라서 결정성격(Determinationscharakter)과 보편성

---

3 N. Hartmann, *Der Aufbau der realen Welt*, Berlin, ³1964(이하 Adrw), 1.
4 Adrw 2.
5 Adrw 38.
6 Adrw 39.
7 Adrw 1.
8 Adrw 38.

(Allgemeinheit)을 그 본질적 특성으로 갖는다.[9]

범주는 구체적 존재자를 어떤 방식으로든 결정하고 규정한다. 상관자로서 구체적인 것을 갖지 않는다면 범주는 그저 공허한 원리에 머물고 말 것이다. 여러 계기들을 갖는 개별적이고 일회적인 특수한 존재자들 및 이들의 복합적 구성을 결정하는 원리일 때 범주는 범주로서의 의의를 갖는다. 이러한 특수자들을 결정하는 원리이기에 범주는 당연히 보편적 성격을 갖지 않을 수 없다. 존재범주와 존재자의 관계는 근본적으로 원리와 구체자의 관계이지만, 이로부터 보편과 특수의 관계도 또한 엿보이는 것이다.[10] 즉, 존재범주란 구체적인 존재자 속에서 그것을 규정짓는 일반적 원리라는 것이다.

존재범주는 존재자 자체에 내재하는 독자적 원리이다. 그러나 그것이 아무리 독자적으로 존립하는 것이라 하더라도 어떤 방식으로든 주관에 인식됨으로써만 밝혀지기 때문에 주관의 인식작용에 개입되는 여러 형식, 법칙, 원리 등과 착종되어 드러나기 쉽고, 경우에 따라서는 이러한 것들로 잘못 인식되기도 한다. 그리고 이러한 그릇된 인식이 그릇되지 않은 것으로 받아들여지고 나면 존재범주에 관한 탐구, 나아가 존재론적 탐구 자체가 다른 부문의 탐구, 이를테면 심리학적, 논리학적, 인식론적 탐구 속으로 흡수되어 해소되기도 한다. 사실 존재론 및 인식론에서의 여러 입장들의 차이는 크게는 합리론과 경험론 및 관념론과 실재론의 차

---

9 Adrw 39 참조.
10 이로부터 이 관계를 본질과 현상의 관계로 보려는 경향이 생기지만, 이렇게 보는 것이 잘못임은 뒤에 언급됨(Ⅱ절, 2).

이, 나아가 심리주의, 논리주의, 형식주의, 선천주의 등의 입장 차이는 존재범주에 대한 견해의 차이로 귀착시킬 수 있을 것이다. 이렇게 볼 때 모든 입장들로부터 벗어나 존재자를 그저 존재자로서 탐구하는 올바른 존재론적 탐구는 존재범주를 다른 원리나 형식이 아닌 존재원리 그 자체로서 파악하려는 중립적 태도에서 가능할 것이다. 그리고 그래야만 인식범주와 존재범주의 정당한 관계가, 나아가 세계의 존재에 대한 이성의 올바른 위상이 드러날 것이다.

여기서 우리는 존재범주에 대한 그릇된 견해를 몇 가지 유형으로 정리하여 검토해 보기로 한다.

1. 존재범주와 사고방식

실천적 연관에 밀착되어 있는 사유에 친근한 오해 중의 하나가 곧 범주체계를 인간 정신의 역사적, 문화적 산물인 근본적 사고방식의 표현으로 보려는 견해이다. 이 견해는 물론 근원적으로 범주가 사물에 대한 '근본술어'라는 범주의 본래적 의미 중 하나에 대한 치우친 이해로 거슬러 올라간다.[11] 사물을 어떻게 서술할 것인가 하는 문제는 사물 자체의 독자성보다는 그 사물을 대하는 주관의 입장이나 관점에 달린 문제라고 보아, 범주를 사물에 대한 서술형식에서 더 나아가 사물을 대하는 근본입

---

11 주지하다시피 '범주'란 그 어원에 있어 '언표형식'을 뜻한다. Aristoteles, *Categories*, *Topica* 참조. 그러나 이미 이 어원에 있어서조차, 범주란 단순한 '언표형식'이 아니라, 인식된 대상, 즉 존재자에 대한 언표형식이라는 점에서, 동시에 존재원리이기도 함을 간과해서는 안 된다.

장 내지 관점의 표현이라고 보는 것이다.

실용주의, 역사주의 등의 철학에서 보이는[12] 이러한 견해는 사고방식의 상대성을 인정하기 때문에, 이러한 사고방식에 내포되어 있는 범주체계도 시대와 민족에 따라 상대적 변양을 보인다고 생각한다. 사고방식이 개개인에 따라 달라진다고까지 보진 않는다 하더라도, 그에 포함되어 있는 범주체계를 일정한 역사적, 사회적 제약에 의해 좌우되는 사고유형으로 봄으로써 이 견해는 "존재와 진리에 대한 일반석 상대주의"[13]에 빠지게 되며, 궁극적으로 존재 개념 내지 진리 개념 자체를 해체시키게 된다. 이는 상대적인 여러 유형의 사고방식들을 병립시키는 하나의 세계의 존립을 부인하는 셈이 되어 자가당착에 빠지게 된다. "사고방식은 … 인식범주와도 존재범주와도 동일시될 수 없는 것이다. 범주는 역사성을 갖는 사고방식과 더불어 변화하는 것이 아니라, 여러 유형의 사고방식과 세계상들을 관통하며 이들을 민족간, 시대간의 대립을 넘어 결합시켜 주는 것이다."[14]

사고방식과 범주체계와의 올바른 관계는 양자를 동일시하는 데서 찾아지는 것이 아니라, 어떤 범주나 범주군이 특정의 사고방식에서 다른 것보다 더 중심적 역할을 한다는 것을 통찰하는 데서 찾아질 것이다. 즉, 존재범주 자체는 불변적인 것이지만, 특정의 시대적, 문화적 여건 아래서 그중 어떤 범주나 범주군이 세계의 존재원리로서 더 부각되어 돋보일

---

12 Adrw 25 이하 참조.
13 Adrw 18.
14 Adrw 22.

수 있다는 것이다. 실제적으로 세계 그 자체가 전체에 있어 언제나 똑같이 인간 정신에 드러난다고 보긴 어려우며, 역사적으로 세계인식의 도정을 보더라도 일정한 단계에 와서야 비로소 불변하는 보편적 존재원리 자체에 대한 학적 인식에 도달했던 것이다.

"범주는 즉자존재의 법칙, 즉 인간적인 입장으로부터 독립적인 법칙에 귀속되며, 이에 반해 사고방식이란 객관정신의 법칙, 즉 시대에 따른 정신적 형성이 보여주는 변천가능성과 발전가능성의 법칙에 귀착된다."[15] 따라서 사고방식은 인간 정신의 역사적 자기형성에 따라 다양하게 변천할 수 있는 관점의 유형임에 반해, 범주는 이러한 상대적 관점들을 허용하는 일반적 제약조건이긴 하되 이들에 의해 제약받는 것은 아니다. 정신적 존재 또한 존재의 일반원리인 범주를 좇아서만 자기형성을 할 수 있기 때문이다. 존재범주는 존재 일반의 원리요, 사고방식이란 존재자 중 정신존재가 그러한 존재 일반을 대하는 상대적 관점 유형에 불과한 것이다.

2. 존재범주와 개념

좀 더 견고한 형이상학적 배경을 갖고 역사적으로도 뿌리 깊은 오해 중의 하나가 존재범주를 그 근원적인 어의 그대로 술어형식 내지 개념으로 보려는 견해다. 독자적으로 존립하는 존재원리라 해도 그것은 우리의

---

15 Adrw 24.

인식장치에 수용되어서 개념적으로 형성되어야만 명확히 인식된다. 즉, 세계에 대한 원리적 파악은 정련된 술어로서의 개념들을 필요로 하며, 이들이 논리적으로 엄격히 구축된 언표형식 속에서 잘 조직될 때 가능해진다.

 이렇게 우리는 개념구성의 방식을 통해 세계를 인식하고 개념을 통해 그 인식된 세계를 사유한다. 그리고 이때 우리가 인식하고 사유하는 것은 세계의 구체적 현존이 아니라 그것의 존재원리다. 바로 이런 사정 때문에 개념적으로 파악되는 존재원리 자체와 그에 대한 근본술어로서의 개념이 혼동되기 쉬운 것이다.

 그러나 이러한 견해를 대표하는 아리스토텔레스적 전통에서 존재범주를 개념으로 보아온 것은 단순히 이런 혼동 때문만은 아니다. 그 이유는 아리스토텔레스가 근본적으로 파르메니데스의 생각을 따라 사유와 존재가 적어도 상호작용한다고 보아, 존재 자체도 논리적 사유에 의해 얻어진 범주체계에 합치하도록 구조지어져 있으리라고 여긴 데 있다.[16] 논리적 사유는 아리스토텔레스에 있어 세계의 존재를 질서정연한 것으로 파악하는 능력을 갖는데, 그 이유는 세계의 존재 자체가 그 본질에 있어 곧 논리적 사유에 부합하도록 구조되어 있기 때문이다. 그래서 논리적 정의를 통해 모든 사물의 본질 및 그 본질연관들은 유, 종 개념의 논리적 질서 속에 자리 잡는데 이때 더 이상 다른, 보다 일반적인 것에 귀속될 수

---

16 Adrw 40–41, 100. 또한 J. Hirschberger, *Geschichte der Philosophie* 1. Freiburg/Basel/Wein, 11. 1979, 163 이하, 187 이하 참조.

없는 가장 근본적인 개념, 즉 최고의 유 개념이 범주인 것이다.

존재와 사유의 일치를 암시하는 더 적극적인 점은 근본술어로서의 범주에 '실체'마저 들어 있다는 것이다. 아리스토텔레스는 사물의 징표, 계기, 연관 등을 개념으로 고정했을 뿐 아니라 사물의 실체 자체도 그렇게 했던 것이다. 이는 그가 논리적 사유의 방법으로 사물의 실체(제1실체, 개물)를 파악하려다 보니까 그것을 개념으로 고정시킬 수 있는 형상(제2실체, 본질)으로 환원시켰기 때문에 가능했던 것이다. 그러나 사실상은 범주는 이 본질과도 동일시될 수 없는 것이요, 더욱이 이 본질에 대한 개념으로 오인되어서는 안 되는 것이다.

존재범주를 개념과 동일시하는 이러한 견해는 실은 세계인식의 가능근거 확보와 인식내용의 선천적 타당성 정초라는 인식론적인 핵심문제에 있어 손쉽게 일괄적인 해결책을 찾으려는 기대에서 연유하는 것이다. 개념과 존재원리의 동일성이 전제되면 세계의 본질은 어려움 없이 개념적으로 파악될 것이다. 왜냐하면 "인간의 사유는 그의 논리에 힘입어 개념들을 지배하는데 … 이 개념들이 곧 모든 존재자의 형상실체"[17]이기 때문이다. 또 이렇게 얻은 세계에 대한 인식내용은 선천적으로 타당한 것이 될 것이다. 왜냐하면 "사유는 이 개념과 더불어 선천적으로 존재자 자체와 세계를 또한 지배할 것이기"[18] 때문이다.

이와 같은 사정은 형상실체에 관한 이설을 멀리 떠난 칸트의 순수이성 비판에서도 엿보인다. 칸트에게서도 범주는 주지하다시피 순수한 오성

---

17 Adrw 100.
18 Adrw 100.

개념이다. 칸트에게 있어 세계인식의 가능성은 현상적인 경험세계로 국한되었으나, 적어도 거기서 얻어진 인식내용이 선천적 타당성을 갖게 되는 이유는 그 범주가[19] 사유형식으로서의 개념이라는 데서 찾아진다.

존재범주와 개념의 동일성을 확고한 사유지반으로 갖는 철학은 누구보다도 헤겔에게서 발견된다. 그에게 있어 존재의 변증법은 곧 개념의 변증법이요, 개념으로 고양될 때 세계의 존재는 비로소 현실적으로 되어 그 전모를 드러낸다.

그러나 존재원리로서의 범주와 존재원리에 대한 개념이 동일시될 수는 없는 일이다. 비록 범주 개념을 통해 범주 자체가 표현되고 또 인식된다 해도, 범주 자체가 개념일 수는 없다. 모든 술어는 존재에 대한 술어라는 점에서 술어로서의 개념과 존재원리로서의 개념이 상호 배척적이지 않고 상호 함축적임은 당연하다. 그러나 바로 이 관계를 통해 우리는 모든 술어는 그 기술하고자 하는 대상, 즉 존재를 전제한다는 것을 확인할 수 있다.

존재 자체는 술어 없이도 존립하지만 술어는 그 대상인 존재가 없으면 공허해지고 만다. 또 모든 술어가 그 대상인 존재를 완벽하게 기술해 내고 있는 것도 아니다. 학적 인식의 발전을 통해 개념이 변천하는 것은 존재에 대한 좀 더 적합하고 완전한 술어를 찾아가는 도정으로 볼 수도 있는 것이다.

그저 범주라고만 말하면 범주는 술어다. 그러나 존재원리에 대한 술어

---

19 칸트에서의 범주를 단순히 인식범주로만 볼 수 없고 또한 존재범주로 보아야 함은 뒤에서 설명됨(Ⅲ절, 1).

라는 점에서 범주는 단순한 술어 이상의 것이다. 또 범주는 존재원리이지만 그 존재원리에 대한 술어이기도 하다는 점에서 존재원리 이하의 것이기도 하다. 이렇게 범주라는 말은 이중적 의미를 갖거니와, 이때의 의미내용인 두 가지가 별개의 것임은 분명하다.

범주의 개념은 범주를 명확히 파악하기 위한 철학적 사유의 산물이요, 대상적 존재 자체에 깃들어 있는 것이 아니다. 개념은 이렇듯 추후적이고 부차적인 것이다. 그것이 밝히고자 하는 대상, 즉 범주 자체는 이 개념이 자신을 바르게 밝히는지 그렇지 않은지에 대해 무관한 독자적인 존재원리다.

"존재의 '범주'는 이 말이 본래 의미하듯 가능한 판단의 언표나 술어가 아니다. 범주는 대상의 규정성이요, 형식이요, 법칙이며, 존재 자체에 고유한 순수한 객관의 원리다."[20]

3. 존재범주와 논리법칙

사유와 존재의 합치 내지 동일성을 주장하는 입장에서 나오는 또 하나의 잘못된 견해는 논리법칙을 곧 존재범주로 보려는 것이다. 이 견해는 물론 존재범주와 개념을 동일시하는 앞서의 견해와 밀접히 연관된다. 그러나 이 견해는 그 개념체계의 근거를 다시 논리법칙으로 환원시킨다는 점에서 이 후자의 견해보다 더 철저하게 일면적으로 반성된 것이라 할

---

20 N. Hartmann, *Grundzüge einer Metaphysik der Erkenntnis*, Berlin, ⁵1965(이하 MdE), 259.

수 있다.

근본술어로서의 개념은 실은 존재에 대한 개념적 사유의 구성물로 사유의 구조 내지 원리를 드러내 보이는 것인데, 이때 이 개념적 사유가 원리적으로 논리법칙에 의존되어 있고 그 구조가 논리법칙에로 환원된다는 것이 이 견해의 기본적인 핵심이다. 이 견해는 역시 아리스토텔레스에게서 그 발원점이 발견되지만, 중세의 보편실재론, 근세의 존재론적 합리주의, 칸트학파의 논리적 관념론 등에서 그 입장이 강화되어 나타난다.[21]

칸트의 선험논리학이나 헤겔의 변증논리에 견주어 우리는 흔히 아리스토텔레스의 논리학을 '형식' 논리학이라 부른다. 그러나 그의 논리학은 실은 존재 자체에 관한 이론으로서의 제1철학에 기초를 놓으려는 존재론적 숙고의 산물로서 그저 공허한 사유형식만을 문제 삼으려는 것은 아니었다. 논리적 법칙 속에서 존재의 원리를 찾으려는 이러한 전통은 근세의 철학이 이러한 존재론적 논리학에서 대상인식의 논리학 즉 인식론을 분리해 내고 그 나머지를 그저 사유형식만을 문제 삼는 '형식' 논리학으로 격하시킬 때까지 지속되었다. 특히 보편 개념의 실재성을 역설한 스콜라 철학의 실재론에서는 논리적 영역이 실체화되어 현실적 세계의 근거로 이해되기도 했다. 이를테면 둔스 스코투스는 "논리적 관계가 사물의 세계를 모든 특수화와 개별화에 이르기까지 지배하는 것"[22]이며 그 지배의 도식은 철저히 연역적이라고 생각했다. 이러한 논리적 법칙성

---

21 MdE 160 이하, 189 이하; Adrw 122 이하, 126 이하 참조.
22 Adrw 127.

을 근거로 해서 스피노자도 실재와 이념에 있어 '질서와 결합의 동일성'을 주장할 수 있었고, 라이프니츠도 '세계의 예정된 조화'를 생각할 수 있었을 것이다.[23]

모든 사유는 존재에 대한 사유이고 사유는 일정한 원리에 좇아 수행되므로, 그 사유를 통해 인식되는 세계는 바로 그 사유의 원리에 좇아 구성되어 있다고 보면, 세계의 존재론적 구명은 사유원리의 구명에로 귀착될 것이다. 그런데 이 사유원리가 곧 논리법칙인지, 이는 문제다.

사유는 논리법칙을 따르려는 경향도 있지만 이와는 달리 심리법칙을 따르려는 경향도 있다. "사유는 작용이다. 그리고 작용의 법칙을 갖는다. 그런데 이는 사유심리학의 정당한 대상이다."[24] 이 측면에서 보면 사유는 "사유과정의 심리적 법칙성 아래" 놓이고, 다른 측면에서 보면 "사유내용의 논리적 법칙성 아래" 놓인다.[25] 여기서 문제되는 것은 물론 사유과정의 심리적 법칙이 아니다. 실질적인 사유과정에는 심리적 법칙 아래 놓이는 여러 순수하지 못한 요인들이 개입되어 사유를 오류에 빠뜨리기도 한다. 이러한 순수하지 못한 요인들을 다 떨어낸 순수한 이상적인 사유가 물론 우리의 관심사다.

그런데 과연 순수한 사유가 따르려는 또 하나의 법칙인 논리적 법칙이 이러한 사유를 수행하는 순수주관, 주관일반, 선험적 주관에 귀속되는 것인가? 그렇지 않다. 논리법칙은 주관독립적으로 이념적 존재영역에

---

23 Adrw 122 참조.
24 Adrw 168.
25 Adrw 168.

속하는 이념적 구조다. 그것은 주관이 사유 중 그것을 따르든 따르지 않든, 그것을 인식하든 인식하지 않든, 이에 무관하게 독자적으로 존립하는 이념적 존재로서의 원리다. 바로 이러하기에 경험적인 사유는 이를 완벽히 따르지 못하고 오류를 범하기도 하는 것이요, 여기에 순수사유, 선험적 자아 등이 하나의 이상으로 요청됐던 것이다. 논리학은 이렇게 볼 때 '사유의 학'이 아니라, '이념적 존재의 학'이다. 개념은 사물의 포괄적 파악을 위해 오성이 구성해 낸 통일체가 아니라 그저 동종적인 사물끼리의 통일성이요, 추론도 일반자로부터 특수자에로 전진하는 사유의 방법이 아니라 이념적 사태 속에 놓여 있는 일반자와 특수자의 의존관계를 나타내는 것이다.[26] 한마디로 말해 "논리법칙은 사유법칙도 인식법칙도 아니요, 다만 이념적 존재의 법칙이요, 이념적 존재에 포함돼 있는 관계들의 법칙이다."[27]

여기서 우리는 존재범주를 사유법칙으로 이해하려는 주관주의적 입장이 견지되지 못함을 본다. 그러나 다른 한편으로는, 논리법칙이 사유주관 아닌 이념적 존재영역 자체에 귀속하려는 것으로 드러난 이상, 논리법칙을 존재범주로 보려는 견해가 일견 여전히 타당한 듯이 여겨질 위험성이 있음을 본다. 만일 논리적, 이념적 구조 및 원리가 실재하는 사물의 현실적인 존재구조가 완전히 합치한다면, 우리는 그렇게 생각해도 좋을 것이다. "만일 현실적인 세계 속에서 입증될 수 있는 모든 구조가 본래

---

26 MdE 25 이하 참조.
27 MdE 26.

이념적 구조이고, 이념적 영역의 모든 구조가 그 자체 가능한 실재성의 형식이라면"[28] 논리적 법칙의 체계를 세계의 존재범주의 체계로 받아들일 수 있을 것이다. 그러나 "실재적 존재는 결코 이념적 구조가 아닌, 즉 비논리적일 뿐만 아니라 이념성에 근본적으로 이질적인 그 자체의 고유한 구조를 가질 수"도 있고, 또 거꾸로 말해 이 "실재성의 세계에 진입해 들어올 수 없는 이념적 구조"[29]도 있을 수 있다.

이념적 존재영역의 원리로서 논리법칙은 물론 한편으로는 사유를 지배하고 다른 한편으로는 실재적 현실성을 지배한다. 그러나 그 지배가 결코 완벽한 것이 아님을 우리는 시인해야 한다. 사유가 논리적 오류에서 완전히 벗어날 수 없다는 점, 실재적 현실 중 논리적으로 설명되지 않는 영역이 엄연히 존립한다는 점이 이를 말해 준다. 주관주의적, 관념론적인 입장에서 한편으로는 논리적 이념적 구조를 사유형식과 합치시키고 다른 한편으로는 실재적 원리와 합치시킴으로써 궁극적으로 세계를 논리적으로 남김 없이 파악할 수 있다고 보려는 것은 지나친 합리주의의 결과라 하겠다.

4. 존재범주와 인식범주

인식의 대상에 대한 존재론적인 물음과 대상의 인식에 대한 인식론적인 물음이 서로 합치하는 것은 아니다. 그러나 이 양자는 서로 분리할 수

---

28 MdE 32.
29 MdE 32.

없는 하나의 연관에 상호 개입되어 있어서 혼란과 착종을 일으키기 쉽다. 존재범주 아닌 다른 것, 앞서 살펴보았듯 사고방식, 개념, 논리법칙 등 인식주관에 연관된 것들을 존재범주 자체로 오해하는 것도, 크게 보면 이들이 모두 존재의 인식에 연관되는 것들이기 때문이요, 존재의 인식구조 속에서 인식되는 존재구조를 찾으려는 그릇된 시도에서 나온 것이라 하겠다. 따라서 우리는 존재범주의 독자성을 분명히 하기 위해 마지막으로 인식범주를 어떤 것으로 파악하든, 존재범주는 인식범주 일반과 원리적으로 구별되어야 한다는 점을 밝혀야 하겠다.

실재에 대한 인식의 내용과 그 실재 자체가 합치하느냐 그렇지 않느냐 하는 문제는 인식의 진리성 및 타당성 문제의 근저에 놓이는 가장 핵심적인 문제다. 그런데 여기서 만일 이 합치를 부인한다면, 모든 인식은 참된 존재인식으로 인정받지 못할 것이요, 존재론적 탐구 역시 중단될 수밖에 없다. 이런 연유로 저 양자의 합치 내지 일치는 암시적으로든 명시적으로든 전제되는 것이 당연시되었고, 바로 여기서 인식범주와 존재범주를 동일시하려는 인식론적 입장이 서게 되었다.

그러나 인식론적인 문제가 이 답을 아무리 요구하더라도 이를 그저 전제하는 일과 이를 입증하는 일은 별개의 것이다. 이 양자의 합치를 입증하는 시도로서 제시되는 이론은 먼저, 칸트에게서 대표적으로 그러하듯, 개인적, 경험적 인식주관이 아닌 보편적, 선험적 인식주관 일반에서 인식범주들의 타당한 근거를 찾는 것으로 대체된다.[30] 즉 어느 인식주관에

---

30 MdE 342 이하 참조.

나 보편적으로 동일한 인식범주가 있어 이 원리에 인식내용이 부합되면, 이는 곧 실재 자체에도 부합하는 것으로 간주할 수 있다는 것이다. 인식 범주의 '내재적 동일성' 즉 '간주관적 동일성'이 그것의 '초월적 동일 성' 즉 실재 자체의 구조와의 동일성을 간접적으로 보장해 준다고 보는 것이다. 실재의 존재 자체에 '인식'이라는 통로를 거치지 않고는 다가설 수 없는 주관의 제약에 비추어 볼 때 인식범주의 주관적인 '내재적 동일 성'이 객관적인 '초월적 동일성'의 근거가 된다고 볼 수는 없다.

인식내용과 실재존재의 합치를 입증하기 위해 택해지는 또 다른 길은 실재존재를 인식주관에 의해 인식주관에 대하여 현상하는 경험적 대상 영역에 한정시킴으로써 원천적으로 실재의 존재구조를 그에 대한 경험 의 방식 즉 인식내용의 형식에 근접, 일치시키는 방식이다. 역시 칸트의 '대상', '경험' 및 '현상' 개념에서 뚜렷이 보이는 이 길은 주관의 관념적 활동에 존재의 실재적 성격을 희생시킨다는 점에서 '관념론적' 입장을 취하는 일면성을 벗어나지 못하는 것이다.[31] 칸트에 따르면, 표상(인식 내용)과 대상(인식대상)의 합치가 물론 보편타당한 선천적 인식을 보장 해 주는데, 이 합치는 선천성의 본질에 비추어 볼 때 표상이 대상에 의해 규정되는 방식으로 보장되는 것이 아니라 거꾸로 대상이 표상에 의해 규 정되는 방식으로 보장되는 것이다.

그러나 과연 인식의 대상이 세계의 실재 자체가 아니라 인식주관에 의 해 구성되는 주관적 '대상'에 국한되는 것이라면, 거기엔 처음부터 합치

---

31 MdE 349 이하 참조.

되어야 할 두 영역, 두 범주체계가 — 즉 존재범주와 인식범주가 — 있는 것이 아니라, 그저 하나의 영역, 하나의 범주체계만 있는 셈이 된다.

세계에 대한 인식을 부인할 수 없는 한, 초월적 세계의 실재에 귀속하는 존재범주와 이를 인식하는 주관에 귀속하는 인식범주가 완전히 서로 다른 것일 수는 없다. 그러나 그렇다고 해서 이 양자가 동일한 하나라고 보아야 할 근거 또한 주어지지 않는다. 따라서 우리는 이 양자가 그 자체 서로 다른 것이긴 하되 어떤 부문에서 공통적 요소를 갖고 있으리라는 생각에 이르게 된다.

존재범주를 인식범주로 환원시켜 이 양자를 동일시한다면, 인식현상의 근본구도인 인식대상과 인식주관의 관계 자체가 허구적인 것이 될 것이며, 인식주관은 세계의 존재에 관해 완전한 인식에 도달할 수 있다는 현실에 반하는 귀결에 이를 것이다. 이에 우리는 이 양자를 명백히 구분하면서, 이 양자가 어떻게, 어떤 범위 내에서 공통적 요소를 갖고 합치하는지를 검토하는 것이 인식론적, 존재론적 탐구의 주요과제 중 하나가 된다고 생각한다.

III. 인식범주와 존재범주의 관계

1. 존재와 사유의 '범주적' 동일성

세계에 대한 인식을 정당화시켜 주는 일은 세계에 대한 존재론적 탐구를 위한 필수적 예비작업이라 하겠다. 이 일은 따라서 그리스 철학 이래 여러 방법으로 도모되었거니와, 그 핵심은 인식주관의 인지적 사유와 세계의 존재 자체가 서로 상응, 합치할 수 있는 요소를 밝히는 것이었다.

이러한 시도 중 가장 과감히 단적으로 사유와 존재, 주관과 객관의 동일성을 주장하는 철학으로 하르트만은 고대의 파르메니데스, 근세의 독일 관념론 철학, 그리고 신칸트학파의 논리적 관념론 등을 들고 있다.[32] 그러나 이러한 시도들에서는 "문제가 요구하는 것보다는 더 많은 것이 주장되었다. 즉 문제는 주관과 객관 사이의 합치 여부에 대해 제기되었는데, 답은 이들의 일치에 대해 주어졌다."[33] 사유와 존재, 주관과 객관 양자를 아예 동일시함으로써 양자의 관계 자체가 와해되었고, 이 관계를 기초로 삼는 인식현상 자체가 성립할 수 없는 것으로 되어 버렸다. 바로 이런 난점을 피하면서 등장한 것이 하르트만에 따르면 두 영역 간의 전적인 동일성을 주장하는 대신 다만 '범주적 동일성'만을 주장하는 이론들이다. 즉 동일성의 범위를 구체적인 영역 전체로부터 그를 지배하는 원리들로 제한하는 이론들이다. 두 영역이 갖는 구체적 다양성이 합치하는 것이 아니라, 다만 그들의 원리 즉 범주만이 동일하다는 것이다. "이 동일성은 따라서 두 영역의 이질성을 배격하지 않는 동일성으로 파악되어야 한다."[34]

하르트만에 따르면 "주관과 객관의 이 원리의 동일성은 선천적 대상인

---

32 파르메니데스 : '사유와 존재의 동일성', 피히테 : '자아와 이에 의해 산출된 타아의 동일성', 셸링 : '절대자와 다를 바 없는, 철저한 무차별성으로서의 주객 동일성', 헤겔 : '주관과 실체의 동일성', '이성적인 것과 현실적인 것의 동일성', H.코헨 : '순수인식에서의 산출과 산출된 것의 동일성', AdrW 118 이하 참조.
33 MdE 355.
34 Adrw 120.

식이라는 사실을 이해하기 위해 필요하고도 충분한 최소한의 형이상학적 가정"[35]이다. 만일 주관과 객관의 전 영역이 합치한다면 인식불가능한 것이 남을 수 없을 것이며, 두 영역의 원리마저도 합치하지 않는다면 실재적 대상에 대한 보편타당한 선천적 인식은 불가능한 것이기 때문이다.

'범주적 동일성' 이론은 이렇듯 사태에 대한 자못 신중한 비판적 성찰에서 나오는 것이기에 고대 이래로 여러 변양을 보이며 이어져 왔다. 로고스를 우주와 영혼, 두 상이한 영역에 동시에 부여하고 영혼 속에서 세계의 로고스를, 혹은 세계 속에서 영혼의 로고스를 인식했던 헤라클레이토스의 로고스 이론, 이념적 원리이자 실재적 원리로서의 이데아를 원상 표본으로서 존재자의 원리로 파악하며 동시에 영혼이 진리인식을 위해 내부에서 성찰해야 하는 인식의 원리를 파악하는(사고는 사물이 분유하는 동일한 이데아에 참여함으로써 그에 대한 선천적 본질직관 수행) 플라톤의 이데아론, 존재를 사유(내지 개념의 이론적 영역)로부터 분리시키는 질료에 맞서(그 자체 개념이기도 하므로) 이 양자를 결합시키는 존재론적 원리이자 논리적 원리인 형상을 주장하는(개념은 존재자의 형상 실체에 다름 아니요, 따라서 논리적으로 순수하게 개념적 관계 속에서 파악된 것은 실재의 자연과 생성 속에서도 타당) 아리스토텔레스의 형상 이론 등이 이 이론을 표방하는 대표적인 고전적 이론이 될 것이다.[36]

나아가 아리스토텔레스의 전통 속에서 실체적 형상(forma

35 MdE 355 이하.
36 MdE 356 이하; AdrW 120 이하 참조.

substantialis) 개념으로서 논리학과 존재론을 결합시켜 이 사유와 존재의 원리의 동일성을 기초로 선천적 존재인식을 정당화시키는 볼프에 이르기까지의 스콜라 철학('개념실재론'에서 이 동일성이 가정되어 논리적 영역과 존재론적 영역 자체가 동일시되어 본질과 현존의 구별이 없어짐으로써 이른바 '신' 존재의 존재론적 증명이 시도되기도 했음), 자연인식의 가능근거 및 심신의 통일성의 근거를 밝히기 위해 데카르트가 분리시켜 놓은 사유(cogitatio)와 연장(extentio)의 연관을 되찾으려는 노력 속에서, '실재의 질서 및 연관이 이념의 질서 및 연관과 같음'을, 정신과 자연을 속성으로 갖는 하나의 실체 즉 신의 통일성 속에서 확인한 스피노자, 모든 존재인식을 함축하는 단자들 간의 상호 표상을 통해 결과적으로 주관의 원리와 객관의 원리가 동일함을 암시한 라이프니츠 등도 이 이론을 이어받은 후예라 할 것이다.[37]

그러나 누구보다도 칸트에게서 이 이론은 가장 정련된 형태로 나타난다. 그는 이 동일성을 "모든 종합판단의 최고의 원리"라고 부르고, 선천적 인식의 원리로 삼는다. 그가 "경험 일반의 가능조건들은 동시에 경험의 대상의 가능조건들이며, 그렇기 때문에 선천적 종합판단 속에서 객관적 타당성을 갖는다"[38]고 말했을 때, 이 가능조건들이란 곧 원리들을 가리키는 것이었다. 대상과 표상의 합치를 표상에 의한 대상의 규정을 통해 관념론적으로 근거짓는 칸트지만, 여하튼 이렇게 경험의 원리와 대상의 원리를 동일시함으로써 선천적 인식의 가능근거를 명백히 설명한 것

---

37 MdE 358 이하; AdrW 12 이하 참조.
38 I. Kant, *Kritik der reinen Vernunft*, B 197.

은 사실이다.

이로써 우리는 사유와 존재가 그 자체 동일시될 수는 없지만, 사유의 원리 즉 인식범주와 존재의 원리 즉 존재범주가 동일해야만, 인식현상 일반이, 특히 선천적인 보편타당한 인식현상이 설명될 수 있음을 확인하게 되었다.

2. 존재범주와 인식범주의 '부분적' 동일성

그러나 이 두 가지 원리가 전면적으로 동일한지, 오직 부분적으로만 그러한지는 더 검토해 보아야 할 문제다. 이 문제에 대해 하르트만은 다음의 세 가지 논거 위에서 그 부분적 동일성을 주장한다.

만일 이 두 가지 원리가 전면적으로 동일하다면, 우리는 먼저 이를테면 라이프니츠가 주장하는 바와 같은 순수선천주의 내지 절대적 선천주의를 정당한 것으로 용인해야 할 것이다. "만일 모든 존재범주가 인식범주와 합치한다면 모든 존재자는 인식될 수 있을 뿐 아니라 그것도 선천적으로 인식될 수 있을 것이다."[39] 즉 모든 인식은 실재세계에 대한 경험 없이도 주관 자체 안에서 성립되며, 그 보편타당성 또한 자명한 것으로 받아들여져야 한다. 라이프니츠에 있어 각 단자들은 각기 세계 전체를 표상하되, 세계와 관계하거나 경험하지 않은 가운데 순전히 내적인 작용으로써만 그렇게 한다. 따라서 단자의 세계인식은 순전히 선천적인 것이

---

[39] MdE 363.

다.[40] 그러나 우리 인간의 인식이 이렇듯 순전히 선천적이지 않다는 것은 인식현상이 말해 주고 있다. 인간의 인식에서는 경험도 큰 몫을 차지하며, 모든 진리성은 선천적 인식과 후천적 인식의 합치를 통해 비로소 확인될 뿐이다. 칸트도 말했듯이 인간의 인식은 '두 가지 원천'을 가진다. 따라서 인식범주와 존재범주의 전면적 동일성은 더 제한되어야 한다.

두 가지 범주체계의 전면적 동일성을 시인할 수 없는 두 번째 더 중요한 이유는 그로부터 모든 존재자의 인식가능성이 귀결된다는 데에 있다.[41] 인식범주와 존재범주가 전면적으로 동일하다면, 이 세계에는 인식되지 못할 '비합리적인' 영역이 남게 되지 않는데, 이는 분명히 인식현상에 반하는 것이기에 수긍할 수 없다는 것이다. 선입견 없이 인식현상을 분석해 보면 우리는 인식영역의 한계뿐 아니라 인식가능성의 한계를 불가피하게 만나게 되는데,[42] 위의 전면적 동일성 명제는 명백히 이와 상충하는 것이다. '실재세계의 인식가능성의 정초'를 위해 불가결하게 요구되는 것이 존재범주와 인식범주의 합치이긴 하지만, 이의 전면적 동일성은 필요 이상으로 과도한 것으로서 오히려 설명하고자 했던 인식현상 자체에 의해 거부될 수밖에 없는 것이다.

마지막으로, 이 두 가지 범주체계를 전면적으로 동일시하게 되면, 실질적으로 인식과 존재라는 두 영역의 이질성 자체가 소멸되어 하나의 영

---

40 Adrw 123 참조.
41 MdE 361 이하 참조.
42 MdE 204 이하 참조.

역만이 남게 될 것이요, 그렇게 되면 주관과 객관의 상이성도 성립되지 않아 인식현상 자체가 성립되지 않게 될 것이다. 이는 앞에서 피했던 파르메니데스적 동일성의 철학으로 되돌아가는 실질적 결과를 낳게 되는 것으로 부당한 일이다.

이로써 우리는 인식범주와 존재범주의 동일성이 더 제한을 받아 대상의 '합리성' 즉 인식가능성의 범위 이내로 국한해 부분적으로만 인정받아야 한다는 결론에 이르렀다. 동일성의 명제를 원리의 영역에만 국한시켜야 한다는 첫 번째 제한에 이어, 이제 대상의 합리성의 한계 내에 머물러야 한다는 두 번째 제한을 받아들이기에 이른 것이다. 여기서 우리가 다시 확인해 두어야 할 것은 "대상과 주관 속의 인식상에 공통되는 범주는 대상의 규정들 중 선천적으로 인식할 수 있는 것들에 정확히 대응한다"[43]는 점과 "대상의 합리성의 한계는 동시에 범주들의 초월적 동일성의 한계여야 한다"[44]는 점이다.

존재범주와 인식범주가 부분적으로만 합치한다 해도, 그 합치되는 부분의 상관적 위상에 따라 합치의 양상에는 원리적으로 다음 세 가지가 있을 수 있다.[45]

첫째, 존재범주 전체가 인식범주의 일부와 합치하는 경우

둘째, 인식범주 전체가 존재범주의 일부와 합치하는 경우

셋째, 존재범주 일부와 인식범주 일부가 합치하는 경우

---

43 MdE 365.
44 MdE 365.
45 MdE 365 이하 참조.

이 세 가지 중 존재범주와 인식범주의 관계를 올바르게 드러내 주는 것은 어느 것일까?

하르트만에 따르면 우선 첫 번째 경우는 모든 존재범주가 인식범주에 합치하여 인식불가능한 것, 경험에 의존해서야 인식가능한 것의 성립이 설명되지 못하므로 옳지 않다.

둘째 경우는, 그저 인식에만 속하고 실재대상에는 결여되어 있는 범주들, 이를테면 "인식대상을 구성하지 않지만 인식작용의 길을 규정하는 규제적 원리"라든지 "객관적으로 타당한 규정들과는 구별되는 … 그저 객관적 의미만을 갖는 … 방법적 원리"[46] 등의 존재를 배제하게 되어 옳지 못하다.

이렇게 생각해 볼 때 타당한 경우로 남는 것은 오직 세 번째 것이다. 합치영역의 양쪽의 경계는 각기 인식가능성의 한계와 객관적 타당성의 한계를 이루는 것으로 이 두 가지 경계가 한정해 주는 합치되는 부분은 바로 초월적 대상인식의 영역이 되는 것이다.

IV. 존재의 비합리성과 합리성

세계의 존재를 통일적으로 해명하고자 하는 형이상학적 욕구는 철학적 탐구에 있어 필수불가결한 것이요, 그 자체 잘못된 것이 아니다. 그러나 바로 이 욕구는, 세계에 내재하는 통일성의 원리를 찾아내는 일에 성

---

46 MdE 366.

공하지 못할 경우, 억지로 생각해 낸 통일성의 원리를 세계에 적용시켜 세계를 임의로 해석하려는 시도를 감행케 하기도 한다.

세계를 통일적으로 해명할 수 있기 위해서는 우선 세계의 존재 중 원리적으로 인식불가능한 영역이 남아 있어선 안 된다. 왜냐하면 통일적 원리는 세계 전체를 지배해야 하는 것이요, 인식되지 않는 세계를 남긴다는 것은 세계의 일부만을 문제 삼는 것이 되기 때문이다.

앞에서 우리는 단편적이나마 파르메니데스, 스코투스, 라이프니츠, 헤겔 등 사유와 존재의 일치를 주장하는 철학자들에게서 이러한 경향을 엿보았다. 우리는 이성의 횡포를 정당화시켜 줄 위험이 있는 이러한 주장을 수정하기 위해 존재범주와 인식범주의 합치가 기껏해야 부분적인 것에 지나지 않는 것임을, 그것도 교차적으로 그렇다는 것을 하르트만의 논의에 의거하여 해명하였다.

그런데 여기서 주목되는 것은 존재범주와 인식범주의 부분적 동일성의 명제가 하르트만에 있어 무엇보다도 세계에 대한 유한한 인식의 사실, 즉 세계의 존재는 인식불가능한 '비합리적' 영역을 갖고 있다는 사실에 의거하고 있다는 점이다. 세계인식에 있어서의 이성(ratio)의 권능이 저 두 가지 범주체계의 부분적 동일성을 해명함으로써 제한되었다 하지만, 이 부분적 동일성이 의거하는 존재의 '비합리성(Irrationalität)'에 대한 하르트만의 주장에는 문제점이 없는지 검토해 보기로 하자.

제일 중요한 문제는 존재 자체의 '비합리성' 여부에 관한 것이다. 그는 합리성, 비합리성의 경계가 오직 인식론적인 것이지 결코 존재 자체에 속하는 것이 아니라고 하는데,[47] 이 주장이 그의 인식도 존재관계로 존재의 영역에 속한다는 인식의 존재내재성 '명제'[48] 때문에 약화되지 않는가 하는 점이다. 인식도 존재적 관계요 따라서 존재적 조건에 의해 제약받는 것이요, 이와 더불어 가능한 인식의 범위도 그러하다면, 그렇게 존재 자체에 의해 규정되는 '비합리성'은 결국 인식을 넘어서 존재 그 자체와 그 조건에로 귀착되는 것이 아닌가 하는 점이다.

존재 자체의 '비합리성'은 또한 인간 외의 더 수준 높은 지성은 없다는[49] 그의 주장에 의해서도 결과적으로 강화된다. 왜냐하면 인간의 지성에 의해 파악될 수 없는 비합리적인 존재는 달리 그 어떤 이성에 의해서도 파악될 수 없으므로 영원히 비합리적일 수 있다. 즉, 그 자체 비합리적일 수 있다. 그렇게 되면, 그 자체 무한한 비합리적인 존재 중 일부만이 인간 정신에 드러남으로써 합리적인 것으로 되는 셈이다. 존재 자체의 '비합리성'이 정립된다면, 이는 하르트만의 본래 의견과도 상충하겠지만, 그보다도 '비합리적인 것, 즉 인식불가능한 것의 인식가능성'이라는 모순을 안게 되어 중대한 문제를 야기한다.

인식불가능한 비합리적 영역이 시작되는 경계가 어디 있는지를 모르는 채 다만 인식되지 않는 영역이 시작되는 경계선에 서서 이 경계선을 차츰 뒤로 밀어내는 것이 인식활동임을 생각하면, 그리고 이러한 유한한 인간 정신의 활동 속에도 인식하는 정신과 존재와의 근원적 연관성을 암시하는 계기가 있음을 생각하면 오히려 존재 자체의 가지적 근본성격, 즉 합리성을 인정하는 것이 더 합당하지 않을까 생각된다.

---

47 MdE 247 이하 참조.
48 MdE 182 이하 참조.
49 MdE 280 참조.

그 다음 생각해 볼 문제는 그의 관계주의적 생각의 테두리 내에서 정신적 인식의 현상을 남김 없이 적합하게 잘 설명할 수 있을까 하는 것이다. 그의 관계주의에 따르면 인식하는 정신은 오직 이미 알고 있는 것과의 연관 속에서만 활동하게 된다고 하는데,[50] 그렇다 해도 그 연관된 최후의 항이 불합리한 것임은 어쩔 수 없을 것이다. 만일 이 과정의 어느 곳에서도 직관적인 파악이 작동되지 않는다면 이 최초의 항 앞에서 이성(ratio)은 무기력할 것이요, 그에겐 이것이 미지의 것으로 남아 있는 그런 관계들의 연쇄만이 남게 될 것이다. 인간은 한 존재자로서 존재자의 세계 속에 편입되어 있어 그 세계에 대한 부분적, 단계적 인식을 추구하기도 하지만, 그런 존재자들의 연속을 뛰어넘어 그 존재자들의 존재 자체, 그 존재자들의 총체에 대한 조망을 할 수 있는 직관적 인식능력도 어느 정도 갖고 있지 않나 생각된다. 그렇다면 존재 자체의 가지성이나 존재와 정신의 근친성이 처음부터 배제될 필요는 없을 것이다. 존재의 가지성이 상정되고 정신이 직관적 인식능력이 용인된다고 해서 이것이 곧 이성적 사유의 전횡을 북돋워주는 것이라고 할 수 없을 것이다.

---

50 N. Hartmann, *Zur Grundlegung der Ontologie*, Berlin, ⁴1965, 27 참조.

3 세계 실재성의 근거[*]
— 하르트만에서 생활세계의 의미 —

I. 문제 제기

1. 삶의 연관

세계의 실재성[1] 및 그 인식가능성 여부[2]에 관한 이른바 '관념론'과 '실재론' 간의 논쟁에 대해 '생활세계'라는 것이 어떤 증언을 할 것인지, 하르트만의 논의에 국한해서 이를 살펴보고자 하는 것이 이 논문의 과제다.

---

* 「하르트만에서 생활세계의 의의」, 『철학과 현상학 연구』 5집, 1992.
1 주관의존적 관념성과 대립되는 말로, 하르트만의 용어법에 충실하자면 주관독립적 즉자존재(Ansichsein)라고 해야 할 것이다.
2 세계가 인식되느냐 안 되느냐 하는 문제가 아니라, 우리가 인식하는 세계가 즉자적 세계 자체냐 아니냐 하는 문제다.

'생활세계'라는 용어 자체가 하르트만의 저술에 등장하는 것은 아니다. 그러나 현상학에서 논의되는 이 용어의 일반적 함의에 비추어 볼 때, 하르트만이 "삶의 연관(Lebenszusammenhang)"이라고 표현하고 있는 것의 내용은 곧 '생활세계'의 그것과 다를 바가 없다. 그는 본래 실재세계가 우리에게 어떻게 주어지는지를 기술하는 가운데, 그 실재성 소여의 근원적 지반으로서 '삶의 연관'에 대해 논급하고 있거니와, 우리는 이를 곧 '생활세계'로 이해하고자 하는 것이다. 그 논급 가운데서 우리는 세계의 실재성 및 그 인식가능성을 입증해 주는 입론의 구조 또한 찾아볼 수 있는데, 지금 우리의 의도는 그가 암암리에 함축했던 이 논의 구조를 재구성해 봄으로써, 세계의 실재성 및 그 인식가능성을 입증함에 있어 '삶의 연관', 즉 '생활세계'라는 것이 어떤 의의를 갖는지 밝히고자 하는 데 있다.

2. 실재론과 관념론

세계는 인식주관과 상관없이 우리의 의식 밖에 독자적으로 존립하며, 우리가 인식하는 것은 바로 그러한 세계다. — 이른바 '실재론'의 기본입장을 표명한다고 하는 이 명제가 의문시되고 나아가 부인되는 것은 근본적으로 볼 때 다음과 같은 생각 때문이다.

(1) 의식주관에는 표상, 관념 등 의식내용만이 주어진다.

(2) 따라서 의식주관에 상대적인 대상이 아닌 존재자란 없다.

첫째 명제는 그 자체만으로는 거짓이 아니다. 그러나 이는 존재자가 존재하는 모습의 일부, 즉 그것이 주관과 관계하며 존재하는 모습만을 말해 줄 뿐, 그 전체를 말해 주는 것은 아니다. 의식주관에 직접적으로 주어지는 것은 물론 의식내용이다. 그러나 그것이 존재자에 관한 의식내용인 한, 우리는 바로 그것을 통해 그것의 출처, 즉 독자적으로 존재하는 존재자 자체로 나아갈 수 있다고 볼 수는 없겠는가? 즉 '의식에 주어짐'(소여)을 통해 의식에 주어지는 것 자체(존재자)로, '의식에 나타남'(현상)을 통해 의식에 나타나는 것 자체(존재자)로, '의식에 대해 마주 섬'(대상)을 통해 의식에 대해 마주 서는 것 자체(존재자)로 나아간다고 볼 수는 없겠는가?

그런데 이를 간과한 채 의식의 내재성에만 묶여 곧 둘째 명제로 넘어간다면, 이는 독자적인 존재자 자체를 놓치고 마는 오류를 범하는 것이 된다. 의식주관과의 상관자만을 존재자로 보는 것은 의식에 직접 주어지지 않는다는 이유만으로 존재함 자체를 부인하고, 존재함을 다만 주관과 상관함으로 환원시키는 것이요, 그것을 의식에 주어짐(소여), 나타남(현상), 마주 섬(대상)으로 대체시키는 것이 되기 때문이다. 이런 견해를 보통 '관념론'이라고 부르거니와, 첫째 명제에 머물러 세계의 실재는 인정하되 적어도 인식되는 세계는 주관적 인식−의식 활동의 구성물이라고 보는 완화된 입장을 인식론적 관념론(칸트, 후설 등)이라고 한다면 둘째 명제로까지 나아가 주관적 인식−의식 활동의 산물인 관념만이 실재하는 것의 전부라고 보는 극단적인 입장은 존재론적 관념론(버클리)이라고 일컬을 수 있을 것이다.

이런 맥락에서 볼 때 세계의 실재성 및 그 인식가능성 여부의 문제에 대해 긍정적인 답을 마련하기 위해 우리가 해야 할 일의 핵심은, 인식을 포함한 의식작용 일반이 자신의 경계를 뛰어넘어 밖으로 나아가 그 밖에서 그것과는 무관하게 독립적으로 존재하는 세계와 만나는 모습을 역력히 보여주는 것이다. 이렇게 함으로써 우리는 주관독립적 세계의 존재를 논증(beweisen)하지는 못해도 적어도 입증(erweisen)[3]은 할 수 있을 것이며 이를 토대로 우리가 인식하는 세계가 바로 그러한 즉자존재적 세계임을 또한 입증할 수 있을 것이다.

3. 정의작용, 인지작용, 그리고 삶의 연관

세계의 실재성 및 그 인식가능성을 입증해 줄 수 있는 현상으로서 하르트만은 인식의 현상, 정의작용의 현상, 그리고 삶의 현상을 들고 이들을 차례로 기술, 분석하고 있다.[4] 그런데 여기서 그는 세계의 실재성 그 자체를 입증하는 일과 그것의 인식가능성을 입증하는 일을 별개의 것으로 분리하여 생각했던 것 같지 않다. 즉 '세계가 주관독립적으로 실재함'을 입증하면 이는 곧 '우리가 인식하는 세계란 곧 그러한 실재하는 세계임'을 입증하는 일이라고 생각했던 것 같다. 그래서 이의 세 가지 현상이 각기 이 두 근본명제를 동시에 입증해 주는 것들이라고 여겨, 이들을 그저 병렬적으로 다루었던 것 같다. 그러나 다른 한편 그의 논의를 유심히 살펴보면, 이 세 가지 현상은 세계의 실재성 및 그 인식가능성을 동시에 같은 무게로 입증해 주는 등가적 현상이 아니고, 따라서 그저 병렬적

---

3 하르트만의 표현. N. Hartmann, *Zur Grundlegung der Ontologie*, Berlin, 1965(이하 GdO), 22a, 23a 참조. 논증이란 더 근본적인 것에 의거하여 덜 근본적인 것을 설명하는 것인데, 세계의 존재란 바로 가장 근본적인 것이기 때문에 논증할 수 없다는 취지다.

4 GdO 3부.

으로 다루어져서는 안 되는 것들임을 알 수 있다.

하르트만 자신도 간략히는 언급하고 있듯이,[5] 정의작용의 현상 가운데서는 실재하는 세계의 현존(Dasein)이 더 뚜렷이 드러나고, 인식의 현상 가운데서는 그 세계의 본상(Sosein)[6]이 더 뚜렷이 드러난다. 세계가 엄연히 주관독립적으로 실재한다는 그 현존성 자체는 정의작용을 통해 체험되며, 반면에 그 세계가 무엇인지 하는 본상은 인지작용인 인식현상 가운데서 인식된다는 말이다. 이런 사정 때문에 정의작용을 통해서나 인식현상을 통해서나 주관독립적으로 실재하는 세계의 즉자존재가 입증되기는 하나, 이로써 곧 두 현상에서 입증되는 세계가 같은 하나의 것임이 확증된다고 보기는 어렵게 된다. 즉 이로써만은 실재하는 세계와 인식되는 세계가 서로 다른 세계가 아닌 하나의 세계라는 사실까지도 입증되었다고 보긴 어렵다는 말이다. 달리 말하자면 정의작용과 인식작용이 각기 세계의 실재성과 세계의 인식가능성을 입증해 준다 해도, 그 무게중심의 상이성 때문에, 이 두 가지 현상을 결속시키는 어떤 공통지반이 없다면 거기서 드러나는 실재하는 세계와 인식되는 세계 또한 공통지반을 갖지 않는 별개의 세계일 수 있다는 것이다.

따라서 정의적으로 체험되는 세계와 인지적으로 인식되는 세계가 같은 하나의 즉자존재적 세계임이 입증되어, 체험되는 현존과 인식되는 본상이 다만 같은 하나의 세계가 갖는 두 계기에 지나지 않는 것으로 입증

---

5 GdO 36c 참조.
6 Sosein에 대한 역어로 '정재(定在)', '본존(本存)' 등이 사용되기도 하나, 여기선 시험적으로 '본상(本相)'이란 표현을 써본다.

되기 위해서는, 그리하여 마침내 세계의 실재성과 바로 그 세계의 인식 가능성이 온전히 입증되기 위해서는, 정의작용과 인지작용을 통합시켜 줄 제3의 공통적인 근원지평이 요구된다. 여기서 우리는 하르트만이 '삶의 연관'이라 부른 생활세계를 바로 그러한 포괄적 지반으로 이해하고자 하는 것이다.[7]

이제 가장 먼저 우리의 관심을 끄는 것은 정의작용의 초월현상이다. 왜냐하면 이미 암시했듯이 존재자 일반 가운데서도 '존재'의 중량을 가득 싣고 우리에게 다가오는 실재적 존재의 현존을 입증해 주는 강력한 증인이 곧 이것이기 때문이다.

II. 정의작용과 세계의 실재

정감이니 의지니 하는 것은 인지적 영역이 아니기 때문에 정교하고 치밀한 철학적 고찰에는 부적합한 주제요, 더욱이 존재론적, 인식론적 문제에 대해 그것이 빛을 던져준다는 것은 기대하기 어렵다고 알기 쉽다. 그러나 이는 서양철학의 오랜 이성주의적 전통에서 나오는 편견이다. 철학도 물론 인간과 세계에 대한 이성적 인식활동이다. 그러나 그렇다고 해서 세계 가운데서 이성적 인식활동에 적합한 합리적 구조만이 철학의 대상일 수는 없다. 더욱이 합리적 인지활동에 주어지는 일면적 세계상을

---

7 하르트만 자신도 삶의 연관의 현상이 "앞의 두 현상을 하나의 포괄적인 연관 속에 짜 넣음으로써 소여 현상 일반에 그 존재론적인 지위를 부여해 주는" 것임을 말하고 있다. GdO 23.

세계 전체에 덮어 씌우는 것은 위험한 일이다. 오히려 비합리적, 비인지적 활동에 비춰진 세계 속에서 우리는 세계의 그대로의 모습을 찾아보기 쉬울 것이다. 왜냐하면 합리적 인지활동의 결과에는 세계 자체와 그에 대한 인간의 파악, 해석이 착종되기 쉽기 때문이다. 세계의 단적인 현존이 문제될 때 이는 더욱 그러할 것이다.

1. 의식의 초월작용과 지향작용

하르트만은 의식의 초월작용을 우리가 출발점으로 삼아야 할 단적인 근본현상으로 본다. 의식작용에는 물론 초월적이지 않은 것도 있다. 사유, 표상, 상상 등의 활동을 할 때 의식은 자신의 내부에서만 움직인다. 이들은 내재적 의식작용이다. 그러나 그 외의 허다한 경우에 의식은 자신의 밖으로 초월해 나간다. 모든 인식작용과 정의작용이 그러하다.

의식이 초월해 자신 밖으로 나아간다면, 의식이 거기서 만나는 것은 무엇이겠는가? 물론 주관독립적으로 존재하는 존재자다. 이러한 존재자가 없다면, 의식은 스스로를 벗어나 향해 나아갈 목표를 갖지 못하여 초월작용 자체가 공허한 것이 될 것이다.

초월적 의식작용과 즉자적 존재자와의 이러한 상관적 연관관계를 명료히 하기 위해, 이를 내재적 의식작용과 그 주관의존적 대상과의 상관관계에 대비시켜 보자.

내재적 의식작용도 그 대상을 갖지 않는 것은 아니다. 그러나 그 대상은 어디까지나 의식 외부에 원천을 갖지 않는, 의식 내부의 주관의존적, 지향적(intentional) 대상일 뿐이다. 그것은 초월적 의식작용이 의식 외부에 갖는 주관독립적, 초월적 대상과는 전혀 다른 것이다. 초월적 의식작용도 의식 내부에 지향적 대상을 갖는다. 그러나 그것은 의식 외부의 즉자적 존재자가 의식에 비쳐진 상(像)이다.[8]

그리고 보면 모든 의식내용은 후설이 간파했듯 일단 지향적이다. 그러나 많은 경우 의식작용은 그에 멈추지 않고 또한 초월적(transzendent)이다. 어느 경우에든 지향적 대상은 의식 내부의 것이어서 주관의존적이다. 그러나 의식 외부의 초월적 대상은 주관독립적인 즉자적 존재자다. (관념론의 근본오류는 바로 이 지향적 대상과 초월적 대상을 분별하지 않으려는 데에 있다고 본다.)

그러면 정의작용에서는 그 초월작용이 어떻게 드러나 보이는가? 하르트만은 정의작용을 크게 수용적(rezeptive), 예기적(prospektive, antizipierende), 자발적(spontane, aktive) 정의작용으로 구분하는데, 그 각각에 있어 실재세계의 즉자성이 어떤 양태로 드러나는지 그 특징을 살펴보기로 한다.[9]

2. 수용적 정의작용

수용적 정의작용은 모든 초월적 정의작용 중 가장 직접적이고 또 기초적인 것이다. 즉 모든 정의작용에는 이미 실재세계를 예기적으로든 자발

---

8 N. Hartmann, *Grundzüge einer Metaphysik der Erkenntnis*, Berlin, 1965(이하 MdE), 5b 참조.
9 GdO 27a–32c 이하 참조.

적으로든 '수용'하는 계기가 들어 있다.

수용적 정의작용 현상의 두 근본계기는 즉자적 실재성의 주관에 대한 역행과, 주관의 이 역행(Widerfahrnis)에 의한 "맞닥뜨려져 사로잡힘 (Bettroffensein)"이다.[10]

실재성의 역행은 저항(Widerstand), 견고함(Härte), 중량(Schwere), 힘(Macht), 압박(Druck) 등의 양태로 느껴지며, 이것의 부단성, 불가피성을 무자비한 것으로 느낄 때, 그것은 심지어 숙명(Schicksal)의 양태로도 느껴진다.[11]

우리는 이러한 여러 양태의 저항 체험에서 그러한 저항의 근원을 주관 독립적으로 실재하는 세계에서 찾을 수밖에 없다. 왜냐하면 그 저항은 우리의 주관적 의식작용이 산출한 것도 구성한 것도 규정한 것도 아니요, 또한 의식작용 자체만으로는 변경시키거나 회피하거나 폐기시킬 수 없는 것이기 때문이다. 이때 물론 저항하는 즉자적 실재에는 사물만이 아니라 생명체와 타인의 심정이나 사유 또는 사회 역사적 상황 등이 다 들어갈 것이요, 이 여러 존재층 가운데서도 가장 강한 저항을 수행하는 것은 범주적 성층 구조에서의 강도(強度)의 법칙[12]에 따라 물론 최하층의 물리적 사물일 것이다.

다른 한편 주관의 '사로잡힘'은 그 강렬한 정도에 따라 뒤흔들림 (erschüttert)에서부터 흥미 느낌(interessiert)에 이르기까지 여러 가지

---

10 GdO 27b 참조.
11 GdO 27d 참조.
12 N. Hartmann, *Der Aufbau der realen Welt*, Berlin, 1964, 56a 참조.

방식으로[13] 자각되며, 그 '사로잡힘'의 성격에 따라서 경험(Erfahren), 체험(Erleben), 수난(Erleiden), 인고(Ertragen)의 유형으로 구분되기도 한다.[14] 어떤 방식이나 어떤 유형으로 감지되든 수용적 정의작용의 핵심은 무엇인가에 의해 맞닥뜨려져 사로잡혔다는 데에 있는데, 여기서 우리는 바로 이 무엇을 의식 밖에 자립적으로 존재하는 것으로 볼 수밖에 없다는 것이다. 왜냐하면 만일 그것이 주관의존적인 것이라면 괴롭고 불쾌한 수난이나 인고의 정의작용은 누구나 피할 것이요, 따라서 성립되지도 않을 것이기 때문이다.

3. 예기적 정의작용

예기적 정의작용이란 의식의 정의적 작용이 이미 일어난 일이 아닌 앞으로 다가올 것으로 초월하는 작용이다. 하르트만은 그 근본유형으로 호기심(Neugier), 예감(Worgefühl, Ahnen), 기대(Erwatren), 대비(Bereitschaft), 각오(Gefaßtsein) 등을 들고 있는데,[15] 이는 정의적 작용의 강렬한 정도에 따른 구분이라 하겠다. 그 어느 유형의 것에서도 의식의 초월작용 가운데 즉자적 실재성의 주관에 대한 저항적 역행과 이에 의한 주관의 사로잡힘이 맞물려 있는 근본구조는 마찬가지다. 다만 여기

---

13 erschüttert, gepackt, ergriffen, erhoben, berührt, beeindrückt, angetan, gefesselt, interessiert 등. GdO 27d.

14 GdO 27b 참조.

15 GdO 29a 참조.

서는 세계의 실재성이 "예기적으로(prospektiv)" 체험된다는 점, 즉 실재 쪽의 저항적 역행은 아직 현재하고 있지도 않은데, 주관이 그것을 선취(vorwegnehmen)함으로써 그것에 의해 "미리 사로잡힌다(Vorbetroffensein)"는 점이 다르다.[16]

의식의 초월적 작용의 특성은, 그 작용 자체는 현재적이지만 그 작용 대상은 현재적인 것에 국한되지 않는다는 점, 즉 의식은 그 작용이 현재적인 것과 결합되어 있음에 구애받지 않고 과거적인 것이나 미래적인 것으로도 초월할 수 있다는 점에 있다.

이미 일어났거나 일어나는 일에 대해서보다 앞으로 다가올 일에 대해서는 지적 인식이 더욱 제한된다. 그러나 다가올 일에 대한 인식이 불충실하다고 해서 그에 대한 예기적 정의작용이 약해지는 것은 아니다. 인식이 불충실할수록 정의적 체험은 거꾸로 더욱 강렬해진다. (미지의 것일수록 우리는 그것에 대해 더 열광하거나 더 불안해한다.) 그리고 이는 곧 세계는 비록 미래적인 것으로서 다가올 경우에도 여전히 주관독립적 실재임을 드러내주는 현상이다. 세계는 아직 현재적인 것이 아니라 해도 그 독자적 실재성을 지니고 있으므로, 그 내용이 주관에 대해 불명료할수록 주관은 그것을 더욱더 임의적으로 다룰 수 없는 견고한 것으로 체험한다는 것이다.

예기적 정의작용이 다가오는 세계의 실재성을 가장 뚜렷이 증거해 주는 현상은 공포다. 하르트만은 예기의 성격에 따라, 즉 가운데서 가치가

---

16 GdO 29a 참조.

어떤 방식으로 선택되어 강조되느냐에 따라 예기적 정의작용을 희망과 공포의 두 부류로 구분한다.[17] 그에 따르면 희망이란 예기 가운데 "원하는 바에 주목하여 다가올 일을 미리 가치 있는 것에 맞춰 선택하고 그것에 집착하는"[18] 정의작용이고, 공포란 "원하지 않은 것, 싫은 것, 위협적인 것에 주목하여, 다가올 일을 미리 반(反)가치적인 것에 맞춰 선택하고 그것에 집착하는"[19] 정의작용이다.

여기서 우리는 그 선택적인 감정에 비실재적인 주관적 요소가 개입됨을 부인할 수 없다. 그러나 의식이 미래를 어떤 방식으로 선택하든 간에 그 미래에 다가오는 세계 그 자체는 즉자적 실재임을 알 수 있다. 다가오는 것은 희망의 대상으로서든 공포의 대상으로서든 하여튼 "결코 우리의 희망이나 동경이나 공포를 통해 [오지 않을 것이] 찾아오거나 혹은 [올 것이] 물러가거나 하지 않기 때문이다."[20] 특히 공포의 경우, 우리는 무자비하게 다가오는 그 요지부동의 미래에 대한 절박한 무력감을 통해 그 즉자적 실재성을 더욱 확연히 느끼게 된다.

4. 자발적 정의작용

우리는 미래의 일을 그저 수동적으로 예기하는 데 그치지 않고 그것을

---

17 GdO 30a 참조.
18 GdO 30a.
19 GdO 30a.
20 GdO 30a.

능동적으로 선취하며 살아간다. 다가올 일에 대해 어떤 태도를 취하거나 (Stellungnahme) 마음을 쓰는(Gesinnung) 좀 미약한 형태도 있지만 좀 더 강하게 무엇인가를 욕구하고(Begehren) 의욕하기도(Wollen) 하며, 급기야는 그것의 성취를 위해 본격적으로 행동하기도(Handeln, Tun) 한다.[21] 미래의 일을 미리 규정하고 기획하는 의식작용 가운데는 물론 인지적 작용의 역할이 다른 곳에서보다 더 중요하다. 그러나 그렇다고 해서 욕구, 의욕 등 이러한 정의적 작용이 약화되는 것은 아니다.

자발적 정의작용에서 의식은 세계에 의해 '사로잡히는' 수용적 위치에만 머물지 않는다. 제한적이나마 거꾸로 세계를 장악하기도 한다. 독자적인 세계의 진행에 대항하여 스스로 힘을 발휘하기도 한다. 즉 예견과 수단이 허용하는 한계 내에서 다가오는 세계를 형성하는 제약조건의 행렬 속에 자신의 결단을 개입시킴으로써 그것을 자신의 뜻에 맞게 형성하기도 한다.

따라서 이 자발적 정의작용에서는 세계의 실재가 앞서의 두 정의작용에서보다도 더욱 명백히 드러난다. 세계가 실재하지 않는다면, 그러한 세계를 규정, 기획, 장악, 형성한다는 것은 터무니없는 난센스가 될 것이요, 행동을 포함한 우리의 모든 자발적 정의작용이란 공허한 환상적 자기기만이 될 것이기 때문이다. 실재세계를 직접적 대상으로 삼는 이 정의작용들이 우리에게 자명한 현상이라면, 세계의 실재는 그와 더불어 간접적으로 확인되는 것이다. 말하자면 세계의 실재는 자발적 정의작용이

---

21 GdO 31a 참조.

성립되기 위해 요구되는 요건으로서 입증되는 것이다.

이 점은 자발적 정의작용에서의 초월이 다른 곳에서의 초월과 다른 점을 통해서도 드러난다. 여기서 초월은 단순히 실재하는 것이 의식에 주어지고(소여) 나타나는(현상) 가운데서 성립하는 것이 아니라, 의식이 실재하는 것을 실제로 산출하려는(hervorbringen), 즉 '실재'하게 하려는 경향 가운데서 성립한다. '행위'를 예로 생각해 보자. 여기서 목적으로 성취되는 것은 그저 의식 속에 목적으로서 정립되는 것으로 족한 것이 아니다. 그것은 처음부터 실재세계 속에서 '실재화'(실현)될 것으로서 선취된 것이다. 설정된 목적의 실재화라는, 의식내용과 실재세계와의 명백한 연속을 통해 우리는 자발적 정의작용의 초월을 확인하고, 이를 매개로 동시에 세계의 주관독립적 실재성을 확인할 수 있다.

주관독립적 세계의 실재는 자발적 정의작용에서 물론 더 기본적인 또 다른 시점, 즉 그 정의작용이 자발성의 정도에 따라 더욱 강력한 저항에 부딪치게 된다는 데서도 확인된다. 하르트만은 특히 자발적 정의작용이 체험하는 저항의 실체로서 사물과 인격체와 상황을 들며, 이들은 저항체이자 또한 자발적 작용 자체를 가능케 하는 토대임을 보여준다.[22]

III. 인식작용과 세계의 실재

이상에서 우리는 정의적 의식작용의 초월현상을 기술 분석함으로써

---

22 GdO 31b, 31c, 32c 참조.

세계의 주관독립적 실재성을 입증하고자 하였다. 그러나 이로써 우리가 인식하는 세계가 곧 실재하는 세계 자체라는 명제가 입증된 것은 아니다. 이제 우리가 이 명제에 이르기 위해 그 다음 단계로서 해야 할 일은, 인지적 의식작용, 즉 인식의 현상을 기술 분석함으로써, 우리가 인식하는 세계가 주관에 의해 구성, 산출되는 것이 아니라 주관독립적, 즉자적 세계임을 입증하는 일이다.

인식되는 세계가 인식주관에 의해 구성, 산출되는 의식 내재적 세계가 아니라 의식 밖에 즉자적으로 존립하는 세계라면, 그리하여 의식주관이 자기 내부에서는 도저히 만날 수 없는 세계라면, 인식하는 의식작용은 어떻게든 자기 외부에 있는 이 즉자존재까지 초월해 나아가야 할 것이다.

앞에서 우리는 의식의 초월작용과 지향작용을 구별하고, 전자를 세계의 즉자성을 입증해 주는 현상으로 이해했다. 이제 우리는, 인지적 의식작용인 인식현상에서는 이 의식의 초월작용과 이에 맞서 있는 세계 자체의 실재성이 서로 어떻게 상관적으로 드러나 입증되는지 다음에서 살펴보기로 하자.

1. 현상의 초월과 존재론적인 즉자성

인식에 있어 가장 근본적인 현상은, 그것이 사유나 표상이나 상상처럼 그저 의식 내부에서 일어나는 의식작용임에 그치는 것이 아니라, 의식 자체를 넘어서서, 그것의 밖에서 의식과는 무관하게 독자적으로 존립하는 무엇과 결합되는 초월적 의식작용이라는 점이다. 이러한 초월작용으로서만 인식은 의식에게 존재자의 현존을 소여로서 제공할 수가 있고, 이를 통해서만 의식은 세계에 대해 '알' 수가 있기 때문이다. 사유나 상상은 존재하지 않는 것을 그 대상으로 삼을 수도 있겠지만, 인식은 오직 무엇인가 존재하는 것에 대해서만 가능한 것이다.

그러나 여기서 우리는 인식작용의 초월성 및 인식대상의 즉자존재를 주장할 수 있기 위해 바로 그 '현상의 초월(Phänomentranszendenz)'을 입증해야 한다. 세계는 어떻든 우리에게 대하여(대상) 나타나고(현상) 주어지는데(소여), 이 대상, 현상, 소여 자체만에는 그것이 그저 근거 없는 가상으로서의 대상, 현상, 소여인지 아니면 존재적 근거가 있는 참된 의미의 대상, 현상, 소여인지 가릴 수 있는 징표가 발견되지 않기 때문이다.[23]

인식이란 의식이 밖으로 향함으로써 이루어지는 것이다. 의식이 그 밖에서 만나는 것이 곧 대상이다. 그것이 인식의 대상이려면 그것은 인식이라는 의식작용에 의해서 비로소 산출된 것일 수는 없다. 그것은 일단 그 자체 즉자적으로 존재하는 것으로 여겨져야 된다. 그 대상이 의식 내부에 있다면 거기서는 인식이라는 현상이 생기지 않을 것이기 때문이다. 그러나 이것만으로는 대상의 존재론적 즉자성 자체가 입증되는 것이 아니다. 여기서 주관독립적인 것으로 여겨지는 대상은 다만 인식론적인 즉자성을 가질 뿐이다. 그 대상이 존재론적으로 즉자성을 갖는다는 것은 이 현상에서만은 드러나지 않는다.[24]

---

23 GdO 24c 참조.
24 GdO 22c 참조.

그렇다면 이 현상 너머에 그 근거로서 즉자존재가 있다는 것, 인식작용은 그것으로의 초월작용이라는 것, 이는 어떻게 입증될까? 인식작용은 다른 정의적 작용과 달리 이를 직접적으로 입증해 보이는 점이 약하다.[25] 다른 정의적 의식작용에서는 의식주관과 그 대상이 되는 실재세계가 실재적으로 밀접히 결합되어 있어, 대상존재의 즉자적 실재성이 의식주관에 직접적으로 강하게 압력을 가해 온다. 따라서 체험, 수난 등 정의적 작용 자체가 곧 그 대상의 즉자적 실재성을 입증해 주는 증인이 된다. — 정의적 체험에서는 이렇게 실재하는 대상의 현존이 강렬하게 드러나는 반면, 그 대상이 무엇인지 그 본상은 불분명하게만 드러난다. 의식주관과 대상존재의 밀접한 결합이란 곧 주객 미분의 인지적 불명료 상태를 가리키는 것이기도 하다.

그러나 인식작용에서는 의식주관과 대상존재가 실재상 서로 뚜렷이 분리되어 거리를 두고 있어서 그 실재적 영향이 상호간에 아주 미미하거나 거의 없다. — 참된 인식이란 의식주관이 그 대상으로부터 거리를 취하며 그것에 연루되어 들어가지 않을 때 가능하다는 것은 인식의 문제에 있어 플라톤 이래의 고전적 명제다. 철저히 거리를 취할 때만 그 대상의 본상이 드러나기 때문이다.

따라서 인식현상에서는 인식작용 자체가 인식대상의 즉자존재성을 입증해 준다고 보기 어렵다. 사정이 이러하므로 우리는 인식주관과 인식대상의 직접적인 관계에만 국한하지 않고, 그 주변적인 현상, 즉 인식의 확

---

25 GdO 35d 참조.

장 및 수정, 인식불가능 등의 현상으로 시야를 넓히는 일이 필요하다.

2. 인식의 확장 및 수정과 초대상적 영역

우리는 인식현상 가운데서 인식이 성공적으로 수행되는 경우보다도 그렇지 않은 경우를 더 많이 보게 된다. 알고자 하던 것을 전혀 알지 못하고 말 수도 있고, 알게 되더라도 의도했던 것 중 일부만을 알고 그 나머지는 모르는 채로 남게 되기도 한다. 이는 너무나도 당연한 일이다. 그런데 우리는 이 평범한 현상을 통해 인식의 대상이 그저 대상임에 그치지 않고 독자적 즉자존재임을 확인할 수 있다.

인식작용이 의식주관의 의도대로 되지 않는다는 것은, 달리 표현하자면 의식주관이 대상화시키려고 의도한 존재자(objiciendum, das intendierte Seiende)의 범위에 실재로 대상화된 것(objectum im strengen Sinne, das tatsächlich Objizierte)의 범위가 미치지 못한다는 것이다.[26] 그리고 이는 이 양자, 즉 주관에 대하여 대상됨(Gegenstand-sein)과 주관과 무관하게 존재함(Ansichsein)이 서로 다른 것임을 말해주는 것이다. 만일 즉자적으로 존재하는 것은 없고 다만 의식에 대하여 성립하는 대상만 있다고 하다면, 우리는 대상화시켜 인식하고자 하는 것이면 무엇이든 인식할 수 있을 것이다. 대상화된 것 외에 또 다른 무엇이 없으므로 인식하고자 하나 인식하지 못하는 무엇 또한 있을 수 없기 때

---

26 MdE 5g 참조.

문이다.

우리가 모르던 것을 알게 됨은 대상화되지 않고 그저 즉자적으로 존재하던 것을 대상화시킴이다. 따라서 모든 인식대상은 의식주관에 대상으로 나타나기 이전에 먼저 즉자적으로 존재하는 것이다. 이 즉자존재와 대상됨 사이의 불일치(Inadäquatheit)를 우리는 또한 의식하고 있거니와, 이 의식은 달리 말하면 우리가 모른다는 것을 알고 있음(Wissen des Nichtwissens)[27]을 일컫는 것이다.

우리가 어느 단계에서 인식에 실패했다고 생각하고 이미 알고 있는 대상과 아직 알지 못하는 존재 자체와의 사이에 불일치가 있음을 의식하는 것은 과연 근거 없는, 잘못된 단적인 상념일까? 우리가 모른다는 것을 알고 있음이 실은 불필요한 자기의식에 지나지 않는 것일까? 그렇지는 않다 하더라도, 인식된 영역과 인식되지 않은 영역은 서로 이질적이고 무관한 것이어서, 인식의 대상은 인식주관의 산물일 뿐 인식되지 않는 존재 자체의 영역과는 전혀 다른 것이라고 보아야 할 것인가? 사정이 결코 그렇지 않다는 것을 우리는 인식의 확장 현상에서 확인할 수 있다.

우리는 이미 인식하고 있는 것에 머물지 않고 미지의 것으로 인식영역을 확장시켜 나간다. 우리는 인식의 실패 및 현재까지의 인식의 경계에 대해, 그리고 아직 대상화되지 않은 미지의 존재에 대해 의식하고 있을 뿐만 아니라, 실제로 실패로 끝난 인식을 그 다음 단계에서 성취해 내고 그렇게 함으로써 지금까지의 인식영역을 그 경계 너머로 밀고 들어가 미

---

27 MdE 5g 참조.

지의 세계를 인식해 나간다. 이는 우리에게 자명한 일이거니와, 이로써 우리는 인식대상의 대상성에 해소되지 않는 세계의 즉자존재성을 부인할 수 없게 되며, 또한 그 인식대상이 바로 대상화된 즉자존재에 지나지 않는다는 것을 확인하게 된다.

인식의 대상은 그저 대상임에 그치지 않고 이를 넘어서서 인식주관과 무관하게 그 자체로 존재하는 즉자존재이기도 하다는, 이른바 대상의 초대상성(Übergegenstandlichkeit des Gegenstandes)[28]을 입증해 주는 현상으로서 방금 살펴본 미지(未知, nichterfassen) 및 인식의 확장 현상과 같은 차원의 것이 또 있는데, 인식의 수정 현상이 그것이다.[29]

우리는 사물을 인식함에 있어 그 사물을 바르게 인식하지 못하고 혹시 기만당하지나 않는지 의심을 하기도 한다. 물론 기만가능성이란 사물 자체에 근원이 있는 것이 아니라 인식주관의 대상화 작용에 그 근원을 갖는 것이므로, 곧 오류가능성이라고 말할 수 있는 것이다. 여하튼 이 가능성에 대한 의식이 곧 의심이요, 이는 진리의식으로 통하는 것이기도 하다. 만일 인식주관에 의해 대상화된 것만이 전부요 그 너머에 독자적인 존재가 없다면, 대상화됨이 잘못된 것인지 어떤지 견주어 판정할 수 있는 준거 또한 없는 셈이요, 그렇다면 기만이나 오류의 가능성이란 처음부터 있을 수 없는 것이다.

우리가 이에 대한 의식을 의심이라는 형태로 갖는다는 사실은 이미 우리가 인식작용과는 무관하게 존립하는 독자적 존재를 인정한다는 것이

---

28 GdO 23d.
29 MdE 5h 참조.

다. 과연 이러한 의심이, 기만이나 오류의 가능성에 대한 의식이 무근거하고도 불필요한 것일까? 그래서 인식작용과는 무관하게 존립하는 것으로 독자적 존재를 인정하는 것 자체가 잘못된 것일까? 사정이 결코 그러하지 않음을 우리는 인식의 수정 현상에서 확인할 수 있다. 우리는 실제로 오류를 오류로서 발견하게 되고 잘못 대상화된 존재 자체를 올바르게 대상화함으로써 이를 수정해 나간다. 이렇게 잘못된 인식의 오류를 알고 이를 고쳐 나가는 것은 모든 인식활동에서 당연한 일이거니와, 이는 이렇게 혹은 저렇게 대상화될 수 있는, 그러나 그 자체로선 이와 상관없이 존립하는 즉자존재 자체를 드러내주는 현상이다.

3. 인식의 한계와 초지성적 영역

이상에서 우리는 미지의 영역, 즉 아직 대상화되지 않은 초대상적인 것의 영역이 인식현상 너머에 있음을 확인함으로써 인식대상의 즉자존재성을 입증한 셈이다. 그런데 이 미지의 영역은 더 나아가 사실적인 미인식의 영역과 원리적인 인식불가능의 영역으로 구분된다. 이제 우리는 바로 이 후자를 통해 인식대상의 대상성 너머에 즉자존재가 존립함을 더 강하게 입증할 수 있게 된다.[30]

앞에서 보았듯 인식의 경계는 인식이 확장되면서 초대상적인 영역 안으로 밀쳐 들어간다. 그래서 대상화되지 않은 영역이 점점 더 많이 대상

---

30 GdO 26d 참조.

화된다. 그러나 이러한 인식의 진전은 더 이상 밀쳐낼 수 없는 제2의 경계에 부딪친다. 인식가능성의 경계, 즉 인식의 한계가 그것이다. 우리는 우리가 아직 모를 뿐 아니라 앞으로도 도저히 알 수 없는 것이 있음을 부인할 수 없다.[31] 물론 대상화의 가능성이 이 경계에서 무너진다고 해서 초대상적인 것 자체가 무너지는 것은 아니다. 이 경계란 존재 자체의 경계가 아니라 다만 존재가 인식될 수 있는 가능성(Intelligibilität)의 경계일 뿐이기 때문이다.

실제적인 대상됨뿐 아니라 가능적인 대상성 너머에까지 무엇인가가 이른바 초가지적인 것(Transintelligibles)으로서 있다고 한다면, 그것이야말로 그저 대상성으로 해소될 수 없는 독자적인 즉자존재가 아닐 수 없다. 그런데 그렇다고 해서 이 초가지적인 것만이 참된 즉자요, 대상이나 대상화가능한 것은 즉자존재가 아니라 다만 주관의 인식작용을 통해 비로소 존재하게 되는 것으로 본다면 이 또한 큰 잘못이다. 인식됨과 인식되지 않음은 존재 그 자체에는 아무것도 더하거나 빼거나 하는 것이 아니기 때문이다. 인식작용을 통해 대상화된 영역(기지의 영역)이나 그렇지 않은 초대상적 영역(미지의 영역)이나 존재자라는 점에서 보면 동질적인 것으로 단절 없이 연속되어 있듯이, 대상화될 수 있는 영역(가지적 영역)과 대상화될 수 없는 영역(불가지적 영역)도 존재적으로는 아무 단절도 없는 동질적인 것이다.

---

31 하르트만은 그 예로서 생명성의 근원, 심신 통일성, 자유와 결정의 공존 근거, 제1원인, 자연법칙의 근거, 존재자의 개별성의 복합적 본질, 주관의 본질, 세계, 물질, 에너지의 근원 등을 들고 있다. GdO 26d; MdE 30d, 32c 참조.

따라서 초가지적인 것에 대해 타당한 것은 가지적인 초대상적인 것에 대해서도 또 대상적인 것에 대해서도 타당하다. 초가지적인 것이 인식주관과 무관하게 존재함이(바로 그러니까 알 수 없는 것 아닌가!) 자명한 이상, 즉 그것이 즉자존재임이 자명한 이상, 인식대상 또한 즉자존재임이 입증된다. 인식론적인 경계 및 이질성은 존재자의 존재론적 동질성에 관여하는 것이 아니므로, 초가지적인 것의 즉자존재는 대상화가능한 것과 대상화된 것의 즉자존재도 똑같이 보장해 준다는 말이다.

Ⅳ. '생활세계'의 의의

이상에서 우리는 정의적 의식작용의 초월작용을 기술, 분석함으로써 체험되는 세계의 현존이 주관독립적 즉자존재임을 입증하고자 했으며 (Ⅱ절), 또 인식현상 및 그 주변의 연관관계를 분석, 검토함으로써 인식되는 세계의 본상이 그저 인식대상에 그치지 않는 주관독립적 즉자존재임을 입증하고자 했다(Ⅲ절). 머리말에서 제시한 우리의 과제 — 세계의 실재성 및 그 인식가능성을 입증하는 일 — 를 완수하기 위해 마지막 단계로서 우리가 이제 해야 할 일은 정의작용이나 인식작용이 서로 구분은 될지언정 의식작용 일반의 총체적 역동 속에서 서로 연속되어 있는 동근원적 작용들이요, 따라서 정의적으로 체험되는 세계와 이지적으로 인식되는 세계가 그 실재성에 있어 동질적인 하나의 세계임을 밝히는 일이다. 그렇게 함으로써 세계는 하나뿐이요, 하나뿐인 그 실재세계가 우리에게 인식된다는 명제가 온전히 입증될 수 있을 것이다. 그리고 이를 위해 우리가 종국적으로 검토해야 할 것은 모든 의식작용을 통괄하여 하나의 실재세계와 연관시켜 주는 '생활세계' 바로 그것이다.

하르트만은 '생활세계'에 대해 주제적으로 이론을 전개시킨 바가 없다. '삶의 연관'이라는 표현 아래 그가 이해하고 있는 생활세계란 단적으로 구체적이고 직접적인 우리의 삶 일반을 가리키는 것이다. 이지적 인식과 사유에 의해 유리되고 추상화된 세계, 즉 학적 이론에 의해 재구성된 논리적, 관념적 세계에 대해, 이것의 지반으로서 우리가 "자연적, 존재론적 태도(natürliche-ontologische Einstellung)"[32]를 지닌 채 살아가는 "통일체로서의 현상 총체(Gesamtphänomen als Einheit)"[33]가 곧 생활세계다.

생활세계란 "의식의 실재적 흐름과 세계 사건의 실재적 흐름이 만나는"[34] 곳으로 인간이 세계에 대해 갖는 상호 침투적 연관들의 직조[35]로 이루어지는 것이다. 더욱이 "의식의 흐름이 세계 사건의 흐름 속으로 편입해 들어가는" 이 "내적 실재성의 외적 실재성으로의 이행은 전면적"[36]인 것이어서, 서로 다른 유형의 의식작용들이 서로 분리된 채 독립적으로 이루어지는 곳이 아니다. 의식과 세계의 총체적 연관이란 의식 자체의 총체적 작용을 전제로 하는 것이기 때문이다.

생활세계의 이러한 본성에 비추어 이제 우리는 앞서 살펴본 정의작용과 인식작용을 생활세계라는 총체적 지평 위에서 재검토해야 할 뿐만 아

---

32 GdO 37d.
33 GdO 33a.
34 GdO 33a.
35 GdO 33a.
36 GdO 33a.

니라, 특히 양자의 상호연관성과 동근원성을 드러내도록 해야 할 것이다.

1. 정의작용과 인식작용의 동근원성

그러면 먼저 정의적 의식작용에 인식작용이 포함되어 있는 모습을 생각해 보도록 하자.

인지적 의식작용과 정의적 의식작용이 동근원적이고 공속적임이 드러나는 뚜렷한 현상을 수용적 정의작용에서 찾아보긴 어렵다. 다만 어떤 대상에 대한 지적 인식과 정감적 체험이 서로 상승적 영향관계에 있다는 것은 일반적으로 수긍할 수 있는 일이다. ― 의식의 원초적인 상태에서는 사실 앎과 느낌을 구분하는 것이 쉽지도 않거니와, 구분된다 해도 그 근친성 및 상호 관련성은 여전히 부인되기 어려울 것이다. 굳이 구분된다 해도 그것은 객관화시킬 수 있는 정도의 차이에 따른 구분에 지나지 않을 것이다.

예기적 정의작용에서는 정의작용이 인식작용과 상호 이행적임이 엿보인다. 미래에 다가오는 어떤 것이 나의 희망이나 공포와는 무관한 독자적 실재로 여겨질 때 나는 그것을 희망하거나 두려워하게 되는데, 바로 이때 그 주관독립성에 대한 인식의 요소가 여기에 동반된다는 것이다.[37] 이것은 의식의 대상이 예기적 정의작용에선 기존의 것이 아니고 미래에

---

37 GdO 30a 참조.

다가올 것이어서, 여기에 단순한 지향적 대상과 즉자적 실재의 구분이 요구되므로 이에 대한 인식이 정의작용에 동반되는 것으로 이해된다.

인식작용과 정의작용의 공속성이 더 잘 드러나는 것은 자발적 정의작용에서이다. 자발적 정의작용도 예기적 작용이다. 따라서 즉자적 실재에 대한 인식이 여기에 동반됨은 방금 말한 바와 같다. 그러나 자발적 정의작용에는 다가올 일에 대한 '예기'에서 더 나아가 능동적으로 그것을 규정, 기획, 장악, 형성하려는 경향, 즉 그것을 '실재화'시키려는 경향이 있기 때문에, 다가올 일의 실재성 자체에 대한 인식에서 더 나아가 그 내용에 대한 인식까지도 동반하게 된다.[38] 예기된 것을 '실재화'시킨다는 것은 실재하는 세계의 제약조건의 행렬 속에 선취된 어떤 요소를 실제로 개입시킨다는 것이다. 따라서 이러한 연관관계를 다만 선취한다고 할 때라도 그 제약조건의 행렬에 대한 인식은 여기에 동반하게 된다.

인식작용이 자발적 정의작용에 동반됨은 자발적 정의작용이 강렬할수록 더 확연히 드러나, 그런 경우 우리는 '동반된다'기보다는 '포함된다'고 보는 것이 더 좋을 것이다. 왜냐하면 그런 경우에는 인식작용이 정의작용과 더욱 긴밀히 내적으로 연관되어 정의작용의 성립요건으로까지 역할하기 때문이다. — 이는 수용적 정의작용에서 그 작용이 강렬할수록 그 대상에 대한 인식작용이 여기에 파묻혀 더 미미하게 드러나는 것과 대조적이다.

무엇인가를 정감적으로 미리 느낄 때(예기적 정의작용) 우리는 그것이

---

38 GdO 31b 참조.

무엇인지는 분명히 알지 못하더라도, 그것이 나의 느낌과는 무관한 그 자체 독자적인 무엇임을 안다. 이에 비해 우리가 무엇인가를 의욕하고 그것의 성취를 위해 행위할 때(자발적 정의작용), 우리는 그것이 무엇인지까지도 알지 않을 수 없다. 따라서 후자의 경우엔 의욕, 행위한다는 것과 인식한다는 것이 이미 의식의 작용 자체 속에 포함되어 있다고 볼 수 있다.

정의적 의식작용의 모든 계기를 다 지니는 이 자발적 정의작용에서 인식작용이 그것과 유리될 수 없음을 확인한다는 것은 중요하다. 왜냐하면 이로써 우리는 의식작용이 그 작용의 방식에서는 분화된다 할지라도 작용 그 자체에서는 유리되는 것이 아니요, 따라서 인식작용과 정의작용이 같은 근원을 갖는 것임을 확인할 수 있기 때문이다.

2. 인식의 지반으로서의 생활세계

정의작용과 인식작용이 같은 근원을 가진다는 것은 인식작용이 본래 생활세계라는 포괄적 지평 속에서 이루어지는 것임을 밝힘으로써 더 적극적으로 해명될 수 있다.

흔히 이지적 인식은 정의적 체험과는 달리 생활세계의 구체적 연관과는 무관하게 독자적으로 성립되는 것이라고 생각하기 쉽다. 그러나 이는 잘못이다. 물론 인식작용은 초월적 의식작용 가운데서도 유별난 지위를 차지하는 특이한 성격의 것이다.

우선 인식은 독자적 법칙성(Eigengesetszlichkeit)의 영역을 갖는다.[39] 그리고 이 독자적 법칙성을 견지하기 위해 생활세계의 작용연관부터 벗어나려는 경향을 갖는다. 그리고 이 경향은 정의적 작용을 배제하고 정의적으로 체험된 것을 추상화, 객관화시키는 방식으로 나타난다. 즉 인식의 주관은 그 대상으로부터 거리를 취하고자 한다. 그렇게 됨으로써 "주관은 생생한 것의 몰아침으로부터 벗어나게 되고 … 그에게는 몰아치는 세계가 그저 [마주 서 있는] 대상의 세계로 된다."[40] 정의적 체험이 체험되는 세계와 밀착되어 있다고 한다면, 인식은 주관과 객관의 구분이 명료히 이루어진 가운데 인식대상과 격리되어 있다는 말이다. 이렇게 됨으로써 인식은 세계 경험의 직접성을 잃는 대신 직접적 체험의 영역을 벗어나 그것이 확보하는 독자적 법칙성에 힘입어 더욱 넓은 조망 영역을 갖게 된다. 인식작용의 독특한 강점이 바로 여기에 있는 것이다.

그러나 그렇다고 해서 인식이 체험연관과 아주 유리되는 것은 아니다. 이는 대상화, 즉 거리 취함에 제약이 있다는 의미에서만 그러한 것이 아니다. 인식작용이 그 결과로서 얻어내는 것, 즉 인식내용이 제한적이나마 생활세계의 체험연관에서 벗어난 독자적 영역을 갖는다는 사실이 인식작용 자체가 생활세계의 체험연관과 무관한 의식작용임을 말해 주는 것은 결코 아니기 때문이다.

우리는 앞에서 세계의 현존이 정의적 체험에서 더 잘 드러나는 반면 세계의 본상은 인식 가운데서 더 잘 드러난다는 사정에 대해 암시했거니와, 바로 인식이 독자적 법칙성, 자율성(Autonomie)의 영역을 갖는다는 것은 곧 인식작용이 세계의 본상을 인식내용으로서 얻는다는 것을 뜻할

---

39 GdO 35a 참조.
40 GdO 35a.

108

뿐이다.

인식대상으로부터 거리를 취함으로써 세계의 현존에 의해 의식주관이 "맞닥뜨려져 사로잡히는(Betroffensein)" 현상이 인식에 나타나지 않는다 해서, 이것이 곧 인식이 생활세계로부터 이탈되어 있음을 뜻하는 것은 아니다. 인식에 결여되어 있는 것은 오히려 인식작용이 생활세계와 결합되어 있다는 것에 대한 인식이다.[41] 즉 인식에 있어 인식되는 것은 다만 거리를 취함으로써 얻어지는 세계의 본상일 뿐, 인식작용 자체가 생활세계라는 포괄적 지평 위에서 그 세계의 현존과 결합되어 있다는 사실 자체는 아니다. 사실존재는 그 현존에 있어서나, 본상에 있어서나 인식을 포함한 모든 초월적 의식작용에 주어진다. 다만 그 의식작용의 다양한 특성과 유형에 따라 존재자의 현존과 본상이 다양하게 비중을 달리하며 주어질 뿐이다.

어떤 종류가 됐든 정의적 체험에도, 무엇인가 특정한 것이 체험된다는 점에서, 비록 명료하진 않으나 초월적 대상의 본상이 어느 정도 드러나는 것이 사실이다. 아무런 규정성도 갖지 않는 그저 단적인 현존만이 체험된다고는 보기 어렵다는 것이다. 다만 정의적 작용은 현존과 본상을 구분하지 않는다는 것뿐이다. — 이 구분은 추후적인 반성인 인식에 의해 비로소 명료해지는 것이다.

마찬가지로 인식에서도 오직 초월적 대상의 본상만이 드러나는 것은 아니다. 본상의 파악에 있어 인식작용이 더 강력하며, 따라서 인식에서

41 GdO 36a.

는 세계의 현존이 불확실한 것은 사실이지만, 그렇다고 인식이 세계의 현존에서 유리되어 성립한다고 볼 수는 없는 일이다.

이는 달리 말하면 인식작용과 정의작용이 서로 구조적으로는 차이가 있지만, 존재적으로 볼 때 "하나의 폐쇄된 생동하는 전체로서의 작용연관이 갖는 동질성"[42]을 갖는다는 것이요, 나아가 구조적인 차이에서 오는 부분적 불충분성, 즉 인식에는 현존이 불확실(ungewiß)하고 정의작용에는 본상이 불명료(undeutlich)하다는 불충분성을 서로 보완하는 관계를 갖는다는 것이다.[43]

인식작용과 정의작용이 존재적으로 동질적이라 함은 이들이 생활세계 안에서, 첫째 흔히 서로를 동반하고 있으며, 둘째 어느 한편 없이 다른 한편이 독자적으로 성립하지 않으며, 셋째 무엇보다도 하나의 실재세계에 대한 동일한 지향을 공유하고 있다는 데서 확인된다. 즉 "초월의 공통성과 실재세계에 대한 지향의 동일성이 [생활세계의] 이 전체성 속에서 이들을 결합시키고 또 통일성을 마련해 주는 계기가 된다."[44]

인식작용과 정의작용의 결합에서 본질적 특성은 생활세계 속에서 전자가 후자에 의존되어 있는 부차적인 것이라는 점에 있다. 인식이 정의작용의 산물은 물론 아니지만, 인식은 정의작용의 요구에 부응해 정의작용을 보완해 주는 것으로서 정의작용의 연관에서 성숙되어 나오는 것이다. (바로 이 때문에 인식이 갖는 자율성은 의존 속의 자율성이기도 하

---

42 GdO 36a.
43 GdO 36c 참조.
44 GdO 36a.

다.) 불분명한 본상에 대한 파악을 요구받고 의식작용의 충전성을 보완하기 위해 작용되는 인식은, 따라서 그 존재적 지반인 생활세계의 총체적 연관에서 유리되어 생각될 수 없는 것이다.

인식의 독특한 우월성, 즉 정의적 체험에서는 불명료하기만 한 사물의 본상을 파악하는 능력을 가짐은 그것이 생활세계를 뛰어넘어서 자립적이고 독자적인 학문영역을 구축함을 가능하게 해주는 것이 사실이지만, 그 지반은 생활세계에 있어서의 광범한 실천적 연관에 있다. 인식이 "대상세계의 현존이 정의적 소여로 되돌아가 정초되어 있다"[45]는 통찰은 과학주의적, 주지주의적 편견의 교정에 꼭 필요한 것이다.

편견에서 벗어나 넓은 시야를 갖고 총체적 연관을 바라볼 때, "인식 일반은 — 근본적으로 학문적 인식도 — 정의적 작용의 체험 양상에 대해 정반대의 방향에 서는 것이 아니요, 마찬가지로 반성되지 않은 세계의식의 참된 근본형식들에 반대되는 것도 아니다. 오히려 그것은 이 형식들에 동질적으로 접합되어 있어서, 체험되는 대로의 삶의 연관[생활세계]을 항상 자신에 대립시키는 것이 아니라 자기를 위해서 자기 배후에 갖고 있다."[46]

---

45 GdO 36c.
46 GdO 37b.

3. 실재세계의 동질성, 동일성

이상에서 우리는 인식작용과 정의작용이 생활세계 내의 동질적 의식작용이며, 따라서 세계의 본상 파악이라는 점에서 독자적 영역을 갖는 인식도 결국은 생활세계에 그 지반을 갖고 있음을 살펴보았다.

이를 토대로 우리는 세계가 하나이며 동질적이라는 근원 통찰에 이르게 된다. 그 모든 구조적, 기능적 차이에도 불구하고 인식을 포함한 모든 초월적 의식작용이 생활세계 속에서 명백히 동질적인 것으로 드러나는 한, 이 의식의 초월작용에 상응하여 주어지는 즉자적 세계 자체도 하나의 동질적 실재라고 보지 않을 수 없는 것이다. 즉 어떤 의식작용 가운데서든 "비록 다양한 방식으로 다양한 측면이 경험되긴 하지만 근본적으로는 하나의 동일한 실재성이, 즉 하나의 동일한 실재세계의 현존이 경험되는 것이요, 주관 측에서 보자면 경험되는 의식은 그 자체 하나일 뿐 아니라 이 다양한 경험의 통일성을 인지하고 있으므로 … 개개의 의식작용이 갖는 특수성은, 그 안에서 그 자신 성립하고 또 살아나가는 공동의 자기동일적 실재세계에 대한 경험 총체의 통일성 앞에서 사라져버린다."[47]

그러므로 흔히 인식론적 관념론에서 주장하는 바와는 달리 소박한 체험이든 학적 인식이든 총체적 대상으로서의 실재세계에 대한 '직선 지향(intentio recta)'이라는 근본태도에서는 다를 바가 없는 것이요, 이때

---

[47] GdO 37b.

공유되는 하나의 실재세계가 부인된다면, 가장 구체적이고 직접적인, 그래서 그 성립 여부가 의문시될 수 없는 우리의 생활세계가 붕괴되어야 할 것이다. 학적 이론화를 통해 구축된 태도나 입장이란 부차적인 것이요, 이것이 가능하기 위해서도 역시 즉자적 실재세계에 대한 직선적 근본태도는 전제되어야 한다. 그리고 동일한 실재세계에 대한 이와 같은 근본적 직선 지향이 깊이 뿌리 박고 있는 곳이 바로 생활세계다.

V. 맺음말

세계에 대한 정의적 체험내용과 지적 인식내용이 다름은 명백하다. 그러나 정의작용이든 인식작용이든 그것이 총체적 의식작용에 공속하는 동근원적인 것이라면, 우리는 이 의식작용 일반에 대응하는 하나의 세계가 실재한다고 보아야 할 것이다. 인식할 뿐 아니라 느끼고 의욕하는 하나의 의식주체가 서로 무관한 별개의 두 세계에서 산다고 볼 수는 없을 것이다. 우리가 사는 세계는 그 실재에서는 오직 하나요, 다만 그것이 우리에게 주어질 때 서로 다른 측면과 서로 다른 단편이 주어지는 것이라고 보아야 할 것이다.

만일 두 종류의 실재성이 있어서 인식되는 세계도 체험되는 세계도 각기 독자적인 실재세계라면, 우리는 인식되는 세계는 체험할 수 없고 체험되는 세계는 인식할 수 없을 것이다. 그러나 실제로 우리는 모든 의식작용의 기반인 생활세계에서 체험되는 것과 인식되는 것 사이의 이러한 단절을 보지 않는다. 물론 인식되는 측면과 체험되는 측면이 내용적으로 쉽게 합치하지는 않을 것이다. 그러나 그렇다고 해서 이 두 측면이 서로 연속돼 있지 않고 평행선을 달린다고 볼 수는 없다. 모든 체험되는 것은 원리적으로 인식가능하다. 또 인식이 이루어진다 해서 체험이 더 이상 불가능해지는 것도 아니다.[48] 모든 인식은 체험연관 속에 귀속되어 있기 때문이다. 따라서 실재성에서는 한 가지밖에 없고 실재하는 세계는 하나뿐이다. 그 속에서 우리는 그것을 체험도 하고 인식도 한다.

역설적이지만 서로 달리 주어진 세계의 편모들이 서로 다른 것으로 여겨지는 것 자체가 이미 하나의 실재세계의 자기동일성에 대한 의식을 바탕으로 하는 것이다.[49]

정의적으로 체험되는 세계는 실재하는 세계로 인정하되, 인식되는 세계는 그것과 다른 주관적 의식작용의 구성물로 환원시키려는 인식론적인 관념론은 바로 이 점에서 세계 자체의 실재성을 이중화시키는 오류를 범하는 셈이다. 앞서 보았듯이 인식은 실재세계의 본상을 강하게 드러내고, 정의적 체험은 그 현존에 더 강하게 밀착한다. 그러나 인식되는 것이 실재세계를 아무리 그 본상의 측면에서만 강하게 드러낸다 해도, 실재세계의 현존이 거기서 배제되는 것은 아니다. 그리고 현존의 토대가 하나로 남는 한, 인식되는 세계와 체험되는 세계의 실재적 동일성은 훼손되지 않는다. 이렇게 볼 때 인식되는 세계는 체험되는 세계와 마찬가지로 주관독립적으로 실재하는 세계 자체라 아니 할 수 없다. 그런데 이 모든 연관을 정초해 주는 근원현상이 바로 우리에게 가장 직접적으로 주어지는 구체적이고 총체적인 '생활세계'다.

---

48 GdO 35a 참조.
49 GdO 35a.

4 실질세계의 구조[*]
─ 세계의 성층이론 ─

I. 머리말

우리는 우리 자신과 이 세계에 관해 다양한 것을 경험하고 또 알고 있지만, 그 다양한 경험내용과 지식내용을 가능한 한 원리적으로 통일시키려는 지적 노력을 또한 끊임없이 기울인다. 그래서 이런 노력은 근거와 원인을 구명하고 법칙을 발견하여 단편적 경험과 지식을 체계화시킴으로써 과학적 지식을 얻어낸다. 그러나 원리를 추구하는 이 지적 욕구는 마침내 '궁극적'인 원리와 근거를 발견하려는 '형이상학적'인 탐구로까지 심화되기에 이른다. 그리고 거기서 던져지는 물음이란 이런 것이다. 도대체 이 세계는 어떤 존재인가? 궁극적으로 어떤 원리에 따라 지어진

---

[*] 「실재세계의 구조」, 『인간과 자연의 조화』, 일신사, 1994.

존재인가? 최종적으로 어떤 근거를 갖는 존재인가?

사실 인간의 유한한 지성은 아직도 이러한 형이상학적인 근본물음에 대해 만족스러운 답을 찾지 못하고 있다. 아니, 그 근본물음은 인간으로서는 원리상 대답할 수 없는 인식불가능한 영역에 속하는 것인지도 모른다. 그렇지 않다면 우리는 그것을 굳이 '형이상학적' 문제라고 부를 필요도 없을 것이다. 그럼에도 우리가 그 답을 찾으려는 노력을 포기하지 못하는 것은, 어디까지 우리가 알 수 있고 어디서부터는 우리가 도저히 알 수 없는지, 그 인식불가능의 경계를 또한 모르기 때문이다. 바로 여기에 과학의 영역에로 흡수될 수 없는 형이상학의 고유영역이 자리하게 되는 것이요, 힘겨운 발걸음으로나마 이 형이상학의 영역에로 전진해 들어가고자 하는 존재론적인 탐구가 여전히 철학의 근본분과로 남게 되는 것이다.

이런 관점에서 볼 때, 하이데거와 더불어 (물론 그 구체적인 전략에서는 큰 차이를 보이지만) 1920년대 이래 존재론을 통한 형이상학의 부활에서 중심적 역할을 수행했던 니콜라이 하르트만의 존재론은 여전히 고전적 의미를 갖는 것으로 생각된다. 특히 논리실증주의에 뒤이어 더욱 세련된 이론적 틀을 갖고 진영을 광범하게 정비하여 전통적인 형이상학에 비판적 입장을 취하는 철학적 자연주의의 세력을 생각해 볼 때, '자연'의 존재론적 비중을 십분 중시하면서도 '자연' 이상의 '정신'존재의 지위에 관한 현상학적 구명을 시도하는 하르트만의 세계 내재적 실질존재론(Weltimmanente Realontologie)은 그 시대적 거리에도 불구하고 재음미의 가치가 충분히 있다고 본다.

II. 형이상학적, 존재론적 배경

1. 하르트만은 "철학적인 분과영역의 배후에는 어디에나 형이상학적인 문제가 도사리고 있다"[1]고 말한다. 그러면서 그는 또한 "존재자에 대한 근본통찰 없이는 어떤 철학도 성립할 수 없다"[2]고 주장한다. 이 두 가지 주장에서 우리는 형이상학과 존재론의 관계에 대해 그가 갖고 있는 생각을 읽어낼 수 있는데, 그 관계란 이렇다. 즉 어떤 철학적 탐구도 종국에 가서는 아포리아에 부딪치게 되는데 이것이 곧 형이상학적 문제이며, 바로 이 형이상학적 문제를 더 다루어 나가는 것이 곧 존재론적 탐구의 길이다.

하르트만은 종래의 형이상학이 사변을 통해 세계나 영혼이나 신과 같은 초월자들에 대해 내용적으로 완결된 하나의 체계를 세우려 했던 것을 큰 오류로 지적한다.[3] 진정한 의미의 형이상학은 그런 사변적인 '영역 형이상학(Gebietsmetaphysik)'이 아니라, '문제의 형이상학(Metaphysik der Probleme)'이어야 한다. '문제의 형이상학'이란 완결된 지식체계로서의 학이 아니라 해결되지 않은 문젯거리들을 문젯거리로 추스려내고 가능한 한 그 문젯거리들 사이에 깃들어 있는 연관관계를 밝히고, 나아가 "쉽게 파고들 수 없는 이 문제내용의 근본핵심에로 박진

---

1 N. Hartmann, *Zur Grundlegung der Ontologie*, Berlin, ⁴1965(1935)(이하 GdO), 25.
2 N. Hartmann, *Neue Wege der Ontologie*, Stuttgart, ⁵1968(1942)(이하 NWdO), 4.
3 이하 N. Hartmann, *Grundzüge einer Metaphysik der Erkenntnis*, Berlin, ⁵1965 (1921)(이하 MdE), 11 및 N. Hartmann, *Kleinere Schriften* I, Berlin, 1955(이하 KS I), 11 이하 참조.

해 들어가는"[4] 존재론적 작업이다.

문제는, 이 해결되지 않는 형이상학적 문제들, 즉 "거의 모든 영역에서 철학적인 근본문제이며 핵심문제가 되는"[5] "다년생성의 나머지 문제들"[6]이 '존재론적'으로는 어떻게 더 다루어질 수 있느냐 하는 것이다. 하르트만에 따르면 "우리가 비합리적인[7] 것으로 알고 있는 것은 항상 [그것 자체에 있어선] 다만 부분적으로만 비합리적인 것이다."[8] 모든 형이상학적인 문제가 지니고 있다고 생각하는 비합리성은 "그 근거가 존재 자체에 있는것이 아니라 다만 주관 속에 있는"[9] 것이므로, 실은 "즉자적으로 [즉 그 자체] 비합리적인 것은 없고 다만 우리에 대해 비합리적인 것만이 있다."[10] 합리성, 즉 인식가능성의 한계는 존재론적인 것이 아니라 다만 인식론적인 것이라는 말이다. 존재론적으로 보면 인식불가능한 것은 인식가능한 것에 연접되어 있어서, 후자의 영역이 점차 전자의 영역에로 확장되어 들어갈 가능성이 있다는 것이다.

사실 존재연관이란 인식의 한계를 넘어서는 것이요, 따라서 존재문제는 "인식된 것, 인식 될 수 있는 것뿐 아니라 인식되지 않은 것, 인식될 수 없는 것에까지도 관련되는"[11] 것이다. 이런 점에서 볼 때 형이상학적

---

4 MdE 13.
5 KS I 11.
6 MdE 12.
7 irrational, '인식불가능한'이란 뜻.
8 GdO 27.
9 KS I 47.
10 MdE 250.
11 GdO 17.

나머지 문제는 존재론적인 성격을 가지며, 따라서 형이상학은 "그 논구 가능한 토대로서 존재론을 필요로 한다."[12]

2. 존재론의 역할에 대한 이상의 주장은 물론 존재론에 대한 하르트만의 새로운 견해와 결합되어 있다.

하르트만은 존재론의 근본문제로 '존재자로서의 존재자에 대한 물음'을 고집한다. 형식적으로 보면 존재론은 물론 존재(Sein)에 대한 논구이지 존재자(Seiendes)에 관한 논구가 아니다. 그러나 "존재란 다양한 존재자와 더불어 주어지는 것 외의 다른 아무것도 아니요",[13] "단적으로 존재한다는 가장 일반적인 점에 있어서의 존재자 그 자체"[14]이므로, 존재자에 관한 물음을 존재에 관한 물음으로 받아들여도 좋다는 것이다.

'존재자' 아닌 '존재' 그 자체를 존재론의 탐구대상으로 여기려는 입장에 대해 하르트만이 부정적인 태도를 보이는 것은, '존재'가 존재자의 배후에 있는 초월적 (경우에 따라서는 신적) 존재자로 실체화되어 사변적 형이상학의 주제로 변질되는 것을 우려해서이다.[15] 실제로 그는 아리스토텔레스 이래 스콜라 철학에 이르기까지 종래의 형이상학적 존재론

---

12 GdO 29.
13 GdO 44.
14 GdO 38.
15 아리스토텔레스가 '제1철학'의 대상으로 (1) 존재로서의 존재자 전체, (2) 제1원인, (3) 존재근거로서의 최고존재, 신적 존재를 생각했다면, 하르트만은 이 중 (3)항의 것은 존재론의 대상영역 밖으로 배제시킨 셈이다. 아리스토텔레스의 형이상학에 대한 이러한 해석에 대해선, Moser, *Metaphysik einst und jetzt*, Berlin, 1958, I장 및 F. Wiplinger, *Metaphysik*, Freiburg/München/Wien, 1976, IV장 참조.

이 세계의 통일성의 근거로 최초의 '부동의 운동자'이며 동시에 최후의 '목적'이기도 한 절대화된 궁극적인 실체, 즉 신적 존재를 사변적으로 상정했던 점을 결정적인 오류로 비판하고 있다. 그런 궁극적인 실체를 상정하는 것은 여러 실증적 학문의 탐구 성과를 토대로 하여 볼 때 필수적으로 요구되는 최소한의 형이상학적 요구라고 볼 수 없으므로 받아들여서는 안 된다는 것이 하르트만의 비판적 실재론이다.

마찬가지 이유로 그는 또 세계를 목적론적으로 해석하는 데도 찬동하지 않는다. 그에 따르면 이 목적론적 세계관은 인간 정신의 목적활동성(Zwecktätigkeit)이 정신적 존재가 아닌 세계에 투사된 것으로서, 인간 중심적인 인간형태주의적(anthropomorphisch) 오류의 전형적 형태라는 것이다.[16]

3. 하르트만이 경계하는 또 하나의 형이상학적 전제는 절대적인 존재 인식의 가능성이다. 그에 따르면 종래의 고전적 존재론은 본질적으로 상이한 세 가지 구조, 즉 세계의 실질적 구조와 본질들의 구조와 사유의 구조가 모두 동일하다고 보아 연역적 선천주의(deduktiver Apriorismus)에 빠지는 오류를 범했다.[17] 이 동일성 명제대로라면 사물의 본질은 선천적으로 주어지되 그것은 하나의 원리로부터 순전히 개념적으로 도출되어 나오게 되어 있고, 다른 한편으로는 실질의 세계에서 그대로 실현되

---

16 NWdO 44 이하 참조. 목적론에 관한 상세한 논의는 N. Hartmann, *Teleologisches Denken*, Berlin, ²1966(1951) 참조.
17 MdE 189 이하 참조.

어 있는 것이 되어, 결과적으로 볼 때 개념체계의 논리적 도식이 실질세계를 지배하는 것으로 상정된다. 만일 이것이 사실이라면 실질세계로부터 본질적 연관관계를 발견해 내는 과제를 안고 있는 존재론은 그저 논리를 적용함으로써 이 과제를 수행할 수 있다는 결론이 나온다. 존재론이 논리학 속으로 흡수될 수 있다는 말이다. 그러나 실제로 사정이 그렇지 않음은 우리의 논리적 사고가 아무리 정치하다 하더라도 이 세계에 관해 알 수 없는 비합리적인 것이 얼마든지 있다는 사실에서 단적으로 드러난다.

실질세계와 이법적 존재인 본질영역과 논리적 사고, 이 셋은 완전히 합치하지도 않고 그렇다고 완전히 유리되어 있지도 않는, 부분적 합치의 관계를 갖는다.[18] 그래서 학적 탐구는 존재자에 관해 부분적으로만 파악 가능하고 그 너머에는 인식할 수 없는 비합리성의 영역이 있게 마련이다. 세계를 구성하는 일반적 원리로서의 존재범주는 따라서 논리학 가운데서 보편자로부터 연역되어 나오지도 않으며 인식론 가운데서 직관을 통해 선천적으로 발견되는 것도 아니다. 존재범주는 과학적 탐구의 성과를 토대로 하여 우리에게 주어지는 현상으로부터 하나씩 찾아져야 하는 것이다. 세계를 하나의 세계로 존립하게 하는 통일성의 원리도, 그것이 아무리 형이상학적으로 요구된다 해도, 그저 연역적 사고의 속성에 걸맞게 사변적으로 상정되어서는 안 되며, 오히려 다양한 현상으로부터 찾아져야 한다.[19] 존재론은 "모든 입장과 선(先)결정의 차안(此岸)에서"[20] 오

---

18 MdE 191 및 NWdO 12 참조.

직 존재현상만을 자료로 하여 출발해야 하거니와, 이 점에서 의식의 직선지향 작용(intentio recta)인 과학적 탐구와 동일한 궤도 위를 달리는 탐구다.

III. 존재원리로서의 범주

그러면 여러 사실과학의 탐구성과를 토대로 하여 하르트만이 파악한 세계의 모습은 과연 어떠한 것일까?

하르트만은 "존재형식, 존재위계 및 존재층의 모든 근본적 차이와 존재영역 내부를 지배하는 공통적인 특성 및 결합연관 등은 모두 범주의 형식을 취한다"[21]고 보고, 존재자를 그 구조적인 형태 및 구성적 내용에 있어 분석, 구명하는 작업을 '범주분석(Kategorialanalyse)'이라고 칭한다. 여기서 우리는 이 범주분석을 통한 하르트만의 실재세계에 대한 성층이론에 들어가기에 앞서, 존재원리로서의 범주에 대한 그의 견해를 먼저 살펴보기로 한다.

그에 따르면 존재범주를 분석함에 있어 혼란을 야기하는 잘못된 견해가 있는데, 존재범주와 인식범주와 술어범주를 동일시하는 것이 그것이다.[22] 이 오류는 앞서 살펴본 연역적 선천주의에서 실질세계와 본질연역

---

19 GdO 29 이하 참조.

20 MdE 186.

21 N. Hartmann, *Der Aufbau der realen Welt*, Berlin, [3]1964(1940)(이하 AdrW), 1.

22 AdrW 3 이하 참조.

과 논리적 사고를 동일한 것으로 보는 오류와 같은 맥락의 것으로 사변적 선결정의 하나다.

인식이 객관적 타당을 갖기 위해서는 그 인식이 기초로 삼고 있는 인식범주가 존재범주에 합치해야 한다. 왜냐하면 인식이란 그저 의식 내재적인 활동이 아니라 이와 상관없이 이와 독자적으로 존재하는 존재자에 대한 파악이기 때문이다. 그러나 인식범주가 존재범주에 합치한다는 사실이 이 양자의 동일성을 의미하지는 않는다. 왜냐하면 이 합치가 전면적인 것이 아니라 다만 부분적인 것이기 때문이다.[23]

존재자의 내적 원리이자 인식의 내적 원리가 되는 범주들은 개념 및 언표와 무관하지 않다. 존재론적인 탐구는 "논리적 학적 인식장치뿐 아니라 그 개념 구성도 전제로 하고 있기"[24] 때문이다. 오직 주조된 개념의 형태로서만 그리고 판단을 통해서만 우리는 존재론적인 탐구물을 확정하고 언표할 수 있다. 즉 존재자의 원리인 범주도 오직 술어로서만 언표될 수 있는 것이다. 법정에서의 진술형식을 가리켰던 '범주(Kategorie)'라는 용어의 어원이 이를 말해 준다. 그러나 술어형식이 곧 인식형식이거나 존재형식이 된다고 볼 수는 없다는 것이 하르트만의 생각이다.

존재원리로서의 범주에 하르트만이 부여하는 두 가지 근본규정은 보편성과 규정성이다.[25] 우선 범주는 "다양한 구체적인 경우들 속에 있는 보편적이고 자기동일적인 것이고 … 동시에 초시간적인 것이며 개별적

---

23 MdE 367 참조.
24 AdrW 12.
25 AdrW 39 이하 참조.

경우들로부터 독립적인 것이고 초경험적인 것이다."[26] 그렇다고 범주를 사물의 본질과 혼동해서는 안 된다. 사물의 본질은 그 사물의 현상, 법칙성, 관계 등과 관련되지만, 그 사물의 범주는 이를 넘어서서 차원적 (dimensional)이고 기체적(substratartig)인 계기도 갖는다. 즉 범주는 사물의 형상뿐 아니라 그 질료성(Materialität)까지도 포함한다.[27] 범주의 규정적 성격이란 그것이 존재자를 그렇게 존재하도록 규정한다는 점을 말하는 것이다. 구체적인 것(Concretum)의 원리(Prinzipien)로서의 범주는 이 때문에 구체적인 것에 형식적으로 대립되는 그저 추상적인 것과는 다르다. 범주는 추상된 것이 아니라 단적으로 존재적인 것으로 구체적인 것 속에서 (con-cretum이라는 말이 뜻하듯) 함께 결합되어 지어지는 것이다. 그렇다고 범주를 구성요소로 이해해서는 안 된다. 오히려 구체적인 것의 조건으로 이해하는 것이 더 온당하다. 왜냐하면 그것은 구체적인 것이 구체적인 것으로 결합되어 지어지는 원리이기 때문이다. 범주가 원리라 해서 이를 구체적인 것과 유리된 별개의 영역으로 생각해 세계를 이중화시켜서는 이 또한 잘못이다. 범주는 비록 원리로서이지만 오직 구체적인 것 속에서만 존립하기 때문이다. 범주는 "우주 너머에 있는 또 하나의 우주가 아니라," 본질적으로 세계 내재적인 "우주 속의 우주이다."[28]

---

26 AdrW 44.
27 AdrW 46.
28 AdrW 147.

IV. 실질세계의 층 구조 및 위계구조

이렇게 범주가 존재원리로 파악되는 한, 세계의 구조는 범주들이 엮어져 있는 구조로 이해된다. 따라서 하르트만이 실질세계를 층 지어져 있는 것으로 파악한다는 것은 그가 범주들이 층 구조를 이루며 서로 얽혀 짜여 있다고 보는 것과 다름없다. 하르트만은 실질세계가 네 개의 존재층으로 층 지어져 있는 것이 "의심할 여지 없는 근원현상"[29]이라고 주장한다. 이 네 개의 존재층은 연속될 수 없는 단절로 경계지어지는데, 이 경계에 등장하는 단층이 아무리 우리에게 납득할 수 없는 것으로 남는다 해도 이를 부인할 수는 없다는 것이다.

하르트만은 우선 제1의 경계선을 공간적, 물질적 영역과 비공간적, 비물질적 영역 사이에서 찾는다. 이 경계선은 유기적 자연과 심적 영혼을 갈라 놓는다. 이 경계선 아래에는 다시 유기적, 생명적 자연과 무기적, 무생명적 자연을 가르는 제2의 경계선이 그어진다. 그리고 위로는 심적인 것과 정신적인 것을 구분하는 제3의 경계선이 놓인다. 따라서 아래에서 위쪽으로 올려다볼 때, 중첩하는 네 개의 존재층(Seinsschichten)은 무기적인 것, 유기적인 것, 심적인 것, 정신적인 것의 순서로 이어진다.[30]

여기서 유의해야 할 것은 이 존재층을 존재위계(Seinsstufen)와 혼동하지 말아야 한다는 것이다. 존재층이란 물질, 생명, 마음, 정신 등 독자

---

29 AdrW 179.
30 이하 NWdO 33 이하 및 AdrW 173 이하 참조.

적인 존재범주들을 갖는 존재론적 내용이지만, 존재위계란 이들 존재층 중 하나나 혹은 둘 이상 여럿으로 이루어지는 복합적 존재형성물, 즉 사물, 식물, 동물, 인간 등을 가리키는 것이다. 존재위계상의 각 존재형성물이 갖는 이질성이란 따라서 새로운 본질적 특성을 지니고 등장하는 새로운 존재층에서 유래한다고 볼 수 있다. 이를테면 식물과 동물의 존재론적 상이성은 식물을 구성하는 물질과 생명이라는 존재층 외에 동물에게 등장하는 마음이라는 또 하나의 새로운 존재층에서 유래한다는 것이다. 이렇게 볼때 존재위계상의 한 존재형성물의 구조는 그 존재형성물 안에 있는 존재층들의 중첩에 의해 결정된다고 볼 수 있어, 존재층이 실질세계의 구축에 있어 단계적으로 놓이는 구조계기가 되는 셈이다. 이 세계 전체의 층 구조는 곧 개개의 존재형성물들의 층 구조와 다를 바 없는 것이다. 현상적으로 볼 때 존재층은 오직 위계상의 존재형성물들에만 있는 것이고, 구조적으로 보면 이 위계질서는 존재층의 질서를 전제로 하는 것이다.[31]

그런데 하르트만은 이와 같은 실질세계의 성층구조를 구명함에 있어 이를 여러 범주적 관계의 분석을 통해 수행한다. 물론 이는 앞서도 언급했듯이 "구체적인 것과 그것의 범주들 사이에 아주 견결한 공속성이 있고, 여기서 범주는 결정의 역할을 수행하고 있기"[32] 때문에 정당한 것이다. 그래서 실재론의 존재층들 사이의 차이는 그저 현상적인 것이 아니라 원리적인 것이므로 해당 범주들의 존재층들의 범주들 속에 포함되어

---

31 AdrW 452 참조.
32 AdrW 183.

있어야만 한다.

그런데 하르트만에 따르면 이렇게 하나의 존재층에만 고유하게 귀속되어 있어 다른 존재층으로부터 그 존재층을 구별되게 만드는 범주들 외에, 그렇지 않은 범주들, 즉 실질세계의 모든 존재층에 공통되는 원리들로서 이 실질세계 전체의 통일적 기초를 형성하는 범주들이 또 있다. 하르트만은 이를 '근본범주(Fundamentalkategorien)'라 칭하고 세 가지 종류의 범주를 여기에 속하는 것으로 설명한다.[33]

그 세 가지는 첫째 양상범주(Modalkategorien),[34] 둘째 기초범주(Elementarkategorien),[35] 그리고 셋째 범주적 법칙(katgoriale Gesetze) 이다. 그런데 이 세 가지 근본범주 중에서도 특히 마지막 것, 즉 범주들 사이의 관계를 결정하여 범주영역 전체의 구조적 법칙성을 규정하는 범주적 법칙이 더욱 중요하다. 범주들의 범주로서 이 범주적 법칙은 결국 실질세계의 구조의 법칙과 다를 바가 없는 것이기 때문이다. 따라서 실질세계의 성층구조를 구명하고자 한다면 무엇보다도 먼저 이 범주적 법칙을 파악해야만 한다.

범주적 법칙이 지배하는 공간은 다시 두 차원으로 구분되어 설명될 수 있다. 범주층들이 중첩하는 수직적 높이의 차원이 그 하나고, 같은 높이의 범주들이 서로 횡적으로 연관되는 수평적 넓이의 차원이 그 하나다.

---

33 AdrW 187 이하 참조.
34 현실성-비현실성, 가능성-불가능성, 필연성-우연성을 가리킴.
35 원리-구체자, 구조-양상, 형식-질료, 내적-외적, 결정-의존, 질-양, 통일성-다양성, 합치-상충, 대립-차원, 차별-연속, 기체-관계, 요소-구성체 등 12개의 존재대립 범주를 가리킴.

수직적 차원에서 범주층들의 중첩 및 이들 간의 의존을 규정하는 법칙이 각각 성층법칙 및 의존법칙이며, 수평적 차원에서 한 존재층의 내부에서 범주들의 공속(Kohärenz)을 규정하는 법칙이 공속법칙이다. 실질세계의 구조를 구명하려는 우리에게 먼저 문제가 되는 것은 한 존재층의 내부 규정이 아니라 존재층들 간의 관계이므로, 이제 우리가 살펴볼 것은 존재층 간의 성층법칙과 범주적 의존법칙이 된다.

V. 범주적 성층연관

실질세계가 존재층들의 중첩으로 구성되어 있다고 보는 한, 이 존재층들 사이의 규정적 관계를 내용으로 하는 성층법칙(Schichtungsgesetze)이야말로 "좁은 의미에서 그리고 가장 뚜렷한 의미에서 실질세계의 구조의 법칙"[36]이다. "왜냐하면 층들의 연속이 곧 실질세계 구성의 본래적인 뼈대이기"[37] 때문이다. 이 성층연관을 하르트만은 다음과 같이 네 개의 법칙으로 설명한다.[38]

1. 범주들의 재현

하위 존재층에서의 범주들은 상위 존재층에서 다시 나타난다. 물론 모

---

36 AdrW 429.
37 AdrW 429.
38 이하 AdrW 429-465 및 NWdO 57-65 참조.

든 하위 범주들이 모든 상위 존재층에 그대로 다 재현하는 것은 아니다. 계속해서 재현하는 범주들이 있는가 하면, 중도에서 재현이 중단되는 범주들도 있다. "모든 존재층에서 그 구체적인 내용을 갖는"[39] 양상범주나 기초범주가 우선 전자에 속하지만, 특수한 실질범주 가운데서도 시간, 과정, 인과성, 상호작용 등은 역시 모든 실재존재에 등장하는 범주다.[40] 예를 들어 시간범주를 생각해 보자면, "물리적 과정뿐만 아니라, 유기적 심적 과정 … 그리고 위대한 정신적 운동까지도 모두 하나의 동일한 실재시간 속에서 진행되기"[41] 때문에, 시간범주는 모든 실질존재층에 등장하는 범주임을 알 수 있다.

그러나 많은 다른 범주들은 연속되는 존재층들 중 어느 단계에서 멈추고 더 이상 상위 존재층에는 나타나지 않는다. 유기적 생의 존재층과 심적 존재층의 사이에서 중단되는 공간범주가 그 한 좋은 예다. 즉 유기적 생명존재까지는 공간적 규정 아래 들어오지만 심적 과정이나 상태는 공간적 규정을 벗어나는 것이다.

여기서 중요한 것은 범주적 재현의 중단 여부가 존재층의 중첩방식에 결정적인 요인이 된다는 점이다. 하르트만은 하위층의 범주들이 상위층에 모두 재현되는 곳에 성립하는 중첩관계를 상향형성관계(Überformungsverhältnis)라 부르고, 하위층의 범주들 중 일부가 상위층과의 경계에서 중단되는 곳에서 성립하는 중첩관계를 상위구축관계

---

39   AdrW 438.
40   AdrW 439 참조.
41   AdrW 438.

(Überformungsverhältnis)라고 부른다.[42] 이 두 층간관계의 차이는 무엇인가?

상향형성관계에서는 "상위층의 존재형성물이 하위층의 그것으로 구성되고 하위층의 것을 그 자신의 고유한 구조물을 위한 구성요소로 활용한다."[43] 그래서 하위층의 형성물은 상위층에서 상실되는 것이 없다. 실제로 이러한 층간관계는 물질적 사물과 유기적 생명체 사이에서만 발견된다.

이에 반해 상위구축관계에서는 하위층의 범주들 중 일부가 상위층에서 배제되므로 이 사라지는 범주들이 빚어냈던 존재구조도 함께 사라지게 되고, 그 결과 상위층은 하위층을 그저 상향적으로 재형성한 것이 아니라 그 하위층 위에 전혀 새로운 성격의 존재층을 구축하는 모습을 보이게 된다. 이를테면 공간성, 물질적 실체성, 자연법칙성, 수학적 관계 등은 무기적, 유기적 자연을 넘어서서 마음의 존재층에 와서는 더 이상 발견되지 않는데, 그렇기 때문에 "심적 생은 … 유기적 과정을 자신의 구성요소로 삼지 않고"[44] 다만 자신의 존재적 토대로 삼을 뿐이다.

하르트만은 심적인 존재층과 정신적인 존재층에도 마찬가지의 관계가 성립한다고 보는데, 어느 한 개인의 의식작용으로 해소될 수 없는 언어나 습속이나 도덕 같은 객관적 정신의 힘이 이를 입증해 주고 있다는 것이다.

---

42 AdrW 440 이하 참조.
43 N. Hartmann, *Einführung in die Philosophie*, Osnabrück 6. Aufl.o.J., 1949, 122.
44 NWdO 61.

상향형성관계와 상위구축관계의 이러한 차이는 함께 자연에 속하는 물리적 영역과 생명적 영역 사이의 경계보다도, 이를 통합하는 자연의 영역과 이에서 벗어나는 심적 영역의 경계가 왜 더욱 뚜렷한 것이 되는지 이해할 수 있게 해준다.

2. 범주적 요소의 변양

범주들이 갖는 규정적 성격은 그 재현에 있어 층에 따라 조금씩 달라지는 모습을 또한 보인다. 즉 "그들은 비록 재현하기는 하지만 새로운 모습으로 재현한다. 그들은 그들이 새로이 편입해 들어가는 상위층의 범주들의 구조에 의해 영향을 받는다."[45] 달리 말해 재현하는 범주들은 그 해당 상위층의 구조적 성격에 맞춰 그 자신이 말하자면 '수평적으로 변형'되는 셈이다. "각 층마다 새로운 범주적 구조가 범주들의 새로운 공속연관 속에서 자리 잡기"[46] 때문이다.

이를테면 통일성이라는 범주는 기초범주로서 모든 존재층에 재현되지만, 그때마다 그 해당 존재층의 구조적 특성에 맞게, 즉 물질적 사물의 층에서는 속성의 다양성에 대응하는 실체적 통일성으로, 생명체의 층에서는 역동적 흐름의 상이성에 대응하는 개체 및 종의 자기보존의 모습으로, 마음의 층에서는 의식의 다양성에 대응하는 자기의식의 통일성으로, 그리고 정신의 층에서는 미정형의 다양성에 대응하는 철저한 자기형성

---

45 AdrW 453.
46 AdrW 454.

의 통일성으로, 아주 다른 모습으로 나타난다.

범주의 재현과 변양은 실질세계 성층의 수직적, 수평적 연관을 각기 규정함으로써 근본적으로 성층구조의 통일성과 동시에 차별성을 근거짓는 요인이요, 이 양자의 상호 보완을 통해 실재세계는 다양성과 통일성을 함께 지니게 된다고 본다.

3. 환원시킬 수 없는 '새로운 것'의 등장

변양하는 가운데 재현하는 범주 외에도 각 상위 존재층에는 그 존재층에 고유한 새로운 범주들이 있다. 그래서 이들은 독특한 새로운 범주적 구조를 형성하여, 해당 존재층에 '독특한 새로운 것(speziifisches Novum)'을 부여한다. 이 '새로운 것'은 "하위 존재층의 범주적 요소들로도 이들의 복합으로도 해소되지 않는 것"[47]으로 바로 그 해당 상위층의 독자적 특성을 구성하는 것이다. 상위의 존재층을 하위 존재층의 범주로써 설명할 수 있다고 믿는 환원주의적 사고에는 상위층의 범주적 요소가 하위층의 그것으로 구성되어 있다는 믿음이 전제되어 있는데, 여기서의 이 '새로운 것'은 이러한 믿음을 오류로 판정해 주는 사실이다. 재현하는 하위층의 범주를 새로운 모습으로 재형성(상위형성)하거나 또 변양케 하는 것 자체가 바로 이 '새로운 것'이 갖는 상위의 범주적 구조의 독자적인 기능이다.

---

47 AdrW 432.

그리하여 이를테면 심적인 것은 유기적인 것으로부터 이해할 것이 아니라 그 심적인 것 자체 속에 있는 '새로운 것'으로부터 이해해야 하며, 마찬가지로 유기적 생도 물리적 요소로부터 이해할 것이 아니라 유기적 생 그 자체가 갖는 독특한 새로운 요소로부터 이해해야 한다.

4. 층간의 간격

층과 층 사이에서 하위층의 범주들 중 많은 것들이 상위층의 '새로운 것'으로 대체된다는 것은 바로 그 층과 층 사이의 단속적 관계에 대해 본질적인 것을 말해 주는 내용이다. 사실 범주들의 재현이나 변양은 적어도 우리에게 현상적으로 나타나는 한에서는 '비약'을 보이면서 진행된다. 즉 "존재형식들의 상향적인 계열이 연속체(Kontinuum)를 이루지는 않는다"[48]는 것이다. 만일 이 존재층들의 계열이 단속적이지 않고 연속적이라면, 우리는 그 존재층들을 각기 서로 다른 독자적인 존재층으로 인정할 수 없을 것이요, 그들을 상호 구별할 수가 없을 것이다.

층 높이의 차이를 통한 층의 수직적 분화가 물론 이미 언급했듯이 범주적 재현의 중단을 뜻하는 것은 아니다. 이 층간 분화는 말하자면 새로운 범주들이 갑자기 나타나 자리 잡는 현상에 지나지 않는다. 만일 범주적 재현이 부분적으로도 이루어지지 않는다면, 우리는 이 실재세계가 여러 존재층으로 분화되는 것이 아니라 여러 이질적인 세계로 분열되는 현상

---

48 NWdO 59.

을 마주하게 될 것이다. 따라서 우리는 이 층간의 간격을 "그저 [존재론적] 공백으로 이해하기보다는, 질적인 구조의 상이성으로 이해해야"[49] 할 것이다. 재현의 등장을 통해서도 '새로운 것'의 등장을 통해서도 이 세계의 성층적 구조가 갖는 통일적 연관이 분해되는 것은 아니기 때문이다.

존재층 사이의 엄연한 경계를 부인하고 '환원'을 가능한 것으로 보려는 층들의 연속성에 대한 주장도, 존재층 전체의 통일적 결합이라는 사태에 상충하는 각 층들 간의 존재적 괴리에 대한 주장도, 이 '층간 간격'이라는 현상학적 명제에는 합치하지 않는 것이다.

VI. 범주적 의존과 자율

실질세계가 어떻게 층 지어져 구성되어 있는지를 그 층들 사이의 구조적인 관계에 초점을 맞춰 구명한 것이 이른바 '성층법칙'을 찾아내는 이상의 범주적 분석이라면, 그 층들 사이의 존재론적인 의존관계를 밝혀내고 이로써 그 각 존재층의 자율적 독자성의 범위와 한계를 밝혀내는 작업은 이른바 '의존법칙'의 발견으로 마무리되는 범주적 분석에 의해 수행된다.

이 의존관계의 해명은 실재세계의 진상을 형식적 구조가 아닌 내용적 실질에서 이해하고자 하는 존재론적 요구에 부응하는 것으로, 물질과 정

---

49 NWdO 84.

신, 자연과 문화, 몸과 마음 등의 상호관계를 밝히고자 하는 철학적 문제에 있어 더욱 핵심적 단초가 되는 것이다.

물론 존재층 사이의 의존관계는 존재층들의 구조적 성층연관에 의해 결정된다. 그래서 우리는 하위 존재층의 범주가 상위 존재층에 재현할 뿐 그 역은 성립하지 않는다는, 이른바 범주 재현의 불가역성으로부터 층들 사이의 의존관계의 기본원리, 즉 상위 존재층이 하위 존재층에 의존하지 그 역은 성립하지 않는다는 의존의 기본방향을 확인할 수 있다.

또 성층의 구조상 구분되는 상향형성관계와 상위구축관계가 상위층의 하위층에 대한 의존에 있어서도 두 가지 종류의 의존을 구분케 함을 알 수도 있다. 하위층의 범주가 모두 상위층에 재현되어 작용하는 상향형성관계에서는 상위층이 하위층에 대해 그저 '그 존립에 있어서' 뿐만 아니라 '그 존재적 내용과 구조에 있어서'까지 의존된다.[50] 그리고 이와는 달리 하위층의 범주적 구조가 상위층에까지 진입해 오지 않는 상위구축관계에서는 상위층이 다만 그 '존립에 있어서만' 하위층에 의존된다.

그렇다면 이 의존관계는 어떻게 더 자세히 분석될 것인가? 하르트만은 여기서도 네 가지 법칙을 제시함으로써 이 의존관계를 해명한다.[51]

1. 하위의 범주가 더 강함

하위 존재층의 범주일수록 그것은 다음 두 가지 점에서 상위의 그것보

---

50 NWdO 69 참조.
51 이하 AdrW 465–522 참조.

다 더 강하다. 즉 범주가 재현하여 상위층에 진입해 들어가는 힘에 있어서, 그리고 그것이 상위층에 대해 토대가 되고 조건이 된다는 점에서 더 강하다. 이에 반해 상위의 범주들은 하위 존재층으로 진입해 들어오지도 않거니와 하위 존재층의 존립에 토대가 되거나 그 조건이 되지도 않는다는 점에서 더 약하다.[52] 그리고 보면 하위의 범주가 더 강하다 함은 곧 의존의 하향성 및 그 불가역성을 단적으로 표현하는 것이다. 범주의 "강도(强度)와 높이는 범주영역 어디에서나 반비례의 관계에 있는"[53] 셈이다. 범주의 높이가 존재내용의 풍부함에서 그 우월성을 갖는다면, 범주의 강도는 그 토대적 성격 및 규정력에서 우월성을 갖는다.[54]

　하위의 범주가 더 강하다는 주장은 얼핏 보면 "사물의 세계를 자신의 목적에 맞게 제작하고 … 동식물을 사육하며 그 자신의 심적 생을 개조하는"[55] 정신의 힘을 부인하는 듯이 보인다. 오히려 정신의 범주가 더 강하지 않을까? 그러나 실은 정신의 힘은 오직 저 의존의 법칙이 허용하는 범위 내에서만 작용한다. "하위 존재층에 대한 정신의 공략은 … 그 하위층의 범주적 구조나 법칙성에 대한 공략이 결코 아니다."[56] 정신의 힘은 오직 이 법칙성을 이해하고 이것에 적응하는 능력에 있을 뿐이다. "그의 지배는 그의 [이 법칙에 대한] 복종에 의거할 뿐이다"[57] 정신이 하위

52　AdrW 475 참조.
53　AdrW 477.
54　그렇다고 이것이 존재의 완전성에 있어서의 정도의 차이를 뜻하는 것은 결코 아니다. KS I 66 참조.
55　AdrW 475.
56　NWdO 78.

존재층을 상향형성하는 것은 목적활동성(Zwecktätigkeit)이라는 그의 존재형식에 따른 것이요, 이것이 가능한 이유는 하위의 존재형식이 모든 상위의 형성에 대해 무관심하기 때문이다.

2. 하위 범주의 상위 범주에 대한 무관성

"하위층의 범주는 비록 상위층의 토대이기는 하지만 그 상위층에 대해 철저히 무관하다. 그것은 상향형성이나 상위구축을 다 허용하지만 이들을 다 요구하지는 않는다."[58] 상위층이 자신을 토대로 삼든 재료로 삼든 이에 개의치 않는, 상위층에 대한 하위층의 이러한 무관성은 상위층의 존재와 상관없이 독자적으로 존립하는 하위층의 철저한 비의존성에서 가장 뚜렷이 나타난다. 하위층은 상위층에 대해 그 존립에 있어서 뿐만 아니라 그 범주의 구성에 있어서도 철저히 비의존적이다. 그리하여 물질적 사물로 이루어지는 자연은 생명현상의 출현에 전혀 상관없이 그 자체 존립하며, 생명체는 의식의 출현과 상관없이 존립하며, 또 의식적 생도, 인간이라는 종이 출현한 초기시대에는 그랬으리라고 추측하거니와, 정신적 활동 없이 존립할 수 있는 것이다.[59]

이 점에서 보더라도 의존의 방향을 이와는 거꾸로 잡는 목적론적인 세계관은 잘못된 것이다.[60] 목적론적 세계관에 따르면 존재층들은 하위의

---

57 NWdO 79.
58 NWdO 67 이하.
59 NWdO 70 참조.
60 AdrW 484 이하 참조.

것으로부터 상위의 것에로 고양되게 되어 있어 하위층이 상위층에 의존되는 모습을 띠기 때문이다. 하르트만에 따르면 하위층 위에 상위층이 형성되는 것은 "내장되어 있던 것이 전개(발전)되는 방식도 아니며, 미리 형성되어 있던 것이 추후적으로 발생하는 과정도 아니다."[61] 이런식으로 목적이 실현되는 구도로 실실세계를 파악해야 힐 아무런 현상적 근거가 없다는 것이다. 목적론적 세계관은 목적활동적 인간 정신이 바로 세계에 자신의 활동방식을 투사시켜 얻어낸 사변적 결과에 지나지 않는다는 것이다.

3. 상위층의 재료로서의 하위 범주

상위층에 대해 철저히 무관하면서도 그 상위층에게 재료로 봉사하는 것이 또한 상향형성관계에서의 하위 범주다. 그리고 이 봉사에 있어서 하위 범주는 결과적으로 상위층에 대해 제한적으로나마 영향을 끼친다. 달리 말해, 물론 "주변적이고 부정적이긴 하지만",[62] 상위의 형식이 아래로부터 규정된다. 즉, 하위 범주의 고유한 특성이 상위층의 형성을 제한한다는 뜻에서, 상위의 형식이 하위의 형식에 의존하게 된다.

상위구축관계에 있어서는 물론 그 의존관계가 좀 달라진다. 즉, 그 의존이 내용적인 것에까지는 이르지 않고 다만 그 존립에만 국한된다. 이

---

61 AdrW 482.
62 NWdO 72.

를테면 의식은 그것을 담지하는 유기체에 의해 제한을 받지만, 그 제약이 의식의 구조, 형식, 과정에까지 이르는 것이 아니고 다만 그 의식의 성립에 국한된다는 것이다.

어느 경우든 하위의 범주는 상위층의 형성에 대해 규정력을 발휘하지만, "그 존재의 토대로서가 아니면, 기껏해야 그 재료로서"[63] 그렇게 할 뿐이다. 다른 관점에서 보면 이는 상위층이 하위층에 의해 규정되지 않는 자유로운 공간이 있음을 말해 주는 것이다. 하르트만이 '재료의 법칙'이라고 일컫는 것은 따라서 이런 의미에선 "상위형식의 자유공간의 법칙"[64]이라고 말할 수 있는 것이요, 따지고 보면 이는 벌써 앞서 살펴본 '무관성의 법칙'에서 암시된 것이라 하겠다. 즉 하위층의 상위층에 대한 무관성은 상위층에 대한 하위층의 자립성을 가리키는 것일 뿐만 아니라 하위층에 대한 상위층의 비의존성을 가리키는 것이기도 하다. 그리하여 하위층에 초점을 맞춘 '재료의 법칙'은 이 층간관계의 소극적 측면을 지칭하는 것으로, 곧바로 상위층에 초점을 맞춘 '자유의 법칙'에로 이어지게 된다.

4. 상위층의 자유

방금 지적되었듯이 상위의 존재층은 하위 존재층에 대해 다만 그 재료

---

63 AdrW 491.
64 NWdO 72.

적 성격 및 토대적 성격에 의해서만 제약되기 때문에 그 자신의 고유한 구조에 있어서는 이 하위층에 대해 자유롭고 자율적이다.

여기서 얼핏 이에 대해 모순처럼 보이는 것은, '강세의 법칙'에 따라 상위층이 하위층에 의존돼 있다는 사실이다. 그러나 강세의 법칙에 따른 상위층의 하위층에 대한 의존과 이 자유의 법칙에 따른 상위층의 하위층에 대한 자율은 실은 전혀 모순된 것이 아니다. 의존성도 자율성도 다만 부분적인 것이기 때문에, 이 두 현상은 서로 양립할 뿐만 아니라 서로 상보적이기까지 하다. 자율성은 바로 의존성 가운데서 성립한다는 말이다. "모든 진정한 자유는 무엇 '으로부터'의 자유요, 무엇에 '대한' 자유이다. 그리고 이때 이 무엇은 자유가 자기를 관철시키기 위해 필요한 속박이자 지지대의 성격을 갖는다."[65]

이렇듯 한 존재층의 자율성은 오직 하위층에 대한 범주적 중첩관계 속에서만 성립한다. 따라서 범주적 성층에 대응하여 상이한 자율성의 성층이 성립하는데, 이는 또한 상이한 결정형태가 보여주는 성층적 의존성 가운데서 성립하는 것이기도 하다. 간단히 말해 "자율성이란 모든 결정하는 상향형성의 범주적 동반 현상이다."[66]

이렇게 본다면 의지의 자유도 이러한 범주적 자유의 한 특수경우라 할 수 있다. 즉 이것은 "심적 과정의 결정을 토대로 그 위에 성립하는 특정한 인격적 활동의 결정 속의 자율성"[67]이라 하겠다.

---

65 NWdO 73.
66 AdrW 512.
67 AdrW 512.

VII. 맺음말

이상에서 우리는 하르트만의 '세계 내재적 실질존재론'이 밝히고 있는 실질세계의 내적 구조를 그의 성층이론에 따라 살펴보았다. 그의 존재론이 취하고 있는 기본입장에 대해서는 앞에서도 언급했지만, 여기서 우리는 그의 실질세계의 성층이론이 어떤 의의 및 시사점을 갖고 있는지 전망해 봄으로써 이 글을 맺기로 하자.

1. 하르트만은 '현상'에 충실하려는 태도를 철저히 견지한다. 그래서 사실과학적 탐구의 성과가 허용하지 않는 것에 대해선 어떤 사변적 이론구성도 삼간다. 우리가 탐구할 수 있는 '현상'이 말해 주는 것에 어긋날 때 '이론'은 아무리 본질적이고 근원적인 것에 관한 것이라도 붕괴할 수밖에 없다고 보기 때문이다. 그는 실질세계가 네 개의 존재층으로 구성되어 있다고 말하면서도 우리의 철학적 의문이 여기서 멈추지 않음을 물론 시인한다. 이 세계는 왜 더도 덜도 아닌 네 개의 존재층으로 구성되어 있는가? 이 네 개의 존재층을 하나의 세계로 통합시켜 주는 원리는 무엇인가? 이러한 형이상학적 문제에 대해 철학은 어떻게든 답을 제시하려한다. 그것이 철학의 과제이기도 하다. 그러나 하르트만에 따르면 그 답은 우리가 날조한 세계가 아닌, 우리에게 주어진 '현상'에 대한 사실과학적 탐구의 성과에 상충하는 것이어서는 안 된다. 철학적 이론구성은 어디까지나 과학적 탐구가 확정해 주는 사실을 토대로 해서 이루어져야 한다는 것이다.

세계의 통일적 원리에 대한 형이상학적 요구에 사로잡혀 엄연한 현상적 사실로 주어지는 존재층의 복수성과 다양성을 외면할 때, 여기에 등장하는 것이 환원주의적 '사변'이라고 하르트만은 생각한다. 네 개의 존재층 가운데 어느 한 층의 존재원리를 나머지 층들에까지 부당히 확장시켜(하르트만은 이를 '경계를 넘어서는 오류(Grenzüberschrei-tungsfehler)'라고 부른다), 세계 전체가 그 궁극적 실체에 있어선 바로 그 존재층으로만 이루어져 있는 것으로 보는 예를 우리는 종래의 형이상학에서 흔히 발견한다. 물질주의(유물론), 생명주의, 심리주의(유심론), 정신주의(관념론) 등이 그것이다. 이들이 철학적 이론으로서는 그 일관성과 체계성에 있어서 더 완전할지 모르겠지만, 그것이 현상으로 주어진 이 세계의 현실을 설명함에 있어서는 편향적임이 분명하다. 하르트만이 세계의 통일성에 대해 그것이 그저 '수수께끼'라고 말하는 참을성 있는 겸손은 철학을 사변 쪽으로보다는 과학 쪽으로 끌어가려는 학적 태도라 하겠다.

2. 성층이론의 내용 중 의존과 자율의 상호 양립성 및 상호 보완성에 대한 해명은 현대철학의 여러 주제들에 대해 시사하는 바가 크다고 하겠다. 특히 정신의 정신 아닌 것에 대한 의존과 그 자신의 독자적인 자율이 상호 충돌 없이 설명되는 구도는 우선 마르크스 철학에 있어서의 주요 문제인 경제결정구조와 인간의 주체성과의 충돌문제를 해결하는 데 단초를 제공하리라 본다. 인간의 사회적 삶은 생산관계가 기초가 되는 경제사회적 결정구조에 의해 제약받는다는 점을 구명하면서도 다른 한편으로는 역사의 전개과정을 주도하는 인간의 주체성을 정초해야 하는 마르크스 철학의 근본문제가 앞에서 발혀진 정신의 물질에 대한 의존 및

자율의 상호 양립 명제로부터 접근될 수 있을 것이다.

3. 상위층의 하위층에 대한 의존과 자율의 양면성에 대한 하르트만의 해명은 현대 심리철학의 주요 논점인 심신관계의 분석을 위해서 시사하는 바 크리라고 생각된다. 심신문제의 핵심은 궁극적으로 마음의 활동을 존재론적으로 어떻게 정립하느냐 하는 문제라고 생각한다. 신체를 시공적 인과체계 안에 귀속시켜 과학적 탐구로 접근할 수 있는 존재로 보는 데에는 거의 이론의 여지가 없을 것이다. 문제는 '마음'에 있는 것이다.

'마음'에 독자적인 실질적 실재성을 부여할 것인가, 아니면 그것을 그저 '몸'의 한 현상으로 볼 것인가? 전자의 견해를 취하면 신체적 현상과 긴밀히 밀착되어 상호작용하는 마음의 활동을 설명할 수 있는 원리의 발견이 어렵고, 후자의 견해를 취하면 신체적 현상과는 판이한 마음의 고유한 본성을 설명할 수 있는 존재론적 원리의 발견이 난제로 떠오른다. 한마디로 말해, 존재적으로 몸에 철저히 의존되어 있으면서도 어떻게 마음이 그 독자적인 활동영역을 확보하고 있느냐 하는 것이다.

마음(정신)만을 실체로 보는 관념론(정신주의)이나 몸(신체)만을 실체로 보는 유물론(물질주의, 물리주의)은 심신의 판이하고 다양한 '현상' 자체를 외면하는 지나친 단순화의 결과다. 부수현상론은 완화된 형태이긴 하나 원리적으로는 유물론적 입장을 벗어난 것이 아니다. 이중국면론이나 심신평행론은 존재론적으로 볼 때 제3의 실체나 원리를 전제하는 것이다. 그런데 그 제3의 실체나 원리가 마음이나 몸보다도 사실과학적 탐구의 영역으로부터 더 멀리 벗어나는 것이라면, 이는 문제의 해결이라기보다 문제를 더 어렵게 만드는 것이 된다. 이 점은 예정조화론에 있어서도 마찬가지다. 조화를 예정해 놓는 주체는 누구이며, 그 조화의 원리는 무엇이란 말인가. 우인론은 실제로 문제의 해결이라기보다는 근본에 있어 문제의 회피라 볼 수 있고, 상호작용론 또한 문제의 기술에 불과한 것이라 할 수 있다.

여기서 우리는, 몸과 마음을 하르트만에서처럼 존재층으로 파악하고 그 관계를 앞에서 밝힌 층간관계로 설명한다면, 그 관계의 궁극적 원리는 수수께끼로 남겨둔다 해도 적어도 그 관계의 구조에 대해서는 '의존 속의 자율'이라는 근본명제를 토대로 좀 더 진전된 분석을 수행할 수 있으리라고 전망해 본다. 이런 관점에서 볼 때, 심적인 것이 물리적인 것에 의존하긴 하지만 그것으로 환원될 수는 없다는 명제를 근간으로 하는 최근의 '수반이론'은 하르트만의 통찰을 더 세련시킨 것이라 볼 수 있다.

4. 상위 존재층의 하위 존재층에 대한 '의존 속의 자율'이라는 명제는 의지의 자유에 대한 해묵은 논쟁에 있어서도 충분한 해결의 실마리를 제공해 주리라고 본다. 하르트만 자신이 어느정도 구명했지만 의지의 자유란 굳이 형이상학적 요청으로 볼 필요가 없는, 정신이라는 실질존재의 한 존재방식으로 설명될 수 있다는 것이다. 의지의 자유를 인정하는 일과 시공적, 물리적 세계의 인과결정을 수용하는 일이 전혀 상충하는 것이 아니기 때문이다. 정신의 자유로운 의지적 활동은 오히려 인과관계에 의해 필연적으로 결정되는 물리적 세계를 그 활동의 토대로서 필요로 하는 것이다.

5. 이와 더불어 윤리학적 자연주의의 극복과 이를 통한 규범윤리학의

정초를 위해 꼭 필요한 논구, 즉 행위나 품성의 자연적 속성과 도덕적 속성이 존재론적으로 연계되어 있으면서도 동시에 구분될 수 있다는 논구 또한 이 의존과 자율에 대한 하르트만의 통찰을 출발점으로 전개될 수 있을 것이다. 즉 도덕적 속성은 자연적 속성을 토대나 재료로 삼음으로써 그것에 의존되어 있는 것이 사실이지만, 그렇다고 그것에로 환원되어 해소되는 것은 아니며, 그 자신 독자적 영역을 지닌다는 것이 모순 없이 설명될 수 있을 것이다.

5 존재론: 실증과학의 철학적 기초[*]

I. 들어가는 말: 서양철학의 주류(主流)

개항 이래 지난 한 세기 동안 한국의 학문세계는 서양학문의 수용이
그 주된 과제가 되다시피 하였다. 서양학문의 수용이 내적 자각을 계기
로 한 능동적이고 진취적인 노력이었다기보다는 외적 강요에 대한 수동
적이고 방어적인 노력이었다는 점에서 그 계기나 경위가 바람직한 모습
을 띤 것은 아니었다. 그러나 서양의 여러 학문은 오늘날 한국 학문의 실
질적인 내용을 이루게 되었고, 그것이 한국의 근대화와 선진화에 기여하
고 있음 또한 현실이다. 이러한 학문적 상황에서 서양학문의 진수(眞髓)
는 어떤 것이며, 그것을 정초해 주는 철학적 사유는 어떤 것인지 반성해

＊ 「실증과학의 철학적 기초」, 『철학과 현상학 연구』 13집, 1999.

보는 것은 의의 있는 일일 것이다.[1]

철학이 여러 얼굴을 가지고 있음은 사실이지만, 적어도 '학문'으로서의 철학이라면 다른 여러 학문들의 기초를 놓아주는 일이 그 주된 과제라고 해야 할 것이다. 이렇게 보면, 거꾸로 어떤 철학적 통찰을 기초로 삼느냐에 따라 그 위에 정초하는 학문의 성격이 정해진다고 할 수도 있다. 우리가 이제 서양철학의 근본 사유범주, 즉 서양철학적 사유의 근본적인 틀과 길을 문제로서 성찰해 보고자 하는 것도 바로 이런 연관관계를 의미 있게 주목하기 때문이다.

이러한 문제의식에서 우리가 정작 관심을 가져야 할 것은 '현대'의 유럽 및 미국 철학이라기보다도 현대 '서양문화'[2]의 핵심 및 근간을 정초해 온 서양철학사조라고 본다. 현대의 서양문화의 핵심 및 근간을 이루는 것은 무엇일까? 그것을 우리는 실증과학과 이것에 의해 정초되고 발전하는 기술[3]이라고 본다. 과학과 기술이 우리에게 중요한 까닭은, 그것이 더 이상 서양문화에서만 주도적 역할을 하는 데 그치지 않고 바야흐로 하나로 수렴하는 보편적인 인류문화의 기초를 이루어 가고 있기 때문이

---

1 이 글은 본래 "구미철학의 근본 사유범주"라는 주제로 위촉받아 제3회 한민족 철학자대회 (1999. 8. 17)에서 발표한 내용을 다소 보정(補整)한 것이다. 비판적 논평을 해준 이윤일 교수와 시야를 넓힐 수 있는 조언을 해준 길희성 교수에게 감사한다. 이 글에서 필자는 현대 서양학문의 실체를 드러낸다는 의도 아래 실증과학을 정초해 준다고 생각되는 철학적 사유내용을 다만 중립적으로 기술했을 뿐이다. 필자 자신이 실증과학적 사유에 대해 '철학적으로' 낙관적 옹호의 자세를 취하고 있는 것으로 오해하지 않길 바란다. 실증과학적 사유의 문화적 파장에 대해 필자는 오히려 지극히 비관적인 시각을 갖고 있다.

2 문화(culture) 개념을 문명(civilization)까지도 포괄하는 광범한 의미로 사용한다. 문명, 문화라는 번역어는, 정신문화, 물질문명이라는 합성어에서 그러하듯, 그 원어를 고려해 볼 때 뒤바뀐 의미로 사용되고 있는 감마저 있다. 박이문, 『문명의 위기와 문화의 전환』, 민음사 1996, 15쪽 이하 참조.

다. 따라서 우리가 '서양철학의 근본 사유범주'라는 주제 아래서 해야 할 일은 과학적 탐구와 기술의 발전을 가져오게 한 서양철학적 사고의 기본적 요인을 추적하는 것이다. 이 요인은 현대 서양철학에서만 구해질 것이 아니요, 서양철학의 연원(淵源)과 전통 속에서 또한 찾아져야 할 것이다. 서양의 현대철학은 (특히 유럽 철학에서) 이러한 전통을 전승하고 있다기보다는 오히려 이에 대해 부정적 비판의 목소리를 높이고 있다. 그러나 현대철학의 이 소리 높은 비판에도 불구하고, 과학과 기술을 토대로 하는 현대의 서양문화가 조만간 그 진행의 궤도를 수정할 수 있을 것 같지는 않다. 다시 말해, 가까운 장래에 현대의 비판적인 철학이 서양문화의 중심에 서는 주류 철학이 될 것 같은 조짐은 아직 보이지 않는다.[4] 이러한 현실을 고려해 볼 때, 우리는 현대 서양문화의 토대인 과학과 기술을 정초하는 철학이 서양철학사에서도 결국 주류 철학의 자리를 차지하고 있다고 보는 것이 온당할 것이다. 즉, 실증과학적 탐구를 가능케 하

---

3 기술의 발전이 언제나 과학적 이론에 의해 정초됨으로써만 가능한 것은 아니다. 과학적 탐구 중 의도하지 않았던 부산물로 새로운 기술이 개발되는 수도 있고, 실험기자재의 개선 및 실험기술의 발전이 새로운 과학적 탐구를 가능하게 하는 경우도 있다. 이렇듯 과학과 기술의 관계는 상호적이다. 그러나 원리적인 측면에서 볼 때, 새로운 기술은 그것이 보편화되고 질적으로 더 고양되기 위해서는 과학적 탐구성과의 누적이 요구된다는 점을 부인할 수는 없다고 본다. 조인래, 「20세기 과학기술의 도전과 대응」, 『철학과 현실』, 1999 여름, 7쪽 이하; M. Heidegger, *Die Technik und die Kehre*, Pfullingen, 1962, 이기상 역, 『기술과 전향』, 서광사, 1993, 39쪽 참조.

4 후설이 실증주의를 비판하면서 과학적 세계상의 위험을 경고한 지가 오래고, 하이데거가 현대기술에 의한 인간의 비인간화를 경고한 것이 또한 오래지만, 이러한 경고가 철학계를 넘어 실증과학적 탐구의 세계에 어떤 영향을 주었는지, 기술의 개발에 매진하는 공학 및 공업계에 어떤 영향을 주었는지, 우리는 지극히 회의적이다. E. Husserl, *Die Krisis der europäischen Wissenschaften und die transzendentale Phänomenologie*, 2. Aufl., den Haag, 1962(이하 Krisis), 이종훈 역, 『유럽학문의 위기와 선험적 현상학』, 한길사, 1997, 특히 1부; M. Heidegger, 앞의 책 참조.

는 철학적 사유[5]가 서양철학사조의 주류를 이루게 되었다는 것이다. 철학 내부의 지도를 보자면, 실증과학의 일면성과 한계를 비판적으로 드러내는 철학이 그 중심에 위치하기도 했던 것이 사실이다. 그러나 그렇다고 해서 그러한 비판적 철학사조가 곧 서양문화의 중심적 기초가 되는 것은 아니다. 어떤 철학사조가 문화 전반의 기초를 이루느냐 하는 것은 철학 내부의 판도와는 별개의 문제다.

이렇게 볼 때 우리가 본론에 앞서 출발점으로 삼고 있는 예비적인 견해는 다음과 같이 요약된다.

(1) 서양문화가 인류문화로 보편화되고 있다.

(2) 서양문화를 보편적 인류문화로 확산시키는 현대 서양문화의 토대는 과학과 기술에 있다.

(3) 이런 점에서 볼 때, 서양철학의 주류는 과학과 기술의 발전을 정초해 준 사조에 있다.

(4) 따라서 서양철학적 사유의 근본적인 틀과 길을 찾아 밝히려는 작업은 실증과학을 정초해 주는 철학을 중심으로 하는 것이 합당하다.

---

5 이 '실증주의적' 철학을 '실증주의'라는 이름을 갖고 철학사에 등장했던 특정 철학, 이를테면 Saint-Simon, Bentham, Mill, Comte, Mach, Avenarius 등의 철학만을 가리키는 것으로 국한시키지는 말자. 경험적 사실에 의거해서만 학적 이론의 합리적 토대가 주어질 수 있다는 견해를 기초로 하여, 측정가능한 대상에 탐구영역을 국한시킴으로써 탐구의 성과가 수학적으로 (적어도 양적으로) 정식화될 수 있고, 이를 토대로 미래의 사태에 대한 구속력 있는 예측을 가능케 하는 탐구만이 유효한 학적 탐구라고 보는 견해를 뒷받침하는 철학적 사유라면 모두 여기에 수용해도 좋을 것이다.

그렇다면, 그러한 철학사상은 시초에 어떤 사상적 지형에서 발원했으며, 어떤 사유원형 속에서 어떤 내용으로 이론화되었을까? 이것이 이제 우리가 본론에서 논의해야 할 소주제들이다.

II. 실증과학을 정초하는 철학의 연원: 존재론

존재론은 형이상학적 물음에 대한 그리스 철학적인, 즉 서양철학적인 응답이다. 인간과 세계의 근원과 종국에 대한 물음, 인간의 운명에 대한 물음, 세계의 존재 및 인간의 삶의 의의에 대한 물음, 자연의 변화를 지배하는 원리와 인간의 행동이 따라야 할 원리에 대한 물음, 이러한 궁극적 난문 앞에서도 신화적 사고를 벗어난 그리스 철학은 우선 주어진 자료에 대한 이론적 인식에서부터 출발한다. 자료 없이 이루어지는 철학은 신화적 사고에서 아직 덜 벗어난 단순한 세계관에 머문다. 물론 이 이론적 인식은 '모든 것'을 자료로 삼는 존재론에서 그 정점에 이른다. 따라서 이러한 그리스 철학적인 이지적 태도를 전승하는 한, 서양철학에서 형이상학은 존재론을 기초로 한다. '모든 것'을 자료로 삼는다는 것은, 존재론이 모든 존재자를 다만 존재자로서 다룸으로써 사물의 존재 자체를 탐구한다는 표현의 실질적 내용이다. 형이상학적 문제에 대한 서양철학의 이러한 지적 대응을 처음으로 명료히 정리한 사람은 물론 아리스토텔레스다. 그는 이미 '으뜸가는 철학(prote philosophia)'이 다루어야 할 주제로서 '궁극적(제1의) 원리들', '존재로서의 존재', 그리고 '최고의 존재'를 제시함으로써, 존재론적 논구를 벗어나는 형이상학적 문제는 이 '으뜸가는 철학'의 내용이 될 수 없다는 암시를 한다. 실로 서양철학의 내부에서는 형이상학과 존재론이 내용적으로 동일시되거나 적어도 크게 중첩되는 것으로 이해될 만큼[6] 존재론은 형이상학적 사유의 중심에 놓여 왔다.

그러나 형이상학이 곧 존재론인 것도 아니요, 형이상학적 문제에 대한 탐구가 반드시 존재론적인 것이어야 할 필연적인 이유가 있는 것도 아니다. 형이상학적 물음에 대응하는 지적 탐구는 다른 방향으로 나아갈 수도 있다. 우주의 본성(性)에 따라 인간이 마땅히 걸어야 할 길(道)을 궁구하여 이를 실행에 옮길 개인적, 사회적 방도(禮)를 모색함으로써 이러한 난문들에 대응할 수도 있고, 사물의 실체라는 것이 실은 공허한 것이요(諸法無我), 우주의 생멸과정이라는 것도 일정치 않음(諸行無常)을 깨달아(覺) 외부로부터 다가오는 고통을 뛰어넘을 수 있는 정일(靜逸)한 내면적 마음가짐을 얻는(涅槃寂靜) 방도를 모색함으로써 이러한 난문들에 대응할 수도 있다.

철학적 탐구의 근본문제를 이렇듯 유교철학이 행동의 원리와 이의 실천에서 찾고 불교철학이 주관의 내면적 의식과 이의 정화(淨化)에서 찾

---

6 자세히 살펴보면, 아리스토텔레스의 『형이상학』에도 이미 존재론이 중심적 내용을 이루면서, 이외는 다른 내용, 즉 '최고의 존재'에 대한 '신론(神論)'이 포함되어 있지만, 형이상학과 존재론의 관계는 그 후 스콜라 철학 이후에 이와 유사한 구도로 정리된다. 즉 존재론은 형이상학 중에서도 가장 기초가 되는 '일반형이상학(metaphysica generalis)'으로 이해되고 있다(Wolff의 체계 참조). '초월적 존재'에 대한 논구는 '형이상학'으로, '내재적 존재'에 대한 논구는 '존재론'으로 보려는 관점도 있는데, 이에 따르면 형이상학과 존재론은 그 자체로서는 중첩되지 않고 구별된다. 그러나 필자는 형이상학을 그저 '철학적 난문들의 체계적 연관'으로 보고, 존재론은 그 난문들에 답하려는 근본적인 탐구라는 하르트만의 견해를 받아들인다. N. Hartmann, *Zur Grundlegung der Ontologie*, Berlin, 1935(이하 GdO), Einleitung, 하기락 역, 『존재학 원론』, 형설출판사, 1986, 서론 참조.

았다면, 서양철학은 세계의 인식, 그것도 총체로서의 세계인식을 겨냥한 '존재론'에서 찾은 셈이다. 서양철학은 동양적인 접근법과는 달리 직접적인 실천적 연관으로부터 벗어나, 순수하게 이론적인 접근로를 택한 것이고, 거기서 모든 것을 다 포괄하는 가장 일반적이고 보편적인 문제연관으로서 '존재'를 이론적 인식의 총괄체로서 문제 삼은 것이다. '존재'는 세계 전체를 남김 없이 포괄한다. 존재 아닌 것은 곧 무(無)요, 무란 없는 것이기 때문이다. '존재'란 세계를 그 자체 있는 그대로 대하되, 모든 실질적인 내용은 남김 없이 사상(捨象)하고 오직 그 가장 형식적인 면만 문제 삼고자 할 때, 우리에게 드러나는 것이다. 이를 거점으로 하여 우리는 특정한 제약으로부터 벗어나 더 일반적인 것, 더 보편적인 것에로 사유를 확장시켜 나아갈 수 있다. 이 사유의 길은 곧 구체적인 것을 점진적으로 버려 나아가는 추상화의 길이기도 하다. 그리고 존재란 이 확장적, 추상적 사유의 길의 종국에서 비로소 열리는 세계의 평면도다.

존재에 관한 탐구가 세계의 인식에서 가장 근본적인 까닭은 무엇인가? 세계의 인식에서 제일 먼저 문제되는 것은 인식의 주체도 인식의 대상도 자기동일성을 갖는 불변자여야 한다는 점이다. 인식주관의 자기동일성은 자명한 것으로 전제된다 하더라도 인식대상의 자기동일성은 그저 단적으로 주어지는 것이 아니고 인식주관이 정립해야 하는 것이다. 이 대상의 자기동일성이 어떤 차원에서 어떤 내용의 것으로 확보되느냐에 따라 여러 서로 다른 학문들이 성립한다.[7] 존재론이란 이 모든 차원들에서 사물의 자기동일성이 성립하는 근본적인 기초를 마련해 주는 논구요, 따라서 가장 높은 단계의 추상적 사고에서 이루어지는 것이다.[8]

이와 연관지어 고전적인 존재론에서의 주요 주제들을 생각해 보자. 세계 내의 사물들은 우리의 일상적 경험에 '서로 다른 모습으로(差異性/差別相)', '여럿으로(多數性/複數性)', '임의적이고 우연적인 것으로(偶然性)', '변화하면서(可變性)', '특수한 개개의 것으로(特殊性/個體性)' '나타날(現象)' 뿐이다. 세계의 이러한 모습만을 자료로 해서는 세계에 대한 보편타당한 지식을 얻을 수 없다. 사물들의 이러한 피상적인 모습 뒤에 '한결같은(同一性)', '여럿을 하나로 통합시켜 주는(統一性/一者性)', '필연적인(必然性)', '불변하는(不變性)', '보편적인(普遍性)' 모습이 감추어져 있다면, 이것이야말로 사물들의 '진정한 모습(實在)'이 아니겠는가. 그리고 그것에 대한 지식만이 보편적으로 타당한, 신뢰할 만한 것이 아니겠는가. 그렇다면, 그것을 탐구하는 것은 세계에 관한 다른 지식들의 기초가 되는 것으로서 가장 근본적인 보편적인 탐구가 될 것이다. 존재론은 이렇듯 그 형식적 탐구를 통해 그 추상화의 정점에서 존재의 동일성, 보편성, 불변성, 필연성 등의 개념을 구명하고 또 존재의 계기, 구조, 방식, 양상 등을 밝힌다. 그리하여 다른 분과학문들이 각기 그 탐구영역에서 탐구대상이 되는 사물의 자기동일성을 확보하여 사물들을 선명히 구분하고 또 이를 토대로 사물들의 관계를 밝히고 나아가 그 세계의 질서를 구명할 수 있는 기초를 마련한다.

여기서 우리의 관심사는, 이렇듯 세계 자체의 존재를 철학적 사유의 근본주제로 삼기 시작한 서양철학의 존재론적 접근이 훗날의 실증과학

---

7 이를테면 그 자기동일성의 내용이 물리적 실체성이냐, 생명적 개체성이냐, 아니면 단순한 공간적 양적 단위냐 등에 따라 물리학, 생물학, 기하학 등이 학문이 성립한다.
8 박홍규, 「고별강연」, 『형이상학 강의 1』, 민음사, 1995, 16쪽 이하 참조.

의 출현에 어떤 기초를 제공해 주었을까 하는 점이다. 서양철학이 형이상학적 물음에 대해 시초에 '존재론적으로' 응답하지 않았더라도 과연 후대에 실증과학의 출현이 가능했을까? 형이상학적 물음에 전혀 다른 방향으로 응답했던 유교철학이나 불교철학의 전통을 기초로 해서도 실증과학은 성립할 수 있겠는가? 역사적으로 동아시아나 인도 문화권에서 실증과학이 등장하지 않았다는 사실이 이러한 물음에 대해 이미 무엇인가를 시사(示唆)하는 것은 아닌가?

서양철학이 존재의 인식을 문제 삼은 데에는, 앞서 지적했듯 우선 인간의 삶이 인간 자신의 내면적인 희망과 욕구와 태도보다는 인간의 외부에 있는 객관적 현실에 의해 더 크게 좌우된다는 각성이 배경이 되었다고 생각된다. 그리스의 철학적 사고가 그 풍부했던 신화적 사고를 마감하며 등장했던 지성사적 사실이 이를 뒷받침한다. 이러한 지적 풍토에서 출현한 철학적 사고는 세계 그 자체에 관한 신뢰할 만한 지식의 근원으로 '존재자로서의 존재자', '존재 그 자체'에까지 진입해 들어간 것이다. 신뢰할 수 있는 지식이란 언제 어디서나 누구에게나 타당한 지식이다. 그리고 세계에 대해 보편타당한 지식을 얻기 위해서는 이 세계를 그 독자적, 객관적 측면에서, 즉 그 존재 자체에서 파악해야 한다.

존재론은 이렇듯 주관독립적인 세계의 존재 자체를 문제 삼고 이 세계의 보편적 존재기초 및 존재원리를 탐구한다. 즉, 존재론적 탐구는 사유주관의 자기투사(自己投射)이거나 자기반성이 아니라, 주관독립적인 사유 밖의 세계를 지향하는 직지향적(直指向的, intentio recta) 탐구다. 이런 점에서 존재론은 세계에 대한 긍정적이고 적극적인 지적 태도를 드러낸다. 존재론을 수행하는 이러한 지적 태도는 인간과 세계, 삶과 현실에 대한 이지적 태도를 반영하는 것으로 서양의 주지주의적, 합리주의적 전통의 원천이 된다. 존재론은 또 세계를 총체적으로 그 근본에 있어 문제 삼는다는 점에서 물론 철학적 탐구이지만, 그 탐구는 심정적, 종합적, 직관적, 주관적 지식을 추구하지 않고 오히려 논리적, 분석적, 설명적, 객관적 지식을 추구한다. 이러한 점들에 비추어 볼 때, 존재론은 근대 실증과학의 기초가 되고 또한 방법적 선구(先驅)가 된다. 그리고 이러한 점에서 그리스 철학이 존재론으로서 발단(發端)하고 서양철학이 전반적으로 이 전통을 계승한 것은 근대 이래 실증과학이 등장하게 된, 필연적 배경은 아니라 하더라도 충분한 배경은 되었다고 할 수 있다.

III. 실증과학을 정초하는 철학적 사유내용

실증과학의 출현으로 이어지는 사유의 길이 고전적 존재론에서부터 출발했다고 해서 고전적 존재론이 실증과학의 성립에 요구되는 요건을 모두 제공했다고 볼 수는 없는 일이다. 실증과학이란 (1) 개별적 사실들을 관찰, 측정하여, (2) 이를 토대로 그로부터 귀납적으로 그 사실들에 대한 일반명제를 하나의 가설로 이끌어 내고, (3) 이 일반명제로부터 연역적으로 추론해 낼 수 있는 어떤 결과를 예측한 다음, (4) 그 예측한 내용이 실제적으로 사실세계 속에서 나타나는지를 검증하는 탐구라고[9] 보

---

9 박이문, 『과학철학이란 무엇인가』, 민음사, 1993, 26쪽에서 원용. 자연과학만이 실증과학이라고 말할 수는 없다. 자연현상이 아닌 인간의 문화적 삶의 현상에 대해서도 실증과학적 탐구는 존재한다. 다만 그 전형이 수학적 자연과학이라고 보아 아래에서는 이를 염두에 두고 논술을 진행한다.

겠는데, 고전적 존재론에는 특히 경험적 사실에 대한 관찰과 실험이 갖는 인식적 중요성이 간과되어 있다. 그렇다면 더 적극적인 의미에서 실증과학의 정초에 기여한 철학적 요소는 어떤 것들일까?

1. 존재론적 실재주의와 인식론적 관념주의

주관독립적 세계의 인식에 대한 신뢰는 어떤 의미에서든 인식주관과 인식대상과의 합치를 전제로 한다. 존재론이 전통적으로 문제 삼는 '존재'에는 주관독립적 대상 자체가 현존한다는 계기(있음, existentia, Dasein)뿐 아니라 그것이 무엇이라는 계기(임, essentia, Sosein)가 함께 내포되어 있다. 모든 존재하는 사물은 반드시 그 무엇이며, 그러한 무엇인 것은 그것이 무엇인 한 존재하지 않고 없을 수는 없는 일이다. 그런데 후자, 즉 사물의 '무엇임'은 술어적 사유를 떠나서는 우리에게 파악될 수 없는 것으로, 바로 여기에 존재와 사유의 '공유지'가 있다고 보아야 할 것이다. 만일 이러한 공동의 지반이 전혀 없다면, 인식주체의 사유에 인식대상의 존재가 인식된다는 것은 불가능한 일일 것이다. 세계가 존재하는 원리와 인간이 사유하는 원리가 동일하지 않고서는 사물의 인식은 불가능하다. 세계에 대한 경험과 논리적 사유가 결합되어서만 과학적 탐구도 비로소 가능하다.

사실, 사유와 존재의 동일성에 대한 이러한 전제는 아리스토텔레스가 사물에 대한 서술방식으로서 '범주들'을 제시하며 이를 동시에 사물들이 존재하는 방식으로 파악한 이래, 오랫동안 서양철학의 유산이 되어 왔다. 존재와 사유를 동일시하는 이 전통은 스콜라 철학에서도 '지성과 사물의 합치(adequatio intellectus et rei)'라는 명제로 견지되었고, 칸트에 와서도 시간과 공간이라는 세계 경험의 '선험적 감성형식'들이 '선험적 관념성'과 동시에 '경험적 실재성'을 갖는다고 보는 데서 그 족적을 엿보게 된다.

세계는 주관의 인식활동과 무관하게 그 자체로 존재하며, 인간 정신은 세계 자체를 있는 그대로 인식할 수 있는 능력이 있다고 보는 이러한 견해는 실은 상식적 태도에 암암리에 전제되어 있는 것이기도 하다. 그리고 세계와 지식에 대한 이러한 상식적 견해는 진리에 관해서도 상식적인 견해를 동반하고 있는데, 이른바 '진리대응설'이라는 것이 그것이다. 세계의 인식은 그것이 세계의 모습을 있는 그대로 모사, 재현, 표상할 때 참된 것이 되고 그렇지 못할 때엔 거짓된 것이 된다는 생각이 그 핵심이다.[10]

그러나 이러한 전통적인 지식관 및 진리관은 오늘날 적잖이 교정되어 있다. 그 자체 논리적인 난점을 지니고 있기도 하고, 또 근대 이후 실증과학적 탐구의 다양한 발전과 더불어 과학적 지식의 주관의존적 성격이 드러나게 되었기 때문이다. 먼저 사유와 존재의 동일성에 관한 믿음이 교정받아야 했다. 사유범주와 존재범주가 완전히 동일하다면 인간 정신은 이 세계에 관해 모를 것이 없어야 된다. 그러나 여러 형이상학적인 난

---

10 진리대응설이 전통적인 진리관념에 교정을 가한 것이 있다면, 그 요구수준을 낮춰 사유와 존재의 '합치'를 '대응'으로 바꿨다는 점이다. 세계에 대한 경험을 통해 인식주관의 의식에 떠오른 상(像)과 실재하는 사물 자체는 전혀 다른 존재방식과 존재차원을 갖는 것으로 이 둘의 '합치' 또는 '일치'를 말하기는 어려운 일이니, 다만 양자 간의 '대응(對應, correspondence)' 여부로써 그 진위를 가르자는 것이다.

문들이 웅변해 주듯이 인간의 인식능력은 극도로 제한되어 있음이 확실하다. 사유범주에 들어오지 않는 존재방식이 얼마나 광대한 영역을 차지하고 있는지 우리는 알지 못한다. 또 거꾸로 인간의 사유범주에 따르면 가능한 것이 실제로 세계에서는 존재하지 않거나 존재할 수 없는 것도 있다.[11] 따라서 우리는 기껏해야 존재범주와 사유범주의 부분적 합치만을 말할 수 있을 뿐이다.[12]

인식대상의 존재범주와 인식주관의 사유범주가 부분적으로 동일하여 그 합치를 통해 인식이 성립한다고 하더라도, 여기에는 근본적으로 의식과 사물, 사유와 존재 사이의 간격을 어떻게 메꿀 수 있느냐는 난제가 대두하게 된다. 데카르트의 '회의'가 보여주듯이, 우리의 의식에 자명한 확실한 것은 오직 의식 자체 내부의 활동과 그 결과일 뿐, 외부세계의 존재 그 자체는 모두 의심스럽다는 것이다. 이로부터, 인간의 의식에 직접 주어지는 것은 표상과 관념뿐이지 사물의 존재 자체는 아니라는 것, 따라서 인식의 대상은 사물에 대한 표상이나 관념일 뿐이지 사물 자체는 아니라는 것, 궁극적으로 사물 자체에 접근할 수 있는 길은 인간 정신에 주어져 있지 않다는 것 등을 핵심내용으로 하는 이른바 관념주의적 견해가 성립한다. 데카르트에서부터 발단하는 근세철학은 기본적으로 이러한 경향을 띠고 있다.

---

11 이를테면 원주율 같은 것은 실제로는 존재하지만 도저히 합리적으로 사유해 낼 수 없는 수이고, '제곱해서 −2가 되는 수'라는 사유는 가능하지만, 그런 수의 존재는 불가능하다. 그래서 우리는 그런 수들을 각기 '무리수(無理數)', '허수(虛數)'라고 부르지 않는가.

12 N. Hartmann, *Grundzüge einer Metaphysik der Erkenntnis*, 3. Aufl., Berlin, 1965, 48. Kap. 참조.

인식현상에 대한 이해가 이렇게 달라지게 되면, 자연히 인식의 진리성에 대한 견해도 따라서 바뀔 수밖에 없다. 인식대상으로서 설정되었던 세계 자체가 더 이상 독자적 실재가 아니므로, 진리대응설에 따라 실재 세계와 그에 대한 표상과의 합치, 일치를 인식의 진리성의 기준으로 삼을 수 없게 되는 것이다. 인식의 대상 자리에 놓여야 할 것은 이제 의식 내부의 표상 및 관념밖에 없으므로, 인식의 참됨과 거짓됨은 이제 이 표상 및 관념들 간의 어긋나지 않는 관계, 즉 이들 간의 '정합성(整合性, coherence)' 여부에 달리게 된다. '진리정합설'이란 것이 바로 그것이다.

사실 근대과학의 학문적 기초를 놓으려 했던 칸트가 '물 자체'의 인식이 불가능함을 주장하고 인식의 영역을 현상계에 국한시킨 이래, 과학적 탐구대상의 '즉자적 실재성'은 더 이상 자명한 것으로 여겨지지 않게 되었다. 상식과 과학은 실재주의 위에 서 왔지만 오히려 철학은 이렇듯 관념주의로 기울어지는 경향을 보여 왔다. 특히 상대성 이론이나 불확정성 원리가 현대 물리학의 새로운 지평을 연 이후, 현대 과학철학에서는 과학적 지식 및 그의 대상에 대한 종래의 '소박한' 실재주의를 반박하는 이론들이 주류를 이루었다고 해야 할 것이다. 토마스 쿤이 『과학혁명의 구조』에서 보여주는 과학사 해석은 이에 획기적 전기(轉機)가 되었다. 사실 모든 사물은 인식의 대상이 되는 순간 인식주관의 사유활동과 무관할 수 없게 되고, 인식되기 이전의 사물 '자체'의 대한 논급은 논리적으로 불합리하다. 이런 점에서 인식론적 관념주의는 타당한 견해다.

이러한 인식론적, 방법론적 반성과 더불어 종래의 '소박한' 실재주의적 견해가 크게 흔들린 것은 사실이지만, 그렇다고 해서 실증과학의 기초가 달라졌다고 볼 수는 없는 일이다. 인식주관에 속하는 관념이나 언어적 구조를 실재하는 세계라 할 수 없거니와, 실증과학을 단순히 의식작용에 대한 분석이나 언어적 서술의 구조에 대한 탐구로 볼 수도 없기 때문이다. 도대체 인식작용 또는 그 결과 얻어지는 관념이라는 개념 자체가 인식주관의 의식적 활동과 이로부터 독립되어 있는 대상 즉 객관적 존재를 필수요건으로 전제하는 것이다. 인식주관에 직접적으로 주어지는 것은 오직 표상일 따름이라 해도 그 표상이 세계 자체를 근원으로 하는 객관적 대상임은 부인하기 어려울 것이다. 만일 인식주관의 사유형식 및 서술적 언어형식과는 무관하게 자체적으로 존립하는 세계 자체와 그것의 존재방식 및 구조를 전제하지 않는다면, 과학적 지식이 예측하는 현상이나 사건이 실제로 인식주관의 외부에서 일어난다는 사실을 설명할 길이 없을 것이다. 과학적 지식을 토대로 하는 인간의 기술적 활동이 자연을 변화시킨다는 엄연한 현실이 이를 웅변해 주고 있다. 과학적 탐구가 소설적 상상과 다른 점은 바로 그것이 주관이 임의적으로 처리할 수 없는 실재세계를 대상으로 하고 있기 때문이다.

이렇게 볼 때, 인식론적으로 관념주의를 취한다 해서 존재론적으로도 관념주의를 지지해야 할 논리적 필연성은 없는 것이요, 오히려 존재론적으로는 여전히 실재주의를 견지하는 것이 타당한 견해다. 그리고 근대 이래의 실증과학적 탐구에도 이와 같은 철학적 견해가 기초해 있다고 보는 것이 온당할 것이다.[13] 세계는 그 자체 실재하지만, 인간 정신은 그것

---

13 박이문, 앞의 책, 4절 '과학과 존재' 참조.

에 대해 제약된 지식을 가질 수 있을 뿐이다. 독단적 과학주의자나 비합리적 신비주의자가 아니라면, 다만 그 지식 중 현대의 서양문화가 의존하고 있는 가장 강력한 것이 바로 실증과학적 지식이라는 견해를 거부하지 않을 것이다.

2. 물질주의, 기계주의

일차적으로 세계인식을 거냥하는 서양철학은 믿을 수 있는 지식의 토대가 되는 참된 존재, 즉 진리의 준거가 될 만큼 자명하게 확실한 존재를 탐색한다. 그것은 파생적이지 않고 근원적이어야 하며, 독자적인 변하지 않는 존재이어야 한다. 이런 존재론적 탐색 끝에 서양철학이 얻은 형식적 개념이 '본질', '실체', '사건' 등인데, 실질적으로 그 내용이 무엇인지에 대해선 근본적으로 정신주의, 심성주의, 생명주의, 물질주의 등의 형이상학적 견해들이 엇갈리고 있다.[14] 그리고 근대 실증과학은 이 실체 문제에 관해 암암리에 그것을 공간 속에서 파악되는 물질적인 것으로 보는 형이상학적 견해에 기초하고 있다. 실증과학은 물질적 실체야말로 엄격한 자기동일성을 갖는 것으로 과학적 탐구의 대상이 될 수 있는 가장 신뢰할 만한 것이라고 간주한다는 것이다.

객관적으로 실증해 보일 수 있는 지식을 추구하는 실증과학이 그 '실

---

[14] 이들 중 가장 광범한 세력을 갖고 있는 것은 흔히 '관념론' 및 '유물론'이라고 부정확하게 표현되고 있는 정신주의(spiritualism)와 물질주의(materialism)다. 정신주의가 인식론적으로 '관념주의'와 제휴하기 쉬운 것은 사실이나 이 둘을 동일시하는 것은 개념적으로나 내용적으로나 잘못된 일이다.

증성'을 구하는 곳은 기본적으로 '경험'이고, 그 '객관성'을 구하는 곳은 '측정'이다. 경험을 통하지 않고는 실증적인 것을 얻을 수도 없고 또 입증할 수도 없다. 그리고 경험을 통해 얻어진 내용이 객관적인 것으로 확정되기 위해서는 그것이 객관적인 척도로 측정되어야만 한다. 그런데 인간의 세계에 대한 경험은 원초적으로는 오직 그의 신체적 감각을 매개로 해서만 가능하다. 인간이 세계와 만나는 접점은 감각이다. 그리고 이때 감각의 주체인 감관과 그 대상인 사물은 원초적으로 물질적인 것이다. 다른 한편, 이 감각내용이 하나의 감각주체에만 일회적으로 국한되지 않고 다른 경우, 다른 시점에서도 그 자기동일성을 상실하지 않기 위해서는 객관적인 형식에 담겨야 하는데, 이때 그 형식이 되는 것은 곧 '공간'이다. 그리고 공간을 차지하며 존재하는 것은 바로 물질적 사물이다.[15]

객관적으로 측정될 수 있는 공간은 사물로부터, 정확히 말하자면 사물에 대한 감각적 경험내용으로부터, 모든 시간적 성질이 남김 없이 사상(捨象)되었을 때 거기에 남는 존재규정, 또는 감각형식이다. 따라서 공간적인 것은 시간적인 선후(先後)로부터 벗어난 것이요, 이런 의미에서 동시적인 것이다. 사물을 공간 속에서 파악할 때, 그 사물은 인식주관에 '차례대로 조금씩' 주어지는 게 아니라 '한꺼번에 전부가' 주어진다. 따라서 여기선 시간적인 반복이 그 측정에, 공간적 규정의 파악에 아무런 차이를 가져다주지 않는다. 물질적 사물의 현상을 이렇듯 동일성을 잃지

---

15 역으로, 물질적 사물이 오직 공간적인 존재방식만을 갖는다고 말한다면, 이는 물론 잘못이다. 엄밀히 말하자면, 물질에 대한 감각적 경험내용 가운데 객관적으로 측정할 수 있는 것이 공간성이라고 해야 할 것이다.

않고 반복할 수 있는 공간적 규정들의 관계로만 파악하려는 물질주의는 자연히 생명현상을 포함한 자연 전체를 기계적으로 설명하고자 하는 기계주의(mechanism)와 쉽게 제휴하게 된다. 근대 실증과학은 대체로 이러한 견해 위에 서 있다고 하겠다.[16]

실증과학이 연장적(延長的) 물질을 그 탐구대상으로 삼는 데에는 이러한 방법론적 고려만이 전제되어 있다고 보기는 어렵다. 형이상학적 물질주의를 철저히 고수하지는 않는다 하더라도, 실증과학은 적어도, 이 세계의 존재 가운데서 그 '존재적 힘'이 가장 강한 것은 다름 아닌 물질이라는 존재론적 통찰만큼은 수용하고 있다고 본다. (이때 '존재적 힘'이라는 표현은 세계를 바로 이런 모습으로 존립케 하는 존재규정의 관철력을 가리키는 것으로 이해하기로 한다.) 여기서 하르트만의 '존재층'이론을 원용해 보자. 물질 존재층은 다른 모든 존재층의 존립을 위한 토대다. 생명, 심성, 정신 등 다른 존재층이 없이도 물질이라는 최하위 존재층은 얼마든지 존립할 수 있는 데 반해, 이들 다른 존재층들은 오직 물질 존재층에 의거해서만 존립할 수 있다. 특히 생명 존재층은 물질 존재를 재료로 활용하여 재구성해야만 성립할 수 있는 존재층이다. 이 하향적 의존성은 최하위의 물질 존재층이 세계의 존립에 가장 중요한 역할을 하고 있음을 입증하는 현상이다

세계의 존립기반이 물질적 존재층이라는 점 외에도, 물질의 손재석 힘

---

16 이 주제에 관한 상론은 H. Bergson, *Essai sur les données immédiates de la conscience*, 80ᵉ édit. Paris, 1958(1888), 최화 역, 『의식에 직접 주어진 것들에 관한 시론』, 아카넷, 2001, 2장 및 3장; H. Bergson, *L'évolution créatrice*, Paris, 1958(1907), 황수영 역, 『창조적 진화』, 아카넷, 2005, 4장 참조.

이 최강이라는 사실은 물질층의 존재범주가 물질층에서 행사하는 존재 규정력이 다른 어떤 존재층의 범주가 그 존재층을 규정하는 힘보다도 더 강하다는 점에서도 드러난다.[17] 이 점은 물질적 현상에 대한 법칙적 설명 이 다른 존재층에서의 그것에 비해 월등하게 완벽할 수 있는 존재론적 이유가 되기도 한다. 물질주의는 그 과학적 논변에 있어 이론적 합리성, 초주관적 객관성, 그리고 환원주의적 제일성(齊一性)을 전제하는데,[18] 이러한 전제들이 실제로 의미를 갖는 것도 바로 이 법칙적 설명 때문이 다. 그리고 이때 '기계적인 것'을 그 법칙의 내용으로 취함으로써 물질주 의는 기계주의적 설명방식을 포함하게 된다.

기계주의란 자연적 사물의 상태나 작용을 크기, 모양, 질량, 저항, 혼 합 등 오직 물질적 성질들로부터만 파악하려는 입장을 가리킨다. 즉 그 어떤 목적인이나 그 어떤 생명적 힘도 인정하지 않고 궁극적으로는 오직 운동하는 물질의 성질들만으로 생명현상을 포함한 자연현상 전체를 파 악하려는 입장이다. 기계주의는, 넓은 의미로 이해한다면,[19] 근대 자연

---

17 N. Hartmann, *Neue Wege der Ontologie*, 5. Aufl., Stuttgart, 1968(1947)(이하 NWdO), 손동현 역, 『존재론의 새로운 길』, 서광사, 1997, 9절; N. Hartmann, *Der Aufbau der realen Welt*, 3. Aufl. Berlin, 1964(1940)(이하 AdrW), 하기락 역, 『존재학 범주론』, 형설출판사, 1986, 56장 참조.

18 O. Schwemmer, "Materialismus", in J. Mittelstraß(hrsg.), *Enzyklopädie Philosophie und Wissenschaftstheorie*, Mannheim, 1984, Bd. 2, 789 참조.

19 기계주의는, 물체를 그저 연장체로만 보느냐, 질량을 갖는 연장체로 보느냐에 따라 그 법 칙적 설명의 내용이 달라진다. 전자의 경우에는 기하학적, 운동학적(kinematic) 설명이 되고, 후자의 경우에는 동역학적(動力學的, dynamic) 설명이 된다. 동역학적 설명은 또다 시 데카르트에서처럼 압력과 충격력만을 그 동역학적 요인으로 보느냐, 뉴턴에서처럼 인 력(引力)과 중력(重力)까지도 그 요인으로 보느냐에 따라 그 내용이 달라진다. 후자의 경우 는 인력과 중력에서 더 나아가 전자기학적(電磁氣學的), 물리학적, 화학적 요인까지도 고 려하지 않을 수 없게 된다. P. Janich, "Mechanismus", 같은 책, 827 참조.

과학이 전제로 하고 있는 자연관이자, 이를 모범으로 삼는 모든 실증과학의 방법론적 입장이라 할 수 있다.

3. 인과적 결정주의

세계는 어떤 방식으로든 그 존재의 모습이 결정되어 있고 결정되어 간다.[20] 그런데 이때 이 결정의 방식 중 인간의 지성이 잘 파악할 수 있는 것이 두 가지 있는데, 인과적 결정방식과 목적적 결정방식이 그것이다. 세계를 구성하는 존재층들은 저마다 각기 고유한 결정방식을 지니고 있어서 그 고유한 존재방식과 존재구조가 성립하는 것인데, 인간의 지성에는 최하위층, 즉 물질층의 결정방식과 최상위층, 즉 정신층의 결정방식만이 잘 파악된다는 말이다.[21] 전자는 인과적 결정방식이고 후자는 목적적 결정방식이다. 다시 말해, 인과적 결정방식은 물리적 사물의 영역을 지배하는 것이고, 목적적 결정방식은 인간의 정신적 활동의 영역을 지배하는 것이다. 생명적 활동 및 심적 작용의 결정구조는 인간 지성에 잘 드러나지 않는다는 것이다.

존재론적으로 물질주의를 기초로 하고 방법론적으로 기계주의를 취하는 근대의 자연과학이 그 탐구의 핵심을 인과적 결정방식의 구명에 둔다는 것은 당연한 일이다. 근대 이래의 실증과학이 과학적 설명을 한다고

---

20 이렇게 생각해 보면, 인간의 자유를 '비결정성(Undeterminiertsein)'으로 보는 것은 잘못이다. 자유란 비결정성이 아니라 자신의 존재를 자신이 결정하는 것, 즉 자기결정 (Selbstbestimmung)이다.
21 이하 NWdO 12절; AdrW 31장 참조.

하면, 이는 곧 인과관계에서의 원인을 찾아 확인하고 그것을 체계적으로 서술하는 것이다. 과학적 탐구의 과제인 미래에 대한 예측도, 이를 뒷받침해 주는 귀납적 사유도, 따지고 보면 이 인과적 연관에 대한 지식을 토대로 해서만 가능한 것이다.

　인과관계에 대한 현대철학의 분석에 따르면,[22] 인과성 개념은 근대 자연과학이 수용했던 것 이상으로 넓은 범위를 갖는다. 인과관계란 사건, 상태, 사물 등이 어떤 결과를 야기하는 관계 일체를 가리키는 것이다. 그 직접적 원인은 물리적 힘 외에 의도적 행위일 수도 있고, (지각작용의 경우) 단순히 지각의 대상일 수도 있다. 의도적 행위가 어떤 변화를 가져오는 사태라면, 종래에는 (인간의 자유의지를 전제로 한) 목적적 관계로 파악하는 것이 일반적이었는데, 이제는 이러한 관계도 '행위인과(agent causation)'라는 이름 아래 '인과적'으로 파악하고 있다. 나아가 행위를 신체적 동작으로 환원시켜, 이 행위인과를 '사건인과(event causation)'로 환원시키려는 이론적 시도마저 있다. 정신활동에 의한 목적적 결정방식마저도 인과적 결정방식으로 해석하려는 이러한 시도는 이른바 '역진적 인과관계(backward causation)'라는 개념까지 등장하게 했는데, 이는 바로 목적적 결정이 시간적 계기 연관에 있어 인과적 결정과 반대방향으로 이루어지는 것이기 때문이다.[23]

　이러한 인간의 목적적 활동성뿐 아니라, 이른바 어떤 것이 없었다면 다른 어떤 것이 야기되지 않는다는 '반사실적(反事實的, counter-

---

22 이하 Jaegwon Kim, "causation", in R. Audi(ed.), *The Cambridge Dictionary of Philosophy*, N.Y.: CUP, 1995, 110 이하 참조.

factual)'인 불가결한 조건, 어떤 일이 일어나면 이 일이 일어나지 않았을 때보다는 다른 어떤 일이 더 높은 정도로 일어날 개연성, 또는 변화가 아닌 어떤 상태가 지속적으로 유지될 수 있는 조건 등도 인과성의 개념으로 파악한다.

그러나 근대 경험주의 철학의 전통적 사유에 비추어 볼 때, 가장 전형적인 인과성 개념은 두 유형이나 종류의 사건들 사이에서 확인되는 법칙적 규칙성 혹은 필연성(nomological regularity/nessecity)을 포함하는 것이다. 근대의 실증과학은 자연이 인과적으로 결정되어 있는, 완결된 시간-공간적 체계이며, 그 인과관계는 법칙적 구조를 지니고 있다는 철학적 전제를 기초로 하고, 바로 그 인과적 법칙을 탐구하는 일을 과제로 삼는다. 인과적 결정방식으로 세계를 파악할 때, 세계는 '하늘 아래 새 것이 없게' 된다. 시간적으로 앞선 것이 뒤따르는 것을 결정하므로 이 세계는 이미 그 시초에 전 과정이 결정되어 있는 것으로 파악된다. 따라서 인과법칙에 대한 지식은 미래를 예측하고 기획하는 데 있어 아주 유효한 지식이 된다. 실증주의적 사유는 콩트가 처음 그 이념을 제창했듯이 인간의 사회적 삶까지도 실증과학적으로 탐구할 것을 요구하는데, 그 이유는 바로 여기에 있다. 인과적 법칙에 대한 객관적 지식을 내용으로 하는 실증과학적 지식은 우리로 하여금 현실을 더 잘 관리할 수 있게 해준다.

그런데 실증과학적 탐구는 이렇듯 목적적 활동성을 특징으로 하는 인

---

23 인과적 결정이 시간적으로 앞선 것이 뒤따라 오는 것을 결정하는 방식을 취한다면, 목적적 결정에서는 시간적으로 나중에 올 것이 시간적으로 그에 앞서는 것을 '미리' 결정한다. 이는 인간의 정신에 '실재시간'상의 미래를 선취하는 직관능력이 있기 때문이다. 이로 말미암아 인간 정신이 구사할 수 있는 시간이 곧 '직관시간'이다. NWdO 12절 참조.

간의 정신활동도 인과적으로 탐구하고자 하는 데서 문제를 안게 된다. 인간의 자유로운 창조적 활동까지도 포함하는 모든 것을 인과적으로 설명할 수 있기 위해서는, 그리고 그것이 타당한 방법이 되기 위해서는 목적적 연관이 인과적 연관으로 환원될 수 있음이 입증되고, 나아가 인간의 정신활동을 포함한 세계 내의 모든 과정이 물질적 사물의 기계적 운동으로 환원되는 것이 타당한 것으로 입증되어야 한다. 이런 관점에서 볼 때, 실증과학은 암암리에 환원을 탐구과정 중의 정당하고도 필요한 인식론적 절차로 볼 뿐만 아니라 그것이 존재론적으로도 타당하다고 전제하고 있음을 알 수 있다.

4. 환원주의

모든 과학적 탐구는 가능한 한 단순한 원리로 그 대상영역 전체를 가능한 한 통일적으로 파악할 것을 목표로 한다. 따라서 불명료하고 복잡한 개념이나 이론을 가능한 한 명료하고 단순한 개념이나 이론으로 대체하여 단순화시키는 작업을 하게 된다. 이것이 곧 '환원'인데, 환원에는 성격상 두 가지가 있다고 볼 수 있다. 실체나 개념을 더 단순하고 통일적인 다른 것으로 교체함으로써 더 단순한 더 통일적인 과학적 세계상을 세우는 존재론적 환원이 그 하나요, 하나의 이론체계를 다른 서술어를 사용하는 다른 이론체계로 교체하여 더 많은 것을 더 상세하게 설명하는 방법론적, 인식론적 환원이 다른 하나다.[24] 모든 현상을 기계적 인과관계로 환원시키려는 실증과학은 이 두 가지를 아울러 취한다고 보아야 할 것이다.

그렇다면 환원과정은 어떤 구조를 갖고 있으며, 환원은 어떤 요건이 충족될 때 가능한가?

표준적 환원이론을 제시했다고 인정되는 네이글에 따라 환원을 환원되는 이론('표적이론')과 환원하는 이론('기초이론') 사이의 관계로 보자.[25] 이 두 이론은 사용하는 서술어가 다른 '이질적' 이론들이다. 이질적인 서술어를 사용함에도 불구하고 환원, 즉 대체가 가능하려면, 표적이론의 법칙들이 기초이론의 법칙들로부터 논리적으로 도출, 또는 입증될 수 있어야 한다. 그리고 이것이 가능하기 위해서는 양쪽의 서술어 군(群) 사이를 연결해 줄 '교량(橋梁)규칙들'이 있어야 한다. 이 '교량'의 내용은 실은 표적이론의 서술어를 기초이론의 서술어로 정의하는 것이거나, 그 서술어들로 표현되는 속성들이 상호 관련됨을 경험적으로 증명하는 것이다. 그리고 이 '교량'의 형식적 요건은, 그것이 양방향 조건적이어야 한다는 것이다. 왜냐하면, 이 교량규칙을 통해 기초이론의 법칙들로부터 표적이론의 법칙들을 도출해 낼 수 있는 보장을 받아야 하고, 또 기초이론의 속성을 통해 표적이론의 속성을 확인할 수 있어야 하기 때문이다. 이러한 환원을 통해서 우리는 실질적으로 표적이론의 법칙을 한 걸음 더 설명하게 되고 또 존재론적 단순성을 도모하게 된다.

---

24 번개를 전기방전으로, 유전자를 DNA로, 혹은 온도를 평균 운동에너지로 대체하는 것이 전자라면, 열역학(熱力學, Thermodynamik)을 정역학(靜力學, statistische Mechanik)으로 대체하는 것은 후자라 하겠다. M. Carrier, "Reduktion", in J. Mittelstraß(hrsg.), 앞의 책, Bd. 3, 516 참조.

25 이하 Jaegwon Kim, *Philosophy of Mind*, Boulder, 1996, 하종호/김선희 역, 『심리철학』, 철학과현실사, 1997, 9장 1절에서 원용.

환원의 내적 구조가 이러하다고 할 때, 실증과학에서 수행하는 환원은 어떤 의의를 가지며 또한 어떤 문제점을 안고 있을까? 성공적으로 수행된 환원을 통해 실증과학은 더욱 미시적인 사태에 관한 지식을 갖게 되고, 이를 토대로 더 광범한 영역에 대한 더 통일적인 설명체계를 얻을 수 있게 된다. 가능한 한 단순한, 가능한 한 적은 수의 원리로써 가능한 한 광범한 대상영역에 관한 설명을 하는 것이 인간 지성의 형이상학적 요구이자 사유경제의 원리다. 환원이란 이를 충족시켜 나아가는 불가결한 과정이다. 과학적 설명이라는 것 자체가 이미 다양하고 잡다한 경험내용을 단순한 일반적인 법칙이나 원리로 '환원'시키는 일로 시작되는 것이다.

그러나 환원은 타당한 '교량규칙'을 확보하지 못하면, 이론 자체가 형식적으로 결함이 없다 하더라도, 오히려 사태를 왜곡시키거나 은폐시킬 가능성이 있다. 하르트만은, 한 존재층을 규정하는 존재범주를 통해 다른 존재층을 파악하고자 할 때 우리는 '경계를 넘어서는 오류(Grenzüberschreitungsfehler)'를 범한다고 경고한다.[26] 인간 지성은 하나의 원리로 세계 전체를 설명하고자 하는 형이상학적인 요구를 잠재울 수 없고, 그래서 그렇게 할 수 있을 때까지 설명의 원리를 줄여나가는 '환원'의 유혹을 외면하기가 쉽지 않다. 물질적 사물의 세계를 규정하는 존재범주들은 다른 영역의 그것들에 비해 인간 지성에 비교적 확실하게 인식된다고 하겠는데, 바로 이 때문에 이 물질층의 범주들을 다른 영역에까지 확장하여 통용하려는 유혹이 강하다는 것이 그의 지적이다. 그가 제

---

26 NWdO 6절 참조.

시한 성충적 세계구조를 염두에 두고 보면 이는 하향적 환원의 가장 대표적인 것인데, 물리과학의 방법을 따르는 실증과학들은 모두 이를 감행하는 탐구라 할 수 있다.

물리적 세계의 속성들 및 이를 표현하는 술어들에 이르는 '교량'이 그리 완전치 않음에도 불구하고 다른 영역을 탐구하는 실증과학들이 불완전하게나마 물리적인 이론에로 환원을 감행하는 이유는 무엇일까? 이미 언급한 형이상학적 요구나 사유경제성의 원리 외에 우리는 그 절차를 통해 얻는 지식의 객관적 유용성을 생각해 볼 필요가 있다. 물리적 세계에 관한 지식은 앞서 언급했듯 객관적 척도에 의한 객관적 측정치를 그 내용으로 한다. 그리고 이 측정의 대상은 본질적으로 '공간적인' 것이거나 '공간화될 수 있는' 것이다.[27] 측정은 동시에 한꺼번에 전체가 주어질 때에만 가능하고, 이러한 것은 병존적(竝存的) 공간뿐이기 때문이다.

5. 경험의 수학화

그런데 근대의 자연과학은 이 공간적 측정내용에서 물리적 공간요소마저 사상하고 그것을 그저 양(量)으로만 표상하기에 이른다. 그리고 이 양을 수(數)로 표현하며 양적 관계를 수학적으로 정식화하게 된다. 인과적, 기계적 법칙들은 모두 양적 내용을 담는 공식으로 표현되는데, 그 공

---

[27] 기계적 운동에서 취급되는 물리적 시간이 진정한 의미에서의 흐르는 시간, 즉 '지속'이 아니라, 공간 속에 고착된, '공간화된' 시간이라는 사실에 대해서는 베르그송(정석해 역), 앞의 책, 2장, 특히 92쪽 이하에 상세히 설명되어 있음.

식은 더 나아가 다시 수학적 관계를 수용할 수 있는 것이다. 자연법칙을 수학적 관계로 정식화함으로써 우리는 과학적 지식을 극도의 정확성을 갖는 지식으로 정련(精鍊)시킬 수가 있고, 이렇게 함으로써 그 법칙에 의해 파악되는 현상 및 사태를 사유공간 속에서 매우 용이하게 변경, 조작할 수가 있다. 다시 말해 우리는 실제로 경험해 보지 않고도 엄밀한 관찰과 실험을 한 것과 다름없는 경험내용을 추정할 수가 있다는 것이다. 이는 곧 미래에 대한 정확한 예견을 가리키는 것이요, 지식의 유용성은 여기서 극대화된다. 실증과학이 그 탐구대상 및 그에 대한 이론을 수학화가 가능한 물리적 탐구대상 및 그에 대한 이론으로 환원시키는 이유 또는 목적이 바로 여기에 있다고 본다.[28]

여기서 우리는 근대 실증과학이 딛고 서 있는 또 하나의 중요한 철학적 전제와 만나게 되는데, 자연에 관한 감각적 경험의 대상(혹은 내용)을 수학적 관계 또는 법칙 속에 담을 수 있다는 생각이 그것이다. 얼핏 보면, 감각적 경험내용이란 외부의 사물에 대한 잡다하고 무질서한 임의적인 것이요, 수학적 법칙이란 엄밀한 필연성을 갖는 사유형식인 것 같은데, 어떻게 전자가 후자에 수용되는 것일까?

우선 우리는 수나 수학적 관계나 법칙이 그저 사유의 대상에 그치는 사유내용 혹은 사유의 산물이라고 보아서는 안 되고 오히려 그 자체 독자적으로 존립하는 어떤 관계로 보아야 될 것 같다.[29] 그것이 사유의존

---

28 후설도 Krisis에서 '자연의 수학화(Mathematisierung der Natur)'라는 표제 아래 이와 유사한 방향의 논의를 전개하고 있다. Krisis, 특히 9절 참조.

적 내용이나 산물로 오인되는 이유는, 그것이 실질적 세계 속에서 이 세계에 대한 감각적 경험과 더불어 주어지며 이를 통해서 인식되기보다는, 오히려 실질적 세계에 대한 경험을 떠난 사유 자체 속에서 인식되기 때문이다. 세계경험 가운데서는 수학적 인식이 도리어 방해받는 경우가 많다. 수학적 대상이 사유의 산물이 아니라 독자적 관계라는 것은 우리의 수학적 사유가 왕왕 오류를 범하고 이를 교정한다는 사실에서도 확인된다. 우리의 주관적 사유가 임의로 거스를 수 없는 완고한 저항이 거기에 있는 것을 보면, 그것의 독자성을 부인하기는 어렵다.

경험 속에서 주어지지 않는다 해서 수학적 대상이 실질적 세계와 무관한, 그로부터 유리되어 있는 것은 또한 아니다. 수학적 관계나 법칙은 실질적 세계 속에 그 근본관계로서 내재해 있다. 그렇지 않고서야 물질적 자연현상의 법칙성을 수학적으로 정식화하는 것이 설명되기 어려울 것이다. 실질적 세계에 내재해 있으면서도 실질적 세계에 대한 경험을 통하지 않고서 그것을 '선천적'으로 인식할 수 있는 까닭은 그것의 존재방식과 인식주관의 사유방식이 광범하게 합치하기 때문이다.

---

29 이하 GdO 38-41절의 내용을 원용함. 현대 수리철학에서 수학적 대상에 대한 논의가 여러 갈래로 전개되고 있지만, 필자는 근대 자연과학의 기초가 되는 수학사상으로서 하르트만의 견해가 무난하리라고 본다. 다만 수학적 사유의 선천성에 대한 형식적 설명에서 더 나아가, 그것의 내용적 근거를 발생론적 관점에서 보완하는 일이 필요하리라 본다. 즉 존재방식과 사유방식이 합치하는 범위 내에서 보편적으로 타당한 선천적 인식이 가능하다고 말하는 데에 멈추지 말고, 그런 합치현상이 어디서 연유하고 있는지 생물학적, 진화론적 관점에서 그 내용적 근거사실을 해명하는 일이 필요하다고 본다. 그렇게 되면 수학적 대상을 단적으로 '존재'라고 부르기보다는 — '존재'를 우리의 경험에 대해 '물리적 저항'을 해오는 것뿐 아니라 우리의 사유에 대해 '이법적 저항'을 해오는 것에까지 확장시키는 하르트만은 이를 이법적(ideal) '존재'라 부른다 — 수학적 사유의 근원으로서의 어떤 독자적 관계라고 보는 것이 온당할 것이다.

물리적 세계에 대한 경험내용을 공간적인 것으로 환원시켜 측정하고 그것을 다시 순수한 양으로 환원시키고, 급기야는 그 양적 규정들 간의 관계를 수학적으로 정식화시키는 작업은 공간적, 분석적, 논리적 사고의 극치를 이루는 것으로, 근대 실증과학의 실용적 위력의 핵심적 토대가 되는 철학적 사유라 할 수 있겠다.

IV. 맺음말

이상에서 우리는 서양의 근대 실증과학이 어떤 토양에서 싹이 터서 어떤 영양을 먹고 성장했는지를 구명해 보았다. 이로써 이 글의 소임은 끝났다고 본다. 이제 끝으로, 현대의 여러 철학이론들 가운데 이러한 실증정신을 가장 충실히 반영하며 실증과학을 더욱 촉진시킬 것들은 어떤 것인지 생각해 보고, 이러한 철학적 정초가 앞으로 야기할 최악의, 그러나 가능한 문화적 결과는 어떤 것일지, 상징적 어구로 몇 가지 항목을 나열해 보면서 글을 맺고자 한다.[30]

---

30 논평자 이윤일 교수는 여기 제시된 여러 현대 철학이론들이 필자가 앞에서 서술한 실증과학적 방법만으로 거침없이 성공해 나아갈 수 없음을, 철학 내부에 일고 있는 이에 대한 비판적 이론을 소개하면서 지적하고 있다. 필자 자신도 그가 열거하는 비판적 이론들에 대해 더 우호적이다. 필자의 평가적 태도를 말하자면, 실증과학적 사유는 인간의 총체적 삶을 파괴하는 것으로 오늘날처럼 그것이 제동받지 않고 강화, 확산, 독주하게 되면 결국 실증과학을 토대로 하는 현대문화는 붕괴하리라고 본다. 이 글은 실증과학적 사유의 난점 및 공과에 대한 평가가 그 과제가 아니었고, 다만 서양철학의 사유 유산 중 현대의 문화 전반에 가장 크게 작용하는 근본적 사유틀을 밝혀보려는 것이었다.

가. 현대의 실증주의적 철학이론

(1) 인간의 심성을 물리적 속성으로 환원시키려는 '환원주의적 물리주의'

(2) 인간의 사회성, 도덕성을 생물학적 사실로 환원시키려는 '사회생물학'

(3) 인식의 규범을 인식활동의 자연적 사실로 환원시키려는 '자연주의적 인식이론'

① 심리학적 사실로 환원시키려는 '자연주의 인식론'

② 생물학적 사실로 환원시키려는 '진화론적 인식론'

③ 물리화학적 사실로 환원시키려는 '인공지능 이론'

나. 실증주의적 철학의 문화적 결과

(1) 정신의 신체화, 인간의 동물화, 당위의 본능화

(2) 문화의 자연화, 공동체의 기계화

(3) 철학의 과학화, 가치의 사실화, 학문의 공업화, 대학의 공장화

6 '객체화된 정신'과 '세계 3'[*]
— 하르트만과 포퍼의 세계구도 비교 —

I. 서론

　자연은 완결된 채 인간에게 주어진다. 인간도 물론 자연의 일부로서 자연의 법칙을 따를 수밖에 없는 존재다. 그러나 인간에게 주어진 '자연'은 인간 존재를 '자연적으로' 완결된 존재로 내버려두지 않는다. 인간에게 주어진 자연은 인간으로 하여금 스스로 자연 이상의 것을 형성해 그 속에서 살아가도록 요구한다. 언어, 기술, 생산, 지식, 예술, 종교, 도덕, 법률, 제도 등 다양하게 분화되어 전개되는 인간의 정신활동의 내용이 곧 그 '자연 이상의 것'이요, 우리는 이 모든 것을 본래적인 광범한 의미에서 문화라고 부른다.

---

[*] 「'객체화된 정신'과 '세계 3'」, 『인문과학』 29집, 1999.

그렇다면 이렇듯 정신활동의 산물로 이루어지는 문화세계는 자연을 포함하는 실질세계 속에서 어떤 지위를 차지하고 어떤 방식으로 존립하는가? 또 그 존재구조는 어떠한 것인가? 존재론적 관심은 자연히 문화에 대해 이러한 문제를 제기하지 않을 수 없을 것이요, 여기에 자리하게 되는 것이 바로 문화존재론이라 하겠다.

그러나 문화세계를 직접 존재론적 탐구의 주제로 다룬 경우는 드물다. 그런 가운데서도 현대철학자 중 니콜라이 하르트만과 칼 포퍼가, 탐구의 계기는 달랐지만, 이 문제에 관해 주제적으로 심도 있는 논구를 폈던 것은 주목할 만한 일이다. 하르트만은 본래 역사의 성립에 대한 철학적 탐구의 정초작업으로 인간 정신의 활동에 대해 존재론적인 분석을 시도했는데, 그 가운데서 정신적 활동의 산물, 즉 문화의 실질적 내용이 되는 '객체화된 정신(objektivierter Geist)'에 대해 논한다. '객체화된 정신'이란 정신의 활동내용이 그 생동하는 흐름에서 벗어나 물질적 사물에 담겨 '휴면' 상태에 들어감으로써 시간적, 공간적 제약을 크게 벗어나 독자성을 갖게 되는 정신이다. 그런가 하면 포퍼는 '객관적 지식의 확립'이라는 인식론적 문제의식에서 출발해, 그러한 지식의 성립근거가 되는 세계로서 모든 심적, 정신적 활동의 산물로 구성되는 '세계 3'을 제시한다. 이 세계 3은 물질적 사물에 담기는 일반적 의미의 문화적 산물뿐 아니라, 모든 사유의 내용 자체, 즉 문제연관이나 이론체계 등도 속하며, 객관적 지식은 바로 이를 대상으로 하여 가능한 지식이라는 것이다.

논구의 동기와 목표는 이렇게 서로 달랐지만, 이 두 철학자는 정신활동의 산물에 대해 철학적 분석을 집중함으로써, 문화세계의 존재론적 해명이라는 작업에 큰 기여를 하고 있다. 이런 배경에서 우리는 이 두 철학자

의 이론을 검토하고 비판적으로 비교해 보고자 한다. 우리가 먼저 할 일
은 물론 '객체화된 정신'과 '세계 3'에 관한 이들의 논변을 재구성하여 이
들이 문화세계를 존재론적으로 어떻게 파악하고 있는지를 명료히 하는
일이다(II, III절). 그러나 우리의 주 과제는 이들의 논변 가운데서 부정합
적이거나 불분명하다고 생각되는 것을 노출시켜 비판적으로 검토하고
비교하는 데에 있다(IV절, 1-5). 물론 우리는 이에서 더 나아가 '객체화된
정신'과 '세계 3'에 대한 이들의 존재론적인 분석이 문화세계의 존재론적
위상 및 성격에 대해 어떤 공통의 입장을 기조로 하고 있으며 동시에 어
떤 견해의 차이를 함의하는지, 이에 대한 전망도 시도해 볼 것이다(IV절,
6). 이들의 견해 중 공통점은 '비환원주의적 실재론'에서 찾아질 것이며,
차이점은 '이법적 존재'에 대한 이들의 견해차에서 찾아질 것이다.

II. 하르트만의 '객체화된 정신' 이론

1. 정신존재의 위상

존재를 늘 주관독립적인 '즉자존재(Ansichsein)'로 이해하는 하르트
만은 존재 일반을 존재방식(Seinsweise)의 차이에 따라 이법적 존재
(ideales Sein)와 실질적 존재(reales Sein)의 두 영역으로 구분한다.[1]
이법적 존재는 그 존재방식이 초시간적이고 비개체적이며, 실질적 존재
는 그 존재방식이 시간적이고 개체적이다.[2] 시간의 흐름 속에서 변화를
겪으며 개별적으로 존립하는 복수적 존재가 실질적 존재라면, 이법적 존
재란 시간을 타지 않고 그 흐름에서 벗어나 불변의 모습을 견지하면서

개체 아닌 보편자로서 존립하는 단일한 존재다. 하르트만의 현상학적 통찰에 따르면, 실질적인 존재영역은 물질, 생명, 마음(영혼/의식) 및 정신 등 네 가지의 존재층으로 성층 지어져 있으며, 이법적인 존재영역에는 수학적 존재, 논리적 법칙, 사물의 본질, 가치 등 네 가지가 귀속한다. 물론 이 두 존재영역은 결합되어 있으며, 이 결합관계를 통해 이법적 존재는 실질적 존재 속에서 구현된다.

이러한 세계구도 안에서 정신은 어떤 위상에서 어떤 방식으로 존립할까?

하르트만은 실질적 존재의 각 존재층을 바로 그런 것으로 존립케 하는 존재의 원리 내지 방식을 '존재범주'라 부르고, 이 범주들 간의 관계를 결정짓는 법칙을 구명해 내어 그 전체적인 성층의 구조를 밝히는데, 정신존재의 위상도 이를 통해 드러나게 된다. 이른바 '성층의 법칙(Gesetz der Schichtung)'과 '의존의 법칙(Gesetz der Dependenz)'을[3] 주축으로 하는 그 '범주적 법칙들(kategoriale Gesetze)'이 실질적 존재영역의

---

1 'ideal'과 'real'의 역어(譯語)로 여기선 종전과 달리 '이법적', '실질적'이란 표현을 택해 본다. 필자는 하기락의 역어 '이법적(理法的)'과 '실사적(實事的)' 가운데서 앞의 것은 받아들이고 뒤의 것은 다소 작위적인 느낌이 들어 '실질적(實質的)'이라고 달리 시역(試譯)해 본다. 흔히 하는 대로 'ideal'을 '관념적' 또는 '이념적'이라 하고 'real'을 '실재적'이라 하면, 그 본래의 뜻이 곡해되기 쉽다. 'ideal'은 단순히 사고나 표상의 내용이 '관념'의 본성이나 정치사회적 '이념/이데올로기'의 성격을 지시하는 것이 아니며, 'real'은 여기서 단순히 현상이나 가상에 대립되는 참된 존재라는 넓은 의미의 '실재'를 가리키는 말이 아니기 때문이다. 'ideal'한 존재든 'real'한 존재든 모두 현상이나 가상이나 소여와는 다른 즉자적인 참존재요, 다만 존재방식에 있어 서로 상이할 따름이다. 이런 점에서 차라리 '이법적', '실질적'이라는 역어가 곡해를 덜 야기하리라고 본다.
2 시간성과 개체성 가운데서도 이 두 존재영역을 구분하는 더 근원적인 범주는 시간성이라고 본다. 시간성의 규정을 받는다는 것은 곧 변화 아래 놓인다는 것이고, 변화의 과정 속에는 보편자가 아닌 개체만이 들어갈 수 있다고 생각되기 때문이다.

성층구조에 관해 밝히고 있는 주요내용은 이러하다. 이 세계는 각기 독자적인 존재방식과 존재적 특성을 갖는 네 개의 존재층으로 이루어져 있다. 이 네 존재층은 상호 환원이 불가능한 고유성을 가지며, 따라서 존재론적으로 서로 연속되어 있지 않고 간격이 있다. 그러나 이 네 개의 존재층은 그저 병렬적으로 존립하는 것이 아니라 중첩되어 성층적으로 구성되어 있다. 즉 하위층은 상위층 없이도 존립하지만 상위층은 하위층 없이는 존립할 수 없는 그런 방식으로, 하위층 위에 상위층이 얹혀 있다. 상위층은 이렇게 하위층을 존립의 토대로 삼을 뿐 아니라 그 자신의 재료로 취해 재형성함으로써 자신을 구성하기도 한다. 바로 이 때문에 상위층은 그 존립 자체뿐 아니라 구성까지도 부분적으로 하위층에 의존되어 있다. 그럼에도 불구하고 상위 존재층이 하위 존재층으로 환원되지 않는 고유성과 독자적인 자율성을 갖는 이유는 하위층에는 없던 어떤 전혀 새로운 존재요소가 상위층에 출현하기 때문이다. 중첩의 방식이 이렇게 독특하기 때문에, 상위층의 독자적인 자율성 및 환원불가능성이 그것의 하위층에 대한 의존성과 상충하지 않는다.

정신존재도 이러한 존재연관을 벗어나는 것이 아니어서, 그 자신 고유한 '의존적 자율성'을 갖고 실질세계에 뿌리박고 있다. 정신존재는 어떤 초경험적, 형이상학적 실체나 이법적 존재가 아니라 바로 인간의 정신을 말하는 것이기 때문이다. 정신은 공간적 존재는 아니지만 시간성을 벗어

---

3 간략한 정리는 N. Hartmann, *Neue Wege der Ontologie*, Stuttgart, [5]1968(1942), VIII, IX절 참조.

나지는 않는 존재요, 따라서 보편적 일자가 아니라 개체적인 존재다. 그리고 정신은 자신보다 하위에 위치하는 다른 실질적 존재를 토대로 해서만, 또 이를 재료로 활용함으로써만 존립하는 존재이지, 그렇지 않고 독자적으로는 공중에 떠 다니는 사이비 실재가 결코 아니다.

이렇게 실질세계 내의 존재이면서도, 정신은 완결된 것으로 그저 주어진 존재가 아니고 스스로가 스스로를 형성하고 실현시켜 나아가는 과정 중의 존재다. 정신에게는 "미리 주어져 있는 고정적인 것이 고유하게 있지 않고"[4] 다만 "늘 자신을 자신인 바로 비로소 만들어 나아가는"[5] 과정만이 있을 뿐이다. 정신적인 것의 형태구성은 그 자신의 능동적인 활동 없이는 이루어지지 않는다. 정신은 그의 정체성(Identität)을 확보함에 있어 외부로부터 아무런 힘도 빌려올 것이 없고 아무런 법칙도 추종할 것이 없다. 정신은 자기규정적인 존재요, 한마디로 자유로운 존재다. '자유'의 적극적인 의미는 이렇듯, 미결정(未決定, Unbestimmtheit)에 있는 것이 아니라 자기결정(Selbstbestimmung)에 있는 것이다.

정신존재는 이렇듯 그 자신 실질적 존재로서 다른 실질적 존재층에 담지, 의존되어 있으면서도, 다른 한편으로는 자립적이고 자율적인 존재다. 이는 정신을 담지하는 하위의 존재층이 비록 정신의 자기형성에 토대와 재료로서 동원되면서도 그의 독자적 고유성에 간섭하지 않기 때문에 가능하다. 따라서 정신의 자유는 존재론적으로 볼 때 "의존성 가운데

---

4 N. Hartmann, *Das Problem des geistigen Seins*, Berlin, ³1962(1933)(이하 PdgS), 131.
5 PdgS 103.

서의 자립성이며 예속성 가운데서의 독립성"[6]이다.

정신의 이 자립적인 자기형성 활동은 실은 다른 하위의 실질세계를 재형성함으로써 이루어진다. 그런데 이때 정신은 이 하위의 실질세계의 결정과정과는 반대방향으로 활동하거니와, 이 독특한 양식이 곧 '목적적 활동(Zwecktätigkeit)'이라는 것이다. 하위의 실질세계를 지배하는 '인과성'은 이미 있는 것이 앞으로 다가올 일을 결정하는 방식을 취한다. 그러나 모든 정신적 활동은 본성적으로 아직 주어져 있지 않은 무엇인가를 실현하기 위해, 그것에로 방향지어진 가운데 전개되는 것이다. 즉 목적적 활동은 미래에 올 것이 현재의 활동을 결정하는 구조를 갖는다. 이렇듯 결정구조가 서로 역행하기 때문에, 얼핏보면, 인과법칙이 지배하는 실질세계에서 정신의 목적적 활동은 불가능한 것같이 여겨진다. 그러나 인과연관의 기초가 없이는 목적적 활동이라는 것도 불가능하다. 실은 정신 활동 의 목적연관(Finalnexus)은 실질세계의 인과연관(Kausalnexus)을 '상향형성(überformen)'함으로써 성립되는 것이다.[7]

그런데 여기서 우리에게 큰 의미를 갖는 것은, 목적적 활동에서 '목적'으로 설정되는 것이 실질세계 내부에 있는 것이 아니고 이를 벗어나는 존재라는 사실이다. 그것은 이법적 존재영역에 속하는 가치다. 정신은 실질세계의 법칙을 벗어나는 자유로운 활동을 수행함으로써 자연에는 없던 새로운 세계, 즉 문화세계를 창출한다. 그런데 그의 이 목적적 활동이 내용적으론 이법적 존재영역에 속하는 '가치'를 목적으로 설정하고

---

6   N. Hartmann, *Aufbau der realen Welt*, Berlin, [3]1964(1940)(이하 AdrW), 497.
7   AdrW 513 이하 참조.

이를 실질세계에서 실현시키는 활동이기 때문에, 문화세계는 그 성립의 연원에서부터 자연세계와는 다른 이법적 존재와 불가불 연관되어 있음이 분명하다. 정신존재는 그 자신 실질존재로서 실질세계에 속하면서도 이렇듯 자신의 자유로운 활동에서는 이법적 존재를 지향하고 인식하고 실현시키는 이중성을 갖는 존재다.[8] 정신은 "실질세계가 이법적 요구에 대응해 자신을 개방시키는 실질세계 내의 지점"[9]이요, "이법적 세계와 실질적 세계를 결합시키는"[10] "두 세계의 시민"[11]이다.

2. 정신의 객체화

정신이 실질적 존재영역의 최상의 존재층으로서 그 하위에 있는 여러 존재층을 토대로 하고 재료로 해서 존립한다는 사실은, 달리 말하자면, 정신은 그의 하위층에 자신을 '외화(外化)'시킴으로써만 그 스스로 존립하고 활동할 수 있음을 가리킨다. 우리의 일상적인 언어생활도 신체적 발성과 공기의 파동 같은 물리적 현상을 매개로 해서만 가능함을 생각해 보면, 이는 수긍할 만한 일이다. 그런데 정신이 객체화된 것이 활동하는 개인의 신체에 직접 담겨 있어 이 활동과 더불어 흘러가면, 그 객체화된 내용은 정신적 자산으로서 독자적 자립성을 갖지 못한다. 그러나 정신의

---

8 PdgS 156 이하 참조.
9 PdgS 160.
10 PdgS 159.
11 PdgS 161.

활동내용이 그 활동 자체로부터 벗어나 안정된 물질적 사물에 외화된 채로 정착되고 나면, 그 정신적 내용은 생동하는 정신적 활동의 시공적 제약을 벗어나 그 자체의 독립성을 갖게 된다. 이것이 바로 '객체화된 정신'이다. 상위층의 하위층에 대한 일반적 의존관계에 비추어 볼 때, 정신의 외화가 가장 두드러지게 나타나는 곳은 역시 최하위층인 물질적 존재층이 된다. 엄격히 말하자면 모든 정신적 활동은, 그 자체가 물질적 현상은 아니지만, 결국은 물질적 존재를 수단과 매개로 해서 이루어진다. 하르트만은 이를 '객체화(Objektivation)'라 부르고 이렇게 '객체화된 정신'은 정신이 존립하는 하나의 독특한 방식이라고 보는데, 이는 일반적으로 문화의 실제적 내용물, 즉 문화재(文化財)를 이루는 것이다.

돌에 새겨진 비문(碑文)을 예로 들어보자면, 그 비문에 새겨진 정신적 내용은 그 비문을 짓고 새긴 사람이 가고 없어도 그 사람의 개인적 주관을 떠나 수천 년 동안 독자적으로 거기에 남아 있을 수 있으며, 다른 많은 사람들에게 전수되고 확장될 수 있다. 이것이 곧 '객체화된 정신'이다. 이 객체화된 정신은 그 객관성을 기초로 하는 공유가능성을 통해 인간의 사회성을 강화 확장시켜 주며, 시간적 제약을 크게 벗어나 시간적 거리를 다리 놓아주는 그 지속성을 통해 인간사회의 역사성을 가능하게 해준다.

정신의 객체화는 이렇듯 그것이 다른 실질적 하위 존재층에 대해 의존적이며 동시에 자율적이기 때문에 가능하기도 하고 동시에 불가피하기도 하다. 만일 정신이 다른 실질적 존재처럼 실질적 존재의 범주들로 규정되어 완결되어 있다면, 즉 자기형성의 자유가 전혀 없다면, 객체화는 불가능할 것이다. 또 만일 정신이 그 활동에 있어 아무런 실질적 존재범주의 규정에 제약받지 않는 무제약적으로 자유로운 존재라면 이 실질적 존재영역 속에 자신을 실현시키는 객체화란 불필요한 일일 것이다.

3. 객체화된 정신의 존재론적 이중성

정신이 객체화되어 어떤 물질적 사물에 담지되어 있다고 할 때, 과연 그 사물은 단순한 물질적 존재인가, 아니면 그 자체가 하나의 정신적 존재인가? 우선 정신적 활동에 의해 형성되었다는 점에서 그 사물을 자연물과 구별하여 '객체화 형성물(Objektivationsgebilde)'이라고 불러보자. 그리고 이 형성물을 하나의 총체적 통일체로 보아 곧 객체화된 정신이라고 간주해 보자.[12] 이 객체화된 정신은 그 존재방식이 전혀 다른 두 개의 상이한 존재층으로 이루어져 있다. 전면에 나타나는 물질적 존재층과 그 배후에 숨겨져 있는 정신적 존재층이 그것이다. 이를테면 위에서 예로 든 비문은 돌로 되어 있다는 점에서 분명 하나의 물질적 존재이지만, 거기에 어떤 사가의 사상이 표현되어 있다는 점에서는 정신적 존재이기도 하다. 그 비석의 표면이나 새겨진 음각(陰刻) 등 그 전면(前面)은 우리의 신체적 감각에 의해 직접 지각되지만 거기 새겨진 문구가 지닌 뜻은 그것을 해독할 수 있는 사람의 정신적 능력에 의해 간접적으로 이

---

12 '객체화된 정신'이라는 용어를 사용함에 있어 혼란을 피하기 위해 '광의'로 쓰일 경우와 '협의'로 쓰일 경우를 구별하는 것이 필요하다고 본다. 즉, 하르트만 자신은 이렇게 엄밀히 구별하지 않고 문맥에 따라 적당히 무리 없이 사용하고 있지만, '객체화 형성물' 전체를 가리키는 경우와 그 속에 담긴 '정신적 의미내용'만을 가리키는 경우를 구별하는 것이 필요하다고 본다. 지금의 이 대목은 광의로 사용되고 있는 경우다.

해될 수 있을 뿐이다.

하르트만은 이런 점을 고려하여 이들을 각각 '전경(前景, Vordergrund)'과 '배경(背景, Hintergrund)'이라고 부르는데,[13] 전자는 주관독립적, 자립적, 실질적 존재인 데 반해 후자는 주관연관적, 의존적, 비실질적 존재라는 사실이 주목되는 점이다. 문제는 이렇게 이질적인 두 존재층이 결합되어 통일체를 이루고 있다는 점이다. 하르트만도 "정신적 내용이 물질적인 실질존재의 형태에 결합되어 있다는 것은 … 존재론적으로 볼 때 수수께끼"[14]임을 시인하고 이를 하나의 근본 아포리아로 보고 있다.

여기서 더욱 문제가 되는 것은 활동하는 개인 정신에서처럼 정신존재층이 마음, 생명, 물질 등 모든 하위존재에 의해 담지되어 있지 않고 오직 물질이라는 최하층에 의거해서만 존립한다는 사실이다. "실질세계의 성층의 고리가 … 깨어져 나가"[15] 생명적 존재와 심적 존재의 중간 두 층은 없는 채 존립한다는 것이다. 하여튼 이 두 존재층 중 존재론적으로 특히 문제가 되는 것은 배경의 정신적 존재[16]인데, 그것의 주관의존적 비자립성 때문에 그렇다. 그것은 어느 활동하는 정신적 개인이 전경의 물질적 존재층을 꿰뚫고 들어가 그것을 정신적 내용으로 인지하고 이해할 (ersehen) 때에만 그 정신적 개인에게 나타나는(erscheinen), 그런 존

---

13 PdgS 423 이하.
14 PdgS 423.
15 N. Hartmann, *Ästhetik*, Berlin, 1966(1954)(이하 Ä), 84.
16 '객체화된 정신'이란 용어를 좁은 의미로 사용한다면 그때 지시되는 것은 바로 이 '정신적 배경'이다.

재다. 엄격히 말해 그것은 완전한 실재성을 갖지 못한, 이를테면 반(半)실재인 셈이다. 그것은 중간층이 결여된 채 오직 물질존재층에만 담지됨으로써 더 이상 자력으로 활동하지 못하고 휴지(休止)상태에 들어가 잠든(stillgelegt) 정신이다. 외부의 제삼자가, 즉 다른 살아 움직이는 정신이 그것을 깨워내야 비로소 정신적 존재로 부활하는, 다시 실재성을 얻게 되는, 그런 불완전한 존재다.

여기서 부각되는 것이 바로 이 제삼자인 이해하는 정신이다. 잠재적으로만 실재적인 객체화된 정신을 현실적으로 실재적인 존재로 만드는 요인이 바로 이것이기 때문이다. 이 제삼자는 구조적으로 볼 때 물질존재층과 정신존재층 사이의 결손을 보완함으로써 정신존재를 실재적인 것으로 복원시키는 역할을 한다고 볼 수 있다. 이렇게 보면 이 이해하는 정신이 없이는 객체화된 형성물의 저 이중적 구조 자체가 성립될 수 없는 일이다. 따라서 전체적으로 볼 때 광의의 객체화된 정신적 산물은 그 존재구조상 불가피하게 세 가지 요인, 즉 물질적 전경, 정신적 배경, 제3의 활동하는 정신으로 구성되어 있음을 알 수 있다. 하르트만도 이런 맥락에서 "객체화된 정신의 존속은 항상 생동하는 정신의 특정한 대응적 활동에 의거해 가능하다"[17]고 지적하고, 이를 '3항관계(Dreigliedrigkeit)'라고 명명한다.[18]

객체화된 정신의 존재론적 이중구조 및 3항관계로부터 그것이 갖는 존재론적 이중성을 우리는 그 자립성과 의존성에 비추어 '실질적 즉자

---

17 PdgS 423.
18 PdgS 450.

성'과 '이법적 대자성'으로 확인할 수 있다. 객체화된 정신은 처음 객체화될 때엔 활동하는 정신으로부터 벗어나므로 이것으로부터는 자유롭고 그 대신 그것을 담지하는 물질적 사물에 대해서는 의존적이게 된다. 반면 그것이 활동하는 정신에 발견되어 "사로잡혀 감금되어"[19] 있던 물질적 형성물로부터 풀려나 '부활'할 때에는 그 물질적 사물로부터는 자유로워지지만 다시 그것을 인식하는 활동하는 정신에게는 의존적으로 된다. 이렇게 각기 이중적으로 서로 얽혀 있는 이 자립성과 의존성을 좀 더 면밀히 들여다보면, 우리는 거기서 객체화된 정신의 즉자성(An-sich-Sein)과 대자성(Für-sich-Sein)을 엿보게 된다. 즉 활동하는 정신으로부터 벗어나 물질적 존재에 담지된 측면은 그 자체 자립적인 즉자성을 보이고 있으며, 물질적 존재로부터 벗어나 다시 활동하는 정신에 의해 '부활'하는 정신의존적인 측면은 대자성을 보인다는 것이다.

이는 본래 정신존재 자체가 실질적 존재영역에 속하는 '주어진' 존재이면서 동시에 이 영역의 완결성에 머무르지 않고 스스로 자기를 형성해 나아가는 '자유로운' 존재임을 가리키는 것이다. 특히 실질적 존재의 범주에 의거해 존재하면서도 어떤 이법적 존재원리를 받아들인다는 점, 즉 진리인식의 이론적 활동에 있어서 사물의 본질과 수학적, 논리적 법칙을 따르거나, 더 나아가 목적 성취의 실천적 활동에 있어서 가치의 실현을 도모하는 등, 정신은 항상 이법적 존재영역을 조회하며 그것을 지향한다는 사실을 상기시킨다. 이와 같은 맥락에서 우리는 객체화된 정신의 저

---

19 PdgS 450.

존재론적 이중성을 각각 실질적 즉자성과 이법적 대자성이라고 명명해
본다.

III. 포퍼의 '세계 3' 이론

1. 세계 3의 창발적 진화

포퍼에게서 '세계 3'[20]은 본래 과학적 탐구가 목표로 하는 '객관적 지
식'의 근거로서 제시된 인식론적인 개념틀이다. 그렇긴 하지만, 정신적
활동의 산물 전체를 가리키는 이 독특한 개념은 포퍼가 문화세계를 존재
론적으로 어떻게 규정하고 있는지를 드러내주는 것으로 중량 있는 내용
을 담고 있다.

포퍼에 따르면 이 세계 3은 다른 두 존재영역, 즉 세계 1과 세계 2로부
터 진화되어 나온 세계다. 여기서 세계 1이란 물질적 사물과 생명체들로
이루어지는 '자연'을 가리키는 것이고, 세계 2는 인간과 동물의 심적, 정
신적 상태나 활동 자체의 영역을 가리키는 것이다.[21] 세계 1, 2, 3은 이렇
게 서로 다른 특성을 지닌 독립적인 세계들이다. 그렇다고 이 세 세계가
각기 유리되어 존재한다고는 볼 수 없는 일이다. 이들이 어떻게 하나의
총체적 세계를 이루는지, 이 근본문제를 다룸에 있어 포퍼는 이들 세 세

---

20 초기에는 '제3세계(the third world)'라고도 명명하다가 후에는 이 용어를 선호하였음.
  "Autobiography", P. A. Schilpp(ed.), *The Philosophy of Karl Popper*, La Salle,
  1974(이하 PhKP), 144 참조.

계가 발생론적으로 연결되어 있음에 주목한다. 즉 그는 세계 1에서 세계 2가 발생하였고, 세계 3은 세계 2에 의해 산출된다는 근원적 사실에서 출발한다.

포퍼는 이 진화의 과정을 창조적(creative) 내지 창발적(emergent) 과 정으로 이해한다. '진화(evolution)'라는 말은 본래 축자적으로는 "이미 있는 것이 펼쳐지는 과정"[22]을 가리킨다. 그러나 포퍼가 보기에 이 우주 는 실제로 창조적이기를 멈추지 않는 것이요, 지구상의 진화는 '전혀 새 로운 것'을 산출하는 만큼, 이 진화는 창조적 진화요 혹은 창발적 진화 다. 그에 따르면 "생명은 거대한 자기복제하는 분자들의 화학적 종합에 서 유래하였고, 자연도태의 과정을 통해 진화했다. … 물질로 이루어진 우주에 물질이 아닌 새로운 것이 출현한(emerge) 것이다."[23] 여기까지 는 포퍼도 물질(리)주의자들[24]과 의견을 같이한다. 그러나 이 진화의 과 정에 마음이 출현하는 지점에서는 더 이상 물질(리)주의자들을 따르지 않는다. 포퍼는 이들과는 달리 "죽은 물질이 마음을 산출했고, 급기야는

---

21 여기서 우리는 두 가지 점에 유의하자. 첫째, 포퍼는 생명의 출현을 '하나의 기적(奇蹟)'이 라고 하면서도 이 세계 구분에 있어서는 물질의 영역과 생명의 영역을 별개의 독자적인 존 재영역으로 구분하지 않고 하나의 세계에 귀속시키고 있다. 이는 암암리에, 현대 생물학의 전제가 되고 있듯, 생명현상을 물리현상으로 환원시킬 수 있는 가능성을 시인하는 것으로 보인다. 둘째, 그는 심적 존재와 정신적 존재를 굳이 구별하지 않는다. 이는, '정신'이라고 일상적으로 일컬어지는 것의 기능과 활동은 '심(리)적인' 기능과 활동 중 그 정도에 있어 더 세련된 것에 불과하다고 보는 견해의 표출이라고 생각된다. 이 점은 포퍼에게서만 독특 한 것이 아니라, 대체로 영어권 철학에서는 일반적인 모습이다.
22 K. Popper & John C. Eccles, *The Self and its Brain*, Berlin/Heidelberg/London /N.Y., 1977(이하 SB), 14.
23 SB 11.
24 'Materialism'을 '유물론(唯物論)'이라는 극단적 역어 대신, 어의를 그대로 살려 '물질주 의'라고 번역한다.

인간의 두뇌와 정신을, 자아의식과 우주에 대한 의식까지도 산출했다"[25] 는 것을 시인한다. 즉 그는 인간의 정신이 이야기와 서사적 신화와 도구와 예술작품, 과학작품을 산출하는 것도 이 진화의 도상 위에서 이루어지는 것으로 이해한다. 즉 "… 아주 저급한 형식의 생명현상에서 이미, '문제 해결'이라는 현상이 이 우주에 나타난 것"[26] 못지않게 "고등한 생명체와 더불어서는 의도적으로 추구되는 '목적'이라는 것이 이 우주에 등장했다"[27]는 점을 포퍼는 주목한다. 우주의 진화를 물질주의자들처럼 단순히 생명체의 진화에 국한시키지 않는 것이다. "왜냐하면 인간의 등장과 더불어 … 신화, 이야기, 과학이론, 시와 미술과 음악 등 … 새로운 객관적인 세계가 창조되었기 때문이다."[28]

그런데 여기서 매우 중요한 의미를 갖는 것은 이 모든 진화의 과정이 물리적 법칙을 어기지 않고 진행되었다는 점이다. 물리적인 세계가 아닌 새로운 세계가 등장했음에도 물리적 법칙이 그대로 준수되고 있다는 것은 이 새로운 세계가 물리적인 세계 밖에서 따로 전개되는 것이 아니라 철저히 물리적인 세계 안에서 이를 토대로 해서만 성립함을 말해 주는 것이다. 이것이 바로 다원적이면서도 통일적인 이 세계의 존재의 비밀이다. 말하자면 물질이 정신에 의해 침범당하거나 훼손당하는 것이 아니라 "마음(정신)과 목적과 인간 정신의 산물을 산출함으로써 경이롭게도 스

---

25 SB 11.
26 SB 11.
27 SB 11.
28 SB 15. 포퍼는 '창조적'이라는 말의 의미를 모노(J. Monod)의 논구에서 찾는다. 그에 따르면 이 말은 '(그 등장을) 예견할 수 없는'이라는 뜻을 갖는다. SB 16 참조.

스로를 초월한다"[29]는 것이다.

포퍼는 세계의 진화과정을 구체적으로 설명하는 가운데 세계 1, 세계 2, 세계 3의 존재론적 연속성을 확보하고자 한다. 그에 따르면 먼저, 의식의 출현에 결정적 계기가 되는 것은 지각작용과 기억작용이다. 중추신경계를 축으로 하는 지각작용은 생명체에 적절한 시간적, 공간적 정위(定位)를 제공해 주는 것이고, 기억작용은 "일종의 신경회로의 반향작용"[30]으로서 생명체의 활동에 '지속성'을 확보해 주는 것이다. 이들은 물론 생명체가 환경에 잘 대처할 수 있도록 신체를 조정하고 통제하는 데 기여하는 기능이다. 그런데 이 둘이 서로 결합하여 상호 피드백 작용을 하게 되면, 생명체의 자기조정과 자기통제 능력은 비약적으로 고양되고, 이로써 생명체는 외적으로는 독립성을 갖고 내적으로는 통합성을 갖는 높은 수준의 개체적 생명활동을 영위하게 된다.[31] 의식은 바로 여기에 생물학적 개체성과 더불어 출현하는 것이다. 포퍼가"생물학적 개체 없이는 정신이나 의식의 출현은 불가능했을 것"[32]이라고 말하는 이유도 여기에 있다.

다음으로, 정신적 활동을 수행하는 자기의식과 이 의식의 주체인 자아는 바로 이 의식으로부터 출현한다. 즉 포퍼는 "우리가 보통 자아의 통일성, 의식적 경험의 통일성이라고 부르는 것도 생물학적 개체화, 즉 생존을 위한 유기체의 진화의 결과"[33]라고 본다. 연원은 그러하지만, 자기의

---

29 SB 15.
30 SB 131.
31 SB 113 참조.
32 SB 113.

식은 의식과는 다르다. 의식은 그저 세계 2에 속하지만, 자기의식 내지 자아는 세계 2에 속하는 이 의식과 세계 3에 속하는 언어가 상호작용을 함으로써 형성되는 것이다. 그에 따르면 언어에는 표현기능, 전달기능, 기술(記述)기능, 논증기능이 있는데,[34] 자기의식 내지 자아의 출현은 뒤의 두 기능과 관련된다. 이들 기능은 어떻게 다르며, 정신활동을 하는 자아의 출현은 이와 어떤 연관을 갖는가.

(1) 표현기능(symptomatic or expressive function)은 언어적 기호를 사용하여 유기체의 내부상태를 외부에 표현하는 기능이다.

(2) 전달기능(releasing or signalling function)은 '발신자'에게서 표현된 언어적 기호가 '수신자'에게 전달되어 수신자의 반응을 야기하는 기능을 가리킨다. 따라서 이 기능은 표현기능을 전제로 한다.

(3) 기술기능(descriptive function)은 단순히 유기체의 상태를 표현하고 전달하는 것을 넘어서서 "이론이나 가설의 형태로 정식화함으로써, 추정된 어떤 사태나 상태를 기술하는"[35] 기능이다. 이렇게 기술된 것은 참 또는 거짓으로 판명될 수 있는 것으로, 언어의 이 기능은 과학의 성립을 위해 불가결한 것이다.

(4) 논증기능(argumentative function)은 과학의 발달을 가져온 "비판적, 합리적, 논증적 태도와의 연관 아래 진화되어 나온"[36] 것이다. 논

---

33 SB 114.

34 K. Popper, *Objective Knowledge*, Oxford, 1972(이하 OKn), 235 이하 참조.

35 OKn 236.

증적 언어에서는 타당성과 부당성이 문제되거니와, 어떤 명제나 기술을 시인하거나 부인하는 것이 논증의 기본이요, 이때 시인이나 부인은 합리적 근거를 가져야 타당한 것이 된다. 이 기능은 "유기적 진화의 과정에서 등장한 것 중 생물학적 적응에 가장 강력한 것"[37]을 창출하는 기능이다.

이상에서 확인되는 것은 기술과 논증의 기능을 수행하는 언어도 기본적으로는 표현기능과 전달기능의 두 하위 기능을 기초로 하고 있으며, 그럼에도 이들은 서로 분명히 구별된다는 점이다. 그리고 표현 및 전달기능이 (신체적, 물리적 작용을 매개물로 한다는 점에서) 세계 1과 (주관의 생명적, 심적 경험세계를 표현한다는 점에서) 세계 2의 영역에서 수행되는 것인 데 반해, 기술 및 논증의 기능은 그에 국한되지 않고 합리적 사유를 통해 (객관적 사유내용 자체인) 세계 3을 그 대상으로 수용하고 또한 산출하는 기능임을 알 수 있다.

인간의 정신적 활동이 단순히 각자의 주관적인 영역에 머물지 않고 객관적인 영역을 창출한다는 사실은 이렇게 바로 그의 언어 활동을 통해서 확인된다. 이 객관적인 영역은 비록 개별적인 주관의 심적 활동에 의해 창출되긴 하지만, 일단 창출되고 나면 더 이상 그 주관에 의존하지 않고 독자적으로 자립한다는 데에 큰 의의가 있다. 이것이 바로 또 하나의 다른 세계, 즉 세계 3을 형성하기 때문이다. 세계 3은 이렇게 정신활동의 출현과 함께 등장하는 세계다.

---

36 SB 237.
37 SB 237.

2. 세계 3의 실재성

'창발적 진화'의 관념은 실은 세계의 존재에 일종의 논리적 비약을 인정하는 셈이다. 따라서 새로 등장하는 세계에 실재로서의 자격을 부여할수 있기 위해서는 어떤 형태로든 진화의 사실 자체를 기술(記述)하는 것과는 차원을 달리하는 철학적 해명이 있어야 할 것이다. 우리가 세계 3의 '실재성'을 문제 삼는 이유도 바로 여기에 있다. 포퍼는 세계 1, 2, 3을 똑같이 독자성을 갖고 실재하는 존재로 인정하는 다원론자다. 그런데세계 3이라는 것은 전통적인 이원론적 세계상에서는 벗어나 있는 것이다. 그리고 보면 포퍼로서는 위에서 지적한 존재론적인 이유 외에 철학사적인 현실 때문에도 세계 3의 '실재성'을 입증해야 할 형편이다. 과연그렇게 '창발적으로' 출현한 '세계 3'은 실재적인 존재인가, 아니면 다만 존재처럼 보이는 사유의 산물인가?

포퍼는 "건전한 상식은 물리적 사물로 이루어져 있는 세계 1의 존재 또는 실재성을 받아들인다"[38]고 말함으로써 세계 1의 실재성을 하나의 출발점으로 삼는다. 그리고 그는 이 실재성의 표지(標識)로서 일종의 '저항체험'을 제시하고 있다. "우리가 무엇인가를 걷어 찰 수 있고, 또 원칙적으로 그것이 우리를 되받아 찰 수 있을 때, 그럴 때에만 그 사물이 존재혹은 실재한다"[39]고 보는 것이 우리의 상식이라고 말한다. 그리하여 세계 1의 실재성은 실재성 혹은 존재의 표준이 되고 준거가 된다.

---

[38] K. Popper, *The Open Universe*, Totowa, 1982(이하 OU), 116.
[39] OU 116.

직접적인 '저항체험'을 가져다주지 않는 사물의 실재성은 그것이 저항 체험의 대상인 견고한 물리적 사물들과 '인과적 상호작용'을 한다는 사실을 통해 간접적으로 확인된다. 세계 2, 3으로 나아가기에 앞서 우선 세계 1의 영역 내부에서조차도 그렇다. 포퍼는 우리가 직접 경험할 수 없지만 '실재적(real)'[40]이라고 인정하는 것으로서 물리적 힘과 그 장(場),[41] 분자운동[42] 등을 예로 든다. 이들은 물론 추상적이고 가설적이고 추정적인 것이지만, 일상적인 물질적 사물들에 직간접으로 영향을 주고 또 인과적 상호작용을 하기 때문에, 실재적인 것으로 받아들여야 한다는 것이다.

포퍼는 세계의 존재에 대한 일종의 근본명제로서 세계 1, 2, 3의 전면적인 상호작용을 주장하고 있다. 그에 따르면, 세계 1, 2, 3은 "앞의 두 세계가 상호작용하고, 뒤의 두 세계가 상호작용하는 그런 방식으로 관련지어져 있다. 즉 주관적, 개인적 경험의 세계인 두 번째 세계는 다른 두 세계와 상호작용하며, 첫 번째 세계와 세 번째 세계는 두 번째 세계의 개입을 통해 서로 상호작용한다."[43] 따라서 세계 1에 대한 세계 3의 작용은

---

40 우리는 앞에서 '실재성'과 '실질성'을 구별한 바 있다. 주관적인 정신활동에 의존되어 있지 않은 넓은 의미에서 존재의 '즉자성'을 가리키는 말로 앞의 것을 이해하고, 그중에서도 시간성과 개체성의 범주를 벗어나지 못하여, 우리에게 내적, 외적으로 직접 경험되는 영역을 가리키는 개념으로 뒤의 것을 이해했다. 그러나 포퍼에게서는 이 두 개념의 구별이 무의미하다. 왜냐하면 그에게는 실재적이면서도 실질적이지 않은 존재, 이를테면 하르트만이 '이법적'이라고 부른 그런 존재는 없기 때문이다. 이런 배경에서 우리는 포퍼의 이론을 서술하는 데서는 그저 '실재적'이라는 용어만을 사용한다.

41 SB 9 참조.

42 SB 9 참조. 포퍼는, 아인슈타인의 브라운 운동에 관한 이론, 즉 분자들의 운동의 결과로 액체 속의 작은 입자들이 운동하게 된다는 실험가능한 이론이 발표된 이후, 분자 및 원자의 실재성이 보편적으로 인정받게 되었던 사실을 들고 있다.

세계 1, 2의 상호작용과 세계 2, 3의 상호작용을 차례로 점검함으로써 확인될 수 있는 일이다. 즉 세계 3의 실재성은, 세계 3이 세계 2를 통해서 간접적으로 세계 1에 작용을 가할 수 있다는 사실을 통해 입증되는 셈이다.

먼저 세계 1, 2의 상호작용을 보자. 포퍼는 심신의 상호작용을 확인함으로써, 이미 실재성을 보장받고 있는 신체를 매개로 의식 내지 정신의 실재성을 입증한다. 그는 우선, 아주 비근한 일로, 치아의 카리에스라는 물리적 상태가 치통이라는 심적 상태를 야기하며, 이 치통(또는 치통을 예방하려는 어떤 의도)이라는 심적 상태가 우리가 치과 의사를 찾아가는 신체적, 물리적 과정을 또한 야기하는 상황을 예로 든다. 그리고 그는 특히 물질주의를 염두에 두고 세계 2의 세계 1에 대한 작용을 강조한다. 즉 "어떤 심적 상태의 개입이 … 신체의 물리적인 이동을 비롯한 일련의 행동을 야기하는 결정적 이유"[44]임을 확인할 수 있다는 것이다.

심적 상태가 실재이며 따라서 신체라는 물리적 세계에 작용을 가할 수 있다는 명제를 입증해 주는 것으로서, 그는 또 신체적인 것과 더 무관한 듯이 보이는 심적 상태를 예로 들기도 한다. 즉 정상에 도달하려는 등산가의 야망이나 붉은 신호등 앞에서는 멈추어야 한다는 교통 규칙에 대한 지식 같은 것도, 기진맥진한 신체를 강제하여 계속해 산을 오르게 하거나 브레이크 페달을 밟게 하는 등, 신체에 작용을 가한다는 것이다.[45]

심신이, 즉 세계 1과 세계 2가 상호작용한다는 사실에서 우리는 세계

---

43 OKn 155.
44 SB 36.

2가 세계 1 못지않게 실재적인 영역임을 확인하게 된다. 세계 2가 실재적이지 않다면 실재적 세계의 전형으로 수용한 세계 1에 그것이 어떤 작용을 가한다는 것은 불가능할 것이다.

그러면 다음으로는 세계 2, 3의 상호작용을 확인해 보도록 하자. 세계 2가 세계 3에 작용한다는 것은 설명이 필요없는 사실이다. 세계 3 자체가 넓은 의미에서 인간 정신의 활동의 산물이기 때문이다. 세계 3을 좁은 의미로 보아 학적인 여러 이론들이나 문제들에 국한시킨다 해도, 또는 관점을 좀 넓혀 이미 창출되어 고정화된 문화세계로 이해한다 해도, 이는 마찬가지다.[46]

문제가 된다면 오히려 세계 3이 세계 2에 작용한다는 사실을 입증하는 일일 것이다. 우리는 여기서 방금 구분해 본 두 가지 성격의 세계 3을 각각 별도로 고찰하는 것이 좋겠다. 포퍼 자신은 이 구분을 별로 의식하지

---

45 SB 36 이하 참조. 이런 입론을 펴고는 있지만, 사실 포퍼는 이 심신의 상호작용이야말로 추론적으로 입증되기에 앞서 그저 단적으로 수긍할 수 있는 사태라고 생각하는 것 같다. K. Popper, *Knowledge and the Body-Mind Problem*, London/New York: Routledge, 1994(이하 KnBM), 106 이하 참조. 그는 단적으로 "정신적 경험이나 정신상태, 또는 의식상태의 존재를 부인하거나, 정신상태가 대개 신체의 상태에 밀접하게 관련되어 있음을 부인하는 것은 어리석은"(PhKP 149) 일이라고 본다. 그래서 그는 이 주장을 위협하는 '물질주의적(materialistic)' 심신이론 몇 가지를 비판하고, 이로부터 상호작용론(Interactionism)을 방어함으로써, 정신 내지 마음과 물리적, 생명적 영역과의 상호작용을 토대로 정신 내지 마음의 실재성을 확보하고자 한다. 그가 물질주의적이라고 보고 반박하는 이론은 물리주의(Physicalism), 범심론(汎心論, Panpsychism), 부수현상론(Epiphenomenalism), 동일론(Identity Theory) 등이다(이하 SB 51 이하 참조). 포퍼는 우리가 결국은 "진화의 결과 등장한 의식의 존재를 인정하지 않을 수 없고, 그래서 상호작용론으로 돌아오게 된다"(SB 99)고 본다.
46 포퍼가 제시하는 세계 3 중 문제들, 이론들에 관해서도 이런 주장을 단적으로 할 수 있는지는 문제다. Ⅲ절에서 비판적으로 고찰하겠지만, 포퍼의 '세계 3'은 이렇게 두 가지의 상이한 성격을 갖는 존재영역들이 함께 병속(并屬)되어 있어 혼란을 빚는 것으로 보인다.

않지만, 학적 이론이나 문제 등 '객관적 지식'의 영역과 그 밖의 일반적인 정신적 산물은 존재론적으로 그 성격이 다르다. 전자로서의 세계 3은 고유한 자율성을 갖고 세계 2인 인간의 정신에 강제력을 갖고 작용해 온다. 포퍼에 따르면, 인간 정신은 학적 이론이나 문젯거리 등을 산출하긴 하지만, 일단 이렇게 산출된 이론이나 문제 속에는 인간 정신 스스로도 주관적으로 바꾸거나 없애거나 할 수 없는 '객관적인' 연관관계가 성립하게 된다.[47] 따라서 이 객관적 연관관계는 인간의 정신활동을 규제함으로써 영향을 준다. 후자로서의 세계 3도 역사적, 사회적 중량을 갖고 세계 2인 인간 정신에 다가온다. 인간 정신의 산물인 다양한 문화유산 자체가 삶의 여건을 구성하면서 거꾸로 인간 정신의 활동을 조건짓고 규제하며 경우에 따라선 구속하기까지 한다는 것을 우리는 어렵지 않게 알 수 있다.

세계 1과 세계 2, 그리고 세계 2와 세계 3의 상호작용이 각각 밝혀진 이상, 세계 3이 세계 1에 인과적 작용을 가할 수 있다는 것, 그리하여 세계 3 또한 '실재'라는 것이 이제 논리적으론 입증된 셈이다. 그러면 그 내용은 어떤 것일까?

우리는 물리적인 세계에 어떤 이론을 적용시켜 그것을 변화시키고 재구성한다. 작은 생활용품을 만들어내는 데서부터 강물을 댐으로 막아 전

---

47 포퍼가 이 '객관적인 세계'를 객관적 지식의 이론적 영역을 넘어서서 예술적 창작을 통해 드러나는 일종의 객관적, 미적 가치 등을 포함하는 것으로 이해하는 대목도 눈에 띄긴 하나, 학적 이론의 영역을 넘어서는 세계에 대한 상세한 논변은 발견되지 않는다. KnBM 32 참조.

기를 생산해 내는 거대한 토목공사에 이르기까지, 인간은 자연에 내재하는 법칙을 발견하고 활용함으로써 문화적인 삶을 영위해 나아간다. 그런데 이는 사태 자체로 보면 세계 3이 세계 1을 규정 내지 결정하는 것이라 볼 수 있다.

세계 3의 세계 1에 대한 인과적 작용은 이렇게 어떤 물리학적 이론에 따라 물리적 세계가 재구성되거나 변형되는 현상에서 드러난다. 이는 물론 구체적으로 보면 객관적인 학적 이론들의 어떤 귀결을 적용하여 물리적 세계에 어떤 변화를 가져오게 하는 공학 기술자들의 개입을 통해서 이루어진다. 그러나 사실 이 기술자들은 스스로가 지어낸 주관적 규율에 따라서 자연적, 물리적 세계를 변형시키는 것이 아니라, 과학적 이론으로 정식화된 객관적 지식, 즉 발견된 법칙에 따라 그렇게 하는 것이다. 인간의 이러한 활동에서, 세계 3에 속하는 수학적, 과학적 이론이 물리적인 사물로 이루어진 세계 1에 엄청난 작용을 가할 수 있음이 확인된다. 포퍼는 아주 구체적으로 불도저를 이용해 토목공사를 하는 것을 예로 들어, 세계 3에 속하는 어떤 공학이론이 물리적 영역인 세계 1에 작용하는 것을 설명하기도 한다.[48]

3. 세계 3의 독자성

이상으로써 우리는 세계 3이 다른 세계들과 상호작용을 하는 '실재적'

---

48 OU 117.

인 세계임을 보았고, 더불어 포퍼가 그리는 세계의 존재론적 구도도 조망해 본 셈이다. 그러나 과연 이 세계 3은 진정 독자적인 영역인가? 그것은 결국 세계 1이나 세계 2에 귀속되는 존재가 아닌가? 세계를 이원적으로 보는 데 익숙한 철학적 전통 앞에서 포퍼는 세계 3이 다른 세계로 귀속될 수 없는 독자적인 존재임을 입증해야 할 부담을 안게 된다.

포퍼에 의하면 인간의 지식이나 사고에는 두 가지가 있어 서로 구별된다. "정신상태, 의식, 또는 행동하거나 반응하려는 성향 등으로 이루어지는 주관적 의미의 지식이나 사고"가 그 하나고, "문제, 이론, 논변 등으로 이루어지는 객관적 의미의 지식이나 사고"[49]가 다른 하나다. 포퍼가 보기에는, 전통적으로 철학자들이 문제 삼았던 지식이나 사고는 전자인데, 진정한 의미에서 철학적 인식론이 문제 삼아야 할 과학적 지식은 전자가 아니라 후자다. 과학적 지식은 객관적 문제들, 객관적 이론들, 객관적 논변들로 이루어지는 것이지, 어느 한 개인의 안다는 주장이나 믿음이나 시인하거나 주장하거나 행동하려는 경향 등과는 상관이 없는 것이다. 여기서 우리에게 중요한 것은 이 지식의 구별 자체가 아니라, 이두 가지 지식이 속하는 세계가 다르다는 사실이다. 전자, 즉 주관적 지식이 속하는 세계는 세계 2이고, 후자, 즉 객관적 지식이 속하는 세계는 세계 3이라는 사실이다. 따라서 주관적 지식과 객관적 지식의 구별이 타당하다면, 세계 2와 세계 3의 구별도 타당하고, 이와 더불어 세계 3의 독자성도 확인된다는 것이다.

---

49 OKn 108 이하.

이 세계 3은 이론적 체계일 수도 있고, 문제들 또는 문제상황들일 수도 있으며, 비판적 논변내용은 특히 중요한 것으로 이에 속한다. 포퍼에 따르면, 학술잡지나 단행본에 실려 있는 이런 내용들이란 다만 "주관적인 심적 상태나 행동의 경향을 상징적으로 언어적으로 표현해 놓은 것에 불과하다"[50]고 보는 이른바 '믿음의 철학자들(belief philosophers)'은 이 세계 3의 자립성을 이해하지 못하는 주관주의자들이다.

포퍼는 이 세계 3의 자립성을 납득시키기 위해 하나의 '사유실험'을 제안한다.[51] 지상의 모든 기계와 도구가 다 파괴되었다고 가정해 보자. 이와 더불어 그것들을 사용할 줄 아는 모든 주관적인 지식도 사라졌다고 가정해 보자. 그러나 요행히 도서관에 그것들에 관한 책이 남아 있고 그로부터 배울 수 있는 능력이 인간에게 남아 있다고 가정해 보자. 고생 끝에 우리의 문명세계는 회복될 것이고 더 발전해 나아갈 것이다. 그러나 도서관도 철저히 파괴되어 그로부터 배울 수 있는 인간의 능력도 무용지물이 되었다고 가정해 보자. 여기서는 우리는 아무것도 기대할 수 없을 것이다. 이 사유실험을 통해 우리가 알 수 있는 것은, 포퍼에 따르면, 도서관에 남아 있는 책들이 주관적, 심적 상태로부터 독립해 있는 객관적 지식, 즉 '주관 없는 지식'을 대변해 주는 자립적 존재라는 사실이다. 세계 3의 독자적 자립성은 이로써 명백하다고 포퍼는 생각한다.

여기서 우리는 책이 세계 3에 속하는 대상임을 확인하지만, 책 속에 담긴 내용과 구별되는 책 그 자체만을 본다면, 그것은 단적으로 세계 1에

---

50 OKn 107.
51 OKn 107–108 참조.

귀속된다는 것을 부인할 수 없을 것이다. 이와 관련해 우리는 세계 1과 세계 3의 구별을 명료히 할 필요가 있다.

포퍼가 말하는 세계 3은 우선 인간 정신이 산출해 낸 대상들의 세계를 가리킨다. 지어내는 이야기에서부터 미신, 과학이론, 과학의 여러 문제들, 사회제도, 예술작품 등에 이르기까지, 개인의 계획된 활동의 결과든 그렇지 않든, 모든 산출물들이 다 여기에 속한다. 그런데 세계 3을 구성하는 많은 대상물들은 물질적 사물의 형태를 띠고 있어서 동시에 세계 1에 속하기도 한다. 위에서 문제된 책도 바로 그런 대상 중의 하나다. "책이나 새로이 합성한 약품이나 또는 컴퓨터나 비행기 등 많은 세계 3 대상들은 세계 1 대상들 속에 구현되어 있다. … 또 시나 이론 등 어떤 것들은 기억 속에 즉 세계 2 대상으로서 존재하다가 사라지기도 한다."[52] 그렇다면 세계 3은 세계 1이나 세계 2로 해체되고 마는 존재인가. 물론 그렇지 않을 것이다. 이런 대상들을 그저 물질적 사물이 아닌 정신적 산물로 만들어주는 것은 그것에 '깃들여 있는' 정신적 내용이요, 이것은 세계 3에 속하는 것이라고 보아야 할 것이다. 그러나 이 직접 지각되거나 체험되지 않는 것의 존재를 입증하기 위해선 별도의 논변이 요구된다.

세계 1이나 세계 2에 구현되지 않고도 엄연히 존립하는 세계 3 대상들이 있다는 사실이 바로 포퍼가 이 논변을 위해 제시하는 논거다. 객관적 지식의 대상이 되는 "과학적, 수학적 사실들, 문제들, 또 그 해결들"[53]이 곧 그러한 것들이다. 이들은 그것이 참이든 거짓이든 이에 상관없이 독

---

52 SB 41.
53 SB 41.

자적으로 실재성을 갖는다고 생각된다. 이를테면 자연수 속에 등장하는 홀수와 짝수의 관계, 소수(素數)들의 관계 등은 어디에 구현되지 않고도 그 자체로서 존립하는 존재로 여겨지기[54] 때문이다. 포퍼에 따르면 세계 3은 이렇듯, 인간의 정신활동의 산물이면서도 동시에 그 산출자인 인간을 초월하는 초인간적 존재다. 왜냐하면 그 내용이 사유의 실제적(actual) 대상이라기보다는 가상적(virtual) 대상이며, 무한한 이 가상적 대상 중 오직 유한한 것들만이 사유의 실제적 대상이 되기 때문이다.[55]

4. 세계 3의 자율성

여기서 부각되는 것이 바로 세계 3의 자율성이다. 세계 3의 대상들은 세계 1이나 세계 2와 구별되는 독자성을 가질 뿐 아니라 이들로부터 간섭받지 않고 자신의 원리에 따라 존립하는 자율성까지도 갖는다는 것이다. 포퍼는 세계 3의 존재론적 위상에 관련해 철학자들이 크게 두 진영으로 나뉜다고 보고 있다.[56] 한편에는 플라톤처럼 이 자율적인 세계를 영원한 초인간적, 신적 영역으로 받아들이는 철학자들이 있고, 다른 편에는 로크나 밀처럼 언어나 언어가 표현 전달하려는 모든 것은 인간에 의해 만들어진 것으로 보고, 모든 언어적인 것은 세계 1이나 세계 2의 부분이라고 보아 세계 3의 존재 자체를 부인하는 철학자들이 있다. 포퍼는

---

54 SB 41.
55 OKn 159 및 각주 8 참조.
56 이하 OKn 158–159 참조.

이 두 진영의 중간에 서서 "세계 3의 실재성 및 자율성을 인정하면서 동시에 그것이 인간의 활동에서 유래한 것임을 수긍하는"[57] 것이 가능함을 입증하려 한다. 근대의 경험주의 철학자들처럼 세계 3을 부인하지도 않으면서, 또 플라톤처럼 세계 3을 초경험적인 영역에 올려놓지 않고서도 세계 3의 자율성(autonomy)을 어떻게 확보할 수 있을까? 그것이 문제다.

포퍼는, 세계 3에 속하는 대상들은 인간의 정신활동의 산물이긴 하지만 일단 객관적인 산물로 출현하고 나면 인간의 정신활동 자체가 관여할 수 없는 어느 정도의 자율성을 갖는다고 생각함으로써 해결점을 찾는다. 이를테면 제시된 어떤 이론은 그것을 제시한 사람의 의지와는 무관하게 '그 자체의 논리에 따라' 예견치 못했던 어떤 귀결을 가져올 수 있으니, 이것이 곧 세계 3의 자율성이라는 것이다. 포퍼가 이를 가장 뚜렷이 입증해 주는 표준적인 예로 드는 것은 앞서 언급한 자연수의 이론이다.[58] 포퍼에 따르면 자연수 계열은 인간이 창안해 낸 구성물이다. 그럼에도 이 계열은 그 자신 자율적인 문제를 만들어낸다. 앞서 예로 든 홀수와 짝수의 구별, 소수(素數)의 순열 등은 우리가 만들어낸 것이 아니지만, 자연수 계열에서 불가피하게 등장하는 귀결이다.

포퍼는 기하학에서도 같은 예를 든다.[59] 직선, 컴퍼스, 원, 직각 등을 활용해 도형을 생각해 내어 기하학을 탄생시킨 것은 인간이지만, 그 체

---

57 OKn 159.
58 OKn 118; OU 120 이하 참조.
59 KnBM 26 이하.

계 안에서의 여러 명제, 정리(定理)들은 인간이 의도하지도 않았고 또 좌우할 수도 없는 자율적 법칙들이라는 것이다. 그리고 여기에서도 우리가 생각지 못했던 여러 문제들이 제기된다는 것이다. "우리는 이들을 발견하거나 해결하거나 할 수 있을 뿐, 그것을 바꿀 수는 없다."[60]

세계 3의 자율성을 지지해 주는 또 다른 예로 포퍼는 정글 속에 짐승들이 다니는 길이 어떻게 생겨나는지 설명하고 있다.[61] 어떤 동물이 물 마시는 곳에 도달하기 위해 덤불 숲을 뚫고 지나가면, 어떤 다른 동물이 그 길을 가장 쉬운 길로 알고 지나간다. 이렇게 많이 사용하다 보면 길이 넓어지고 더 나아지고 하는데, 이는 계획되거나 의도된 것이 아니고, 동물들이 쉽고 빠르게 이동하려고 하다 보니까 도달하게 되는 결말이다.

포퍼는, 인간의 언어와 제도가 생겨나는 방식도 길이 생겨나는 이러한 방식과 본래 마찬가지라고 본다. 그것들이 출현하기 전에 그것들에 대한 요구가 있었던 것도 아니다. 오히려 그것들이 새로운 욕구를 창출하고 새로운 목표들을 만들어내기도 한다. "인간이나 동물의 목적적 활동구조(aim-structure)는 '주어진' 것이라기보다는 일종의 피드백 구조에 의거해서 이전의 목표, 이전의 결과로부터 발전되는 것"[62]이다. 이런 식으로 새로운 가능성의 세계가 자율적인 것으로 생겨날 수 있다. "언어, 추측, 이론, 논변 등 객관적 지식의 세계도 … 인간에 의해 창조되는 세계이면서도 크게 자율적인 세계다".[63]

---

60 OU 121.
61 OKn 117 참조.
62 OKn 117.
63 OKn 118.

IV. 비판적 비교 고찰

이상에서 우리는 하르트만과 포퍼가 수행한 문화세계에 대한 존재론적 분석의 주요 논점을 살펴보았다. 이제 우리는 이 두 이론을 다음의 몇 가지 점에서 비판적으로 비교 검토하고자 한다. 우리의 비판은 먼저 포퍼의 '세계 3' 개념과 관련해 몇 가지 부정합적인 점을 지적하는 데에 겨누어질 것이지만, '이법적 존재'와 관련해 하르트만이 안고 있는 난제도 드러낼 것이다. 우리의 이러한 비판적 비교는 마지막으로 문화세계의 존재론적 성격 규정에 있어 하르트만과 포퍼가 어떤 공통점과 차이점을 보이는지 조망해 보는 데에 토대가 될 것이다.

1. 세계 3의 기원과 언어

세계 2에서 세계 3이 진화되어 나오는 과정이란 실질적으로 인간의 정신적 활동이 자연에는 존재하지 않는 새로운 세계를 산출하는 과정을 가리킨다. 이 진화의 과정을 설명하기 위해 포퍼는 우선 인간의 자기의식 내지 자아가 어떻게 형성되는지를 분석적으로 점검한다. 왜냐하면 그저 유기체적인 의식의 활동으로부터는 '객관적 영역'으로서의 세계 3이란 것이 산출되어 나오지 않고, 오직 정신적인 자아의 활동만이 이를 수행한다고 보기 때문이다. 포퍼에 따르면 단순한 의식으로부터 자기의식 내지 정신적 자아가 출현하는 데 있어 결정적 요인으로 작용하는 것은 언어요, 그중에서도 기술(記述) 및 논증(論證)의 기능을 수행하는 수준 높은 언어다. 의식은 그저 세계 2에 속하지만, 자기의식 내지 정신적 자아는 세계 2에 속하는 이 의식과 세계 3에 속하는 언어가 상호작용을 함으로써 형성된다고 본 것이다(Ⅲ절, 1).

포퍼의 견해 자체는 타당하다고 본다. 언어가 인간을 단순한 유기체적, 심적 존재로부터 정신적 존재로 고양시키는 데 있어 결정적 역할을 한다는 사실을 부인할 사람은 없을 것이다. 이를 지지하는 철학적 논구는 풍부하다. 하르트만도 '객체화된 정신'의 전형적 예로서 언어를 들어 이것이 인간의 공동체적 정신생활에서 어떤 역할을 하는지 상세히 분석한다. 주관적, 심적 존재로서의 개인이 정신적 존재로 성숙해져 객관적인 사회적, 역사적 존재로 고양되는 데에 불가결한 계기로 작용하는 것이 언어라는 것이다. 우리가 여기서 문제 삼고자 하는 것은 세계 3의 기원에 대한 포퍼의 설명에 순환논증적 요소가 있다는 점이다. 문제의 핵심은 언어라는 것이, 그것도 기술 및 논증의 언어라면 말할 것도 없이, 이미 인간의 정신활동의 결과 산출된 세계 3에 속하는 실체라는 점에 있다. 포퍼가 세계 3이 출현하는 과정을 설명함에 있어 다시 세계 3에 속하는 전형적인 대상인 언어를 동원한다면, 이는 분명 형식상 설명항과 피설명항 사이를 오가는 이른바 '순환논증의 오류'를 저지르는 것이라고 본다. 세계 3의 기원에 대해 설명코자 한다면, 세계 3에 속하는 그 어떤 것도 일단은 이 설명의 단계에 개입되어서는 안 되고, 오직 세계 1과 세계 2의 요소로만 설명되어야 할 것이다. 언어와의 상호작용을 통해 의식이 자기의식으로 고양된다고 주장하기에 앞서 그 언어는 어떻게 등장하게 되었는지를 유기적 생명체의 의식작용을 통해서만 설명해야 할 것이요, 이는 사실 지난한 일이다. 포퍼가 진정 세계의 '창조적/창발적' 진화를 근본명제로 제시한다면, 실은 그는 이 창조적 진화의 과정을 설명하려는 것 자체가 무리한 시도일 것이다. 그의 시도가 다만 현상의 기술이라면 모르되, 특히 그 구체적 계기들을 '인과적으로' 설명하려 한다면, 이는 현실적으로 어려운 일이기에 앞서 논리적으로도 자기모순적인 시도일 것이다. 창조 내지 창발이란 인과적 설명을 벗어나며, 그리하여 예견을 허용치 않는 사건이기 때문이다(주 29).

2. 인간 정신의 위상

세계 3의 기원을 설명함에 있어 필수적인 것이 이를 산출하는 인간 정신의 기능과 위상에 대한 이해인데, 방금 지적한 정신과 언어의 순환적인 상호연관성과 관련해 볼 때 우리는 여기서 인간 정신의 위상에 관해서도 포퍼의 논변 가운데서 문제점을 발견하게 된다.

포퍼의 세계 구분에 따르면 인간의 정신적 활동은 일단 세계 2에 속하는 것으로 정리된다. 즉 그는 이 세계 2에 동물 및 인간의 심적, 정신적 활동을 함께 귀속시킨다. 그러나 포퍼 자신의 이론에 따르더라도 인간 정신에 대한 이와 같은 세계 정위에는 불분명한 점이 있다. 그는 다른 한편 인간의 정신적 활동을 자기의식적인 자아의 활동으로 파악함으로써 이를 그저 유기체적인 의식작용과 획연히 구별하기 때문이다.

감각작용과 기억작용이 융합함으로써 유기적 생명현상에 의식이 출현하지만, 이 유기체적인 의식이 자기의식적인 자아로 고양되려면 또 다른 계기가 필요하다고 그는 주장한다. 그리고 그에 따르면, 유기체적인 의식은 그저 세계 2에 속하지만 자기의식 내지 자아는 세계 2에 속하는 이 의식과 세계 3에 속하는 언어가 상호작용을 함으로써 형성되는 것이다.

이렇게 말함으로써 그는 은연중에 인간의 정신활동이 단순히 세계 2에 속하는 것은 아니라고 암시하는 것 같다. 언어의 기능에 대한 그의 분석에 따르더라도, 언어의 표현기능과 전달기능은 단순한 동물적 의식의 수준에서도 수행되는 것들임에 비해 기술기능과 논증기능은 인간의 자기의식적 정신활동에서만 가능한 것으로(Ⅲ절, 1), 특히 이 후자의 기능을 수행하는 주체는 그저 세계 2에 속한다고만 말하기는 어려운 것이다.

여기서 우리는 하르트만이 '심성(Seele)'과 '정신(Geist)'을 서로 다른 별개의 존재층으로 파악하는 것에 주목하게 되는데, 이 구분에 대한 그의 논변이 완벽하지는 않다 하더라도,[64] 그 구분 자체만큼은 여전히 의미 있는 것이라 본다. 하르트만은 무엇보다도 다음과 같은 논거로 두 존재층을 구분한다.

첫째, 심성(Seele)과 정신(Geist)이 의식(Bewußtsein)을 공유한다 해서 이 둘을 동일시할 수는 없다는 것이다. 일상어에서 '의식'이란 어휘는 심성이나 정신을 지시하는 것으로, 특히 '심성'을 지시하는 것으로 흔히 사용된다. 이는 아마도 의식이 이들 존재층의 특성을 드러내는 가장 두드러진 현상이기 때문이라고 생각된다. 그러나 존재론적으로 엄격히 살펴보면, 심성이나 정신은 각기 하나의 실질적 존재층이지만, 의식은 그런 것이 아니라 다만 이 존재층들의 활동 내지 기능으로 보아야 한다. 의식이란 '어떤 방식으로든 무엇인가를 알고 있음'을 가리키는 것이다. 정신도 물론 의식을 갖기도 한다. 그러나 의식이 모두 정신적인 것은 아니

---

[64] 하르트만 스스로도 이 구별은 정치하지 않은 '스케치'임을 시인한다. AdrW 181 참조.

다. "생명적인 요구에 대한 봉사에 밀착되어 있을 뿐인"[65] 의식도 있기 때문이다. 수백 리 멀리 떠나온 진돗개가 그 고향을 다시 찾아가는 것도 어떤 방식으로든 의식을 지니고 있기 때문이라고 보아야 하겠지만, 그렇다고 그 의식이 정신적인 것이라고는 할 수 없는 일이다. 그것은 생명적 요구에 밀착된 본능적 의식이라고 해야 할 것이다.

둘째, 정신은 '객관성'을 지니는 반면, 심성은 그렇지 않고 철저히 주관적이라는 점에서 둘은 구별된다. 정신의 활동은 물론 심성의 활동에 의존되어 있다. 그러나 정신의 활동은 심적 상태나 활동과 달리 개별적 주관의 내부에 머물지 않고 다른 주관에로 확장된다. 그리하여 정신은 공동성을 지니게 되고 객관성을 지니게 된다. 정신이 갖는 의식은 늘 대상적 의식이다. 대상적 의식활동을 통해 정신은 자신을 벗어나 자기 밖의 대상에로 초월하는데, 그 대상은 다른 정신적 주관의 활동이 미치는 것이기도 하다. 정신은 이렇게 객관적 영역을 자신의 활동영역으로 확보함으로써 스스로 객관적인 것이 된다. 심적 작용은 전적으로 사적(私的)이며 개인적인 것으로 각 주관을 분리시키지만, 정신의 활동내용은 이렇듯 확장적이고 객관적이어서 각 주관을 결합시켜 준다. 사유, 의욕, 믿음, 노력, 직관, 평가 등 우리의 모든 정신적 활동에서 우리는 우리 각자의 정신이 어떤 공동의 정신적 생의 영역 안에서 다른 정신적 개인과 함께 존립함을 확인할 수 있다.[66]

하르트만이 지적하는 정신의 '객관성'은 포퍼에게서 세계 3을 산출하

---

65 PdgS 48.
66 PdgS 69 이하, 108 이하 참조.

거나 수용하는 자기의식적 자아가 도달하는 '객관성'과 다를 바 없다고 생각된다. 포퍼가 말하는 '객관적 지식'이란 바로 이 단계에서 성립 가능한 것이라고 생각되기 때문이다(Ⅲ절, 3). 하르트만의 이 구분은 특히 현대 심리철학의 논의 가운데에서 심적 상태 중 명제적, 지향적 태도가 지니는 독특한 성격에 주목하여 이를 여타의 일반적인 현상적, 심적 상태와 구별하는 것과도 맥락을 같이한다고 본다. 심성과 구별되는 '정신'을 별도로 설정하지 않는 것이 현대 심리철학의 출발점이긴 하지만(주 22), 그 가운데서 우리가 발견하는 '감각적 상태'와 '지향적 상태'가 '하나의' 심성임을 입증해 주는 공통의 속성은 아직 발견되고 있지 않은 형편이다.[67] 이렇게 볼 때, 포퍼가 인간의 정신을 유기체적 의식과 함께 무차별적으로 세계 2에 공속시키는 것은 재검토가 필요한 논제요, 오히려 양자를 구분하는 하르트만의 견해가 달리 더 보완되어야 하리라 여겨진다.

3. 이법적 존재와 세계 3의 실재성

세계의 실재성에 관해 하르트만과 포퍼는 거의 같은 견해를 보이고 있다. 두 사람 모두 실재성의 표지이자 의미로 일종의 '저항성'을 제시한다

---

[67] 이와 관련해 김재권은 이렇게 말한다. "흔히 심적인 현상들은 크게 두 부류로 나뉜다. 통증, 시각, 촉각 등 감각적 상태가 그 하나이고, 믿음, 욕구, 의도 등 지향적 상태가 다른 하나이다. … 그런데 우리가 아직 답을 얻지 못한 물음이 하나 남아 있다. 그것은, 감각적 상태와 지향적 상태가 공히 '심적'인 것이 되게 해주는 공통의 속성이 무엇이냐 하는 것이다. … 이 물음에 대한 만족스러운 대답을 찾지 못하는 한, 우리는 단일한 심적 개념을 확보하지 못한다." 김재권(하종호/김선희 역), 『심리철학』, 철학과현실사, 1996, 49쪽.

는 점에서 그렇다. 우리의 의식은, 수동적인 정감과 능동적인 의욕의 작용 가운데서 세계와 만날 때나 추상적인 사유를 통해 그 세계에 대한 이론적 인식을 할 때나, 이미 외부세계에 우리가 뜻대로 할 수 없는, 독자적으로 존립하는 그 무엇의 '저항'에 부딪쳐 그것의 '견고함(Härte)'을 느끼게 되는데, 이 체험이 바로 세계가 가상이 아니라 참된 실재임을 확증시켜 주는 표지라는 것이 그 핵심적 내용이다. '즉자존재'의 표지로 대상존재의 '저항(Widerfahrnis)'과 이와 맞물려 있는 의식주관의 '맞닥뜨려 부딪침(Betroffensein)'의 체험을 제시하는[68] 하르트만에게서나, "우리가 무엇인가를 걷어 찰 수 있고, 또 원칙적으로 그것이 우리를 되받아 찰 수 있을 때, 그럴 때에만 그 사물이 존재 혹은 실재한다"(주 40)고 말하는 포퍼에게서나 이 점은 마찬가지다. 특히 하르트만은 이에 대해 상론하고 있는데, 그에 따르면 이 '저항체험(Widerstandserlebnis)'이란 우리에게 의식의 '초월적 작용(transzendente Akte)'을 확인시켜 주는 기본적인 체험으로, 우리의 의식이 자기 내재적 활동을 넘어서서 자기 밖에 독자적으로 존립하는 '실재'에로 향해 나아감을 말해 주는 것이요, 따라서 세계의 '실재성'을 입증해 주는 것이다.

존재의 이 '저항'은 물리적 사물에 대한 직접적 체험에서만 드러나는 것이 아니다. 하르트만에 따르면 실재의 저항은 반드시 공간을 차지하는 물질적 존재에만 국한되는 것이 아니요, 비물질적이고 비공간적인 심적, 정신적 존재에도 깃들어 있는 것이다. 우리가 타인과의 심리적 갈등을

---

68 N. Hartmann, *Zur Grundlegung der Ontologie*, Berlin, [4]1965(1935)(이하 GdO), 27, Kap. 참조.

체험하는 것이나 한 문화공동체의 정신적 토양이 개개인들의 정신적 성장에 후원과 동시에 제약이 되는 것을 보면 이를 부인할 수 없다는 것이다. 포퍼도 세계 2와 세계 3의 실재성을 주장함에는 다름이 없다. 다만 그는 그들이 직접적 저항체험의 대상인 견고한 물리적 사물들과 '인과적 상호작용'을 한다는 사실을 통해 간접적으로 그 실재성을 확인코자 할 뿐이다. 세계 2나 세계 3이 자립적 저항력을 갖는 실재적 존재가 아니라면, 실재적 존재임이 분명한 물리적 사물의 세계에 인과적 작용을 가하는 것이 불가능하다는 것이다(III절, 2).

하르트만은 여기서 한 걸음 더 나아가 이런 의미의 실재성이 실질적 존재뿐만이 아니라 이법적 존재에도 있음을 주장한다. 이법적 존재는 실질적 존재처럼 일상적 의식작용에서는 직접적인 저항체험을 야기하지 않기 때문에 그 실재성이 잘 드러나지 않는다. 오직, 사물의 내면을 파악하는 훈련된 학적 사유에 대해서만 그 대상으로 드러난다. 그러나 이법적 존재는, 흔히 오해하듯이 의식 내재적(immanent), 지향적(intentional) 인식대상에 그치는 것이 아니다. 그 자체 비실질적(irreal)이기는 하지만 의식작용 너머에 초월해 있는(transzendent) 즉자적 존재다.[69] 즉 정신적 주관이 임의로 조형할 수 있는 주관의존적 형성물이 아니라, 주관이 그 '이법'에 맞게 사유하지 않으면 이에 강력히 저항해 오는 실재다. 하르트만에 따르면, 이법적 존재의 실재성이 가장 잘 드러나는 것은 수학적 인식의 대상에서이다. 수학적 판단은 단순히 사유내용

---

69 GdO 38, Kap. 참조.

을 서술하는 것이 아니라 어떤 존재하는 것 자체를 서술하는 것이다. 수학적 판단에 오류가 생길 수 있고 또 이 오류가 교정된다는 사실은 그 판단의 대상이 단순한 사유의 산물이 아니라 그 이상의 것임을 입증해 준다는 것이다. 수학적 법칙은 수학적 사유를 하는 의식작용의 법칙이 아니다. 한마디로 말해 수학적 인식의 대상은 수학적 인식작용으로부터 독립해 존재하는 즉자적인 실재로서의 이법적 존재다.[70]

그런데 포퍼는 한편으로는 이렇게 세계 3을 실재로 보고 그 실재성을 입증하면서도, 다른 한편으로는 세계 3을 규정함에 있어 이를 원리적으로 부정하는 내용을 말하고 있어 혼란을 자아낸다. 세계 3이 세계 2, 즉 인간의 정신적 활동의 산물이라고 하는 규정이 바로 그것이다(Ⅲ절, 1). 방금 지적했듯, 어떤 대상의 실재성은 인식이나 실천을 통해 그것을 경험하는 주관 혹은 주체에 저항하는 독자적 자립성을 전제로 한다. 만일 한 대상이 그 존립을 주관 혹은 주체의 활동에 의존하고 있거나 이의 영향을 받아 상대적으로 변하는 것이라면, 그 대상은 자립적 실재라고 보기 어려울 것이다. 이때 주관 혹은 주체가 되는 것은 말할 나위 없이 인간의 정신이다. 따라서 만일 포퍼가 규정하듯이 세계 3이 전적으로 인간의 정신적 활동의 산물이라면, 그러한 세계 3은 결코 자립적 실재라고 볼 수 없을 것이다.

포퍼가 이렇게 자가당착적으로 보이는 주장을 하는 배경에는 실은 객관적 지식의 진리성에 관한 플라톤적 초월주의와 경험론적 자연주의를

---

70 GdO 38, Kap. 이하 참조.

종합하려는 의도가 깔려 있다. 포퍼가 세계 3의 존재론적 위상에 관련해 철학자들을 이렇게 두 진영으로 나눈 것은 앞서 언급한 대로다(Ⅲ절, 4). 포퍼는 이 두 진영의 중간에 서서 "세계 3의 실재성 및 자율성을 인정하면서 동시에 그것이 인간의 활동에서 유래한 것임을 수용하는"(주 58) 일이 가능함을 입증하려 한 것이다. 즉 그는 근대 경험론자들처럼 세계 3의 자립적 실재성을 부인하지도 않고, 또 플라톤처럼 그것을 초경험적인 영역으로 올려놓지도 않으면서, 세계 3의 자립적 실재성을 확보하고자 했던 것이다. 이 시도는 실은 세계상의 핵심과 관련되는 의미심장한 것인데, 과연 이것이 성공적인 것인지, 아니면 무원칙한 절충에 불과한 것인지 검토해 볼 일이다. 그리고 이는 그가 세계 3에 귀속시키는 대상들에 대한 면밀한 존재론적인 분석을 통해 수행될 일이다.

4. 세계 3의 복합적 성격

우리가 보기에 먼저 포퍼에게서 문제가 되는 것은, 하르트만이 '이법적 존재'라고 부른 것이 명목상으로는 인정되고 있지 않지만, 실질적으로는 왜곡된 모습으로 불분명하게 '세계 3'에 포함되어 있다는 점이다. 그가 '객관적 대상'이라고 부르는 것에는 실은 '이법적 존재'에 해당하는 것이 있다고 여겨진다. 사실 그는 이 표현을 씀으로써 이법적 존재의 '이법성'을 희석시키고 그것을 말하자면 부당하게 '실질화'시키고 있는 셈이다. 그렇게 되니까 이법적 존재가 다른 실질적 존재와 함께 세계 3에 귀속하는 것으로 취급된 것이다. 다시 말하면 객관적 지식의 내용이 되는 과학적, 이론적 대상과 그 밖의 일반적인 의미에서의 문화재가 정신활동의 산물이라는 이유로 정밀하지 못하게 동질시되어 세계 3이라는 문화세계 안에 무차별적으로 혼재하게 된 것이다.

포퍼가 세계 3을 제시한 것은, 이미 언급했듯이 객관적 인식의 근거를 마련하려는 인식론적인 동기에서였다. 주관적인 인식작용과 객관적인 인식내용을 구분하고 학적 인식의 정초를 위해 인식의 객관적 대상영역을 확보하려는 포퍼의 의도는 전적으로 합당하다고 본다. 그러나 그가 이를 위해 세계 3을 하나의 실재로 제시하면서도, 이 세계 3을 인간의 정신적 활동의 산물 속에 귀속시키고 있는 것은 문제라고 본다. 여기서 우리는 포퍼가 세계 3에 대해 정의적으로 언급한 것을 그 내용에 따라 구분해 열거해 보고, 그 내용 가운데서 그 존재론적 성격의 상이성 때문에 서로 명백히 구분해야 한다고 생각되는 것들을 분간해 보기로 하자.

(가) 세계 3은 "사유의 객관적 내용, 특히 과학적인 사유, 시적(詩的)인 사유의 객관적 내용의 세계이며 예술작품의 세계"(OKn 106)다.

"세계 3의 성원(成員)에는 특히 이론체계가 속하며, 문젯거리나 문제상황도 중요한 성원이다. … 그리고 무엇보다도 중요한 성원은 비판적 논변이다. 물론 잡지, 도서, 장서의 내용도 이에 속한다."(OKn 107) "과학적 이론이 속하는" 세계, 즉 "객관적 이론, 객관적 문제, 객관적 논변의 세계"가 곧 세계 3이다.(OKn 108)

세계 3은 "거미줄에 비유되는, 인간이라는 동물의 자연적 산물"이다.(OKn 112)

세계 3은 "인간 정신의 산물의 세계"를 뜻한다. 거기에는 "예술작품, 윤리적 가치, 사회적 제도 등도 속하지만, 나는 주로 과학적 문헌, 과학

218

적 문제, 과학적 이론(잘못된 이론을 포함해)에 국한해 논의하겠다."(OU 114)

(나) "이론은 인간의 사유의 산물이지만, 그 자체 어느 정도의 자율성을 지닌다. 그래서 누구도 생각지 못했던 귀결을 객관적으로 가져오기도 한다. … 그것은 미지의 동식물이 발견되듯 그런 의미로 … 고안된다기보다는 … 발견되는 것이다."(SB 40)

"세계 3은 그 기원에 있어서만 인위적인 것이지, 일단 존재하게 되면 그 자체의 생명을 지니게 되어 처음엔 예견치 못했던 결과를 낳는다."(SB 40)

(다) "세계 3은 … 이야기, 신화, 도구, 과학이론(진위를 불문하고), 과학적 문제, 사회제도, 예술작품 같은 인간 정신의 산물로 이루어지는 세계를 가리킨다. 대부분의 세계 3 대상들은 물질적 사물의 형태로 존재하므로 세계 1에도 속한다. … 세계 3에 속하는 것은 그 내용이다."(SB 38-39)

"책이나 잡지 등은 … 물리적 대상으로서 세계 1에 속하지만, …그 내용은 세계 3에 속한다."(OU 115)

"모든 구체적인 물리적인 사물은 세계 1에 속하지만, … 문제나 이론이나 논변 같은 추상적인 것은 세계 3에 속한다."(OU 115)

"햄릿 같은 연극이나 슈베르트의 미완성교향곡 같은 교향악도 … 일련의 물리적 사건의 복합체로서 그 개별적인 공연이나 연주는 세계 1에 속하지만, 그 내용이나 메시지나 의미는 세계 3에 속한다."(OU 115)

(라) "… 대부분의 세계 3 대상들은 세계 1 대상 속에 구현되어 있다. 그러나 그 가운데 어떤 것은 (악보나 녹음 등에서처럼) 다만 코드의 형태로 존재한다. 그리고 어떤 것은 기억과 같은 세계 2의 대상으로 존재하기도 한다."(SB 41)

"(세계 1이나 세계 2에) 구체화되지 않은 세계 3 대상도 있을까? …그렇다, 그런 대상도 있다."(SB 41)

"구체화되지 않은 세계 3 대상이 있다면, 그에 대한 우리의 파악과 이해가 물질적 구현물과의 감각적 접촉에 달려 있다는 주장은 참이 아니다."(SB 42-43)

(가) 에서 우리는 '인간 정신의 산물'이라는 이유로 객관적 지식의 대상이 되는 과학적 '사유의 내용'과 그 외의 시적 상상의 산물이나 도덕적 가치 등이 동일한 존재영역에 속하는 것으로 간주되고 있음을 보게 되는데, 우선 여기에 문제가 있다고 본다. 객관적 지식의 대상이 되는 사유의 내용은 인간의 정신활동이 산출해 낸 것이라기보다는 인간의 정신활동으로부터 독립되어 그 자체 존립하는 존재로 보아야 할 것이고, 그렇다면 예술작품이나 사회제도 등 진정 인간 정신의 산물인 다른 존재들과는 존재론적으로 전혀 다른 영역에 속하는 것으로 구별되어야 할 것이다.[71] 과학적 지식의 영역에는 정오(正誤)의 구별이 없을 수 없는데, 이 구별이 성립하려면 그 지식의 내용이 인식활동을 수행하는 개별적 주관에 의존

---

71 포퍼 자신도 예술작품을 따로 구분해 '세계 4'라고 명명할 수 있음을 암시는 하고 있다. OU 115 참조.

되지 않는 독자적인 존재에 근거하는 것이어야 한다. 즉 인식의 대상이 주관독립적인 즉자적 실재여야 한다. 포퍼도 이 점을 강조하고 있으며, 이의 입론을 위해 제시한 것이 곧 세계 3이다. 그럼에도 불구하고 그가 이 세계 3을 '인간 정신의 산물'로 파악하는 것이 문제인데, 인간 정신의 산물이 인간의 정신활동으로부터 독립된 독자적 실재성을 갖는다고 생각할 수는 없기 때문이다.

그러나 포퍼는, (나)에서 보듯이, 세계 3이 그 기원에 있어서는 인간 정신의 산물이지만 일단 산출되고 나면 독자성을 갖는다고 주장함으로써 이 문제를 해결하고자 한다. 인간 정신의 활동의 산물도, 일단 그것을 산출한 개별적 주관을 떠나 어떤 물질적 사물에 정착하고 나면, 더 이상 그 주관에 의존되지 않고 객관성을 지니게 된다는 점은 사실이다. 하르트만은 이 점에 주목하여 문화와 역사의 기초를 이해하기도 한다. 그러나 이렇게 성립한 객관성이 과학적 지식의 객관적 타당성을 보장해 주는 것이라고 생각함은 영역을 혼동하는 데서 오는 잘못이다. 과학적 지식의 객관적 타당성을 보장해 주는 것은 인간 정신에 의해 이러저러한 형태로 빚어진 문화적 산물이 아니라, 이와는 무관하게 그 자체 독립적으로 존재하는 것이다. (물론 이 문화적 산물 자체를 탐구의 대상으로 삼는 여러 '문화과학'의 경우엔 부분적으로 이 문화적 산물을 주관독립적인 객관적 실재로 간주하는 측면이 있거니와, 그러하기에 특히 인문학의 경우엔 이론의 객관적 타당성을 가름하는 준거를 확정하는 것 자체가 어려운 일이 된다.) 포퍼가 든 예를 살펴보자. 그는, 자연수의 체계는 인간이 산출해 낸 것이지만 그 체계 내의 여러 수적 연관은 '객관적'인 것이라고 말함으로써, 결국 수학적 인식의 객관적 타당성의 근거를 인간 정신의 활동내용에서 확보하고자 한다. 그러나 과연 자연수의 체계가 인간 정신의 활동에 의해 임의로 산출된 것인지 생각해 볼 일이다. 자연수의 체계뿐 아니라 모든 객관적인 과학적 지식의 내용이 근거하고 있는 대상은, 포퍼 자신도 불분명하게 암시하듯이,[72] '고안된 것이 아니라 다만 발견된 것'이라고 보아야 할 것이다.

이 점은 포퍼가 세계 3의 자율성을 강조하는 것을 통해서도 확인된다. 그는, 인간 정신이 고안해 낸 과학적 이론이 뜻하지 않은 귀결을 낳기도 하지만 또 뜻하지 않은 문제를 자아내기도 하는 점을 지적함으로써, 과학적 이론의 자율성을 주장한다. 그렇다면 이는, 그가 암암리에 과학적 탐구의 대상이 인간의 정신활동 자체로부터 독립되어 실재하는 존재임을 시인하는 것이라고 생각된다. 실질적으로는 과학적 지식의 대상이 되는 독자적인 존재영역을 인정하면서도 포퍼는 그것을 인간의 정신활동 자체로부터 독립된 존재영역으로 파악하지 않고 있는 이유는 무엇일까?

명시적 언급은 없지만 우리가 생각할 수 있는 첫째 이유는 역시 그의 존재론적인 구도 전체와 연관되어 있는 것으로 생각된다. 즉, 그러한 독립적인 존재영역을 설정한다면, 그것은 — 스스로 비교하듯 플라톤의 이데아의 세계나, 또는 아주 적절하게 하르트만의 이법적 존재에 해당되겠는데 — 그가 제시하고 있는 세계의 창발적 진화과정에 포함시킬 수 없기 때문이 아닌가 생각된다. 그의 창발적 진화이론은 물리적 세계의 존재만을 자명한 형이상학적 전제로 수용하고 있으며, 이에 따라 다른 존

---

72 그는 "고안되었다기보다는 발견된 것", "고안(혹은 발견?)"(SB 41) 등의 애매한 표현을 쓰고 있다.

재는 모두 이로부터 진화되어 출현하는 것으로 설명되어야 한다. 그렇기 때문에 '이법적 존재'같이 이러한 과정을 벗어나 즉자적으로 실재하는 존재는 이러한 존재론적 구도 안에 자리할 수가 없는 것이다.

물리적인 세계의 일차성, 근본성에 대한 포퍼의 생각은, 세계 3의 존립이 대부분의 경우 세계 1에 의존하고 있음을 지적하는 대목들, 즉 (다)에서도 확인된다. 시공간적인 실질적 세계 안에서 물리적인 토대를 갖지 않고 존재하는 것을 생각하기란 불가능하다. 이는 하르트만도 강조하는 바이다. 이 점에서, 포퍼가 세계 3에 속하는 대상들이 '대부분' 동시에 세계 1에 속한다고 지적하는 것은, 하르트만이 객체화된 정신은 '모두' 물질적 전경을 갖는다고 지적하는 것과 합치한다(Ⅱ절, 3). 그러나 다른 한편 우리는 이 두 명제 사이에 큰 존재론적 견해차가 있음을 알 수 있다. 포퍼의 '대부분'이라는 단서는 정신적 활동의 산물 중 물리적 기초를 갖지 않는 것도 있음을 암시하고 있는 데 반해, 하르트만의 '모든'이라는 전칭은 그러한 것을 허용치 않음을 단정하고 있는 것이다. 책이나 조각 작품등이 정신적 활동의 산물임은 분명하다. 그러나 책에 쓰여 있는 과학적 이론이 말해 주고 있는 어떤 법칙성이나 사물의 특성 자체도 인간의 정신활동의 산물이라고 말하기는 어려울 것이다. 다시 말해, 책에 쓰여 있는 글은 물리적 토대 없이 존재할 수 없지만, 그것이 의미하고 있는 내용 자체도 그렇다고 말할 수는 없다는 말이다. 한편으론 오직 인간 정신의 산물로 이루어진 세계 3 이외의 어떤 이법적 존재영역도 인정하지 않고, 다른 한편으론 과학적 지식의 대상이 되는 내용 자체가 물리적 토대에 의존하지 않음을 부인하기 어려운 포퍼로서는, 세계 3의 대상 가운데 물리적으로 구체화되지 않고 존재하는 것도 '일부' 있다고 말할 수밖에 없을 것이다.

이러한 맥락에서 포퍼가 (라)에서처럼 말하는 것은, 그러나 오히려 그 자신이 '이법적 존재'의 불가피성을 말해 주는 것으로 여겨진다('악보'나 '녹음' 등은 이에 대한 합당한 예라고 생각되지 않는다). '구체화'되지 (embodied) 않는다는 것은 실제에 있어 그것이 시공적 세계에 들어오지 않는다는 것이요, 그렇다면 이는 '실질적(real)'인 존재가 아니라 '이법적(ideal)'인 존재라는 말과 다를 바 없기 때문이다. 세계 1이나 세계 2에 구체화되어 있지 않은 세계 3 대상을 인정하고, 나아가 이 존재에 대한 인식이 감각적 지각에 의존하지 않는다고까지 말함으로써, 포퍼는 그것이 결국 비실질적(irreal), 이법적 존재일 수밖에 없다는 우리의 이 비판적 견해를 더욱 뒷받침해 주고 있다.

요약건대, 포퍼로서는 세계 3을 그의 말대로 인간의 정신적 활동의 산물로 구성되는 독자적 세계로 수용한다면, 객관적인 과학적 지식의 대상이 되는 세계는 이와는 별도로 설정해야 자가당착에서 벗어날 것이다. 즉 후자는, 하르트만이 '이법적 존재'라고 부른, 시공을 벗어나는 별도의 세계로 설정하는 것이 더 정합적이라고 생각된다. 인간의 정신적 활동의 산물이 '객관성'을 가짐은 사실이나, 이는 학적 진리의 보편타당성을 정초해 주는 '보편성'의 근거가 될 만큼 필연성을 지니는 것은 아니기 때문이다. 이 영역만을 배제한다면, 포퍼가 제시하는 세계 3은 인간의 정신적 활동, 즉 세계 2의 활동 및 이를 통해 세계 1로 빚어지는 역사적, 사회적 문화세계요, 하르트만의 존재론적 구도 중 '객체화된 정신'에 해당하는 세계다. 이 세계는 사실 공동성, 객관성은 지니지만, 그 역시 상대성과 임의성을 갖고 늘 형성 중에 있는 세계이지, 필연성이나 논리적 타당성을 정초해 주는 초실질적, 초시공적 세계는 아니다.

그렇다면, 포퍼는 왜 굳이 이런 존재론적 난점에도 불구하고 '이법적 존재'를 '세계 3'에 귀속시켜 혼란을 자아내도록 했을까? 그는 과연 우리가 지적한 문제점에 대해 전혀 의식하지 못했을까? 우리의 보기엔, 포퍼도 이 문제점을 전혀 의식하지 못했던 것 같지는 않다. 그가 객관적 지식의 내용적 대상에 대해 언급하는 것 중 대부분은 하르트만 식의 '이법적 존재'에 해당하는 것이었는데, 이에 대해 설명할 때 포퍼는 세계 3에 함께 귀속하는 다른 대상들을 함께 언급하는 적이 거의 없다는 점으로 보아 그러하다. 비록 그런 경우가 있다 해도, 거기서 언급되는 추상적 내용 자체는, 이를테면 헨델의 장엄한 어떤 악상 같은 경우 그 음악적, 종교적 가치 자체는, 역시 단순히 주관적인 정신활동의 임의적 성과물이 아니라 이러한 실질적 세계를 벗어나 독자적으로 존재하는 어떤 것임을 상정하는 것 같다. 이런 점으로 보아 포퍼 자신도 인간의 정신적 산물로부터 그것을 통해 '발견'되거나 '구현'되는 객관적, 독자적 실재를 암암리에 구별한 것은 사실인 것 같다. 즉 그도 저 두 가지가 모두, 단순히 세계 1이나 세계 2에 속하지는 않지만, 그렇다고 동질적인 것이라고 보지는 않았던 것 같다. 문제는 이 양자를 분리하여 객관적 지식의 대상내용이 되는 세계를 진화의 과정 밖에 자립하는 것으로 설정할 때, 이를 '하나의' 세계 속에서 정합적으로 설명하기가 거의 불가능함을 그가 알고 있었기 때문에, 이를 피하기 위해 다소 억지로나마 그것을 세계 3에 공속시킨 것이 아닌가 생각된다. 즉 위에서 지적한 그의 발상에 따라 말하자면, 경험론적 자연주의를 벗어나지 않으면서도 플라톤적 이데아에 대한 철학적 요구를 외면하지 않으려는 종합의 시도로 이러한 결함 있는 절충안이 나온 것 같다.

5. '이법적 존재'의 문제

포퍼의 세계 3 개념을 비판하여 그것이 포함하고 있는 두 가지 이질적 존재영역을 이렇게 구분하고 나면, 문제로 남는 것은, 실질적 세계를 벗어나 즉자적으로 존립하는 것으로 설정되는 이른바 '이법적 존재(ideales Sein)'를 존재론적으로 어떻게 처리하느냐 하는 것이다. 즉, 첫째 그것에 대한 객관적 인식가능성을 어떻게 확보하느냐 하는 문제와, 둘째 그것이 세계 전체 안에서 어떤 위상을 차지하느냐 하는 문제에 대해 답해야 하는 과제가 남는 것이다. 첫째 문제가 인식론적, 방법론적 문제라면, 둘째 문제는 존재론적인 핵심문제로서 그 '이법적 존재'가 '실질적 존재'와 어떻게 관계 맺고 있느냐 하는 전통적인 문제인 것이다. 그리고 이 문제에 대해 답변할 책임은 이를 독자적인 존재영역으로 보지 않으려 했던 포퍼에게는 부과되지 않겠지만, 이를 명백히 독자적인 존재영역으로 제시했던 하르트만에게 불가피하게 주어지는 셈이다.

하르트만이 이 '이법적 존재'를 (경험론자들이 흔히 생각하듯이) 사유의 관념적 산물(ideas)이 아니라 즉자적 실재(Ansichsein)라고 주장하는 데에 동원하는 논거에는 앞서 언급했듯 크게 두 가지가 있다. 되풀이하자면, 하나는 그것에 대한 인식에 정오(正誤)가 있으며 나아가 잘못된 인식에 대한 교정(矯正)이 있다는 사실이고, 다른 하나는, 이 첫째 입론의 근거가 되기도 하는 것인데, 그것이 강제력을 갖고 인간의 정신활동에 저항한다는 사실이다. 수학적 원리를 비롯해 모든 이법적 존재는 비록 그것이 인간 정신의 사유활동에 의해 발견되고 인식되는 것은 사실이지만, 그 내용 자체는 인간 정신의 그 어떤 활동에 의해서도 변경되거나 변질되지 않는 것임에 틀림없다.

'존재'란, 그것에 대해 인식주관의 감각적 지각이든 오성적 사유든 아무런 영향을 끼치지 못하는 바로 그것이다. '존재'를 이렇게 확정한다면, 이법적 존재가 존재임에는 틀림없다. 하르트만의 존재론적 사유는 여기까지는 아주 건실해 보인다. 그러나 바로 이 대목에서 하르트만은 두 가지 근본적인 철학적 문제에 부딪친다. 하나는 이러한 이법적 존재와 실질적 존재가 통합되어 통일적 세계를 이루는 것에 대해 설명해야 하는 존재론적인 과제이고, 다른 하나는 이 이법적 존재에 대한 보편타당한 인식의 성립을 정초해야 하는 인식론적인 과제다.

먼저 인식론적인 문제부터 보도록 하자.[73] 앞에서도 논의했듯 '이법적' 존재는 감각적 지각의 대상이 아니다. 그리하여 그것을 인식하고 확정하는 인간의 인식론적 기능에는 '객관적으로 실증'되는 감각적 지각 능력을 주역으로 포함시킬 수 없다. 그리하여 이와는 다른 기능, 즉 지적 직관의 기능을 그 주역으로 인정할 수밖에 없다면, 여기에 방법론적인 어려운 문제가 제기된다. 즉, 이 지적 직관은 '객관적으로 실증'되지 않는 것으로, 주관마다 서로 다른 것을 그 직관내용으로 제시할 수 있으며, 이때 이들의 편차 내지 불합치를 정리해 줄 수 있는 제3의 능력이 인간

---

73 이법적 대상의 인식에 관한 상세한 이론은 N. Hartmann, *Grundzüge einer Metaphysik der Erkenntnis*, Berlin, ⁵1965(1921)(이하 MdE), 61-63, Kap.을 참조할 것. 여기선 다만 그 기조만을 언급한다.

정신에는 따로 없다는 점이 문제다.

플라톤 이래의 이 해묵은 문제에 대해 하르트만이 어떤 획기적인 새로운 빛을 던져주고 있는 것 같지는 않다. 그는 기본적으로 인간 정신의 이성적 사유능력에 대한 전통적인 낙관적 태도를 견지하고 있는 듯하다. 다만, 그가 이 지적 직관의 '객관성'을 입증해 주는 간접적 통로로 제시하는 것은 한 가지 있다. 그것이 감각적 지각을 토대로 하는 인식과 합치하는지 여부를 검토하는 길이 그것이다. 감각적 경험을 통해 확인될 때 지적 직관은 객관적으로 정당화될 수 있다는 것이다. 다행히 인간의 인식에는 선천적인 것과 후천적인 것이 있는데, 그 두 길을 통해 얻은 인식이 합치한다면, 그런 한에서 그 인식내용은 타당한 것으로 볼 수 있다는 것이다.[74]

물론 그는 전통적으로 수용되어 온 '존재와 이성의 합치(adequatio intellectus et rei)'라는 명제에 '부분적'이라는 단서를 붙임으로써 독단적인 인식론적 완전주의를 경계하고 있다. 그러나 부분적으로나마 존재의 원리(존재범주)에 합치하는 '인식의 원리(인식범주)'가 있다는 사실을 직관적으로 받아들임으로써, 가능한 자연주의적 경험론의 공격을 단적으로 우회하는 길을 택하고 있다고 본다. 이런 점에 있어 그의 이론은 방법론적 관점에서 볼 때 적극성을 띤다고 보기 어렵다. 물론 그는 당대 등장했던 현상학적 방법에 대해 긍정적인 평가를 함으로써, 이른바 '현상

---

[74] 궁극적으로 인식론적 불가지론(不可知論, Agnotizismus)을 수용하는 하르트만은 이 점에 있어 포퍼의 이른바 '반증이론(反證理論, Theory of Falcification)'과 발상의 근본이 같다고 생각된다.

기술-문제분석-이론구성(Phänomenologie-Aporetik-Theorienbildung)'이라는 탐구과정을 유한한 인간 지성이 취할 수 있는 최선의 길임을 조심스럽게 제시하는데, 이것만큼은 그의 방법론적 의식이 진지함을 말해 주는 것이라고 본다.

이법적 존재의 인식에 관한 것보다도 더 근원적인 문제는 이 이법적 존재와 실질적 존재의 통합에 관한 존재론적인 해명에 있다. 이법적 존재에 관한 하르트만의 상론 중 우리의 논의와 관련지어 주목할 만한 명제는 주로 다음 세 가지라고 생각된다.

(1) 이법적 존재는 인식작용 자체로부터 독립해 즉자적으로 실재한다. 즉 이법적 존재는 그 존재방식의 특이성 때문에 감각적 지각이 아닌 오성적 사유에 의해 인식되므로 사유의 추상물로 오인되기 쉬우나, 그런 것이 아니고 그 자체로 존재하는 실재다.[75]

(2) 같은 이법적 존재라도 실질적 존재와의 관계에 있어 '자유로운' 것과 '부착적인' 것으로 구별되어 보이기도 하지만, 이 구별은 실은 그것이 인식되는 방식에 따라 이루어지는 것이다. 즉 실질적 존재의 매개 없이 직접 인식될 수 있는 수학적 존재, 논리적 법칙, 가치 등은 '자유로운(frei)' 이법적 존재요, 실질적 존재를 통해서만 인식되는 사물의 본질은 '부착적인(anhangende)' 이법적 존재다.[76]

---

75 GdO 42, Kap. 참조.
76 MdE 62, Kap, 481 이하 및 GdO 46, Kap. c 참조.

(3) 인식되는 방식뿐 아니라 그것이 실질적 존재와 결합되는 방식에도 그 '결정력'에 있어 차이가 있다. 이를테면 '가치'는 인간 정신의 활동에 의해 비로소 실질적 존재에 구현되는, '덜 강제적인' 이법성을 갖는다는 점에서 특이하다.[77]

그러나 이들 명제는 이법적 존재가 실질적 존재와 어떻게 '하나의' 세계로 통합되어 있는지를 설명해 주는 것은 아니다. 하르트만 자신이 강조하듯 "세계는 하나이고 … 존재영역들은 서로 분리될 수 없는"[78] 것들인데, 존재방식이 전혀 다른 이 두 존재영역은 서로 무관하면서도 (indifferent) 어떻게 하나의 세계로 통합되어(verbunden) 있을까? 존재영역을 둘로 설정하는 한, 이 문제는 그저 하나의 '근본현상 (Grundphänomen)'으로 받아들여 더 이상 문제 삼지 않거나, — 결국 같은 말이지만 — 하나의 아포리아로 남겨놓을 수밖에 없다고 본다. 하르트만이 안게 되는 이 난점을 확인함으로써 우리는, 포퍼가 다른 난점에도 불구하고 이 이법적 존재를 세계 1, 세계 2로부터 진화해 나온 또 하나의 동질적인 실질적 세계인 세계 3에 귀속시키고자 한 이유가 어디에 있었는지 더 명료히 알 수 있다.

---

77 GdO 49, Kap. 참조.
78 GdO 279.

6. 자연과 문화의 이질성과 연속성

이법적 존재를 그 자체 즉자적인 실재로서 실질적 존재와는 전혀 다른 별개의 존재영역으로 인정하느냐, 아니면 그것도 인간의 활동의 산물로 간주하여 결국 실질적 존재의 영역에 귀속하는 것으로 파악하느냐. — 하르트만과 포퍼가 보여주는 존재론적인 구도의 이 차이는 자연과 문화의 관계를 이해하는 데 있어서도 중요한 차이점을 불러오리라고 생각한다. 자연과 문화의 관계에 대해, 좀 더 정확히 말하자면 정신활동의 산물인 문화세계를 그 자연과의 관계에 있어 존재론적으로 어떻게 파악해야 할지에 대해, 과연 이 견해차는 어떤 함의를 갖게 될까? 우리는 하르트만과 포퍼가 문화세계의 존재론적 위상에 대해 공유하는 견해를 먼저 확인해 보고, 이어서 이들이 보여줄 차이에 대해 생각해 보기로 하자.

우선 하르트만에게서나 포퍼에게서나 인간의 정신적 활동의 영역이 물질적, 생명적 자연의 영역과 유리되어 있거나 그 존재원리를 달리하는 것이 결코 아님을 알 수 있다. 이들은 문화세계를 자연과 유리된, 자연에 대립되는 비실질적 존재영역으로 간주하지 않는다. 문화세계와 자연세계는 분명 구별되지만 존재론적으로 '연속'되어 있다고 본다. 이 두 세계는 다 같이 시간성과 개체성의 존재방식을 근본으로 하는 실질적 존재영역에 속하기 때문이다. 하르트만의 경우를 보자. 물질적 사물의 영역부터 정신의 영역까지가 하나의 실질적 세계를 구성하고 있고, 문화세계의 구체적 내용이 되는 '객체화된 정신'이라는 것도 물질적 사물 속에 정신적 활동이 독특한 방식으로 구현되는 것이다. 포퍼에게서도 문화세계의 실질을 이루는 세계 3이라는 것은 그것을 구현하는 토대로서 세계 1을 요구하는 것이다. 포퍼에게서는 무엇보다도, 세계 3이 세계 1로부터 세계 2를 거쳐 진화해 나온 존재라는 사실에서, 이들 세 세계가 모두 하나의 실질적 존재영역을 이루는 것이요, 따라서 이들 사이에 그 어떤 존재론적 단절이나 간격이 있다고 생각할 수는 없다.

그렇다고 이 두 사람이 문화세계를 자연세계로 환원시켜 이해하려는 입장을 취했던 것은 결코 아니다. 하르트만은 '새로운 것(Novum)'의 원리를 제시함으로써 상위의 존재층이 하위의 존재범주로 환원될 수 없음을 상론하고 있고, 포퍼는 세계의 진화가 기계적인 것이 아니라 '창조적, 창발적'인 것임을 강조함으로써 진화되어 나온 세계가 진화의 토대가 되는 세계로 환원될 수 없음을 역설하고 있다. 이들은 하나같이 문화세계가 갖는 독자성을 부인하지 않는다. 자연세계와 문화세계는 동일한 존재의 원리에 의해 하나의 세계로 통합되어 있지만, 그렇다고 해서 이들이 갖는 상이한 존재양태까지 부인하는 것은 아니다. 문화세계가 존재의 원리상 자연세계와 통합되어 있는 것은 사실이지만, 그 존재의 내용만큼은 자연세계의 그것과 이질적이라는 것이다.

여기서 우리는 하르트만도 포퍼도, 자연과 문화가 상호 양립하면서도 하나로 결합되어 있다는 근원현상의 근거를, 인간 정신이 문화를 창조함에 있어 정신 아닌 다른 실질적 존재층에 의거해 이를 토대와 재료로 활용함으로써만 자신의 독자적인 존재영역을 형성한다는 사실에서 찾고 있음을 알 수 있다. 그리고 또 이들은, 문화를 창조하는 인간의 정신적 활동 자체가 그 단초에 있어서는 근본적으로 자연으로부터 발원하는 것이지 자연 밖의 다른 세계에 그 연원을 갖는 것이 아니라고 보고 있다. 그렇다면 이들에 있어 인간이란 그 '자연적 본성상' 정신적, 문화적 삶을 창조적으로 형성해 나가도록 되어 있는, '자연적으로 문화적인' 존재로 파악되어 있다고 볼 수 있고, 따라서 자연과 문화가 각기 양립하면서도 하나의 세계로 결합되어 있음은 당연한 일이다.

　문화세계가 자연세계 속에 그 존립의 토대와 연원을 가지며 따라서 그 독자적 이질성에도 불구하고 자연세계와 존재론적 연속성을 지니고 있다고 본 점에 있어서는 이렇듯 하르트만과 포퍼가 의견을 같이한다고 생각된다. 그러나 인간의 문화적 창조활동의 진로 및 향방에 관해서는 이 두 사람의 의견이 갈리는 것 같다. 그리고 이 이견은 이법적 존재에 대한 이들의 견해차이에 그 단초가 있다고 생각된다. 따라서 이 이견은, 실제로 문화세계의 실질적 내용이 되는 '객체화된 정신'과 '세계 3'이 이법적 존재와 관련해 각각 어떤 존재론적 위상을 갖느냐 하는 문제로부터 밝혀진다.

　하르트만은 인간의 정신적 활동을 본질상 '목적적인 것(Zwecktä-tigkeit)'으로 파악한다(Ⅱ절, 1). 인간의 모든 정신적 활동은 직관시간 속에서 먼저 목적을 설정하고 이의 실현을 위한 수단을 강구하며, 그러고 난 다음 실제시간 속에서 이를 실현시켜 나아가는 과정을 밟는다. 이 과정 자체는 전적으로 실질적 존재의 영역에 속하는 것이다. 그러나 이때 목적으로 설정되는 것, 즉 실현되는 내용 자체는 실질적 존재영역의 밖에서 이법적 존재로 주어지는 것이다. 그것이 곧 가치다. 목적의 내용 자체만이 아니라 이를 실현하는 그의 활동 자체가 따르고 좇아야 할 인식과 실천의 준거 및 규율들도 사물의 본질, 수학적 진리, 논리적 법칙 등 이법적 존재다. 이렇듯 인간의 정신은 그 자체 실질적 세계에 속해 있으면서 동시에 이법적 세계를 인식하고 이를 지향하는 이중성을 지닌 존재다. 인간 정신이 단순히 자연세계에 머물러 있지 않고 스스로 문화세계를 창출해 나아가도록 운명지어져 있는 것도 바로 이 점 때문이다. 이렇게 볼 때, 인간의 정신적 활동, 즉 '정신의 객체화'에 의해 출현하는 문화세계도 그 본질적 성향 및 정향(定向)이 원리상 이법적 존재에 준거하여 '결정된다'고 보아야 할 것이다.

하르트만의 이러한 견해는, 문화세계인 세계 3까지도 세계 1, 즉 자연을 발원지로 하여 창발적으로 진화한 세계로 보는 포퍼의 견해와 크게 대조를 이룬다. 포퍼에 따르면, 하르트만이 실질적 존재영역과는 별도로 초시공적, 보편적 존재로서 파악한 '이법적 존재'라는 것도 다름 아닌 인간 정신의 활동의 산물일 뿐이다. 시공간적, 실질적 세계 외에는 그 어떤 다른 세계도 즉자적 실재의 세계로 설정하지 않는 그에게는 세계의 진화가 따라야 할 미리 정해진 그 어떤 '이법' 같은 것도 있을 수 없다. 포퍼도 세계 3 대상 중 과학이 추구하는 '객관적' 지식의 대상은 그 자체 '객관적 존재'임을 시인한다. 그러나 이 경우에도 그는 그것을, 앞에서도 지적했듯(Ⅲ절, 4), 인간의 정신활동의 산물이 추후적으로 예상 밖에 갖게 되는 특성이나 관계로 설명한다. 자연수의 체계는 우리가 창안해 낸 사유의 산물이지만, 거기서 우리가 발견하게 되는 홀짝수의 관계라든지 소수(素數)의 관계라든지 하는 것은 우리가 임의로 바꿀 수 있는 것이 아니라는 설명이 그 한 예이다. 시공간적인 실질적 세계 외에 다른 어떤 존재도 인정하지 않으면서 다른 한편으로는 객관적 지식의 성립에 요구되는 '객관성'을 확보하기 위해 포퍼가 택한 선택지가 이것이다. 이 이론에 난점이 있음은 앞에서 지적했지만, 이로써 포퍼가 문화세계의 본성에 관해 암시하고자 하는 바는 어느 정도 드러난다고 본다. 자연을 기원으로 하는 이 세계는 그 어떤 원리도 '외부로부터 미리' 주어지는 바 없이, 오직 창조적, 창발적으로 진화할 뿐이다. 따라서 문화세계도 철저히 이러한 진화의 결과 출현하게 된 세계일 뿐, 그 어떤 선결정의 전개가 아니다. 과연 포퍼에게서는 우주 전체가 무엇에 의해 결정되어 있는 것이 아니고 모든 가능성을 향해 '열려' 있는 존재로 이해되고 있다.

이제 문화세계와 '이법적 존재'의 연관성에 관해 하르트만과 포퍼의 견해차를 이렇게 비교하고 보면, 두 가지 점에서 이들의 문화존재론이 방향을 달리할 것임을 엿볼 수 있다.

첫째, 하르트만에게서는 문화와 자연의 이질성이 필연적인 데 반해 포퍼에게서는 그것이 우연적이라는 점이다. 포퍼에게서는 문화가 필연적으로 자연과 이질적인 존재내용을 가지도록 미리 결정된 것이 아니라는 말이다. 따라서 하르트만에게서는 자연과 문화가 이질성이 이 양자의 연속성과는 차원이 다른 것으로 결코 근접할 수 없는 것인 데 반해, 포퍼에게서는 이 두 차원이 원리상 서로 근접할 수 없는 것으로 폐쇄되어 있다고 볼 수는 없다는 것이다.

둘째, 하르트만에게서는 문화의 보편적 형식이 존재한다고 믿고 이법적 존재의 조명 아래 이를 탐색하는 것이 의미 있는 철학적 과제가 되겠지만, 포퍼에 있어서는 그런 보편적 형식을 말하는 것이 무의미하다는 점이다. 시대와 지역에 따라 문화내용이 폭넓은 상대성을 보이는 것은 현실이지만, 그럼에도 불구하고 인류문화의 보편적 요소, 특성, 가치 등의 이름으로 문화의 보편성을 말하는 경우가 많은데, 하르트만에게서는 이 보편성이 필연적인 것이지만 포퍼에게서는 꼭 그렇지도 않다는 것이다. 미래의 문화에 대해서도 우리는 비슷한 관점에서 그 발전의 방향과 도달점에 대해 말할 수 있을 것이다. 하르트만에게서는 그 발전의 방향과 도달점이 미리 예견될 수 있고 또 인간의 지성이 허용하는 한에서 목표할 수 있는 일이지만, 포퍼에게서는 이러한 것들이 미결정 상태로 다만 가능성으로 열려 있을 뿐이라는 것이다.

7 성층구조와 수반구조[*]
— 하르트만과 김재권의 세계구도 비교 —

I. 서론: 주제의 의의 및 논구 내용

김재권의 '수반이론(隨伴理論, Supervenience Theory)'을 하르트만의 '실질적 존재론(materiale Ontologie)'의 관점에서 검토하여 그것이 어떤 존재론을 토대로 하고 있는지를 구명해 보고, 이를 통해 현대 심리철학의 연구가 존재론적으로 어떻게 정향되어 있는지, 또 실질적 존재론의 이론 정립에 어떤 귀결을 가져다줄지, 이에 대한 전망을 해보고자 하는 것이 이 논구의 목표다.

김재권의 수반이론은 1970년대 중반 미국 철학계의 주목을 끌며 논의의 대상이 되기 시작한 이래 오늘날까지도 주로 심신관계를 설명하는 하

---

[*] 「하르트만의 성층이론과 김재권의 수반이론」, 『철학과 현상학 연구』 16집, 2000.

나의 모델로 이해되고 있는 것이 사실이다. 그러나 유의해 보면 그의 수반이론은 단순한 심리철학적 이론에 머무는 것이 아니라 하나의 존재론임을 알 수 있다. 심신관계를 설명한다는 것이 이미 실질적 세계 전체의 구조에 대한 어떤 구도를 전제하는 것이라고 볼 수 있기 때문이다. 김재권은 물론 세계에 관해 일관성 있고 정합성 있는 하나의 존재론적 구도를 세우는 일에 관심을 갖고 있는 것 같지는 않다. 따라서 그의 수반이론이 암암리에 전제하거나 그가 단편적으로 표명하는 존재론적 사고내용을 정리해 보는 것은 의미 있는 작업이 되리라 본다. 여기서 우리는 이 작업을 위한 토대로서 니콜라이 하르트만이 제시하고 있는 세계구도, 즉 그의 '성층이론(成層理論, Schichtenlehre)'을 활용하고자 한다. 구체적으로 말해, 그가 구명하고 있는 실질적 세계의 성층구조(成層構造) 및 층간관계(層間關係)의 범주적 법칙성을 하나의 준거틀로 삼아 김재권의 존재론적 사고내용을 이에 비교하고 정리하고자 한다.

그래서 우리는 먼저 김재권의 존재론적 구도 전체를 하르트만의 그것에 비추어 가능한 범위 내에서 조망해 보고, 이를 배경으로, 김재권의 수반이론을 구성하는 주요 논제들을 하르트만이 구명한 성층 및 의존의 범주적 법칙들에 비추어 검토해 보고자 한다.

II. 하르트만과 김재권의 존재론적 구도

1. 생명적 존재의 독자성 vs 비독자성

하르트만의 존재론적 구도에 따르면 생명적 존재는 물질적 존재와 더불어 자연을 구성하는 독자적 존재영역이다. 그가 실질세계를 물질, 생명, 심성, 정신(Materie, Leben, Seele, Geist)으로 층 지어진 성층구조를 가지고 있다고 말했을 때, 이미 그는 생명이라는 존재층의 독자성을 확고히 한 것이다.[1] 그는 이른바 '간격의 법칙(Gesetz der Distanz)'이라는 범주적 법칙을 통해 각 존재층이 존재적으로 접합은 되어 있으되 존재론적으로 (그의 표현을 빌리자면 '범주적으로') 연속되어 있지는 않음을 밝히고 있다.[2] 따라서 물질을 토대와 재료로 삼지 않는 생명체는 물론 없지만, 그렇다고 물질과 생명이 존재론적으로 구분되지 않고 연속되어 있다고는 볼 수 없다는 것이 하르트만의 생각이다. 현대 생물학, 특히 분자생물학이 생명현상을 물리화학적으로 구명하고 있음을 숙지하고 있는 그지만, 그는 이를 생명현상 자체에 대한 물리학적 탐구로는 보지 않는다. 생명현상 자체는 물리화학적으로 구명될 수 없는 독자적이고 고유한 대상영역이기 때문이다. 분자생물학의 탐구성과는 생명현상 중 그것이 물리적인 현상에 의거하는 측면, 즉 생명현상을 가능케 해주는 물리화학적 토대와 재료만을 밝혀낸 것이지, 그 자체가 곧 생명적인 것은 아니라는 입장이다.[3] 한마디로 말해 생명적 존재는 존재론적으로 볼 때 물질적 존재로 환원시킬 수 없다는 것이다.

그런데 이에 비해 김재권은 현대 생물학, 특히 분자생물학의 성과를 들어 생명현상이 물리화학적 현상으로 환원될 수 있음을 전제하고 있는

---

1 N. Hartmann, *Der Aufbau der realen Welt*, 3. Aufl., Berlin, 1964(1940)(이하 AdrW), 173 이하 참조.
2 AdrW 460 이하 참조.
3 AdrW 173 이하 참조.

것 같다. 그는 이 생명현상의 물리학적 환원가능성에 대해 이를 주제화
시켜 명시적으로 밝힌 적은 없으나, 생명현상은 결국 물질적 영역에 귀
속되는 자연현상의 일부라고 보는 것 같다. 이제 생명현상에서 발견되는
동화작용, 물질대사, 자기조절, 자기복제 등 여러 가지 현상들이 분자생
물학이 해명하고 있는 물리화학적 작용으로 설명되고 있기 때문에, 굳이
생명 그 자체라는 모호한 존재를 설정할 필요가 없다는 것이다. 그는 이
러한 그의 견해를 우회적으로 암시하고 있는데, 플로지스톤이라는 물질
을 가정해 물질의 연소를 설명하던 가설이 하나의 이론으로서 입증되지
않고 폐기된 것을 유비로 들고 있는 것이 그 하나의 예다.[4] 그에 따르면,
생명 존재란 우리가 일상적으로 관찰하는 생명현상을 설명하기 위해 설
정된 개념인데, 오늘날 그것은 실증적이고 인과적인 과학적 설명에 기여
하는 바가 거의 없다. DNA의 발견 이래 현대 생물학에선 오히려 생화학
적, 물리화학적 설명이 생명 개념을 가지고 설명하고자 했던 것에 관해
점차 더 많은 것을 밝혀 나가고 있다. 따라서 이제는 더 이상 생명 개념
을 철학적 분석에 남겨둘 필요가 없다는 것이다.

　　김재권뿐 아니라 대부분의 현대 심리철학자들이 심적인 것과 구별되
는 '물리적'인 영역에 별다른 단서 없이 신경생리적 현상이나 작용을 귀
속시키는 것을 보면, 이들은 물리화학적인 영역과 생명적인 영역의 구별
을 적어도 불필요한 과잉이거나 철학적 분석에 무의미한 것으로 간주하

---

4 1998년 봄 학기 그의 강의 "Philosophy of Mind"(Brown University)에서. '인과론적 기
능주의'에 대한 그의 설명에서도 유사한 맥락이 엿보인다. Jaegwon Kim, *Philosophy of
Mind*, Boulder: Westview Press, 1996, 121, 하종호/김선희 역, 『심리철학』, 철학과현실
사, 1997(이하 김재권(1997)), 210-211쪽 참조.

는 것 같다. 이 점에서 벌써 김재권도 하르트만과는 그 존재론적 구도에서 큰 차이를 보이고 있음을 알 수 있다.

2. 심적 존재와 정신존재의 구별 vs 통합

김재권은 또 하르트만이 설정하는 정신존재의 고유한 영역도 인정하지 않는다. 하르트만은 심성(Seele) 위에 별도로 정신(Geist)의 존재층을 설정하고 그 독자적인 존재방식을 논구한다. 그에 따르면, 심적 존재나 정신적 존재나 모두 공간성은 지니지 않고 오직 시간성만을 지닌다는 점에서는 유사한 존재방식을 취하고 있으나, 심성이 개별적 주관성을 벗어나지 못하는 반면 정신은 공동적 객관성을 그 근본적인 특성으로 지닌다는 점에서 이 두 존재는 명백히 구별된다는 것이다. 다시 말해, 심성은 철저히 개개인에게 배타적으로 귀속되는 것인 데 반해 정신은 개인을 넘어서서 공동체에 공유될 수 있는 존재라는 것이다. 그는 신체적 감각과 이에 밀착되어 있는 감정은 심성의 활동이지만, 신체성과 거리를 취하는 사유는 이와는 다른 정신의 활동이라고 본다. 과연 고통의 감각이나 유쾌의 감정 등이 공유할 수 없는 사적, 개인적인 것임에 반해 사유는 그 내용을 여러 의식주관이 공유하게 마련인 객관적인 것이라 볼 수 있다.[5]

정신이 공동성, 객관성을 띤다 해서 그것이 개인을 떠난다는 것은 물론 아니다. 개인의 정신 없이는 공동의 정신도 존립할 수 없다. 공동의

---

5 N. Hartmann, *Das Problem des geistigen Seins*, 3. Aufl., 1962(1933)(이하 PdgS), 70 이하.

정신, 즉 객관적 정신은 개인의 정신, 즉 개인적 정신을 토대로 해서만 존립할 수 있다. 그렇다고 해서 객관적 정신이 개인적 정신들로 환원되어 해소되는 것은 아니다. 오히려 객관적 정신의 영향 아래서 그것을 영양원으로 하여 개인적 정신은 정신적 존재로 성장하기도 한다. 개인의 정신과 공동의 정신은 그러므로 별개의 두 가지 종류의 정신이라고 할 수도 없는 것이다. 존재론적으로 볼 때 정신존재는 한 가지만 있는 것이요, 그 존재하는 방식의 특성상 두 가지로 구분될 뿐인 것이다.[6] 하르트만은 객관적 정신 외에 객체화된 정신을 또 하나의 정신적 존재형식으로 주창하고 있는데,[7] 여기서는 다만 정신존재가 그 객관적 성격으로 인해 오직 주관적일 뿐인 심성존재와 구별되는 또 다른 존재층을 구성하는 것임만을 확인해 두기로 한다.

이에 비해, 김재권은 이들을 굳이 구별하지 않고 모두 심적인 것 (mental)으로 동질시하여 다룬다. 그는 영미 경험주의 철학의 일반적인 경향이 그러하듯 정신존재를 다분히 과도한 형이상학적 관념으로 보는 듯하다. 즉, 정신이란 존재론적으로 실재적 근거가 약하여 철학적 분석의 대상이 되기 어려운 것으로 보는 듯하다. 그는 심적 현상을 (1) 고통, 가려움, 간지럼 등의 감각, (2) 바라거나 믿거나 걱정하는 따위의 명제적 (내용적) 태도, (3) 분노, 기쁨, 슬픔 등의 감정과 정서, (4) 의도, 결의(決意), 자원(自願) 등의 의지적 상태, (5) 정직하거나 재치 있다고 표현되는 성격 및 인격, 또는 부지런하거나 세심하다고 기술되는 습관이나 성향

---

6 개인적 정신과 객관적 정신의 관계에 대해서는 PdgS 72 이하 및 200 이하 참조.
7 PdgS 74 이하 및 410 이하 참조.

등 다섯 가지 종류로 구분하면서도,[8] 이들이 모두 비공간적이라는 점에서 일단 하나의 존재영역에 속하는 것들로 간주한다. 그럼에도 불구하고 그 역시 심성 가운데서도 서로 공통점을 찾기 어려운 두 가지 상태, 즉 감각적 상태와 지향적 상태가 구별된다고 보고, 이 두 가지가 어떻게 존재론적으로 하나의 존재영역에 귀속되어 있는지는 수수께끼와 같다는 어려운 점을 시인하기도 한다.[9] 감각적 상태는 더 이상 분석될 수 없는 감각질로 환원되는 것으로서 따지고 보면 지극히 개인적이고 주관적인 것인 반면에, 지향적 상태란 모든 개체적 주관에게 공유될 수 있는 주관 밖의 대상을 지향한다는 점에서 객관화될 수 있는 것이다. 이 점에서 김재권의 이 문제 제기는 현대 심리철학의 논구 지반 자체에 대한 반성을 요구하는 것으로 더 깊이 검토할 필요가 있다고 본다.

3. 실질적 세계: 네 개의 존재층 vs 두 종류의 '사건'

정리해 보자면, 김재권은 기본적으로 실질적 존재 가운데서 아직 과학적으로 통합하여 파악할 수 없는 두 존재영역으로 물리적인 것과 심적인 것 두 가지를 설정하는 셈이다. 하르트만이 분명히 하였던 물질적 사물과 유기적 생명체 사이의 존재론적 차이, 그리고 심적 존재와 정신적 존재 사이의 존재론적 차이는 인정하지 않는 것 같다. 한편으론, 분자생물

---

8 김재권(1997), 31쪽 이하 참조.
9 김재권(1997), 35쪽 이하, 특히 49쪽 참조. "아직 답을 얻지 못한 물음이 하나 남아 있다. 그것은 감각적 상태와 지향적 상태가 '심적인' 것이 되게 해주는 공통의 속성이 무엇이냐는 물음이다."

학의 탐구성과가 생명에 대한 물리화학적 설명의 가능성을 열어놓았기 때문에 존재론적으로 생명현상을 독자적인 존재영역으로 설정할 이유가 없다는 생각인 것 같고, 다른 한편으로 심성과 구별되는 정신에 대해서는, 정신이라는 개념이 공허한 형이상학적 개념이거나 일종의 종교적, 이데올로기적 사상의 산물이라고 보아 처음부터 문제 삼지 않는 입장인 듯하다. 존재론적으로 자명한 것은 역시 물리적인 세계의 존재인데, 문제는 이 물리적인 세계 속에서 이와는 판이한 성격을 갖고 있는 심적인 것이 어떻게 이와 관계하며 공존하느냐 하는 것이다. 심적인 것, 즉 '마음'의 실상을 탐구하는 심리철학이 곧 세계의 구조에 대한 존재론적인 논구로 직결되는 이유가 여기에 있다.

이 존재론적인 문제와 연관해 김재권은 '사건'이라는 독특한 개념을 창안해 낸다.[10] 데카르트 이래 철학적 탐구는 물질과 정신을 실체로 파악함으로써 이들 양자의 관계에 대한 철학적 해명에 있어 원론적인 난관에 봉착해 왔다. 무엇보다도 비공간적이며 사유만을 본질로 하는 정신이 공간적 연장성을 본질로 하는 물질이라는 실체에 어떻게 인과적으로 관계할 수 있는지, 그 내적 구조를 설명할 길이 막혀 있었던 것이다. 김재권은 '마음'이라는 것이 우리의 일상 언어가 암시하는 바와는 달리 실명사로 지칭될 수 있는 실체적 사물이 아니라고 보고, 그것을 다만 속성-사건-과정으로 이해함으로써, 심리철학의 난제들에 접근할 수 있는 길을 모색한다. 무엇보다도 그는 존재론적인 탐구의 진전을 위해 실체니

---

10 김재권, 「사건과 속성예화」, 김재권 외, 『수반과 심리철학』, 철학과현실사, 1994(이하 김재권(1994)), 57쪽 이하 및 김재권(1997), 17쪽 이하 참조.

본질이니 하는 고전적인 개념을 청산하고 그 자리에 '사건(events)' 개념을 도입한다. 그는 '사건'을 '속성이 예화된 것(exemplication of properties)'으로 정의하여 존재론적 논구에서 가장 기초적인 개념으로 삼는다. 그에 따르면, 물질이라든지 정신이라든지 하는 것이 고정불변의 자립적 존재로서 미리 존재한다고 볼 것이 아니라, 물리적 속성이 예화되면 물리적 사건이 발생하고 심리적 속성이 예화되면 심리적 사건이 발생한다고 이해하는 것이 특히 이 두 존재 사이의 관계를 구명하는 데에 더 도움이 된다는 것이다.

물론 '사건' 개념은 심신문제를 다루기 위해, 심신문제에만 적용되는 개념으로 제시된 것은 아니다. 어떤 두 사물 사이에 원인-결과의 관계가 있다고 할 때 과연 무엇이 무엇을 야기한다고 보는 것이 적합한지, 이 문제에 대한 분석적 논구 끝에 얻은 것이 이 개념이다. 그러나 이 개념은 특히 심신 간의 인과관계를 문제 삼을 때 아주 유효한 사유장치로 현대 존재론에 기여하고 있다. 아무튼 이제 김재권에게서 세계는 두 가지 종류의 '사건'들로 이루어진 것이 된다.

김재권의 이러한 존재론적 구도는 얼핏 보기에는 네 개의 독자적인 존재층을 제시하고 있는 하르트만의 그것과 판이한 것처럼 보인다. 그러나 그가 저 두 종류의 사건들로 이루어지는 두 존재영역이 서로 어떤 관계를 갖고 결합되어 있는지에 대한 논구를 폄에 있어서는 여러 가지 점에서 유사성을 보이고 있는 것이 흥미롭다. 우선 그 다른 점부터 보기로 하자.

4. 존재론적 환원의 거부 vs 수용

김재권이 세계를 우선 두 영역으로 구분하고 있는 것은 하르트만의 관점에서 보자면 하나의 존재층을 그와는 존재방식과 본성이 상이한 다른 존재층으로 환원시킨 결과다. 즉, 생명적인 존재를 물리적인 존재로, 정신적 존재를 심적 존재로 환원시킨 결과다. 김재권은 물론 동의하지 않겠지만, 하르트만의 관점에서 볼 때 이것이 존재론적인 환원이 되는 이유는 존재층의 구분이 단순한 현상적 구분이 아니라 '범주적' 구분이기 때문이다. 물리적 현상과 생명적 현상은 상식적으로나 과학적으로나 달라 보이지만, 존재론적으로 더 깊이 분석해 들어가 보니 두 상이한 현상들이 실은 그 존재의 원리나 방식에서 다를 바가 없다고 한다면, 물론 사정은 달라진다. 그럴 경우 우리는 기껏해야 인식론적 환원을 말할 수 있을 것이다. 사태는 동일하지만 그에 대한 우리의 인식내용이 다를 뿐이므로 환원은 다만 인식론적 차원에서만 일어나는 것이요, 이는 존재론적으로는 크게 문제될 것이 없다는 말이다.[11] 김재권의 견해는 여기에 머무는 것 같다. 이를테면, 생명이나 물질이나 존재론적으로는 다를 바 없고 다만 그에 대한 생물학적인 지식과 물리학적인 지식이 다를 뿐이라면, 생물학적인 지식을 물리학적인 지식으로 환원시키는 일은 그것이 지식의 정밀화에 기여하는 한 문제될 것이 없으며 오히려 도모해야 할 일일 것이다.

---

11 존재론적 환원과 인식론적 환원의 구분 및 관계에 대해서는 조승옥, 「존재론적 환원주의와 인식론적 환원주의」, 김재권 외, 『수반의 형이상학』, 철학과현실사, 1994, 61-87쪽 참조.

그러나 하르트만에게는 물질과 생명의 구분이나 심성과 정신의 구분이 이에 머무는 것이 아니다. 각 존재층은 곧 각기 다른 존재범주 체계에 의해 성립하는 것이요, 범주란 여기서 곧 존재의 내용을 규정하는 존재의 원리를 일컫는 것이다.[12] 즉 존재층의 구별은 존재범주 체계들의 구별이요, 따라서 인식방법상의 구별이 아니라 존재원리상의 구별이다. 하르트만이 보기에는 물질, 생명, 심성, 정신의 네 존재층을 바로 그런 존재층으로 존립하도록 규정해 주는 범주체계들은, 비록 그 체계를 이루는 요인으로서의 개개의 범주들을 공유하는 경우가 있기는 하지만, 하나의 총체로서는 서로 환치될 수 있는 것들이 아니다. 서로 환치될 수 없는 한계 단위로서의 범주체계들이 바로 이 네 가지라는 말이다. 그는 이른바 "새로운 것의 법칙"을 제시해 존재층 간의 구별에 연속성을 인정치 아니하고 일종의 존재론적 단절을 시인함으로써 환원의 가능성을 차단한다.[13] 상위 존재층이 비록 하위 존재층에 의존되어 있고 또 이를 재료로 삼고 있기는 하지만, 상위층에는 하위층에 있지 않은 새로운 범주들이 등장하므로 하위층의 요소로 환원되지 않는 전혀 새로운 존재방식과 특성이 나타난다고 보는 것이다. 필자가 보기에 이는 브로드(C. D. Broad)나 모간(L. Morgan) 같은 동시대 영국의 창발론자들(emergentists)의 견해와 합치한다.[14]

그럼에도 불구하고 존재론적 환원이 형이상학의 역사에서 끊이지 않

---

12 AdrW 1-2, Kap. 참조 여기서 하르트만은 '범주'가 '인식범주'가 아닐 뿐 아니라, '본질'이나 '이법적 존재'가 아니라 구체적 존재를 규정하는 형식적 '원리'임을 밝힌다.

13 AdrW 456 이하 및 N. Hartmann, *Neue Wege der Ontologie*, Stuttgart, ⁵1968(1942)(이하 NWdO), 111 이하 참조.

고 시도되어 왔던 것을 하르트만은 이렇게 이해한다. 하나의 최고원리로 세계 전체를 구명함으로써 통일적인 세계상을 제시하려는 것은 포기하기 어려운 가장 근본적인 형이상학적 요구다. 그래서 세계에 숨겨져 있는 어떤 원리를 발견했다고 자부하는 위대한 형이상학자들은 그 원리가 어떤 특정한 존재층에만 타당한 것임에도 불구하고 그것이 다른 존재층에도 마찬가지로 타당하게 적용될 수 있다고 믿어 "어떻게든 모든 층들을 동일한 원리로부터 이해할 수 있음직한 빌미만 있다면, 세계 전체를 가능한 한 통일적으로 파악하려는 경향"[15]을 띤다. 그러나 "실재세계는 그렇게 구조되어 있지 않으며, 세계의 다양성도 그렇게 해서는 정당하게 다루어지지 않는다. … 그것은 생각 속에서 세계를 단순화시키는 것이며 결국 세계를 변조하는"[16] 것이다. 하르트만은 이를 '경계를 넘어서는 오류(Grenzüberschretungsfehler)'라고 부르며, 이 오류가 흔히 일원론적인 세계상을 제시해 왔다고 지적한다.[17] 그 가장 대표적인 예가 바로 '아래를 향해(nach unten) 경계를 넘어서는' 정신주의와 '위를 향해(nach oben) 경계를 넘어서는' 물질주의다.

이러한 하르트만의 지적을 염두에 두고 볼 때, 김재권이 심성의 현실성을 시인하면서도 이론적으로는 심성마저도 물리적인 세계로 환원시키는 것이 더 합당하다는 생각을 떨치지 못하고 이를 논증하려고 고심해

---

14 B. P. McLaughlin, "The Rise and Fall of British Emergentism", in A. Beckermann/H. Flohr/J. Kim(eds.), *Emergence or Reduction? Essays on the Prospecs of Nonreductive Physicalism*, Berlin/New York, 1992, 49 이하 참조.

15 NWdO 83.

16 NWdO 83.

17 AdrW 15, Kap. a 및 NWdO 80 이하.

온 것이 이해가 간다.[18] 생명적 존재를 물질적 존재에 귀속시키고 정신적 존재를 심적 존재에 귀속시킬 수 있다면, 내친김에 더 나아가 그 심적 존재마저 물리적 존재에 귀속시키지 못할 바가 없을 것이다. 왜냐하면, 하르트만의 설명방식에 따르면, 물질적 존재를 규정하는 범주가 부분적으로는 생명적 존재도 규정하고 심적 존재를 규정하는 범주가 부분적으로는 정신적 존재를 규정하듯이, 물리적 존재를 규정하는 범주가 심적 존재를 규정하는 경우도 있기 때문이다.[19] 이를테면, 심적 존재가 물질적 존재처럼 공간 범주에 구속되지는 않지만, 물질적 존재와 마찬가지로 시간성의 범주에 의해서는 규정됨은 부인할 수 없는 일이다.

사실 '하향적' 환원에의 유혹을 이기지 못하는 더 강력한 사유는 상위의 존재층이 하위의 존재층을 토대로 해서만 존립할 수 있음을 부인할 길이 없다는 점에 있다.[20] 그리하여 가장 근본적 토대가 되는 물리적 존재를 규정하는 범주들이 이를 토대로 그 위에 성립하는 다른 존재층까지도 규정한다고 보기 때문에 존재론적 환원이 이론적으로 타당한 듯이 여

---

18 김재권의 '환원'에 대한 견해는 1990년대에 들어와 바뀐 듯하다. "Psychological Supervenience as Mind-Body Theory"(1982), "Concepts of Supervenience"(1984) 등의 논문에서는 대부분의 당대 심리철학자들과 마찬가지로 비환원주의적 견해를 보이고 있는 데 반해, "The Myth of Nonreductive Materialism"(1989)을 기점으로 해서 그 이후로는 환원의 불가피성을 주장하는 이론을 펴고 있다.

19 이는 하르트만이 하위층의 범주가 상위층에 다시 나타난다는 이른바 '재현의 법칙(Gesetz der Wiederkehr)'으로 설명하는 내용이다. AdrW 51, Kap. b 참조.

20 이 점을 하르트만은 '토대기능(Grundlage-Funktion)'이라 부르고, 다만 상향형성관계(Überformungsverhältnis)에만 작용하는 '재료기능(Materie-Funktion)'과 구별한다. 토대기능은 상위구축관계(Überformungsverhältnis)에도 작용한다. NWdO 118 참조. 김재권도 이를 '물리적 실현(physical realization)'이라는 '심신의존'의 관계로 파악하여 "임의의 대상이 어떤 심적 속성들을 갖는지는 그것이 어떤 물리적 속성들을 갖느냐에 의존하고 그것에 의해 결정된다"고 정식화하고 있다. 김재권(1997), 28쪽 이하 참조.

겨지는 것이다. 그래서 김재권은 "시공 속에 존재하는 모든 것이 물리적인 것"임을 시인한다면, "이러한 물리주의자가 택할 수 있는 입장은 제거주의와 환원주의 둘밖에 없다"고 주장한다.[21] 김재권은 심적인 영역을 존재계 밖으로 밀어내 버리고 마는 제거주의에 동의하지 않는다. 심적인 것의 현실성을 인정하려면, 남는 길은 이론석으로 이 심직 영역을 어떤 방식으로든 물리적 세계와의 연관관계 속에 정위시키는 것뿐이다. 그의 환원이론이 물론 단적으로 존재론적 환원을 표방하고 있다고 말하기는 어렵다. 그는 오직 '기능주의적' 환원을 말하고 있을 뿐이다. 그러나 그가 말하는 '기능'이란 "인과적 역할을 지니고 있거나 실현하는 것"이요, 기능적 속성이란 것도 결국 "잠재적 인과력"을 일컫는 것[22]임을 생각해보면, 이 환원이론이 단순히 인식론적 차원에 머무는 것은 아님을 알 수 있다. 실로 그는 네이글 식의 환원 모델이 결국은 설명적 환원에 그치는 것으로 존재론적으로는 수확이 별로 없다고 비판하면서 그 대안으로 기능적 환원 모델을 제시하고 있는 것이다.[23]

5. 초시공적 이법적 존재의 설정 vs 부인

시간적, 공간적 제약을 벗어나는 보편적, 일반적 존재를 존재로 인정

---

21 Jaegwon Kim, "The Myth of nonreductive materialism", in *Supervenience and Mind*, CUP, 1993, 267; 김재권, 「비환원적 유물론의 신화」, 김재권(1994), 286쪽 이하.

22 Jaegwon Kim, *Mind in a Physical World*, MIT Press, 1998, 19 이하, 하종호 역, 『물리계 안에서의 마음』, 철학과현실사, 1999, 46쪽 이하.

23 같은 책, 4장, 특히 1, 2절(165쪽 이하) 참조.

할 것인가, 아니면 그것에 대해 그 존재성은 부인하고 다만 관념성만을 인정할 것인가? 이른바 보편논쟁의 핵심을 이루기도 하는 이 문제는 철학의 오랜 아포리아 중 하나다. 이 문제는 위에서 언급한 실질적 존재계의 문제연관으로부터 다소 벗어나는 것이기는 하지만, 두 철학자의 존재론적 구도 전체를 조망하자면 빠뜨릴 수 없는 내용이므로 간단히 언급하기로 한다.

이 문제와 관련해 하르트만은 이법적 존재(ideales Sein)라는 이름으로 그것의 존재를 인정하고 있다.[24] 이 이법적 존재는 위에서 언급한, 네 개의 존재층으로 구성되는 실질적 존재(reales Sein)와 더불어 세계의 존재 전체를 구성하는 또 하나의 존재영역이다. 실질적 존재와 이법적 존재는 그 존재방식에서 구별된다. 전자가 시간 범주와 공간 범주의 틀 안에 들어오는 특수하고 개별적인, 가변적 존재임에 반해, 후자는 시공을 초월하여 불변하는, 일반적이고 보편적인 존재다. 이법적 존재는 이렇듯 실질적 존재와 구별되긴 하지만, 그렇다고 실질적 존재와 철저히 유리되어 있는 추상물은 결코 아니다. 하르트만은 이러한 이법적 존재로서 수학적 존재, 사물의 본질, 논리적 법칙, 그리고 가치를 꼽고 있는데, 이들은 서로 다른 방식으로이긴 하지만, 실질적 존재와 결합함으로써 세계의 존재 전체를 구성한다. 이를테면 사물의 본질이라는 이법적 존재는 실질적 사물에 '부착되어 있는(anhangend)' 반면, 가치 같은 이법적 존재는 실질적 사물의 세계 위에 '자유롭게 떠다니는(frei schwebend)'

---

24 이하 N. Hartmann, *Zur Grundlegung der Ontologie*, 4. Aufl., 1934(이하 GdO),
    42-45, Kap. 참조.

존재들이다.[25]

  하르트만과 달리 김재권은 초시공적, 이법적 존재를 존재로서 인정하지 않는다. 그는 다만 그것에 준하는 것으로 시간적, 공간적 세계에 내재해 있는 보편적 속성의 현실적 실재성만을 인정하는 것 같다. 그는 사건을 구성하는 세 가지 요소로서 사건의 구성대상인 실체, 실체가 예화하는 구성속성, 그리고 시간을 들고 있는데,[26] 개별적 실체에서 예화하는, 시간성을 벗어나 있는 속성은 보편적 일반자로 해석될 수밖에 없을 것 같다. 김재권의 이러한 견해는 보편적이고 추상적인 속성을 인정해야 하긴 하지만, 이를 실질적 세계와는 무관한 독자적 영역으로 인정하긴 어렵다는 경험주의적 전통에 충실한 것이라 볼 수 있다.

III. 하르트만의 범주적 법칙과 김재권의 수반구조

  실질세계가 존재층들의 중첩으로 구성되어 있다고 보는 한, 하르트만에게는 이 존재층들의 중첩을 규정하는 '성층법칙(Schichtungs-gesetze)'과 그 층들 사이의 의존관계를 밝혀내는 '의존법칙(Depen-denzgesetze)'이야말로 실제로 실질세계의 구조를 밝히는 것들이다. 그런가 하면 김재권에게 있어서는 '수반'의 구조가 바로 이에 해당하는 것이다. 이제 이들 이론에 대해 우선 일별해 보기로 하자.

---

25 GdO 267 이하 참조.
26 김재권, 「사건과 속성예화」, 김재권(1994), 60쪽.

1. 하르트만의 성충법칙과 의존법칙

1) 범주들의 재현의 법칙

하위 존재층의 범주들은 상위 존재층에서 다시 나타난다. 물론 모든 하위 범주들이 모든 상위 존재층에 그대로 다 재현하는 것은 아니다. 계속해서 재현하는 범주들이 있는가 하면, 중도에서 재현이 중단되는 범주들도 있다. 예를 들어 시간 범주를 생각해 보자면, "물리적 과정뿐만 아니라, 유기적 심적 과정 … 그리고 위대한 정신적 운동까지도 모두 하나의 동일한 실재시간 속에서 진행되기"[27] 때문에, 시간 범주는 모든 실재 존재층에 등장하는 범주임을 알 수 있다. 그러나 많은 다른 범주들은 연속되는 존재층들 중 어느 단계에서 멈추고 더 이상 상위 존재층에는 나타나지 않는다. 유기적 생의 존재층과 심적 존재층의 사이에서 중단되는 공간 범주가 그 한 좋은 예다. 즉 유기적 생명 존재까지는 공간적 규정 아래 들어오지만 심적 과정이나 상태는 공간적 규정을 벗어난다.

2) 범주적 요소의 변양의 법칙

범주들이 갖는 규정적 성격은 그 재현에 있어 층에 따라 조금씩 달라지는 모습을 또한 보인다. 즉 "그들은 비록 재현하기는 하지만 새로운 모습으로 재현한다. 그들은 그들이 새로이 편입해 들어가는 상위층의 범주들의 구조에 의해 영향을 받는다."[28] 달리 말해 재현하는 범주들은 그 해

---

27 AdrW 438.

당 상위층의 구조적 성격에 맞춰 그 자신이 말하자면 '수평적으로 변형' 되는 셈이다. "각 층마다 새로운 범주적 구조가 범주들의 새로운 공속연 관 속에서 자리 잡기"[29] 때문이다. 이를테면 통일성이라는 범주는 기초 범주로서 모든 존재층에 재현되지만, 그때마다 그 해당 존재층의 구조적 특성에 맞게, 즉 물질적 사물의 층에서는 속성의 다양성에 대응하는 실 체적 통일성으로, 생명체의 층에서는 역동적 흐름의 상이성에 대응하는 개체 및 종의 자기보존의 모습으로, 심성의 층에서는 의식의 다양성에 대응하는 자기의식의 통일성으로, 그리고 정신의 층에서는 미정형의 다 양성에 대응하는 철저한 자기형성의 통일성으로, 아주 다른 모습으로 나 타난다.

3) 환원시킬 수 없는 '새로운 것'의 법칙

변양하는 가운데 재현하는 범주 외에도 각 상위 존재층에는 그 존재층 에 고유한 새로운 범주들이 있다. 그래서 이들은 독특한 새로운 범주적 구조를 형성하여, 해당 존재층에 '독특한 새로운 것(speziifisches Novum)'을 부여한다. 이 '새로운 것'은 "하위 존재층의 범주적 요소들 로도 이들의 복합으로도 해소되지 않는것"[30]으로 바로 그 해당 상위층의 독자적 특성을 구성하는 것이다. 그리하여 이를테면 심적인 것은 생명적 인 것으로부터 이해할 것이 아니라 그 심적인 것 자체 속에 있는 '새로운

---

28 AdrW 453.
29 AdrW 454.
30 AdrW 432.

것'으로부터 이해해야 하며, 마찬가지로 유기적 생명도 물리적 요소로부터 이해할 것이 아니라 생명성 그 자체가 갖는 독특한 새로운 요소로부터 이해해야 한다.

4) 층간의 간격의 법칙

층과 층 사이에서 하위층의 범주들 중 많은 것들이 상위층의 '새로운 것'으로 대체된다는 것은 바로 그 층과 층 사이의 단속적 관계에 대해 본질적인 것을 말해 주는 내용이다. 사실 범주들의 재현이나 변양은 적어도 우리에게 현상적으로 나타나는 한에서는 '비약'을 보이면서 진행된다. 즉 "존재형식들의 상향적인 계열이 연속체(Kontinuum)를 이루지는 않는다"[31]는 것이다. 만일 이 존재층들의 계열이 단속적이지 않고 연속적이라면, 우리는 그 존재층들을 각기 서로 다른 독자적인 존재층으로 인정할 수 없을 것이요, 그들을 상호 구별할 수가 없을 것이다. 물론 우리는 이 층간의 간격을 "그저 공백으로 이해하기보다는, 질적인 구조의 상이성으로 이해해야"[32] 할 것이다. 재현의 등장을 통해서도 '새로운 것'의 등장을 통해서도 이 세계의 성층적 구조가 갖는 통일적 연관이 분해되는 것은 아니기 때문이다.

5) 하위 범주의 강세의 법칙

하위 존재층의 범주일수록 그것은 다음 두 가지 점에서 상위의 그것보

---

31 NWdO 59.
32 NWdO 84.

다 더 강하다. 즉 범주가 재현하여 상위층에 진입해 들어가는 힘에 있어서, 그리고 그것이 상위층에 대해 토대가 되고 조건이 된다는 점에서 더 강하다. 하위의 범주가 더 강하다는 것은 곧 의존의 하향성 및 그 불가역성을 표현하는 것이기도 하다. 범주의 "강도(强度)와 높이는 범주영역 어디에서나 반비례의 관계에 있다."[33] 즉, 범주의 높이가 존재내용의 풍부함에서 그 우월성을 갖는다면, 범주의 강도는 그 토대적 성격 및 규정력에서 우월성을 갖는다.

6) 하위 범주의 상위 범주에 대한 무관성의 법칙

"하위층의 범주는 비록 상위층의 토대이기는 하지만 그 상위층에 대해 철저히 무관하다. 그것은 상향형성이나 상위구축을 다 허용하지만 이들을 다 요구하지는 않는다."[34] 상위층이 자신을 토대로 삼든 재료로 삼든

---

33 AdrW 477.
34 NWdO 67 이하. 하르트만은 하위층의 범주들이 상위층에 모두 재현되는 곳에 성립하는 중첩관계를 상향형성관계(Überformungsverhältnis)라 부르고, 하위층의 범주들 중 일부가 상위층과의 경계에서 중단되는 곳에서 성립하는 중첩관계를 상위구축관계(Überformungsverhältnis)라고 부른다. 상향형성관계에서는 상위층의 존재형성물이 하위층의 그것으로 구성되고 하위층의 것을 그 자신의 고유한 구조물을 위한 구성요소로 활용한다. 실제로 이러한 층간관계는 물질적 사물과 유기적 생명체 사이에서만 발견된다. 이에 반해 상위구축관계에서는 하위층의 범주들 중 일부가 상위층에서 배제되므로 이 사라지는 범주들이 빚어냈던 존재구조도 함께 사라지게 되고, 그 결과 상위층은 하위층을 그저 상향적으로 재형성한 것이 아니라 그 하위층 위에 전혀 새로운 성격의 존재층을 구축하는 모습을 보이게 된다. 이를테면 공간성, 물질적 실체성, 자연법칙성, 수학적 관계 등은 무기적, 유기적 자연을 넘어서서 심성의 존재층에 와서는 더 이상 발견되지 않는데, 그렇기 때문에 심성은 생명적 과정을 자신의 구성요소로는 삼지 않고 다만 자신의 존재적 토대로 삼을 뿐이다. 하르트만은 심적인 존재층과 정신적인 존재층 사이에서도 이러한 관계가 성립한다고 본다.

이에 개의치 않는, 상위층에 대한 하위층의 이러한 무관성은 상위층의 존재와 상관없이 독자적으로 존립하는 하위층의 철저한 비의존성에서 가장 뚜렷히 나타난다. 하위층은 상위층에 대해 그 존립에 있어서뿐만 아니라 그 범주의 구성에 있어서도 철저히 비의존적이다. 그리하여 물질적 사물로 이루어지는 자연은 생명현상의 출현에 전혀 상관없이 그 자체 존립하며, 생명체는 의식의 출현과 상관없이 존립하며, 또 의식적 생도, 정신적 활동 없이 존립할 수 있는 것이다.

7) 하위 범주의 재료의 법칙

상위층에 대해 철저히 무관하면서도 그 상위층에게 재료로 봉사하는 것이 또한 상향형성관계에서의 하위 범주다. 물론 이때 상위층은 제한적으로나마 하위 범주의 제약을 받는다. 그러나 상위구축관계에 있어서는 그 의존관계가 좀 달라진다. 즉, 그 의존이 내용적인 것에까진 이르지 않고 다만 그 존립에만 국한된다. 이를테면 의식은 그것을 담지하는 유기체에 의해 제한을 받지만, 그 제약이 의식의 구조, 형식, 과정에까지 이르는 것이 아니고 다만 그 의식의 성립에 국한된다는 것이다. 어느 경우든 하위의 범주는 상위층의 형성에 대해 규정력을 발휘하지만, "그 존재의 토대로서가 아니면, 기껏해야 그 재료로서"[35] 그렇게 할 뿐이다. 다른 관점에서 보면 이는 상위층이 하위층에 의해 규정되지 않는 자유로운 공간이 있음을 말해 주는 것이다.

---

35 AdrW 491.

8) 상위층의 자유의 법칙

방금 지적되었듯이 상위의 존재층은 하위 존재층에 대해 다만 그 재료적 성격 및 토대적 성격에 의해서만 제약되기 때문에 그 자신의 고유한 구조에 있어서는 이 하위층에 대해 자유롭고 자율적이다. 여기서 얼핏 보면, 강세의 법칙에 따른 상위층의 하위층에 대한 의존과 이 자유의 법칙에 따른 상위층의 하위층에 대한 자율 사이에 모순이 있는 것처럼 여겨진다. 그러나 실은 결코 그렇지 않다. 의존성도 자율성도 다만 부분적인 것이기 때문에, 이 두 현상은 서로 양립할 뿐만 아니라 서로 상보적이기까지 하다. 자율성은 바로 의존성 가운데서 성립한다는 말이다. "모든 진정한 자유는 무엇'으로부터'의 자유요, 무엇에 '대한' 자유다. 그리고 이때 이 무엇은 자유가 자기를 관철시키기 위해 필요한 속박이자 지지대의 성격을 갖는다."[36] 이렇게 본다면 의지의 자유도 이러한 범주적 자유의 한 특수경우라 할 수 있다. 즉 이것은 "심적 과정의 결정을 토대로 그 위에 성립하는 특정한 인격적 활동의 결정 속의 자율성"[37]이다.

2. 김재권의 수반구조이론

김재권이 그의 심리철학에서 가장 중핵적인 것으로 다루고 있는 주제는 심신관계, 즉 심적 사건/속성과 물리적 사건/속성 사이의 관계가 어

---

36 NWdO 73.
37 AdrW 512.

떤 것인지를 밝히는 문제라 하겠다. 그런데 이 문제는 이 세계 전체가 어떻게 구축되어 있는지를 구명하는 존재론적 주요문제이기도 하다. 김재권은 이 문제를 다룸에 있어 '수반(supervenience)'이라는 독특한 관계 개념을 제시하여, 판이하게 서로 다르면서도 밀접하게 상호연관되어 있는 이 존재영역 간의 관계를 가능한 한 정밀하게 분석 해명하고자 한다.

1) 수반의 내용

그는 수반관계의 핵심 요인으로 공변(covariance), 의존(dependence), 그리고 환원불가능성(non-reducibility)[38]을 꼽고 있는데, 그 내용은 다음과 같다.[39]

(1) 공변 : 수반 속성들은 토대 속성들에 따라 공변한다. 특히 토대 속성에 있어서의 식별불가능성은 수반 속성에 있어서의 식별불가능성을 함축한다.

(2) 의존 : 수반 속성들은 토대 속성들에 의존한다. 혹은 토대 속성들에 의해 결정된다.

(3) 환원불가능성 : 수반은 수반 속성들의 토대 속성들에로의 환원불가능성과 일관적이다.

---

38 이 환원불가능성에 대해서는, 앞서 지적했듯, 1990년대 이후 그 자신의 생각을 바꾸고 있는 것으로 보인다. 앞의 주 18 참조.

39 특히 김재권, 「철학적 개념으로서의 수반」, 김재권(1994), 217쪽 참조.

수반되는 속성들은 그들의 기반 내지 토대가 되는 속성들에 의존되어 있고 이들에 의해 결정됨으로써 이들과 함께 변한다는 것, 그리하여 토대 속성에서 구별되지 않는 것은 수반 속성에서도 구별되지 않는다는 것, 그러나 그럼에도 불구하고 수반 속성들은 고유성을 갖고 있어 토대 속성으로 환원되지 않는다는 것 등이 그의 '수반관계' 개념의 내용이다.

2) 수반의 종류

그는 또 이러한 수반의 의미요소 중 어느 것을 더욱 엄격히 견지하느냐에 따라 세 가지 종류의 수반을 구별하기도 하는데, 약한 수반(weak supervenience), 강한 수반(strong supervenience), 총체적 수반(global supervenience)이 그것이다.[40] 이들은 대략 다음과 같이 정식화된다.

(1) 약한 수반 : 어떤 친족적 속성들의 집합을 P라 라고, 이를 토대로 하여 거기에 수반하는 속성들의 친족적 집합을 M이라 하자. 이때 어떤 가능한 세계 속의 대상 x와 y가 P를 공유하면 M도 공유하게 될 경우, M은 P에 '약하게' 수반하는 것이다.

(2) 강한 수반 : 어떤 가능한 세계들 W와 W′ 속의 대상 x와 y에 있어, W 속의 x가 W′ 속의 y와 P를 공유하면 M도 공유할 경우, M은 P에 '강하게' 수반하는 것이다.

---

40 특히 김재권, 「수반개념」, 김재권(1994), 140쪽 이하 참조.

(3) 총체적 수반 : 속성 P에서 구별불가능한 어떤 두 세계가 속성 M에서도 구별불가능할 경우, M은 P에 '총체적으로' 수반하는 것이다.

약한 수반은 특정한 세계 내부에서만 성립하는 것으로 이해되고, 강한 수반은 그러한 제약 없이 통세계적으로 성립하는 수반관계를 가리키는 것이다. 그리하여, 어떤 수반관계가 강한 수반으로 판명되면 거기엔 수반 속성이 토대 속성에로 환원될 수 있는 가능성이 더 커지며, 그저 약한 수반으로만 이해되면 환원가능성은 약해진다고 보아야 한다. 이들과는 약간 관점을 달리하여, 속성들을 갖는 대상들을 개별적으로 구체화시키지 않고 속성들 간의 수반관계를 그저 총체적으로만 기술한다면, 거기서 우리가 확인하게 되는 것이 곧 총체적 수반관계다. 즉 어떤 특정 대상에 귀속되는 토대 속성들이 다른 어떤 대상에 귀속되는 수반 속성 전체를 결정할 수도 있는 경우, 우리는 이를 총체적 속성이라 부를 수 있다는 것이다. 약한 수반이나 강한 수반이 개체론적인 수반관계를 보여주는 것이라면, 총체적 수반은 전체론적인 수반관계를 보여주는 것이라 하겠다. 이 가운데서도 김재권은 강한 수반 구조를 존재론적 의의가 큰 것으로 보아, 심신관계의 설명에서도 이를 기조로 삼고 있음을 알 수 있는데, 그가 후에 환원주의 쪽으로 기울어지는 경향은 여기서부터 감지할 수 있다고 본다.

3) 심신 수반관계

이와 같은 수반관계 개념을 심신관계를 이해하는 데에 적용하여 김재권은 대략 다음과 같이 심신관계를 이해, 설명하고 있다.[41] 물리적 속성들이 똑같은 두 사물은, 그것이 대상이든 사건이든, 유기체든 사람이든, 심적 속성에서도 다를 바가 없다. 즉 물리적 식별불가능성은 심리적 식별불가능성을 필함한다. 이것이 곧 심적인 것이 물리적인 것에 수반하는 관계다. 이는, 달리 말하자면, 물리적 차이가 없이는 심적 차이도 없다는 것이지만, 그렇다고 그 역도 성립한다고 말하는 것은 아니다. 즉 심적으로 같은 속성을 갖는 존재는 물리적으로도 같은 속성을 갖는다고 말하는 것은 아니다.

이렇게 심신 수반관계를 받아들이면, 우리는 비물질적 영혼이나 실체로서의 정신을 주장하는 이론을 동시에 받아들이기가 매우 어렵게 된다. 심적 속성은 물리적인 속성을 토대로 하여 그것에 수반하는 것이라고 보는 것이 수반원리이므로, 이 원리는 오히려, 심적 속성을 갖는 것은 무엇이든지 물리적 속성을 갖는 물체이어야 한다고 주장하는 물리주의와 결합되기가 쉽다.

이 수반원리는 또 심적인 것과 물리적인 것 사이의 의존(dependence)관계 및 결정(determination)관계를 수용한다. 어떤 존재가 어떠한 심적 속성들을 가지게 되느냐 하는 것은 그것이 어떠한 물리적 속성들을 가지고 있느냐 하는 것에 의존하거나 이에 의해 결정된다는 것이다. 심적인 것이 물리적인 것에 의존한다는 명제는 전자에 대한 후자의 존재론적인 우월성(primacy) 내지는 우선성(priority)을 명시적으로 긍정하고 이로써 나아가 심적인 것을 물리적인 것을 통해 설명할 수 있는 가능성

---

41 김재권, 「심신이론으로서의 심물수반론」, 김재권(1994), 111쪽 이하 참조.

을 열어놓는다는 점에서 의의가 크다. 이러한 심물 의존 명제는 과학적인 전제들이나 실제로 수행되는 연구과정과도 일치할 뿐 아니라 우리의 일상적인 생각과도 합치하는 것이다.

　김재권은 이러한 형태의 수반이론을 제시하면서 이를 최소한도로 수용해야 할 기본적인 물리주의로 정립하는데, 그 자신은 근래에 들어와 이러한 최소물리주의(minimal physicalism)에서 좀 더 나아가 환원주의적 물리주의로 기우는 이론을 제시한다.[42] 즉 그는 비환원주의적 물리주의(non-reductive materialism)의 논리적 난점을 지적함으로써, 심물 이원론에 다시 빠지지 않으려면, 그리고 심적 작용 및 현상의 현실적 실재성을 부인하지 않으려면, 환원주의적 물리주의로 나아갈 수밖에 없음을 주장하고 있다. 이와 같은 그의 최근의 이론적 경향은 특히 심성 인과(mental causation)의 가능근거를 구명하려는 이론적 작업의 과정 속에서 드러난다.[43] 그에 따르면, 우리에게 아주 자명한 사실로 드러나듯이 심적 작용이 신체적 영역에 그 힘을 발휘하려면, 심적 기능 또는 속성도 인과적으로 폐쇄된 시간 공간적 체계의 내부에 존재해야 하며, 그러려면 그것은 어쩔 수 없이 이러한 체계를 이루는 물리적인 사건들로 환원될 수밖에 없다는 것이다. 심적 실체를 설정한다면 이러한 환원이 실체 개념 자체에 의해 불가능해지겠지만, 우리가 다만 심적인 기능적 속성을 인정하는 선에 머문다면, 심신관계에 대한 환원적 설명은 앞서 살펴본 '수반'구조 내에서 무리 없이 가능하다는 것이다.

42　앞의 주 18 참조.
43　특히 김재권, 「정신적 인과관계에 관한 비환원론의 문제들」, 김재권(1994), 352쪽 이하.

3. 두 이론의 비교

　이상에서 약술한 하르트만과 김재권의 이론은 그 구도의 폭과 용어 및 논점의 상이성 때문에 관련지어 고찰하기 어려운 듯 보이지만, 실제로 그 논구대상은 동일한 것으로 여겨지며, 주장 내용 가운데 견해가 합치하는 것도 많다. 이제 그 주요 내용을 비교해 보기로 하자.

1) 성층적 구도 – 반(反)데카르트적 원리

　하르트만이 제시하는 세계의 성층적 구도는 김재권의 실질존재론적 기본입장인 최소물리주의의 내용과 합치하는 점이 많다. 그중 특히, 물질적 실체와 상관없이 독자적으로 정신적 실체의 존립을 전제하는 데카르트의 실체 이원론을 전면 거부하고, 물리적인 속성을 갖지 않고서는 심적 속성도 가질 수 없음을 표명하는, 반데카르트적 원리는 하르트만식 성층구도에서도 기본전제가 된다. 김재권은 이를 이렇게 정식화한다.

　"순전히 심적인 존재(예컨대 데카르트가 말하는 영혼)란 있을 수 없다. 즉 물리적 속성을 갖지 않고서는, 따라서 물체가 되지 않고서는, 어떠한 것도 심적 속성을 가질 수 없다."[44]

　그런데 하르트만의 성층원리에 따르더라도 하위층 없이는 상위층이 존립할 수 없기 때문에 물리적 세계 없이 심성적 세계가 존재한다는 것은 불가능한 일이다. 따라서 최하위 존재층인 물질 없이 세계는 존립할

---

44 김재권(1997), 27쪽.

수 없고 물질의 존재방식은 세계의 다른 영역이 존재하는 방식의 기초적 조건을 결정한다. 이런 내용이 좀 더 구체적으로 표현되는 것이 범주적 법칙들 중 하나로 제시하는 '강세의 법칙'인데, 이에 따르면 하위층의 존재일수록 존재적 규정력이 더 강하여 상위층의 존립에 대해 강력한 힘을 발휘한다.

2) 상향형성관계 및 재료의 법칙 – 수반의 원리

반데카르트적 원리와 더불어 김재권이 심신관계를 규정하는 두 번째 요인으로 제시하는 것이 심신수반의 원리인데, 이는 하르트만이 '상향형성관계(Überformungsverhältnis)'로 정식화하는 성층관계의 중심적 내용이 함의하는 것과 유사하다. 하르트만에 따르면 모든 상위의 존재층은 하위의 존재층을 자신의 존립의 토대로 삼는다. 즉 하위의 존재층 위에서만 존립할 수 있다(상위구축관계). 그런데 어떤 상위 존재층은 여기서 더 나아가 하위의 존재층을 재료로 삼아 그것을 재구성함으로써 자신의 존재를 형성하기도 한다(상향형성관계). 따라서 이 경우에는 하위층에서의 어떤 구성상의 차이 없이는 상위층에서도 어떤 존재적 차이를 기대하기 어렵다. 거꾸로 말하자면 상위층에서 어떤 존재적 차이가 나타나려면 그것의 재료가 되는 하위층을 존재적으로 달리 형성해야 된다는 것이다. 그런데 이는 김재권이 다음과 같이 정식화하는 수반의 원리와 다를 바가 없다.

"모든 물리적 속성들이 똑같은 두 사물(대상, 사건, 유기체, 사람 등)들이 심적 속성에서도 다를 수 없다면 심적인 것은 물리적인 것에 수반한다. 즉 물리적 식별불가능성은 심리적 식별불가능성을 필함(必含)한다."[45]

여기서 하르트만이 김재권과 견해를 달리하는 점은 이러한 관계 자체의 구조에 대한 것이 아니라 이러한 관계구조를 적용시키는 범위에 있다. 김재권은 이를 심신관계에 적용시키고 있지만, 사실 그에게는, 앞에서도 지적했듯 이것 외에 설명해야 하는 다른 층간관계라는 것이 있지도 않다. 반면에 하르트만은 이러한 관계로 충분히 설명되는 경우는 물질이라는 최하위 존재층과 이 위에 존립하는 생명적 존재 사이에서뿐이고 다른 층간관계들은 이것만으로는 충분히 설명되지 않음을 밝히고 있다. 즉 물질적 존재층을 규정하는 범주들은 모두 생명적 존재층에 재현하지만, 생명적 존재층을 규정하는 범주들이 남김 없이 심적 존재층에 재현하거나 심적 존재층을 규정하는 범주들이 남김 없이 정신적 존재층에 재현하진 않는다는 것이다. 이 후자의 경우들에서는 따라서 상위 존재층들이 하위 존재층의 범주들에 의해 남김 없이 결정되지는 않는다는 것이다. 생명현상은 이의 토대가 되고 동시에 재료가 되는 물질적 현상과 법칙적으로 밀착되어 있지만, 심성이나 정신은 물질을 다만 존재적 지반으로 삼을 뿐 전적으로 재료로까지 활용하고 있지는 않기 때문에, 그것과 법칙적으로 밀착되어 있지는 않고 다만 제약받을 뿐이라는 것이다. 이 점에 비추어 볼 때, 하르트만은 적어도 심신관계에 대해서는 오히려 심적 사건들과 물리적 사건들을 관계시키는 법칙이 없다고 보는 데이빗슨의 '무법칙적 일원론(anomalous monism)'[46]에 동의할 것 같다.

---

45 김재권(1997), 26쪽.

3) 상위층의 하위층에 대한 의존의 법칙 – 심신의존의 원리

김재권이 심신관계의 마지막 요인으로 제시하는 것은 다음과 같이 정식화되는 심신의존의 원리다.

"임의의 대상이 어떤 심적 속성을 갖는지는 그것이 어떤 물리적 속성을 갖느냐에 의존하고 그것에 의해 결정된다. 즉 한 대상의 심적 성격은 그것의 물리적 성격에 의해 전적으로 결정된다."[47]

어떤 대상의 심적 성격은 그것의 물리적 성격에 의존되어 있고 따라서 이에 의해 결정된다는 것이 이 원리의 핵심인데, 이는 환원을 허용하지 않는 범위 내에서 하르트만의 '의거관계'에 관한 설명과 내용을 공유한다. 하르트만에게서 '의존'의 관계는 존재론적으로 범주들 사이에 성립되는 것이다. 범주들 사이의 의존이라는 것이 현대 심리철학적인 용어로 번역하기 어려운 것은 사실이다. 그리고 그 분석이 김재권에게서처럼 미시적으로 명료하지 않은 것도 사실이다. 그러나 다음 몇 가지 점에서 이들의 통찰은 합치점을 보인다.

첫째, 하르트만은 상위층 없이 하위층이 존립할 수는 있어도 그 역은 성립하지 않는다는 불가역적 의존성의 명제를 제시하는데, 이는 김재권의 물리주의가 전제하는 기본원리와 다를 바 없다.

둘째, 하르트만은 하위층에 구현되지 않고서 상위층이 그 자체 고립적으로 존립할 수는 없다는 토대법칙을 말하는데, 이는 김재권이 말하는

---

46 Donald Davidson, "Mental Events"(1970), in *Essays on Actions and Events*, OUP, 1980(이하 Davidson(1980)), 207 이하 참조.

47 김재권(1997), 28쪽.

'물리적 실현주의'의 '실현' 관념의 선구가 된다.

셋째, 하르트만은 상위층이 독자적 자율성을 갖는다 해도 이는 어디까지나 하위층에 대한 의존을 전제로 하는 것이요, 그 의존이 허용하는 한에서만 가능함을 역설하는데,[48] 이는 김재권이 심성의 독자적 현실성을 인정하기 위해서라도 심성을 적어도 그 기능적 속성에서 물리적인 것으로 환원시킬 수 있어야 한다고 주장하는 바와 상통하는 것으로 보인다.

4) 상위층의 독자적 고유성 – 심성의 고유한 현실성

김재권은 기본적으로 물리주의를 견지하지만, 그렇다고 심적인 것의 독자성을 부인할 정도로 단적인 물리적 환원을 지지하지는 않는다. 심적인 것의 독자성을 인정하지 않는다면 심리철학적 논구 자체가 무의미한 것이 될 것이요, 일상생활에서 우리가 자명한 것으로 체험하는 원초적 사실을 부정하는 것이 될 것이다. 심신 동일론으로 이어지는 물리적 환원은 적어도 존재론적으로는 수용하기 어려운 설명 모델이라는 오늘의 통설에 그도 동참한다. 다만, 심적 작용의 현실성을 인과적 힘의 발휘라는 사실을 통해 설명해야 하는 요구를 심각하게 받아들일 때 환원 모델이 불가피하다는 것이 그의 생각이다. 즉 김재권이 '기능적 환원주의'를 조심스럽게 표명한 것은 심성을 물리적 세계 속에 귀속시켜 해소하거나

---

48 의존성 속의 자율성(Independnez in der Dependenz) : 정신의 신체에 대한 자율성은, 이를테면, 정신이 신체를 떠나서 가능한 것이 아니라 신체를 부릴 때에만 가능한 것인데, 정신이 신체를 부리려면 신체성을 규정하는 원리를 충실히 따라야 할 것이요, 이는 곧 신체에 의존 내지 의거해서 활동하는 것과 다를 바가 전혀 없다. NWdO 129 이하 참조. 공기의 저항은 비행체의 비행에 필수요건인 점을 생각해 보자.

아니면 세계 밖으로 제거하기 위한 것이 아니라 오히려 심성의 고유성을 확보하기 위한 것이었다고 볼 수 있다.

심성의 독자적 고유성에 대한 강조는 하르트만에게서는 더욱더 분명하다. 일종의 창발주의자인 그에게 상위의 존재층이 하위의 존재층에는 없던 새로운 것을 보여준다는 점은 당연한 일이다. 이른바 '새로운 것(das Novum)의 법칙'으로 말하고자 한 것이 바로 이것이다. 상위층은 물론 하위층에 의존되어 있지만, 그렇다고 그 존재론적 독자성이 없는 것은 아니다. 그 고유의 존재방식과 특성을 지님으로써 전혀 '새로운' 존재층으로 존립한다는 것이다.

IV. 평가 및 결론

이상으로 우리는 하르트만과 김재권이 제시하는 존재구도와 세계 내부의 존재론적 관계에 대해 살펴보았다. 논구를 마무리하면서 이들 이론의 배경 및 정향을 고려하면서 평가를 시도해 보기로 한다. 이 평가는 무엇보다도 과학적 탐구에 대한 두 철학자의 정향을 중심으로 시도되어야 할 것이다. 하르트만도 과학적 사유에 친숙했고 과학적 탐구의 성과를 토대로 하지 않는 형이상학적 사변을 경계한 철학자였다. 그러나 그는 적어도 과학적 탐구영역의 한계에 대한 철학적 의식이 강했던 것으로 보인다. 그러나 이에 비추어 볼 때 김재권은 과학적 탐구의 영역 안에서 철학적 탐구도 이루어져야 한다는 견해를 갖고 있는 듯하다. 과학과 형이상학이 다르다는 것을 부인하는 것은 물론 아니지만, 적어도 철학적 탐구가 의미 있으려면 그것은 과학적으로 접근할 수 있는 영역 밖으로 나

가서는 안 된다고 생각하는 것 같다.

1. 물리주의에 대해

이 태도의 차이는 하르트만이 상이한 범주체계로 규정되는 네 개의 존재층을 설정하는 데 반해 김재권은 '시공간적으로 폐쇄된 인과적 체계'만을 철학적으로 다룰 수 있는 세계의 전체라고 보는 데서 우선 뚜렷이 드러난다. 하르트만에 있어 세계는 하나의 원리로 해명되는 단일한 체계가 아니요, 그것도 과학적 탐구가 전제하는 하나의 원리로 해명되는 체계는 더더욱 아니다. 인과적 법칙을 적용시켜 구명할 수 있는 영역은 물질적 사물의 세계에 국한되는 것이요, 다른 영역은 이를 벗어나는 것이다. 이에 반해 김재권은 인과관계에 좇아 과학적으로 탐구할 수 있는 폐쇄된 시공간의 세계, 즉 물리적 세계 외에는 우리가 철학적 분석의 대상으로 삼을 수 있는 영역이 없다. 하르트만이 물질적 존재층의 기초적 성격을 강조하면서도 '아래로의 환원'을 경계한 데 반해, 김재권은 '물리주의'를 존재론의 기본입장으로 삼은 것이 바로 이것이다.

2. 환원주의에 대해

이 점은 환원에 대한 견해에서도 또한 명백히 드러난다. 환원은 근본적으로 과학적 탐구의 진전에 있어 필수적으로 요구되는 방법상의 원리다. 더 보편적으로 타당한 법칙적 명제를 도출해 내기 위해서는 더 단순한 원리의 발견이 선행되어야 하고, 여기서 불가피하게 취해지는 방법이 환원이다. 물론 철학적 탐구에서도 이는 마찬가지다. 그러나 과학적 탐구에서 환원의 방법이 이를 가능하게 하는 전제들을 허용하는 것에 비해, 철학에서는 이러한 전제가 경계해야 할 것이 된다. 그것은 세계를 총체적으로 근본에 있어 탐구하려는 철학 본래의 이념을 위축시키고 시야의 제한을 가져오기 때문이다. 후설이 강조하듯 '무전제'를 출발점으로 견지하는 한, 조건부의 환원은 철학에 있어 가능한 한 피해야 할 일이다. 환원되지 않는 그대로의 세계를 드러내는 것이 오히려 더 바람직한 길이다. 김재권이 '기능주의적 환원'을 시도하는 것은 다분히 과학적 방법에 의한 철학적 탐구의 모습을 보이는 것으로 여겨지고, 하르트만의 환원경계는 과학의 영역 밖에서 철학의 고유한 이념과 방법을 견지하려는 것으로 이해된다.

3. 심성인과 문제에 대해

특히 심성인과의 문제를 다룸에 있어 김재권의 '과학적 철학'은 그 성격이 더 뚜렷이 드러난다. 심성인과의 문제에 대해 김재권은 우선 욕구와 믿음이 우리의 행위를 야기한다는 단적인 사실로부터 출발한다. 그리하여 이 DBA(desire-belief-action) 원리를 분석하여 그는 한 행위가 수행된 이유(reason)는 그 행위의 원인(cause)이 되는 이유라고 보는 데이빗슨의 견해에 동의한다.[49] 그러면 이렇게 '합리화(rationalizing)'를

49　Davidsin, "Actions, Reasons, and Causes"(1963), in Davidson(1980), 3 이하; 김재권(1997), 218쪽 이하 참조.

통해 행위를 설명하는 것은 곧 인과적 설명이 된다. 이유가 행위의 원인으로 확인되기 때문이다. 그러니 여기서도, 심성인과가 가능할 때만 행위가 가능해진다는 귀결이 나온다. 김재권은 데이빗슨에게서 한 걸음 더 나아가 그의 이른바 '무법칙적 일원론'을 분석 비판한다.[50] 김재권이 보기에 데이빗슨은 '인과적으로 연결된 사건들은 법칙을 예화시켜야 한다'는 일반적인 명제를 외면하고, 심적인 것의 무법칙성(anomalism)을 주장하면서 동시에 그것의 인과작용(causation)은 인정하려는 일관성 없는 견해를 펴고 있다는 것이다. 데이빗슨은 실은 믿음이나 욕구와 같은 지향적인 상태가 어떤 주체에 귀속될 때에는 '합리성의 원리들 (principles of rationality)'이 규제적인 역할을 한다고 주장함으로써 인과적 법칙과는 다른 별개의 원리로써 인간의 행동을 설명하려는 시도를 하고 있는데, 김재권은 이를 용납하지 못하는 것이다. 데이빗슨이 말하는 심물 무법칙성(psychophysical anomalism)을 수용하면 심성의 인과적 힘을 주장하기가 어려워져 결국 심적 현상과 물리적 현상 간의 인과관계를 지지해 줄 수 없다는 것이다. 우리의 과학적 세계상에 따르면, 물리적 사건을 포함하는 어떠한 인과연쇄도 물리계의 경계를 넘어서 비물리계로 넘어가지 못한다. 물리계의 폐쇄적 인과성이 존중되어야 한다면, 심적 사건이나 그 속성들도 어떻게든 이 물리계 속으로 들어오지 않고서는 그 인과적 힘을 발휘할 수 없을 것이다. 그러니 적어도 수반적인 인과성이라도 인정하는 것이 합당하다고 김재권은 생각한다.[51]

---

50 이하 김재권, 「심물법칙들」, 김재권(1994), 249쪽 이하 참조.

신경상태 N에 통증이 수반한다고 하자. 신경상태 N은 근육의 수축이라는 생리적 현상의 원인이 되며, 통증은 움츠림이라는 행위의 '수반적 원인(supervenient cause)'이 된다. 전자가 미시 수준에서의 인과과정이라면 이를 근본으로 하여 이에 의존하면서 수반하는 후자는 거시 수준에서의 인과과정이라고 할 수 있다. 이 모델에서는 통증이 또한 근육 수축에 대한 '수반적 원인'이 됨으로써 심적 사건이나 속성이 물리적 사건이나 속성에 인과적인 힘을 발휘한다는 사실을 어느 정도 설명해 준다. 이 '수반적 인과'의 설명방식은 물리적인 것이 심적인 것을 결정한다는 점을 분명히 함으로써 물리적인 것의 우월성을 존중하면서도, 다른 한편 심적인 것의 인과적 힘, 즉 수반적인 인과적 힘을 시인함으로써 심적인 것의 고유한 기능을 훼손하지 않는 중도적인 방식이라 하겠다.

그러나 하르트만에 따르면 이 심성인과의 문제는 인과관계에 대한 존재론적인 이해가 잘못된 데서 오는 사이비 문제가 된다. 인과관계를 통해 우리가 법칙성에 따라 객관적 지식을 얻을 수 있는 영역이란 오직 물리적 존재층일 뿐이요, 다른 존재층, 이를테면 심적 존재는 인과법칙적으로 구명하기 어려운 영역이다. 하물며 이 두 영역의 관계를 인과적으로 파악한다는 것은 불가한 일이라는 것이다. 이러한 시도는 심적 영역을 일단 물리적 영역으로 환원하여 물리적 요인으로 간주할 때 가능한 것이다. 따라서 김재권도 시도하고 있는 수반인과의 설명도 한 존재영역에 국한되어 있는 특수한 존재범주를 다른 존재영역에로 부당하게 확장

---

51 김재권, 「부산현상적 인과와 수반적 인과」, 김재권(1994), 179쪽 이하 참조.

시켜 적용시키려는 '경계 침범의 오류'를 범하고 있는 것이다.

4. 인과적 관계와 목적적 관계

김재권이 시도하는 심신인과에 대한 일의적 설명 대신에 하르트만은
최하층인 물질적 존재에는 인과적 관계를, 그리고 최상위층인 정신적 존
재에는 목적적 관계를 귀속시킴으로써 이 두 존재층이 서로 전혀 다른
결정구조를 지니고 있음을 밝히고 있다. 물론 그에 따르면 물질적 세계
에서 인과적 관계가 성립해야만 이를 재료로 삼는 정신적 존재도 목적적
관계를 견지할 수 있다. 목적적 관계는 인과적 관계를 상층 형성함으로
써 성립가능한 것이기 때문이다. 인과적 관계가 실제 시간 속에서 선행
하는 것이 후속하는 것을 결정짓는 관계인 반면에, 목적적 관계에 있어
선 시간적으로 후속하는 것이 선행하는 것을 결정짓는다. 그리고 이는
인간의 정신이 실제 시간의 흐름 방향에 얽매이지 않는 직관시간을 구사
할 수 있기에 가능한 것이다. 목적적 관계는 인과적 결정을 벗어나는 자
유를 구가하지만 이는 인과관계의 법칙적 결정구조를 토대로 해서만 가
능한 것이다. 하르트만이 의존 속의 자율이라는 말로 표현하는 것이 이
것이다. 그런데 이에 비추어 보면 김재권이 심신인과를 설명하고자 시도
하는 것은 목적적 관계마저도 인과관계의 맥락에 귀속시켜 설명하려는
것이다.

5. 불가지론과 과학적 탐구

존재층 사이의 관계를 하나의 원리로써 통일적으로 파악하는 일이 인간의 현재의 지적 능력으로선 불가한 일이라고 보는 하르트만은 결국 궁극적으로 보면 불가지론자라고 할 수 있다. 층간관계에 대해 나름대로 범주적 분석을 펴고 있지만, 스스로도 자인하듯, 실질세계가 왜 네 개의 존재층으로 이루어져 있는지, 물질적 존재층으로부터 생명적 존재층을 비롯해 그 상위의 존재층들은 왜 출현하였는지, 이 모든 존재층들을 하나의 세계로 통일적으로 규정하고 있는 원리는 무엇인지, 이런 궁극적인 문제들에 대해 하르트만은 불가지론적인 태도를 취한다. 이들은 '수수께끼'요, 형이상학적인 '나머지 문제', 즉 아포리아라는 것이다.[52] 이에 비해 볼 때 김재권의 태도는 다분히 친과학적이라 할 수 있다. 난문에 대한 끝없는 탐색의 도전을 위해 철학이 해야 할 일은 가능한 가설을 제시하는 일이요 미리부터 인식불가능한 문제라고 단정하여 손을 떼는 것은 지적이지 않다는 것이 김재권의 생각인 것 같다. 오늘날까지의 학문의 발달을 돌이켜 볼 때, 형이상학적인 성격을 갖던 문제들이 실증적 해답을 얻게 되어 과학적 지식으로 누적되어 온 것을 보면 이 또한 타당하다 할 것이다.

---

52 NWdO 151 이하.

6. 진화론적 관점에서 볼 때

그러나 과연 과학적 탐구의 한계에 대해 철학적인 통찰을 가질 수는 없을까? 하르트만은 현재의 과학적 지식에 비추어 볼 때 층간관계 같은 문제는 풀리지 않는 아포리아라고 말할 뿐 이 문제가 원리적으로 왜 인간의 지적 탐구에 의해 해결될 수 없는지를 적극적으로 밝히지는 못하고 있다. 따라서 김재권 류의 친과학적 태도를 비판할 수 있기 위해서는 저러한 형이상학적인 아포리아가 원리적으로 인간의 지적 탐구능력을 벗어나는 성격의 것임을 입증할 수 있어야 할 것이다. 여기서 우리는 진화론적 인식이론에서 이에 대한 대답의 단초를 발견한다.

첫째, 김재권의 물리적 실현주의(Physical Realizationalism)에 따르면 우리의 탐구하는 사유도 뇌수라는 중추신경조직에 의해 실현되며 그 물리적 조건에 의해 제약받을 수밖에 없다. 그런데 진화론적 인식이론에 따르면 그것은 생존을 위한 진화의 결과 얻어진 것으로 오늘까지의 진화의 수준이 반영되어 있는 특정한 구조를 갖는 기관이다. 따라서 이 조직보다 더 섬세하고 정밀하고 복잡한 대상이나 관계는 사유가능한 범위를 벗어날 것이다. 그런데 바로 이 신체적 조직과 이것에 의해 실현되는 심적 기능과의 관계는 적어도 이 조직 자체보다는 더 섬세하고 정밀하고 복잡할 것이다. 따라서 심신관계는 인간의 사유가능성의 범위를 벗어난다고 보는 것은 온당하다. 이는 우리가 우리의 시신경 조직보다 더 섬세하고 복잡한 대상을 볼 수 없고, 분해능이 약한 현미경으로 미세한 대상을 볼 수 없는 것과 마찬가지다.

둘째, 진화론적 인식이론에 따르면 뇌수와 같은 중추신경체계도 적응,

대결해야 할 외부적 생존의 환경에 적합하도록 진화해 왔다고 보아야 한다. 그런데 뇌세포의 발달을 토대로 한 지능의 진화가 진행될 무렵 인간이라는 생물학적 종이 적응해야 했을 삶의 환경이란 인간의 심적, 정신적 활동으로 구축된 문화세계라기보다는 물리적 존재가 기초로 되어 있는 자연세계였다. 따라서 거기서 진화된 인간의 지능도 이러한 물리적 자연세계를 사유의 대상으로 삼는 데 적합한 구조로 진화했을 것이다. (거기서 유래한 것이 오늘 우리가 구사하고 있는 논리적, 인과적 사고일 것이다.) 따라서 연원적으로 이렇듯 물리적 세계의 사유에 적합한 구조를 갖고 있는 인간의 지능이 자연세계를 넘어서서 문화세계를 형성하는 인간의 심적, 정신적 영역의 존재방식 및 활동방식을 이해하는 것은 어려운 일일 것이다. 하물며 이들이 그 기초가 되는 존재층과 맺고 있는 심신관계를 파악하는 일은 더 어려운 일이 될 것이다. 이렇게 보면, 논리적, 법칙적, 인과적 사고의 틀을 벗어나는 존재영역을 그런 사고로써 파악하여 객관적인 과학적 지식을 얻는다는 것은 원리적으로 불가능한 일일 것 같다. 결론적으로, 심신인과의 문제는 인과적 사고의 틀을 벗어나는 문제요, 이 틀 안에 머무는 과학적 사유에서는 해결될 수 없다는 전통적인 견해가 진화론적 인식이론에 비추어 보더라도 입증될 수 있으리라는 것이 우리의 생각이다.

| 2부 |

정신의 존재

8 정신존재의 이중적 구조[*]

I. 서언

니콜라이 하르트만의 존재론적 논구 전체는 근본적으로 존재의 즉자적 성격(Ansichseinscharakter)을 토대로 하여 전개된다. 존재론의 과제는 존재를 존재 그 자체에 있어 있는 그대로 파악함에 있다는 견지를 완강히 지키는 그에게 있어서 '존재'란 따라서 항상 '즉자적 존재(An-sich-Sein)'를 뜻할 뿐이다. 스스로 언명하듯이 존재론적 탐구의 대상이 되는 "존재자로서의 존재자는 [주관에 의해] 설정되거나, 의도되거나, 표상된 것으로서의 존재자가 분명 아니며 주관에 연관된 대상으로서의 존재자가 결코 아니기"¹ 때문이다. 우리의 주관에 대하여 있는 것(Für-

---

* 「정신에 대한 하르트만의 존재론적 규정과 그 문제성」, 『철학논고』 3집, 1987.
1 N. Hartmann, *Zur Grundlegung der Ontologie*, 4. Aufl., Berlin, 1965, 39.

uns-Sein)은 그 자체로서 있는 것(An-sich-Sein)이 아니요, 나아가 참으로 '있다'고 할 수 없는 주관의 산물일 뿐이다. 하르트만의 입장에서 보자면, 감각적으로 지각되는 것(버클리의 경우), 인식의 선천적 형식에 의해 구성되는 것(칸트의 경우), 혹은 의식작용에 의해 지향(志向)되는 것(후설의 경우)으로서 '존재'를 이해한다면, 거기에서는 참다운 존재론 및 이를 지반으로 하는 세계에 대한 바른 학문이 설 수 없게 된다. 세계를 우리에게 오리엔테이션시키는 것이 아니라 거꾸로 우리 자신을 있는 그대로의 세계 자체에 오리엔테이션시킬 때, 세계에 대한 올바른 파악이 가능하다는 말이다. 이러한 근본견지 아래서 하르트만은 존재론의 탐구 대상인 이 즉자적 세계 그 자체에 두 개의 영역이 있다고 본다. 그 하나는 수학적 존재, 사물의 본질들, 논리적 법칙성, 그리고 가치 등이 귀속되는 이른바 이법적 존재(ideales Sein)의 영역이요, 다른 하나는 무기적 물질, 유기적 생명성, 심적 존재, 그리고 정신적 존재의 네 존재층으로 구성되는 실질적 존재(reales Sein)[2]의 영역이다.

하르트만은 이 두 존재영역(Seinssphäre) 가운데서도 특히 실질적 세

---

2 'ideal'과 'real'의 역어(譯語)로 여기선 종전과 달리 '이법적', '실질적'이란 표현을 택해 본다. 필자는 하기락의 역어 '이법적(理法的)'과 '실사적(實事的)' 가운데서 앞의 것은 받아들이고 뒤의 것은 다소 작위적인 느낌이 들어 '실질적(實質的)'이라고 달리 시역(試譯)해 본다. 흔히 하는 대로 'ideal'을 '관념적' 또는 '이념적'이라 하고 'real'을 '실재적'이라 하면, 그 본래의 뜻이 곡해되기 쉽다. 'ideal'은 단순히 사고나 표상의 내용인 '관념'의 본성이나 정치 사회적 '이념/이데올로기'의 성격을 지시하는 것이 아니며, 'real'은 여기서 단순히 현상이나 가상에 대립되는 참된 존재라는 넓은 의미의 '실재'를 가리키는 말이 아니기 때문이다. 'ideal'한 존재든 'real'한 존재든 모두 현상이나 가상이나 소여와는 다른 즉자적인 참존재요, 다만 존재방식에 있어 서로 상이할 따름이다. 이런 점에서 차라리 '이법적', '실질적'이라는 역어가 곡해를 덜 야기하리라고 본다.

계에 대한 광범하고도 상세한 탐구를 수행하고 있거니와, 그의 『존재론의 정초를 위하여(*Zur Grundlegung der Ontologie*)』가 형식적 일반 존재론에 해당한다면, 그의 다른 존재론에 관한 저술, 즉 『실재세계의 구조(*Das Aufbau der realen Welt*)』 및 『자연철학(*Philosophie der Natur*)』과 『정신적 존재의 문제(*Das Problem des geistigen Seins*)』 등은 곧 실재세계에 대한 존재론적 탐구의 통론 및 각론에 해당된다 하겠다.[3]

그런데 『정신적 존재의 문제』라는 그의 서명(書名)도 이미 암시하고 있듯이 그의 존재론적인 기본입장에 비추어 볼 때 '정신'의 존재적 성격에는 문제가 없지 않다.

하르트만은 정신을 다룸에 있어 철저하게 '인간의 정신'에 그 논의를 국한시키고 있거니와, 이는 그가 형이상학적 색채를 띠는 정신 개념을 극력 배제하려는 의도를 갖고 있기 때문이다. 그에 따르면 존재론은 존재 자체에 대한 그 어떤 형이상학적 해석이나, 의미부여도 유예시키는 가운데 "모든 입장과 선(先)판단의 차안(此岸)에서"[4] 출발해야 하거니와, 정신에 관한 존재론적인 탐구에 있어서도 이는 마찬가지로 우리는 정신에 관한 어떤 형이상학적인 가정(metaphysische Annahme)도 배제한 채, 오직 우리의 경험영역 내에서 입증할 수 있는 정신 개념에 머물러야

---

3 『정신적 존재의 문제』는 역사철학, 문화철학을 위한 존재론적 정초라고도 볼 수 있다. 한편 형식적 일반 존재론으로 가름할 수 있는 저작으로 우리는 '양상론'을 다룬 그의 『가능성과 현실성(*Möglichkeit und Wirklichkeit*)』도 들 수 있다.

4 N. Hartmann, *Grundzüge einer Metaphysik der Erkenntnis*, 5. Aufl., Berlin, 1965, 186.

한다는 것이다.

그리하여 하르트만은 '정신'을 실질세계에 실재하는 ─ 그것도 실질세계의 가장 높은 존재층(Seinsschicht)을 형성하는 ─ 존재로서 파악한다. 실재하는 세계는 물론 그 자체로서 즉자적으로 존재하는 세계다. 그런데 정신의 본성 가운데에는 스스로가 스스로를 규정하고 산출하는 측면이 있다. 정신의 자기활동이 정신의 존재를 구성하는 측면이 있다는 말이다. 그렇다면 정신의 실재로서의 즉자성과 자기규정성 내지 자기구성성은 서로 모순되는 두 측면이 아니겠는가. 왜냐하면 존재의 즉자성이란, 하르트만에 따르면, 우리 인간의 인식, 소망, 의욕 등 어떠한 주관적 작용과도 무관한 채 자립적으로 자체적으로 존재함을 뜻하는 것이기 때문이다.

이에 본 소고는 정신의 '존재'가 갖는 이 문제성을 더 밝히 드러내고 이를 정신존재의 통일성에 비추어 정합적으로 해석할 수 있는 길을 모색해 보고자 한다.

II. 정신의 실질적 실재성

1. 실질적 현존으로서의 정신

정신의 실질적 실재성을 두드러지게 드러내기 위해 하르트만은 고래(古來)로 정신이 실재세계가 아닌 "전혀 다른 또 하나의 세계로부터 온"[5] 존재로서 잘못 파악되어 왔음을 비판적으로 지적한다. 이 고전적 견해에 있어서는 정신이 "다만 자율적인 존재일 뿐 아니라 [실질세계로부터] 이탈된 존재"[6]로 이해되고 있다는 것이다.

이렇게 되면 정신은 경험적인 세계 외에 그 자신에게 고유한 또 다른 세계를 갖는 셈이 되는데, 이러한 정신 개념은 정신을 이성과 동일시함으로써 신적인 절대이성의 차원으로 높여놓은 데서 그 대표적 유형을 찾을 수 있게 된다. 이성을 고차적인 인식기능으로 이해하는 한, 이와 같은 정신 개념도 어느 의미에서 그 타당성을 갖는다고 하겠다. 그러나 하르트만에 따르면 이러한 초인간적 이성이란 다만 사변적으로 날조된 형이상학적 산물이요, 철학적 사유를 통해 온당히 평가받을 길이 없는 것이다. 그는 "모든 지상(地上)의 세계를 넘어서 '떠다니는' 정신"[7]에 대한 표상을 철저히 거부하고 오직 '경험적인' 정신만을 논의하고자 한다. 그래서 그는 "우리가 숙지하고 있고 입증할 수 있는 정신 … 즉 인간의 정신적 생(生)에만 국한해, 그것이 그 다양한 현상형식 가운데서 어떻게 드러나는지"[8]를 논구해야 한다고 말한다.

나아가 하르트만은 또 전래의 정신 개념이 어떤 연유로 정신을 이법적 존재영역(ideale Seinssphäre)과 동일시하려고 하는지를 구명한다.[9] 그에 따르면 고전적 정신론은 정신의 대상영역을 정신적 생(生) 자체의 영역과 혼동함으로써 정신을 '영원화'시키고 있다는 것이다. 논리적인 것, 수학적인 것, 가치, 사물의 본질 등은 이념적 존재로서 초시간적인 것이

---

5 N. Hartmann, *Das Problem des geistigen Seins*, 3. Aufl., Berlin, 1962(이하 PdgS), 98.
6 PdgS 58.
7 PdgS 59.
8 PdgS 59.
9 PdgS 98 이하 참조.

다. 그러나 이들은 정신적 활동의 대상을 이루는 것이지 정신 자체는 아니다. 정신 자체가 속하는 세계는 이념적 존재가 아니라 실재적 존재다. 하르트만이 강조하고 있거니와 정신의 가장 근본적인 특성은 그것이 "실질세계 안에 있음이며, 실질세계에 뿌리박고 있음"[10]이다. 정신외의 다른 존재와 꼭 마찬가지로 정신도 바로 이 실질세계에 속하거니와, 이 실질세계는 "'아래에서부터 위에 이르기까지' 단 하나의 통일적 실재 양상을 가지며, 바로 이를 통해 이질적인 전(全) 존재층들을 결합 보지(保持)한다"[11]는 것이다.

실질적 실재성과 더불어 언급되어야 할 것이 정신의 현존성(現存性, Dasein)이다. 물론 우리는 정신의 본상(本相, Sosein)을 문제 삼아 이의 규명을 기할 수도 있다. 그러나 실질적으로 실재하는 존재로서의 정신이 그 즉자성과 자기구성성의 문제성에 비추어져 논의됨에 있어, 저것은 우선적인 문제는 되지 않는다. 일차적으로는 이법적 존재영역에 속하는 정신의 이법적 본상(ideal Soseiendes)이 문제되는 것이 아니라, 실질세계 내에서의 정신의 현존(real Daseiendes)이다. 그 본상 개념과 더불어, 우리가 여기서 유의해야 할 것은 실질 개념이 현실성, 소여(所與), 물성(物性) 등의 개념과 곧잘 혼동되어 왔다는 것이다.

첫째로, 실질과 현실성(Wirklichkeit)의 두 개념은 서로 다른 존재지평에 속하는 것으로 동일시되거나 대립시되거나 할 것이 못 된다. 즉 후자는 존재양상(Seinsmodi)에 속하는 것이고, 전자는 존재방식

---

10 PdgS 98.
11 PdgS 87.

(Seinsweise)에 속하는 것이다. 단적으로 말해 실질적 존재에도 가능성, 현실성, 필연성의 양상이 다 있고, 이들은 모두 본상가능성, 본상필연성과 대립하는 것들이다.

둘째로, 소여(Gegebenheit)란 존재의 양식이 아니라 주관에 대한 대상의 양식이다. 따라서 이는 존재방식인 실질성과 동일시될 수 없다.

셋째로, 실질성을 물적인 것(Dinglichkeit)의 존재방식으로 보는 물질주의적 실질 개념에는 물질적인 것이 존재방식에 있어 우위를 차지하고 있다는 편견이 깔려 있다. 그러나 이런 식의 우위란 물질적인 것도 정신적인 것도 갖고 있지 않다. 모든 존재층은 동일한 '강도(强度)'의 현존성을 가지며 우리에 대해 똑같은 실질적인 '힘'을 발휘한다. 토대(Fundament)가 된다는 점에서 물적인 것이 다른 층보다 '강하다'고 볼 수는 있지만, 이것도 실질성이 층마다 다름을 뜻하는 것은 결코 아니다. 실질성은 존재층의 높낮이에 따라 증감하는 것이 아니다.

2. 정신의 시간성과 개체성

그러면 실질적으로 실재하는 현존으로서의 정신이 갖는 존재적 규정성에는 어떤 것들이 있을까?

먼저 그 시간성을 들 수 있다. 시간이란 실질세계의 모든 존재층에 두루 등장하는 범주 중의 하나다. 따라서 그 외연적 범위로만 보자면 시간성의 범위와 실질성의 범위는 완전히 합치한다. 그래서 "모든 시간적인 것은 — 비공간적인 것까지도 포함하여 — 실질적이며, 모든 실질적인 것은 시간적"[12]이라고 할 수 있다. 실질적 존재로 현존한다 함은 생성되고 지속하고 소멸한다 함이므로, 실질적 현존으로서의 정신이 시간성이라는 규정성 아래 놓임은 당연한 것이다. 개인이 되었든 시대정신이나 민족정신이 되었든 "모든 형태의 정신에는 변전(變轉)뿐 아니라 시작과 끝, 태어남과 죽음이 있다."[13]

정신에 속하는 규정성으로 우리는 시간성과 더불어 개체성을 들 수 있다. 시간 속에서 실재로 현존하는 것으로서 정신적 존재들은 각기 일회적이고 유일한 것이며 또한 불가역적(不可逆的)이거니와, 정신존재는 어떤 형태를 취하든 간에 개체적인 것이다. 정신의 개체성은 개인의 인격적 정신에도 역사 속에서의 객관적 정신에도 마찬가지로 타당한 것이다. 객관적 정신이란 개인 정신들이 다만 그것에 참여하는 (혹은 그것을 분유하는) 추상적 일반자라는 생각은 잘못된 것이다. 개개인의 시점에서 보면 객관정신이 그들 모두에 공통되는 공동의 것으로 생각되겠지만, 역사의 시점에서 그 전체성의 모습을 보면 객관정신 역시 개체적인 것이다.

3. 독자적 존재층으로서의 정신적 존재

정신의 실질성을 강조하다 보면, 정신을 심적인 것과 동일시하는 오류를 불러일으키기 쉬운데, '정신은 곧 의식'이라고 보는 심리주의가 바로 그러한 그릇된 정신이해에 속한다.

---

12 PdgS 83.
13 PdgS 85.

정신은 물론 의식을 갖고 있기도 하다. 그러나 의식이 모든 정신적인 것은 아니다. "생명적인 요구에 대한 봉사에 밀착되어 있을 뿐인"[14] 비정신적인 의식도 있기 때문이다. 다른 한편, 정신이라고 모두 의식을 갖는 것도 아니다. 의식되지 않는 가운데 이루어지는 정신적인 활동이 얼마든지 있기 때문이다. 의식(Bewußtsein)이란 심적인 것(das Seelische)의 한 기능적 측면일 뿐 심적인 것 자체가 아니거니와, 하물며 그것이 정신과 동일시된다는 것은 있을 수 없는 일이다.

정신적 존재는 의식되든 의식되지 않든(즉 의식을 갖든 갖지 않든) 이에 상관없이, 비록 심적인 것에 의해 담지되어 있긴 하지만, 이 심적인 존재층 위에 놓이는 독자적인 존재층을 이룬다. 정신이 심적인 상태나 작용과는 다른 더 상위의 존재층임은 정신적 활동의 하나인 '사유'를 표본으로 생각해 보면 분명해진다. 작용을 수행하고 있는 주관의 그때그때의 의식에 국한되어 있는 '사유작용(Denkakt)'은 물론 심적인 것이지만, 이것이 곧 정신적 사유내용이라고 볼 수는 없다. 왜냐하면 이 정신적 내용 자체는 심적 작용과는 달리 각각의 주관으로부터 분리되어 객관적으로 전이(轉移)될 수 있는 것이기 때문이다.

정신적 내용은 확장적이고 객관적인데 이에 반해 의식과정은 분리적이고 주관적이다. 이는 사유에 있어서뿐 아니라 의욕, 믿음, 애씀, 직관, 평가 등 모든 정신적 활동에 있어서 마찬가지다. 따라서 우리는 "정신은 [우리를] 결합시켜 주고, 의식은 [우리를] 분리시킨다"[15]고 말할 수 있다.

---

14 PdgS 48.

사실 개인으로서의 인격적 정신은 결코 단독적으로 존립하는 것이 아니요, 어떤 공동의 정신적 생의 영역 안에서 '더불어' 존립하는 것이다.

정신을 심적인 것을 매개로 하여 이해하려는 입장은 따지고 보면, 정신을 실질세계에서 분리된 존재로 보거나 아니면 실질세계에 속하는 다른 요소들로 구성되어 있는 것으로 보려는 양자택일의 사고에서 연유하는 것이다. 심리주의 말고도 같은 류(類)의 오류를 범하는 입장이 있으니, 생물주의나 물질주의가 바로 그것이다. 전자는 정신을 생명체적 기능 속에로 해소시키고자 하며, 후자는 정신을 기계적 운동과정의 복합체로서 설명하고자 한다. 정신은 실질세계로부터 분리되어 있지도 실질세계를 초월해 있지도 않지만, 그렇다고 실질세계 속의 다른 존재층에로 해소되는 것도 아니다. 정신은 고유한 독자적인 존재층으로서 실질세계에 속하며 더욱이 그 실질세계의 최고층을 구성한다.

III. 정신의 자유

이상에서 우리는 정신이 실질적으로 현존하는(real-daseiend) 존재로서 시간성과 개체성이라는 근본적인 실질규정을 가짐을 확인하였다. 더불어 우리는 실질적 실재로서의 정신이 독자적이고 고유한 존재층을 구성함도 알아보았다. 그러나 우리는 아직 어떤 존재규정성을 통해 정신이 다른 실질존재층과는 다른 그 고유한 존재층을 이루고 있는지 상론하

---

15 PdgS 71.

지는 않았다. 이제 정신에게만 독특한 존재규정성을 정신존재의 문제성
이라는 우리의 주제와 연관시켜 크게 '자유'의 개념 아래서 살펴보도록
하자.

1. 정신의 자기동일성의 형식

동일성(Identität)의 문제란 한 존재자가 자신의 존재를 어떻게 견지해
나가느냐 하는 문제요, 자기규정(즉 자유)이란 자기 자신의 존재를 견지
해 나가는 한 방식이므로, 우리는 정신에 독특한 존재규정성인 자유에
대한 논의를 이 동일성 형식의 문제에서 시작할 수 있을 것이다.

우리는 흔히 개체성의 계기가 한 사물에 있어서보다는 한 인격에 있어
서 훨씬 더 중요하다고 생각한다. 이는, 정신의 개체성이 그 내용에 비추
어 볼 때 사물에 있어서보다 비교할 수 없을 만큼 풍부하기 때문이다. 이
는 무엇을 말하는 것인가?

한 존재자의 개체성은 말할 것도 없이 그 존재의 자기동일성을 전제로
한다. 왜냐하면 자기 자신과 동일한 것에만 자신을 단독적이고 일회적인
것으로서 타자와 구별시켜 주는 개체성이 귀속될 것이기 때문이다. 따라
서 문제는 이제 실재존재자들이 어떻게 서로 달리 자신의 동일성을 견지
하는지, 또 정신의 자기동일성 견지방식은 어떤 것인지, 이를 밝히는 것
이다.

사물의 세계에 있어서 동일성은 사물의 실체성(Substanzialität)과 자
연현상의 법칙성(Gesetzlichkeit)에 의해 견지된다. 여기서 실체
(Substanz)란 변화, 교체되는 속성(Akzidentien)들이 달라붙어 있는 불

변, 지속하는 기체(基體, Subsistierendes)를 이름이요, 법칙성이란 "모든 가변성, 운동성 가운데 내재해 있는 과정의 고정적 유형(Typik)"[16]을 이름이다.

유기적 생(生)의 영역에 있어서 생명체의 동일성은 우선 개체에 있어선 적응(Anpassung), 신진대사(Stoffwechsel), 동화(Assimilation), 자기조정(Selbstregulation), 자기복구(Selbstrestitution) 등의 활동을 통해[17] 견지되며, 나아가 그 종(種)에 있어선 "개체들의 교체 가운데서도, 종의 형태(Attypus)를 보존하는 자기활동적 재형성(Selbsttätige Wiederbildung)"[18]을 통해 견지된다.

생명체의 종의 보존은 이렇듯 실체라는 형식을 통해서가 아니라 '상위 존재(Superexistenz)'의 형식을 통해 이루어진다. 종은 한편으로는 교체되는 개체들에 의해 담지되지만 다른 한편으로는 이 '상위 존재'를 통해 개체들 '위에' 존재하며 개체들을 '넘어서' 지속된다.

유기적 생명체의 종(種)과는 달리, 심적인 것은 그저 개체들을 '넘어서' 단순히 지속되는 것이 아니다. 각 개체에 있어 심적인 것은 거듭 새로이 의식으로 눈을 떠야 한다. 이 '눈뜸(Erwachen)'은 물론 미리 고정적으로 주어지는 것은 아니지만, 어느 정도 동일한 형태를 취하는 발전 과정 속에 깃들어 있다 하겠다. 다시 말해 이 과정의 내적, 외적 요인들

---

16 N. Hartmann, *Der Aufbau der realen Welt*, 3. Aufl., Berlin, 1964(이하 AdrW), 334.
17 N. Hartmann, *Neue Wege der Ontologie*, 5. Aufl., Stuttgart, 1968(이하 NWdO), 33, 52 참조.
18 AdrW 334.

이 미리 주어짐으로써 "동일한 요구와 필요와 충동 등이 심적인 생(生)에 일정한 윤곽을 미리 설정해 준다"[19]는 것이다. 하여튼 심적 생의 자기동일성도 주어지는 것이지, 자신이 스스로 창출하는 것은 아니다.

그런데 정신에 있어서는 사정이 전혀 다르다. 단적으로 말해 정신에게는 동일성이 주어져 있지 않다. 정신에게는 "미리 주어져 있는 고정적인 것이 고유하게 있지 않다."[20] 동일성은 "그[정신] 자신에 의해 이제 비로소 창출되어야 하고, 동시에 그에게 있어 수행되어야 한다."[21] 왜냐하면 정신은 "늘 자신을 자신인 바로 비로소 만들어야"[22] 하기 때문이다. 정신적인 것의 형태구성은 그 자신의 능동적 활동 없이는 이루어지지 않는다. 개인적 인격에서든 공동체에서든, 정신은 도무지 자신을 보존하기 위해선 시간적인 흐름과 내적인 변환에 대항하여 자신을 관철시키지 않으면 안 된다. 정신의 동일성은 따라서 자신에 대한 고유하고도 자발적인 '집착(Festhalten an sich)', '자기옹호(Für-sich-Einstehen)'[23] 가운데서만 존립한다. 자기동일성을 확보하기 위해 정신은 외부로부터 아무런 힘도 빌려올 것이 없고, 아무런 법칙도 추종할 것이 없다. 정신은 "그가 그 자신인 바를 오직 그 자신에게만 맡기고 있다."[24] 정신의 자유를 곧 정신의 자기규정(Selbstbestimmung)으로 이해한다면, 우리는,

---

19 PdgS 103.
20 PdgS 131.
21 PdgS 103.
22 PdgS 103.
23 PdgS 90.
24 PdgS 104.

정신에 있어서의 자기동일성의 견지는 오직 정신의 자유에 전적으로 맡겨져 있다고 말해야 할 것이다.

2. 정신의 자유의 존재론적 근거

우리는 앞에서 정신이 실재세계로부터 분리되어 있지도 않고, 그렇다고 정신 아닌 다른 실재존재의 요소들로 구성되어 있지도 않음을 분명히 한다. 그런데 달리 보면 이 명제의 전반부는 정신이 실재세계에 의존되어 있다는 사실을, 후반부는 정신이 실재세계에 대해 자립적이라는 사실을 말해 주고 있음을 알 수 있다.

정신적 존재는 심적인 존재에 담지되어 있다. 그런데 심적인 존재는 유기적 생명체에 담지되어 있고 유기적 생명성은 다시금 물질에 의해 담지되고 있는 만큼, 정신은 모든 낮은 실질존재층에 의해 담지되고 있는 셈이다. 이렇게 담지되어 있음으로 하여, 정신은 불가불 낮은 존재층의 어떤 규정성을 받아들여야 할 것이며, 따라서 낮은 존재층에 의해 제약되고, 이런 의미에서 낮은 존재층에 의존되어 있다고 해야 할 것이다.

그러나 정신은 낮은 존재층의 단순한 복합물이 아니다. 정신에는 낮은 층의 실질존재에로 환원될 수 없는 구성요소가 있어, 이것이 정신의 고유성을 이루고 있는 것이다. 이렇게 볼 때 정신은 자립성을 갖게 된다.

정신적 존재는 이렇듯 담지되어 있으면서도 자립적인 존재요, 의존되어 있으면서도 자율적인 존재다. 그렇다면 이 두 측면은 서로 어떻게 연관되어 있는가? 정신의 자유가 존재론적으로 구명되려면 이 관계가 밝혀져야 하거니와, 하르트만에게 있어 이는 정신과 정신 아닌 낮은 실질

존재층과의 범주적 관계를 분석함으로써 가능하다. 이제 이 관계에 대한 분석을 요약해 보기로 하자.[25]

낮은 존재층의 범주는 높은 존재층의 범주보다 더 강하다. 즉 강한 관철력을 갖고 있어 높은 존재층의 토대를 이룬다. 낮은 존재층의 이 '강함'은 그러나 높은 존재층의 독특한 형태구성을 저해하진 않는다. 왜냐하면 낮은 존재층의 범주는 높은 존재층의 상향형성(Überformung)이나 상위구축(Überformung)[26]에 대해 전적으로 무관하기 때문이다. 높은 존재층은 따라서 그 고유한 구조에 있어서는 낮은 존재층에 대해 전적으로 자율적이면서, 동시에 그 현존의 토대에 있어서는 낮은 존재층에 의존되어 있다. 정신의 자유의 문제에 있어서도 이러한 사정은 마찬가지다. 정신은 물질적, 유기적, 심적인 존재를 그 현존토대(Daseins-fundament)로 삼아 그 위에 존립할 뿐이다. 이 점에서 정신은 하층들에 의해 담지되어 있고 제약되어 있고, 따라서 이에 의존되어 있다. 그러나 낮은 존재층의 범주들은 정신존재의 범주적 구성에 대해 무관한 채 다만 이에 재료로서 봉사할 뿐이다. 정신은 따라서 독자적으로 고유한 형식에 좇아 구성되며, 여기에 그의 자유가 있게 된다. 따라서 정신의 자유는 존재론적으로 "의존성 가운데서의 자립성이며 예속성 가운데서의 독립

---

25 이하 NWdO 65-67; AdrW 465-522 참조.
26 상층이 하층을 수용, 이를 재료(Materie)로 삼아 다만 변경함으로써 자신을 구성, 형성하는 경우―유기적 생명에의 물질계에 대한 관계에서처럼― 하르트만은 이를 Überformung이라 불렀고, 상층이 하층을 다만 토태로만 삼을 뿐 자신은 새로운 독자적인 범주에 의거해 형성할 경우― 정신의 심적인 것에 대한 관계에서처럼 ―하르트만은 이를 Überformung이라 불렀다. N. Hartmann, *Einführung in die Philosophie*, Osnabrück, 6. Aufl. o. J., 122; AdrW 441 참조.

성"[27]이다. 이 이중적 연관관계를 존재론적으로 밝히려면 우리는 정신보다 낮은 실질존재층이 어떤 방식으로 정신층에 봉사하는지, 어떤 방식으로 정신은 자신을 형상(形相, Form)으로 하여 낮은 존재층을 질료(質料, Materie)로 삼아 자기존재를 형성하는지, 이를 구명해야 할 것이다. 바로 여기서 우리는 정신의 목적활동성(Zwecktätigkeit)과 나아가 정신의 가치연관성(Wertbezogenheit)의 주제에 부딪치게 된다.

3. 정신의 목적활동성

정신은 그의 자유를 통해 자기 자신만을 구성, 형성하는 것이 아니라 다른 실재존재의 세계를 재형성하기도 한다. 즉 정신은 다른 실재존재에 대항하여 이에 자신을 관철시킨다. 그런데 이때 정신은 낮은 존재층의 결정과정과는 반대 방향으로 그 활동을 진행시킨다. 그렇게 함으로써 정신은 자연 가운데에는 없던 하나의 세계를 스스로 산출한다. 이것이 물론 정신이 낮은 존재층의 법칙성 자체를 바꿀 수 있다는 말은 아니다. 낮은 범주들에 대해 정신은 철저히 무력하다. 오히려, 오직 이 낮은 층의 범주들이 불변한다는 사실 때문에 정신은 그 자신의 고유한 '추가적 활동(Zutun)'을 이에 가할 수 있는 것이다. "정신으로부터 낮은 존재에 가하여지는 역방향의 결정",[28] 이제 우리는 이의 존재론적 구조를 살피겠

---

27 AdrW 497.
28 PdgS 100.

거니와, 여기서 드러나는 것이 바로 "목적연관 속에서 인과연관이 상향형성되는 모습"[29]이다.

정신 아닌 실질존재의 법칙성 가운데 우리에게 가장 잘 알려진 것은 역시 사물의 세계에 있어 특히 지배적인 인과율이다. 무기적 사물은 모든 높은 존재층의 토대가 되므로 무기적 사물을 지배하는 인과율도 전(全) 존재층을 관통한다. 그렇다고 모든 존재층이 오직 인과적으로만 결정된다는 것은 아니다. 인과연관은 높은 층에서 상향형성(überformen)된다. 즉 인과연관은 자신의 고유한 구조를 잃지 않는 가운데 초인과적인 결정형식을 받아들인다. 이때 바뀌는 것은 다만 진행과정의 내용적인 방향과 그 결과뿐이다. 인과연관은 따라서 "질료가 형상에 관계하는 그런 방식으로 더 높은 범주적 연관구조에 관계한다."[30] 낮은 범주구조로서의 인과연관은 다른 높은 연관구조에 대해 전적으로 무관하며, 따라서 높은 연관구조는 인과구조에 대해 고유의 독자성을 갖는다는 것이다. 인과연관 자체는 아무런 '지향적 방향(Zielrichtung)'을 갖고 있지 않으며 아무런 미리 정해진 '종국(Endstadien)'을 갖고 있지 않기 때문이다.

정신이 인과연관을 범하여 상향형성을 할 때의 결정구조는 목적성(Finalität)의 형식을 갖는다. 이것이 바로 정신의 범주적 '새로움(Novum)'이다. 의욕, 행동, 소망, 노력 등 모든 정신적 활동은 이 목적적 결정형식을 지닌다. 이는 근본적으로 "무엇을 위한 애씀이요", "무엇을

---

29 "Überformung des Kausalnexus im Finalnexus". AdrW 513.
30 AdrW 508.

향한 노력"이요, "무엇에로의 경향 내지 성향"으로서 여기서 결정적인 점은 정신적 활동이 "무엇을 향해 방향지어져 있음"이요 "그 무엇에 끌리어 미리 예정된다"는 것이다.[31]

정신의 자유는 그의 목적활동성 가운데서 전개되는데, 범주론적으로 볼 때 이 목적활동성이란 바로 인과연관을 목적연관에로 상향형성시키는 데서 존립하는 것이다.

그러면 정신의 목적활동성에 깃들어 있는 목적연관(Finalnexus)의 범주적 구조란 어떤 것인가? 하르트만은 다음의 세 단계로 목적연관의 전 과정을 분석하고 있다.[32]

(1) 목적설정 : 비실질적인 것(Irreales)이 미래활동의 종국점으로 선취(先取)된다. 실재적인 시간의 흐름을 거스르는 이 선취는 직관시간(Anschauungszeit)에서만 가능한데, 이 능력은 정신에게만 있다.

(2) 수단의 선택 : 목적성취에 요구되는 일련의 수단이 결정되는데 이때의 진행과정은 설정된 목적을 기점으로 하여 실질적 실재의 시간 흐름에 거슬러 역방향으로 이루어진다. 즉, 실질시간에 있어서 뒤에 올 것이 앞서 올 것을 결정해 나가는 방향으로 이루어진다.

(3) 목적의 실현 : 첫 수단으로부터 시작해 목적의 실현에 이르기까지

---

31 AdrW 514: "Sich-Einsetzen 'für' etwas", "streben 'nach' etwas", "Tendenz oder Neigung 'zu' etwas", "Gerichtetsein 'auf etwas hin'", "Bestimmtsein 'von etwas her'".

32 N. Hartmann *Teleologisches Denken*, 2. Aufl., Berlin, 1966(이하 TD) 68 이하; PdgS 152 이하; AdrW 514 이하 참조.

의 행동이 수단선택 때와는 반대로 실질시간의 흐름에 따라 이루어진다.

이상에서 볼 때, 우리는, 목적연관에 있어서는 인과연관에 있어서와는 반대로 시간을 거슬러 '뒤따를 것'이 '앞서는 것'을 결정하는 '역행적(rückläufig)' 과정을 확인할 수 있다. 이런 뜻에서 목적연관은 원인-결과의 관계가 목적-수단의 관계로 변형된, 전도된 인과연관이라 할 수 있다.

그러나 여기서 유의해야 할 것은 인간의 목적적 활동이 비록 '목적적으로(final)' 이루어지고는 있지만, 오직 인과연관 가운데서만 수행될 수 있다고 하는 점이다. 목적실현이라는 목적연관의 마지막 단계는 실질과정 속에서 이루어지는 것으로 인과적 계기를 따르지 않을 수 없다는 것이다. 목적실현의 과정은 단적으로, 수단이 원인이 되고 목적이 결과로서 나타나는 엄연한 인과적 과정이기 때문이다. 모든 것이 오직 우연일 뿐인 비결정의 무법칙의 세계가 있다고 한다면 거기선 목적적 활동 또한 불가능할 것이다. 이런 의미에서, 목적적 계열은 인과적 계열에 의존되어 있으며 목적연관은 인과연관을 전제로 하고 있다 하겠다

그러나 또 다른 측면에서 보면, 하층의 결정형식으로서의 인과성(Kausalität)이 상층의 결정형식으로서의 목적성(Finalität)에 말하자면 구성재료로 참여해 있다고도 할 수 있다. 목적구조 속에 인과구조가 재등장함으로써 이렇게 목적연관이 인과연관을 상향형성할 수 있는 것이다.

4. 정신의 가치연관성

목적연관을 그 전체에 있어서 우리의 주제와 연관시켜 볼 때 가장 중요한 것은, 종국적으로 실질세계의 과정을 규정하는 것이 비실질적인 것으로서의 목적이라는 점이요, 목석활동적 자기규정, 자기형성의 자유를 갖는 정신만이 저 비실질적인 것으로 하여금 실질적인 것을 결정케 하는 능력을 갖는다는 점이다. 정신은 실질존재로서 실질세계에 속하면서도 목적활동에 있어서는 이처럼 실질세계가 아닌 다른 어떤 영역에 연관되어 있다는 것이다. 정신의 자유란 바로 여기에 성립하는 것이거니와, 목적연관으로써 인과연관을 조종함이, 달리 말해 비실질적인 것으로써 실질적인 것을 지배함이 그것이다.

그렇다면 목적으로서 설정되는 저 비실질적인 것이란 과연 무엇인가? 그것은 직관시간(Anschauungszeit) 속에서 마음대로 움직일 수 있는 것으로서 그저 비실질적일 뿐인가? 바로 여기에 목적활동성의 가치와의 연관성이 문제된다.

하르트만은 정신이 목적으로 설정하는 것은 '가치 있는 것'임을 정신적 활동의 현상에서 단적으로 알 수 있다고 본다. 그에 따르면 정신은 오직 "그에게 어떤 방향에서든 가치 있는 것으로 드러나는 것"[33]만을 목적으로서 의욕할 수 있다. 반(反)가치적인 것이 의욕 되었다면, 이는 다른 어떤 가치 있는 것 때문이지 반가치 바로 그 자체 때문인 것은 아니다.

---

[33] PdgS 158.

정신은 가치와 비(非)가치 중 어느 것은 선택할 수 있는 것이 아니라, 다만 가치들 중 어느 것을 선택할 수만 있다. 다라서 도덕적 반가치성은 반가치를 의욕함에 있는 것이 아니라, 실은 "높은 가치를 버리고 낮은 가치를 우선시함에"[34] 즉, "행동, 의욕, 관심 등에 있어서의 가치위계의 전도"[35]에 있는 것이다. 이로써, 정신은 그 목적활동에 있어 근본적으로 가치와 연관되어 있음이 밝혀진 셈이다.

그러면 가치란 어떤 존재인가? 하르트만에 따르면 "어떤 방식으로든 정신에 관련되어 정신에 나타나는 모든 것은 가치와 연관되어 있다. 그리고 가치연관성이 드러나는 형식은 곧 정신의 그 사물에 대한 태도에 있다."[36] 그러나 그렇다고 해서 가치 있는 것의 가치가 정신의 태도, 즉 그것을 가치 있는 것으로 감지함에 존립하는 것은 아니다. 오히려 거꾸로, 정신은 그 자체 가치를 갖고 있는 것만을 가치 있는 것으로 감지할 뿐이다. 그 자체 가치를 갖고 있지 않은 것을 가치 있는 것으로 감지한다면, 이는 다만 하나의 오류다. 가치는 그에 대한 정신의 감지 또는 가치의식과 무관하게 존립한다. "가치가 의식에 의존되어 있는 것이 아니라, [가치]의식이 가치의 존립 자체에 의존되어 있다"[37]는 것이다. 머리말에서도 언급되었듯이 가치는 하르트만에 있어 즉자적으로 존재하는 이법적 존재로 파악되고 있다.

---

34 PdgS 159.
35 PdgS 159.
36 PdgS 156.
37 PdgS 157.

가치의 이법적 즉자성이 말해 주는 것은 가치가 정신적 가치감각이나 가치의식과 무관하게 자립적으로 존립한다는 사실뿐 아니라, 그것이 실질세계에서의 실현성 여부에 대해서도 전적으로 무관하다는 사실이다. 가치란 "실질적으로 존재하는 것에 대립되는 '존재해야 할 것(Sein-sollendes)'"[38]에 불과하기 때문이다.

이상에서 우리는, 정신의 자유란 그의 목적활동 가운데서 가치를 실현시킴에 성립한다는 것, 나아가 실질존재로서의 정신의 자기규정, 자기형성은 종국적으로 이법적 존재에의 지향으로 귀착된다는 것을 확인하였다. 전적으로 실질존재이면서도 이렇듯 이법적 존재에 연관되어 있다는 것이 정신의 본질특성인 것이다. 그래서 하르트만은 정신을 "두 세계의 시민"[39]이라고 불렀거니와 "정신은 이법적 세계와 실질세계를 결합시키기"[40] 때문이다. 인간 정신은 "실질세계가 이법적인 요구에 대응해 자신을 개방하는 실질세계 내에의 지점"[41]으로서, 바로 여기를 통해 그 자체로선 실질세계와 무관한 이법적인 세계가 실질세계 속으로 참여해 들어온다는 것이다. 그 자신으로선 아무런 강제력도 갖고 있지 않은 이법존재로서의 가치를 인간 정신이 이 실질세계 속에서 실현시킬 수 있는 것은, 인간 정신이 한편으로는 이법적인 요구를 인지할 수 있으면서 다른 한편으로는 목적활동 가운데서 실질적인 힘을 발휘할 수 있기 때문이다.

인간 정신은 "실질세계 내에 있는 소명받은 가치의 매개자"[42]다. 그런

---

38 PdgS 159.
39 PdgS 161.
40 PdgS 159.
41 PdgS 160.

데 바로 이 점에서 정신의 존재성이 문제되거니와, 정신이 한편으로는 그 현존토대로부터 실질적으로 규정되며 다른 한편으로는 가치의 규정성을 받아들이는 갈등 속에 있다는 것이 바로 그것이다.

IV. 정신의 '존재'의 문제성

머리말에서도 언급되었듯이 하르트만은 존재론의 탐구대상인 존재 그 자체를 엄격히 '즉자존재(Ansichsein)'로서만 이해한다. 그가 말하는 '존재'란 곧 '즉자존재'요, 이로써 뜻하고자 하는 것은, 존재란 어떤 종류의 정신적 작용과도 전적으로 무관한 것이라는 사실이다. '주관과의 연관성(Subjektbezogenheit)'으로부터 철저히 벗어난 자립적 존재 자체만이 '존재'라는 것이다.

그리고 그에 의하면, 모든 존재는 그 존재방식에 있어 실질존재이거나 이법존재다. 이 양자 외에는 즉자적인 존재자가 아무것도 없다.

그런데 정신의 '존재'에 있어서는 사정이 어떠한가? 정신존재의 '즉자성'에는 의심의 여지가 없는가? 정신은 정신적 작용, 정신적 활동으로부터 철저히 독립된 채 그 자신의 '존재'를 즉자적으로 확보하고 있는가? 앞서의 긴 논의에 비추어 볼 때 우리는 이 물음에 부정적인 답이 주어질 수밖에 없음을 알 수 있다.

정신의 자유란 우선적으로 정신이 스스로를 규정하고 형성할 수 있고

---

42 PdgS 160.

또한 형성해야 함을 뜻하는 것이다. 하르트만 자신도 말하듯이 정신은 "그가 본래적으로 무엇인지가 그 자신에 달려 있는"[43] 존재다. 정신은 "그 자신으로부터 무엇을 형성해 내는지, 어디로 자신을 끌고 가는지에 따라 여러 방향으로 자신을 형성해 나가는"[44] 존재다. 단적으로 말해, 정신은 자신의 고유한 '주가적 활동(Zutun)' 없이는 바로 자신이 될 수 없는 존재요, "언제나 자신을 자신인 것으로 비로소 만들어내야 하는"[45] 존재다.

이렇듯 자신의 고유한 자발적 행동이 자신의 '존재'에 결정적인 것이라면, 정신의 즉자존재성이 의문시되는 것은 당연하다. 이 문제성을 하르트만도 인식하고 있었음을 우리는 다음의 구절에서 엿볼 수 있다.

"개인적인 정신세계의 다양성은 존재적으로 부차적이다. 아무도 그 존립을 부인하진 않겠지만, 그것은 즉자적 존립은 아니다."[46]

"의미부여[47]는 존재적으로 부차적이다. 그것은 존재연관에 비추어 볼 때 우연적인 것이다."[48]

"정신은 존재적으로 부차적이다."[49]

---

43 PdgS 104.
44 PdgS 104.
45 PdgS 167.
46 PdgS 99.
47 정신의 활동, 즉 정신의 존재방식으로 이해됨.
48 PdgS 170.
49 PdgS 200.

하르트만의 '즉자존재' 개념에, 즉 '존재는 곧 즉자존재'라는 테제에 머물러 있는 한, 정신의 '존재'를 앞서와 같이 문제 삼는 것은 불가피하다. 문제는 바로, 정신존재에 대한 두 가지 파악, 즉 즉자적 실질존재(An-sich-Reales)로서 파악하는 것과 대자적 존재(Für-sich-Seiendes), 부차적인 것(Sekundäres)으로서 파악하는 것 사이의 괴리에 있다. 정신에 대해 이렇듯 이중적인 규정을 허용한 하르트만은 그러나 이 양자 사이의 연관에 대해 더 이상의 존재론적 구명을 하고 있지 않는 것으로 보인다. 그저 평면적으로만 이해한다면 하르트만의 이 이중적 규정은 서로 모순되는 듯이 보일 수밖에 없다. 정신이 즉자존재적이면서 동시에 즉자존재적이지 않고 대자존재적이라고 규정하고 있기 때문이다. 정신을 "모든 작용연관들의 내적인 극점(Pol)",[50] "인격의 내적인 지지대(Halt)"[51]로서 파악하는 것으로 보아 하르트만이 이 이중적 규정에도 불구하고 정신의 통일성을 인정한 것은 분명하지만, 정신의 저 존재적 양 측면이 어떻게 그 통일성 속에서 수렴되어야 하는지는 밝히고 있지 않다. 그는 그저 그 연관관계를 하나의 아포리아로 보고 "한마디로 말할 수도 없고, 엄격히 다듬어진 개념으로 파악될 수도 없다"[52]고 말하고 있다.

이제 우리는 실질적 즉자성(reales Ansichsein)과 비실질적 대자성(irreales Fürsichsein)이라는 문제의 저 두 존재규정을 정신존재의 통

---

50 PdgS 125.
51 PdgS 140.
52 PdgS 125.

일성을 기하는 두 계기로 보아 다음과 같이 이해해 보고자 한다. 즉, 정신은 대자적으로 비실질적인 그런 방식으로 즉자적으로 실질적이라고. 정신은 스스로를 구성, 형성할 수 있고 또 해야 하는데, 이런 대자성, 부차성의 규정이 바로 그것의 즉자성, 일차성에서 나온다는 것이다. 한 마디로 말해 '정신은 즉자적으로 대자적'이라는 것이다. 이 명제를 좀 더 상술해 보기로 하자.

앞에서도 살펴보았거니와, 정신의 자유를 하르트만도 '의존성 속에서의 자립성'으로 파악하고 있다. 이는 다시 말해 정신의 자립성은 실질존재로서의 정신이 실질세계 내에서 다른 실질존재층과 일정한 의존관계를 가짐으로써 성립된다는 뜻이다. 자기규정, 자기형성의 자유를 정신이 가지되, 이것이 바로 정신의 실질적 존재연관상 그러하다는 것이다. 정신이 "자유에로 강요되어 있다"[53]는 하르트만의 말은 이러한 연관관계를 잘 표현해 주는 것이다. '강요되어 있음'을 실질적 존재연관의 강제적 필연성으로 이해하고 '자유'를 이로부터 성립되어 나오는 것으로 이해할 수 있기 때문이다. 즉 정신의 '자유'는 그것의 '실질적 규정성'으로서 주어져 있는 것으로 이해되기 때문이다. 사실 정신은 자유로울 수도 자유롭지 않을 수도 있는 존재가 아니라, 실질적 존재연관상 자유로울 수밖에 없는 존재다. 정신의 자유는 정신에 의해 자유롭게 선택된 것이 아니라 실질적 존재연관상 이미 결정되어 주어진 것이다. 실질적 사태로서의 자유가 정신에게 그의 활동에 있어서의 자유에 선행되어 있는 셈이다.

---

53 PdgS 134.

그리고 실질적 존재연관상의 이 자유라는 실질적 사태는 정신의 자유로운 활동에 의해 형성된 것이 아닌 '즉자적'인 것이다. 정신은 그 자체(곧 즉자적으로) 자유롭게 활동하지 않을 수 없도록 규정되어 있다는 말이다. 이렇듯 정신은 이미 '즉자적으로' 그의 '대자성'을 존재적 규정으로 갖고 있다.

정신의 즉자성과 대자성을 정신존재의 통일성을 기하는 두 계기로 보되, 이를 정태적, 구조적으로만 볼 것이 아니라 역동적 연관 아래서 보자는 것이 우리의 관점이다. 실질존재론적으로 볼 때 정신은 일차적으로 즉자존재로서 파악된다. 그러나 이때의 즉자존재를 '순전히 실질적으로 완전히 규정되어 있다(Rein-real- vollständig-bestimmt-Sein)'는 뜻에서 '즉자적으로 완결된 존재(An-sich- fertig-Sein)'로서 파악해야만 할 이유는 없다. 정신존재가 실질적 즉자성은 가지되, 그의 존재가 완전히 규정되지 않는 방식으로 즉자적이라고 파악할 수도 있는 것이다. 정신존재에는 정신 스스로의 활동에 달려 있는 아직 규정되지 않은 영역이, 즉 대자적 영역이, 즉자적으로 주어져 있다고 보자는 것이다. 하르트만이 실질존재론의 지평에 서서 '부차적인 것', '우연적인 것'이라고 표현한 정신의 대자성은 실은 정신존재를 완성시키는 계기로서 더 적극적으로 이해되어야 하는 것이다. 즉자성을 이차적인 것으로 봄은 당연하나, 대자성을 그에 대조시켜 '부차적'인 것으로 봄은 부당한 것이요, 오히려 이를 역동적 관점에서 '완성적'인 계기로 봄이 정신존재의 이해를 위해 합당하다 하겠다.

9 문화의 구성과 정신존재[*]

I. 서언: 주제의 의의

(1) 문화의 본질은 무엇이며, 또 그 근원은 어디에 있는가? 문화란 가치의 구현인가(빈델반트, 리케르트), 생의 자기형성, 자기표현인가(베르그송, 니체), 아니면 자연의 연장이요 변형인가(겔렌)? (2) 문화는 어떤 본성을 갖는 것이며, 따라서 그에 대한 학적 탐구는 방법론적으로 볼 때 어떤 것이어야 하는가? 문화란 그 내용이 개체적, 일회적, 지속적, 이질적인(리케르트) 것이므로 자연처럼 법칙정립적으로 탐구될 수는 없고 오직 개성기술적으로만(빈델반트) 탐구될 수 있는가? 그렇다면 거기서 학적 진리의 보편타당성은 어떻게 되는가? (3) 문화의 기원은 무엇이며, 그

---

[*] 「문화의 존재론적 기초와 구조」, 『철학연구』 35집, 1994.

발생과 소멸은 어떤 조건 아래서 어떤 법칙에 따라 이루어지는가? 문화의 발생과 소멸도 생명체가 태어나 자라고 늙어 죽어가는 것과 같이 유기론적으로 파악되는 것인가? 문화는 발전하는가, 다만 제자리걸음하면서 변양하는가? (4) 이상적인 문화는 어떤 형태의 것이며 어떤 내용을 갖는가? 그리고 이에 비추어 볼 때 현대의 인류문화는(혹은 문화들은) 어떤 평가를 받아야 하는가? 현대의 문화는 인간의 삶을 위협하는가? 그렇다면 그 위협적인 요인은 어디에 있는가? 합리성의 결여에 있는가, 아니면 합리성 그 자체에 있는가? — 이러한 문제들이 바로 우리가 보통 만나게 되는 '문화철학적' 문제들이다.[1]

그러나 지금 우리의 논구는 이 문제들에 혹은 이 중 어느 것에 대해 직접 답하고자 하는 것이 아니다. 이러한 문제들에 답하기에 앞서, 어떤 사변적 독단이나 편향 없이 이러한 문제들에 답할 수 있기 위해, 예비적으로, 문화 그 자체가 존재론적으로 볼 때 세계 속에서 어떤 기초위에 있으며 어떤 구조를 지니고 있는지 밝혀보려는 것이 지금 우리의 의도다.

문화의 존재론적 기초와 구조에 대한 우리의 논구는 위의 문제들에 대해 어떤 원리적인 함의를 제공할 것이다. 물론 그 함의가 단선적, 일의적이지 않고 양면적, 이중적이어서 위의 문제들에 대해 확정적인 답을 주는 데 오히려 제동을 걸지도 모른다.

그러나 문화의 본질 및 그 본성에 대한 어떤 주장이, 자연과 인간과 가

---

1 W. Perpeet는 (4)를 문화비판, (2)를 형식적 문화철학, (1)을 실질적 문화철학이라고 이름 지어 이 세 가지를 문화철학의 내용으로 설명한다. Vgl. J. Ritter/K. Gründer, *Hist. Wörterb. d. Phil.*, Basel/Stuttgrat, 1976, Sp.1309 이하. (3)은 역사철학적 문제가 되기도 한다.

치의 관계에 대해 특정한 인간관을 바탕으로 하여 얻어진 사변적 독단을 기초로 하고 있다면, 이러한 성격의 '문화형이상학'은 '문화의 존재론'을 통해 통제되거나 교정되어야 할 것이다. 그리고 오직 존재론적 논구가 가능한 것으로 허용하는 불가피한 최소한의 것에 국한되어야 할 것이다.

존재론은 존재자 일체를 무차별적으로 오직 존재자라는 점에서만 즉 존재한다는 점에서만 탐구하는 학문이다. 이런 의미에서 존재론은 "으뜸가는 철학(prote philosophia)"[2]이요, "가장 광범하고 가장 심오하고 가장 근원적인"[3] 문제 제기다. 바로 이 이유 때문에 존재론은 모든 그에 뒤따르는 다른 부문의 탐구를 위한 정초작업이라 하겠다. 따라서 존재론적 탐구에 문화영역이 배제될 수도 없고, 동시에, 문화에 대한 모든 철학적 탐구는 그에 대한 존재론적 탐구에 의해 정초되어야 한다.

문화의 존재론적 기초에 대한 해명이 요구되는 것은 단순히 '문화형이상학'의 정초를 위해서만이 아니다. 여러 문화과학의 학문적 정초를 위해서, 특히 이들의 방법론적 정초를 위해서도 이는 요구된다. 사실 '문화'에 대한 철학적 논구가 철학의 중심과제로 자리한 것도 문화과학 내지 정신과학에 대한 방법론적 성찰의 결과로 나온 것이다. 즉 자연과학의 방법을 모범으로 삼아 경험적으로 확정가능하고 관찰가능한 대상을 실증적으로 탐구하는 개별적 사실과학이 융성하는 가운데 19세기 말 딜타이, 빈델반트, 리케르트 등이 그러한 실증적 방법으로는 탐구될 수 없

---

2 Aristotles, *Metaphysik*, 1026a.
3 M. Heidegger, *Einführung in die Metaphysik*, GA Bd.40, Ffm: Klostermann, 1983, 4 이하.

는 영역, 특히, 일회적이고 개별적이어서 일반화시킬 수 없는 역사세계
의 문제영역을 확보하고 이에 대한 독자적인 탐구방법을 철학적으로 정
초하려 했던 데에 그 기원을 갖고 있다.

그러나 문화세계에 대한 탐구로서의 정신과학 내지 문화과학이 확고
하게 정초되기 위해서는 그 탐구의 방법에 대한 논의에 앞서 그 탐구대
상에 관한 논의가 원리적으로 선행되어야 할 것이다. 정신활동으로서의
문화세계가 탐구대상으로서 확정되지 않는다면, 그에 대한 탐구의 논리
를 추구한다는 것은 공허한 것이 될 수도 있기 때문이다. 바로 여기에 문
화세계에 대한 존재론적 탐구가 요구되는 것이다.

II. 문화의 실체

그렇다면 존재론적으로 탐구되어야 할 문화의 실체란 무엇인가? 문화
의 기원이나 형성 및 발전의 과정이나 또 그 구체적 내용 등과는 무관하
게, 오직 그 일반적인 존재방식 및 구조만을 밝힌다고 할 때, 그 실질적
대상은 무엇이 되겠는가?

어원적으로 볼 때 문화(cultura)란 일차적으로는 자연(밭)을 일구어내
는(낸) 것(agricultura)을 가리키고 이차적으로는 전의적(轉義的)으로
정신(영혼)을 계발하는(한) 것(cultura animi)을 가리킨다.[4] 여기서 우

---

4 O. Schwemmer, in *Enzyklopädie Philosophie und Wissenschaftstheorie*, hg.v. J.
Mitlstraß, Mannheim/Wien/Zürich: Bibliographisches Institut, 1984, Bd 2, 508 참
조.

선 확정할 수 있는 것은 문화가 "자연 그 자체는 아닌 것"으로 "인간의 기획에 따라 창조되는(된) 것"[5]이라는 점이다. 문화란 저절로 생겨난 자연과는 구별되는 것으로 인간에 의해 비로소 산출되고 창조되는 것이다.

그렇다고 문화를 자연으로부터 유리된 별개의 영역으로 볼 수는 없다. 문화와 자연은 구별되면서도 결합되어 있는 것이다. "문화란 인간이라는 생명체가 자연으로부터 해방되는 것을 가리키지만, 이는 어디까지나 자연이라는 지반에 의거하는 것이요 … 자연으로부터의 완전한 이탈이란 곧 삶의 종말, 문화의 종말을 뜻하는 것이다."[6] 이런 의미에서 문화란 "인간에 의해 … 자연에 덧붙여진 것"[7]이라고 할 수도 있겠다. 문화가 자연에 그 지반을 갖고 자연과 결합되어 있음을 더욱 중시하여 문화를 "인간에 의해 인간에 봉사하도록 가공된 자연의 총체"로, 즉 단적으로 말해 "제2의 자연"[8]으로 보는 시각도 있다.

그러나 이렇게 문화를 '제2의 자연'으로 본다 하더라도, 이는 어디까지나 인간에 의해 변형된 자연이므로, 문화의 실체가 인간의 활동과 그 성과에서 찾아져야 함은 당연하다. 그리고 이때 인간의 활동은 자연현상으로 환원시킬 수 없는 정신적인 것으로 보아야 할 것이다. 비록 정신을 자연과 대립시키지 않고, 인간의 정신적 활동을 자연적 존재로서의 인간에게서 연원하는 것으로 본다 하더라도, 문화의 근원이 아닌 문화의 실

---

5 R. Maurer,in *Handbuch Philosophischer Begriffe*, hg.v. H.Krings/Ch.Wild/H. M. Baumgartner, München: Kösel, 1973, Bd 3, 823.
6 같은 곳.
7 O. Schwemmer, 앞의 책, 508.
8 A. Gehlen,*Der Mensch, Seine Natur und seine Stellung in der Natur*, Wiesbaden: Athenaion, 1976, 38.

체를 자연현상 아닌 정신적 활동에서 찾아야 함은 여전히 타당할 것이다.

한 가지 더 고려해야 할 것은 정신적 활동이 문화를 창조함에는 항상 사회적, 역사적 맥락이 거기에 개입되어 있다는 점이다. 사회가 형성되고 역사가 성립된다는 것 자체가 곧 문화의 발생을 가리키는 것이기도 하지만, 사회적, 역사적 맥락에서 철저히 벗어난 고립된 개인이 있다고 가정한다면 그의 정신적 활동이 문화를 창조한다고 보기는 어려울 것이다. 물론 그러한 개체로서의 인간은 정신적 존재가 될 수도 없을 것이다.

문화에 대한 인류학적, 철학적 규정이 다양하지만[9] 이를 종합해 보더라도 우리는 '문화란 사회적, 역사적 연관 속에서 자연을 토대 및 자료로 하여 벌이는 인간의 정신적 활동 및 그의 성과'라고 정의 내릴 수 있을 것

---

9 주목되는 정의들을 열거해 보면 다음과 같다.
- (Tylor, 1871) 지식, 신앙, 예술, 도덕, 법률, 관습 그리고 사회의 성원으로서의 인간이 획득한 모든 능력과 습성을 포함하는 복합적 전체
- (Linton, 1940) 특정사회의 성원들에 의해 공유되고 전승되는 지식, 태도 및 습관적 행위유형의 총합
- (Kluckhohn and Kelly, 1945) 역사적으로 창출된 모든 명시적·묵시적, 합리적·비합리적 생활구도, 인간행위에 대한 잠재적 지침
- (Kroeber and Kluckhohn, 1952) 상징에 의해 획득되고 전승되는 명시적, 묵시적 행위유형으로 다른 것과 구분되는 인간집단의 독특한 성취. 구체화되어 나타난 인위적 산물까지도 포함 이상 R. Keesing(전경수 역), 『현대문화인류학』, 서울: 현음사, 1984(1981), 90쪽 참조.
- (R. Williams, 1958) (1) 인간의 완성이라는 이념과 관련된 정신의 일반적 상태나 습관. (2) 한 사회공동체가 도달한 지적, 도덕적 발전의 일반적 상태. (3) 예술적, 지적 작업의 일반적 총체. (4) 한 사회공동체의 물질적, 지적, 정신적 삶의 방식. Ph, Wiener(ed.) *Dictionary of the History of Ideas*, New York: Ch, Scribners Sons, 1978, Vol. 1, 614 참조.
- (J. Hoffmeister, 1954) 인간에 의한 자연의 가공. 정신적, 도덕적 능력의 도야를 통해 자연상태를 넘어섬. 공동체적, 시대적 삶의 창의적 표현인 제도 및 산물의 총체. Hoffmeister(hg), *Wörterbuch der Philosophischen Begriffe*, Hamburg: Felix Meiner, 1955, 364 참조.

이다. 따라서 존재론적 논구의 대상이 될 문화의 실체는 사회적, 역사적 연관 속에서 (1) 활동하는 정신 및 (2) 그 활동의 산물'임이 확인된다.

III. 정신의 존재론적 본성과 지위

문화에 대한 존재론적 논구는 결국 정신을 그 대상으로 하게 된다. 우리는 이 주제를 다룸에 있어, 가능한 한 형이상학적 사변을 삼간 채 과학적 탐구의 성과를 토대로 하여, 현상학적 기술(Phänomenologie)과 문제분석(Aporetik)의 방법으로 '정신적 존재의 문제'를 다루었던 하르트만의 정신철학을 자료로 삼고 이에 의거하고자 한다. 먼저 우리는 정신존재의 존재론적 본성은 어떤 것인지, 자연을 포함한 실재세계 속에서 정신존재는 어떤 기초 위에 존립하며 어떤 지위를 차지하는지 살펴보기로 한다.

1. 정신의 실질적 실재성

하르트만에 따르면 아리스토텔레스에서부터 스콜라 철학에 이르는 고전적인 철학에서는 정신이 "밖으로부터(thyrathen) 영혼 안에 들어온, 다른 세계로부터 온 후예"[10]로 잘못 파악되고 있다. 정신존재를 이렇듯 우리가 경험하는 실질적 실재세계와는 다른 피안적 세계에 귀속시키려

---

10 N. Hartmann, *Des Problem des Geistigen Seins*, Berlin: de Gruyter, 1962(이하 PdgS), 58.

는 생각은 다음의 두 가지 견해로 나타난다. 그 첫째는 정신이 갖는 이성적 사유의 기능을 빌미로 삼아 정신을 실체화된 초자연적 이성과 동일시하는 것이다. 그러나 이성은 정신존재의 한 계기일 뿐이므로, 정신이 이성적 존재이기도 하다는 점으로부터 정신을 곧 초자연적 이성이라고, 더욱이 신적 이성이라고 보는 것은 잘못이다.[11] 둘째로 정신을 영원불변의 자기동일적인 이법적 존재(ideales Sein)와 동일시하는 것이다.[12] 이법적 존재란 수학적인 것, 논리적인 것, 사물의 본질, 법칙성, 가치 등으로 물론 정신적 활동의 대상이 되는 것이다. 그러나 정신이 이법적 존재를 인식하거나 실현한다고 해서 활동하는 정신 자체를 이법적 존재로 보는 것은 잘못이다.

이렇듯 정신을 경험적인 실질세계가 아닌 다른 영역의 존재로 보려는 것은 정신에게 독자성, 자율성을 확보해 주려는 의도에서 나온 것이다. 정신을 실질세계에 귀속시키면 정신의 존재적 자립성과 자율성을 부인할 수밖에 없다고 생각했기 때문이다. 그러나 정신의 자립성이나 자율성은 정신의 여러 존재현상에서 찾아져야 하는 것이지, 이를 확보하려는 이론적 요구에 사로잡혀 거꾸로 정신의 실상을 구성해 내는 것은 곧 형이상학적 사변에 지나지 않는 것이다. 형이상학적 사변을 배제하는 한, 정신은 전적으로 인간의 정신으로 파악되어야 하며, 따라서 실질세계 안에서 물질, 생명 등 다른 실질적 존재와 더불어 이 실질세계의 성층적 구조를 형성하는 실질적 존재로 파악되어야 한다. 인간 정신이 실질세계

---

11 PdgS 53 이하 참조.
12 PdgS 58 이하 참조.

너머에로 비실질적인 존재, 즉 이법적인 존재나 단순히 상상적인 존재를 지향하는 것은 사실이지만, 그렇다고 이것이 정신의 실질적 실재성을 의심케 하거나 부인할 이유가 되는 것은 아니다.

다른 실질적 존재와 마찬가지로 정신존재도 그것의 실질적 실재성은 시간성과 개체성이라는 범주적 특성에서 확인된다.

시간이란 실재세계의 모든 존재층을 관통하는 근본범주 중의 하나다. 그래서 그 외연적 범위로만 보면 시간성의 범위와 실질적 실재성의 범위는 완전히 합치한다. "비공간적인 것까지를 포함하여 모든 시간적인 것은 실질적이며 모든 실질적인 것은 시간적이다."[13] 정신이 실질세계에 귀속됨은 실질세계 전체를 규정하는 이 시간성 아래에 정신도 놓여 있다는 점에서도 확인된다. 정신을 인간 정신으로 보는 한, 그 주체가 개인이든 공동체이든, "모든 형태의 정신에는 변전뿐 아니라, 시작과 끝이 있고 태어남과 죽음이 있다"[14]는 사실에서 정신의 시간성은 확인된다. 시간성을 범주적 근본규정으로 갖는 정신은 또한 그 현존하는 양태에 있어 개체적이다. 정신은 "구체적인 사례들로부터 추상된 일반자가 아니고, 단순한 본질이 아니다."[15] 정신도 물론 본질적 특성을 갖지만, 그것이 곧 정신은 아니다. 이는 각 개별적 정신들 속에 깃들어 있는 것일 뿐이다. 정신이 시간 속에서 현존한다는 것이 이미 그의 일회성, 나아가 유일성을 함의하는데, 이는 한 개인의 생애도 어떤 공동체의 역사도 일회적인

---

13 PdgS 8.
14 PdgS 82.
15 PdgS 82.

유일한 것으로서 개체적임을 또한 함의한다. 정신의 개체성은 개인의 정신에도 역사 속에서의 공동정신에도 마찬가지로 타당하다. 개인의 시점에서 보면 객관정신이 개인들에게 공동적이고 공통적인 추상적 일반자로 보일 수도 있겠지만, 실은 역사의 시점에서 그 전체성의 모습을 보면 객관정신 역시 개체적인 것이다.

2. 정신의 독자성 및 의존적 자율성

그렇다면 정신존재는 실질세계 속에서 다른 실질적 존재와 어떤 존재적 관계를 가지면서 실질세계의 성충적 구조를 이루는가? 정신을 실질세계에 귀속시킨다 해도 정신의 자립성과 자율성이 상실되지 않는다면, 이는 어떤 존재연관을 통해서 가능한가?

정신을 실질세계에 귀속되는 실질적 존재로 파악하려다 보면, 이를 심적인 존재와 동일시하려 하기 쉬운데, 정신을 곧 의식으로 환원시키려는 심리주의적 견해가 바로 그런 것이다. 정신은 물론 의식을 갖기도 한다. 그러나 의식이 모두 정신적인 것은 아니다. "생명적인 요구에 대한 봉사에 밀착되어 있을 뿐인"[16] 정신적인 의식도 있기 때문이다. 다른 한편, 정신이라고 모두 의식을 갖는 것도 아니다. 의식되지 않는 가운데 이루어지는 정신적인 활동도 있기 때문이다. 의식(Bewußtsein)이란 심적인 것(das Seelische)이나 정신의 한 기능적 측면일 뿐 심적인 것 자체나 정

---

[16] PdgS 48.

신 자체는 아닌 것이다.

정신적 존재는 의식을 갖든 갖지 않든 이와는 상관없이 심적인 존재층 위에 놓이는 독자적인 존재층을 이룬다. 정신이 물론 심적인 것에 담지되긴 하지만, 심적인 상태나 작용과는 다른 활동을 벌이는 하나의 징표로서 우리는 '사유'를 생각해 볼 수 있다. 사유작용을 수행하고 있는 주관의 그때그때의 의식에 국한되어 있는 사유작용(Denkakt)은 물론 심적 것이지만, 이것이 곧 정신이라고 볼 수는 없다. 정신은 그 사유의 내용(geistige Gehalte)을 또한 지니기 때문이다. 심적 주관이 철저히 개인적인 데 반해 정신은 이 정신적 내용과 더불어 심적 주관으로부터 벗어나 객관적 세계로 확장돼 나갈 수도 있다. 달리 말하자면, 정신은 확장적이고 객관적인 데 반해, 의식과정은 분리적이고 주관적이다. 즉 "정신은 [주관들을] 결합시켜 주고, 의식은 [이들을] 분리시킨다."[17] 사실 정신적 존재로서의 개인은 결코 단독적으로 유리되어 존립하는 것이 아니고, 어떤 공동의 정신적 생의 영역 안에서 '더불어' 존립하는 것이다.

정신을 심적인 것으로 환원시켜 파악하려는 입장은 따지고 보면, 정신을 실질세계에서 벗어난 존재로 보거나 아니면 실질세계 속의 다른 요소들로 구성되어 있는 것으로 보려는 양자택일의 사고에서 연유하는 것이다. 심리주의 말고도 같은 유형의 오류는 생물학주의나 물질주의에서도 엿보인다. 전자는 정신을 생명체적 기능 속으로 해소시켜 이해하려는 입장이며, 후자는 정신을 물질의 기계적 운동과정의 복합적 형성물로 파악

---

17 PdgS 71.

하려는 입장이다. 실재에 있어 정신은 실질세계로부터 벗어나 이에 초월해 있지도 않지만, 그렇다고 실질세계 속의 다른 존재층에로 환원되는 것도 아니다. 정신은 고유한 독자적인 존재층을 이루며 실질세계에 속하고, 더욱이 실질세계의 최상층에 위치해 있다.

그러고 보면, 정신이 실질세계로부터 벗어나 초월해 있지 않고 그 최상층에 자리한다는 것은 그것이 실질세계의 다른 존재층들에 담지되고 의존되어 있음을 말하는 것이요, 그럼에도 정신이 이 다른 실질존재의 요소들로 환원될 수 없다는 것은 그것이 이들에 대해 자립적임을 가리키는 것이다.

정신적 존재는 심적 존재에 담지되어 있다. 그런데 심적 존재는 유기적 생명체에 담지되어 있고 유기적 생명은 다시금 물질에 담지되어 있다. 따라서 정신은 하위의 모든 실질존재층에 담지되어 있는 셈이다. 이렇게 담지되어 있는 만큼 정신은 불가피하게 하위 존재층의 존재적 규정성에 의해 제약되고,[18] 이런 의미에서 하위 존재층에 의존되어 있다고 해야 할 것이다. 그러나 정신은 하위 존재층의 단순한 변형이나 복합으로만 이루어지는 것이 아니다. 그리하여 하위 존재층의 존재적 규정성이 모두 다 정신을 규정하지도 않고[19] 또 그 일부가 규정을 한다고 해도 그

---

18 하르트만은 이를 하위 존재층의 범주가 상위 존재층에 '재등장'한 이른바 '재현(再現)의 법칙(Gesetz der Wiederkehr)'으로 설명한다. N. Hartmann, *Der Aufbau der realen Welt*, Berlin, 1964(이하 AdrW), 435 이하 및 N. Hartmann, *Neue Wege der Ontologie*, Stuttgart, 1949(이하 NWdO), 61 이하 참조.

19 하위 존재층의 범주는 모두 다 상위 존재층에 재등장하는 것이 아니라 경우에 따라 그 일부분은 재현이 중단된다. 하르트만은 이를 재현의 중단(Abbrechen der Wiederkehr)의 법칙이라고 말하기도 한다. NWdO 61; AdrW 438 이하 참조.

양식이 달라지기도 한다.[20]

이를테면 심적 존재를 지배하는 표상, 사유과정의 심리적 법칙은 정신의 사유내용 자체를 지배하지는 않는다. 이를 지배하는 것은 오히려 논리적 법칙이다.[21] 또 이를테면 자기동일성이라는 존재적 규정은 심적 존재에도 정신적 존재에도 있지만, 이것이 심적 존재를 규정하는 양식과 정신적 존재를 규정하는 양식은 다르다. 즉 심적 개체는 동일한 요구와 필요와 충동 등 이 내외적 요인으로 주어짐으로써 어느 정도 동일한 형태를 갖게 되는 심적 발전과정을 기초로 해서 자기동일성을 확보해 나가지만, 정신적 개체는, 그것이 인격적 개인이든 공동체든, 미리 주어져 있는 고정된 것이란 전혀 없이 오직 자신이 자신을 비로소 형성하고 창출하는 방식으로 자기동일성을 견지한다.

정신에는 하위층의 실질존재로 환원될 수 없는, 정신에만 있는 새로운 구성요소가 있다.[22] 이것이 정신의 고유성을 이루는 것이요 바로 이것이 정신의 자립성, 자율성의 근거가 되는 것이다. 정신적 존재는 이렇듯 담지되어 있으면서도 자립적인 존재요, 의존되어 있으면서도 자율적인 존재다. 그렇다면 이 두 측면은 서로 어떻게 연관되어 있는가? 이 '의존적 자율성'의 존재론적 연관관계를 밝히는 일은 곧 활동하는 정신의 존재론적 기초와 지위를 밝히는 일이 될 것이다. 그리고 이는 물론 실재세계 전체를 지배하는 일반적인 존재론적 법칙성(범주적 법칙성)에 비추

---

20 하르트만은 이를 변양의 법칙(Gesetz der Abwandlung)이라고 말한다. AdrW 453 참조.
21 AdrW 440 참조.
22 하르트만은 이를 새로운 것의 법칙(Gesetz des Novums)이라 부른다.

어 행해져야 할 것이다.

하르트만에 따르면 하위 존재층의 범주는 상위 존재층의 범주보다 더 강하다.[23] 그래서 상위 존재층에로도 침투하여 그 상위 존재층을 규정하기도 한다. 상위 존재층의 범주가 하위 존재층에로 침투하는 법은 없다. 바로 이러하기 때문에 하위 존재층이 상위 존재층의 토대가 될 수는 있어도, 그 역은 불가능하다. 물질세계를 지배하는 모든 존재원리가 생명체까지도 지배하듯이 하위 존재층의 범주가 남김 없이 상위 존재층에 나타나는 경우도 있지만, 생명체와 심적 존재 사이에서처럼 일부의 근본적인 하위 범주만이 상위의 존재층에 다시 등장하는 경우도 있다. 앞의 경우에 있어, 그렇다면 결국 상위층이 하위층으로 환원되는 것이라고 생각되기 쉽겠지만, 그렇지는 않다. 상위층에 등장한 하위층의 범주들은 그 상위층에 고유한 새로운 범주들에 의해 이를테면 자료로서 재활용, 재형성될 뿐이기 때문이다.[24] 그래서 하르트만은 이러한 모습을 상향형성관계(Überformungsverhältnis)라고 부른다. 이 경우에 있어 하위 존재층이 상위 존재층을 떠받치는 토대의 역할을 함은 물론이다. 뒤의 경우에 있어선 형편이 좀 다르다. 해당 하위 존재층의 고유한 범주들이 상위 존재층으로 침투해 들어가지 못하므로 그 존재론적 구조를 형성함에 있어 자료의 역할을 하지 못하는 것이다. 생명현상을 규정하는, 그에 고유한 여러 존재론적 원리는 인간의 심적 상태나 작용에 있어 재형성되어 활용되지 않는다. 여기선 하위 존재층이 다만 상위 존재층의 존

---

23 강세의 법칙(Gesetz der Stärke).
24 재료의 법칙(Gesetz der Materie).

립을 위한 토대가 될 뿐이다. 이 점을 유의하여 하르트만은 이를 상위구축관계(Überformungsverhältnis)라고 부른다.

상향형성관계의 경우에서든 상위구축관계의 경우에서든, 하위의 존재층은 자신의 위쪽에 새로운 존재층이 형성되든지 말든지, 그것이 어떤 존재층이 되든지, 그 존재층이 자신의 범주들을 재활용하든지 말든지, 이에 관해 전혀 관여하지 않는다.[25] 따라서 상위의 존재층은 비록 그 존립 자체가 하위 존재층에 의존하고 있고, 경우에 따라서는 자신의 존재 내용에 하위 존재층의 그것을 수용하고 있으면서도, 독자적으로 자신을 형성하는 자율성을 갖는 데는 방해받지 않는다.[26]

이러한 존재론적 연관은 정신존재에 있어서도 마찬가지다. 정신은 물질적, 유기적, 심적 존재를 그 존립의 토대로 삼아 그 위에서만 존립한다. 이 점에서 정신 아닌 다른 실질세계에 담지되어 있고 의존되어 있고 그래서 이것에 의해 제약받는다. 그러나 하위의 실질존재층이 갖는 범주들은 정신이 정신적 존재로서 자신을 범주적으로 구성하는 데 대해서는 아무런 관여도 하지 않는다. 기껏해야 그에 자료로서 봉사할 뿐이다. 정신은 따라서 독자적으로 고유한 자신의 형식에 따라 구성되며, 여기에 그의 자율성이 성립한다. 따라서 정신의 자유는 존재론적으로 볼 때 "의존성 가운데서의 자립성이며 예속성 가운데서의 독립성"[27]이요, 단적으로 말해 '의존적 자율성'이다.

---

25 무관성의 법칙(Gesetz der Indifferenz).
26 자유의 법칙(Gesetz der Freiheit).
27 AdrW 497.

정신이 하위의 존재층에 의존하여 존립함은 자명하다. 실질적 존재의 기반을 갖지 않는 '떠다니는(schwebend)'[28] 정신이 있다면, 그것은 앞서 말했듯이 형이상학적 사변이나 상상의 산물일 것이다. 정신은 어디까지나 그것의 토대가 되는 다른 실질층에 '의거하는(aufruhend)'[29] 존재다.

그러면 하위의 실질존재가 정신에 자료로서 활용된다는 것은 무엇일까? 우리는 이를 실재세계의 인과관계가 정신의 목적활동성(Zwecktätigkeit)에 봉사하는 현상에서, 즉 정신이 실질세계의 인과연관을 활용해 자신의 목적적 활동을 전개시키는 현상에서 분명히 알 수 있다. 정신은 자신을 형성, 구성함에 있어 다른 실질존재에 대항하여 자신을 관철시키는데, 이것이 곧 하위의 실질존재를 활용하는 것이다. 정신은 물론 하위 존재층의 법칙을 바꿀 수는 없다. 이 점에서 정신은 하위층의 범주에 대해 철저히 무력하다. 오히려 이 하위층의 범주들이 불변한다는 사실 때문에 정신은 이를 활용해 그 자신의 고유한 '추가적 활동'을 여기에 가할 수 있다. 이 추가적 활동이란 "정신으로부터 하위 존재층에 가해지는 역(逆)방향의 결정"[30]이요, 구체적으로 말하자면 "목적연관 속에서 인과연관이 상향형성되는"[31] 과정이다.

정신 아닌 실질존재의 법칙성 가운데 우리에게 가장 잘 알려진 것은 역시 물질적 사물의 세계에서 특히 결정적으로 지배적인 인과율이다. 물

---

28 PdgS 58.
29 PdgS 58.
30 PdgS 100.
31 "Überformung des Kausalnexus im Finalnexus". AdrW 513.

질은 모든 상위 존재층의 토대가 되므로 이를 지배하는 인과율도 모든 존재층을 관통한다. 그렇다고 모든 존재층이 인과적으로만 결정되는 것은 아니다. 인과연관은 상위층에서 상향형성된다. 즉 인과연관은 자신의 고유한 구조를 잃지 않는 가운데 초인과적인 결정형식을 받아들인다. 인과연관은 따라서 "질료가 형상에 관계하는 그런 방식으로 더 높은 연관구조에 관계한다."[32] 하위 범주 구조로서의 인과연관은 다른 상위 연관구조에 대해 전적으로 무관하며, 따라서 상위의 연관구조는 인과구조에 대해 고유의 독자성을 갖는다는 것이다. 인과연관 자체는 아무런 지향적 방향도, 미리 정해진 종국도 갖고 있지 않기 때문이다.

정신이 인과연관을 자료로 하여 상향형성을 할 때 그 결정구조는 목적성이다. 이것이 바로 정신의 범주적 '새로운 것(Novum)'이다. "무엇을 위한 애씀이요, 무엇을 향한 노력이요, 무엇에로의 경향 내지 성향"[33]인 정신의 목적적 활동은 그러나 인과연관이 요지부동의 것으로 실재할 때만 가능한 것이다. 실재시간적으로 보아 뒤따르는 것이 앞서가는 것을 결정토록 하는 것이 목적활동성의 구조인데, 만일 시간적으로 앞서가는 것이 뒤따르는 것을 결정하는 인관연관이 유동적인 것이라면, 목적설정-수단선택-목적실현이라는 이 목적활동적 구조 자체도 유동적으로 되어 성립되지 못하기 때문이다. 목적연관이란 원인-결과의 관계가 직관시간 속에서 목적-수단의 관계로 전도된 인과연관일 뿐, 인과연관 자체의 구조를 변형시키는 것이 아니요, 오히려 이를 전제로 해서만 성립

---

32 AdrW 508
33 AdrW 514.

되는 것이다. 그렇다 하더라도 목적적 추가활동은 정신이 수행하는 독자적인 자유로운 것으로, 바로 이로써 정신은 자연 가운데는 없던 새로운 세계를 바로 자연을 토대 및 자료로 해서 산출할 수 있는 것이다.

요약건대, 정신은 영원불변의 초자연적 존재도 아니요, 비실재적인 이법적 존재이거나 관념의 산물도 아니다. 정신은 인간에게서 나타나는 실질적 존재로, 실질세계 속에서 다른 실재적 존재에 의존되어 존립하는 존재다. 그러나 그렇다고 해서 정신이 다른 실질적 존재의 원리로 해소되어 환원되는 존재는 아니요, 그 독자성을 갖는 고유한 존재층을 이루는 존재다. 정신의 자율성, 자립성을 확보하기 위해 정신의 실질적 실재성을 부인하거나, 정신의 실질적 실재성을 존중하여 정신의 자립성을 부인하는 양자택일적 접근은 근본적으로 잘못된 것이다. 따라서 정신존재를 다른 존재영역으로 환원시키려는 사고도 받아들일 수 없는 것이다.

Ⅳ. 정신의 문화현상

정신이 실질세계에 의존되어 있는 실질적 존재이면서도 실질세계의 제약을 벗어나 독자적인 활동을 할 수 있는 존재론적 기초는 이상으로써 밝혀진 셈이다. 그런데 우리가 여기서 더 나아가 정신의 활동이 지니는 사회성과 역사성의 존재론적 연관관계를 밝힌다면, 그로써 우리는 정신활동이 곧 문화창조의 활동임을 확인할 수 있으며 이와 더불어 문화세계가 형성되는 존재론적 기초를 더 충실히 밝힐 수 있을 것이다. 왜냐하면 문화란 사회성이라는 공시적(共時的), 횡적 연관과 역사성이라는 통시적(通時的) 연관이 각각 씨줄과 날줄이 되어 직조되는 세계이기 때문이다.

정신의 공시적 활동과 통시적 활동은 각각 어떤 현상에서 파악되는가? 그리고 그 존재론적 기초는 어떤 것인가? 이 문제에 접근하기 위해 우리는 하르트만이 정신을 그 존재형식(Seinsform)에 따라 개인적, 인격적 정신, 객관적 공동정신, 객체화된 정신으로 구분하여 이들의 상호관계를 설명한 내용을 자료로 삼도록 한다.

1. 사회성의 존재론적 기초

발생적 기원에서 주목해 보자면, 인간의 공동생활이 인간 정신을 사회적인 것으로 형성케 한 배경이며 정신의 객관성은 바로 여기에 그 근원을 갖고 있다고 보는 것이 타당할 것이다. 그러나 구조적으로, 문화를 창조하는 정신활동을 기점으로 하여 살펴본다면, 원리적으로 선행하는 것은 정신의 객관성이며, 이를 요건으로 하여 정신의 사회적 성격 및 인간의 사회적 공동생활도 설명될 것이다.

하르트만은 심적인 것이 철저히 개인적인 것인 데 반해 정신적인 것은 본성상 공동적인 것이라고 이렇게 말한다. "심적 존재란 개인의 내밀한 존재로, 전이(轉移)불가능한 것이요 … 다른 사람이 진입해 들어가 도달할 수 없는 것이다. … 그러나 사상은 파악만 한다면 다른 사람도 똑같은 것으로 사유할 수 있는 것이다. 사상은 본성상 객관적이다. 그것은 확장적이고, 의식작용이 [우리를] 분리시키는 데 반해, [우리를] 결합시킨다. 그리고 이는 의지의 지향, 노력과 행위의 지향, 확신내용, 믿음과 평가와 직관의 방식 등에 있어서도 마찬가지다. 이들은 모두 정신의 영역에 속한다."[34] 그래서 그는, 정신이 그저 개인적인 정신에만 그친다면 그런 정신은 심적인 존재와 구별하기도 어려울 것이라고 시인한다.[35] 내적 구조에 있어서 보면 정신의 객관적 성격은 정신의 대상적 의식으로부터 설명될 수도 있다. 비정신적인 의식은 사물을 대상으로 갖지 못하고 그래서 자신이 주관이 되지도 못한다. 생명성과 밀착된 비정신적인 의식은 사물과 거리를 취하지 못하기 때문이다. 그러나 정신적인 의식은 사물을 대상화시킨다. 이는 정신이 "충동으로부터 벗어난 결과이며 그의 편심적(중심에서 벗어나는) 자기정위의 결과"[36]다. 정신이 사물을 대상화시키는 대상적 의식을 갖는다는 것은 정신 그 자신이 객관적인 것으로 고양될 수 있는 본질적 계기다. 대상의식을 갖는 주관도 다른 주관에 대하여 또한 대상이 될 수 있기 때문이다. 정신적 존재자로서의 개인들 간에 객관(즉 대상)으로서의 정신적 개인에 공통되는 정신적 내용이 또한 형성될 것이기 때문이다.

개인적 정신이란 신체성 및 심적 의식과 직접적으로 결합되어 있는 개개인의 개별적 정신이다. 이 개별적 정신은 개개인이 자신에게서 직접 체험하는 것으로서, "본원적이고 본래적인 의미에서 … 사랑하고 미워하고, 에로스를 갖고 책임을 지며 죄과와 공로를 감당하며, 의식과 예견과 의지와 자의식을 갖는 인격적 정신"[37]이다. 그러나 이 정신의 핵심을 그 자체에서 규정하기란 불가능하다. 이 정신의 실체는 오히려 이 정신이 외부와 맺고 있는 여러 다양한 관계, 즉 세계를 향한 그의 정향(定向)

---

34 PdgS 71.
35 PdgS 69 참조.
36 PdgS 116.
37 PdgS 73.

가운데서 드러난다. "사건의 연속 속에 들어 있다는 것 — 이런 것들은 그의 관계적 성격을 명백히 해준다."[38] 그런데 이러한 관계는 에로스의 영역에서는 그를 다른 정신과 결합시켜 주는 관계로 된다. 즉 "개개인을 넘어 서로 결합되고 서로 의거하는 인격들 간의(interpersonal) 관계"[39]로 된다. 따라서 개인적, 인격적 정신의 실체는, "개개 인격들에 의해 비로소 구성되는 것이 아니라 이들의 다양한 활동작용을 처음부터 포괄하고 담지하고 있는 초개인적인(Überindividuell) 정신적 연관 속에서"[40] 실제로 찾아진다. "개인들을 넘어서며 이들을 결합하고 담지하는, 이들의 성장과 분화의 토대가 되는, 공동의 정신적 생, 이 정신적 공동성의 영역, 이것이 곧 객관적 정신의 생이다."[41]

하르트만에 있어 객관적인 정신은 이런 맥락에서 개인적 정신과 더불어 정신의 한 존재형식으로 확정되는데, 정신의 (나아가 문화의) 사회성은 바로 이 객관적 정신에서 단적으로 드러난다.

객관정신이란 우리가 흔히 민족정신, 민족혼, 계레의 얼, 또는 시대정신 등을 말할 때 함의하는, 그런 공동정신이다. 객관정신은 개개인의 개별적 정신을 넘어서서 이들을 포괄하지만, 그렇다고 단순히 이들의 집합(Kollektivum)이거나 총합(Summe)이거나 이들을 부분들로 하는 전체(Ganze)인 것은 아니다. 이렇게 보아서는 그것이 지니고 있는 유기적 통일성이 간과된다. 객관정신은 자신의 고유한 생을 지니며, 그 가운데서

---

38 PdgS 175.
39 PdgS 176.
40 PdgS 176.
41 PdgS 176.

자신의 고유한 통일성을 유지하는 실질적 실재다. 물론 객관정신은 동시대성과 공동체성을 통해 결합되는 인간 집단에서 형성된다. 그러나 그것은 단순히 이들의 산물(Produkt)이거나 이들에게 공통되는 어떤 정신적 유형(Typus)이 아니다. 그것은 또 이 개별적 정신들에 공통되는 어떤 본질적 특성들의 총화도 아니다. 그것은 추상적 일반자가 아니라 살아서 활동하며 오히려 개인정신을 형성해 나가는 구체적, 개체적 실재다.[42] 물론 객관정신의 개체성은 실질에 있어 개인정신과는 그 규모가 현격히 다르다. 그러나 큰 단위이긴 하나 그것도 개체적인 존재임에는 틀림없다. 객관정신이 규모의 크기가 다른 것임은 그의 시간성에서도 분명하게 두드러져 보인다. 그가 태어나서 자라고 죽는 생의 속도는 개인정신의 그것에 비해 볼 때 그 시간단위를 전혀 달리 잡아야 할 만큼 느리다. 객관정신은 몇 세기에 걸쳐 형성되고 변화하고 소멸하는 것이 보통이다. 개인정신들을 포괄하는 큰 규모의 개체로서 또 이렇게 긴 시간단위를 살아간다는 점에서 이 객관정신이야말로 "엄밀하고도 본원적인 의미에서 역사의 담지자"[43]이다. 그것은 언어, 지식, 예술, 습속, 도덕, 법, 정치, 신앙 등의 여러 분화된 문화영역에서 자신을 구현시키며 개인정신들을 움직여 역사를 끌고 간다.

그렇다면 이 객관정신과 개인정신은 서로 어떤 관계 속에 놓여 있을까? 이 관계를 남김 없이 밝혀낸다는 것은 어려운 일이지만, 우리에게 나타나는 정신의 현상에서부터 우리가 찾아낼 수 있는 가능한 것을 밝힘

---

42 PdgS 191 이하 참조.
43 PdgS 73.

으로써, 우리는 정신(나아가 문화)에 깃든 사회성의 존재론적 구조에 대해 원리적인 것을 엿볼 수 있을 것이다.

우선 우리는 객관정신과 개인정신이 정신 일반의 부분이나 구성요소라고 생각해서는 안 된다. 객관적 형식을 띠기도 하고 개인적 형식을 취하기도 하는 하나의 정신이 있을 뿐이다. 따라서 객관정신과 개인정신의 관계를 생각할 때도, 선행하는 두 개의 독립적인 항이 추후적으로 관계를 맺는 것으로 보아서는 안 된다. 정신이 객관정신으로 드러나는 현상과 개인정신으로 드러나는 현상 사이의 관계로 보는 것이 더 타당할 것이다.

객관정신과 개인정신의 관계는 단적으로 말해 상호연관적이다. 이들은 상호 지시적, 상호 담지적, 상호 의존적, 상호 제약적, 상호작용적인 내적 관계를 갖는다.

개인정신이 있는 곳에 객관정신이 있고 객관정신이 있는 곳에 개인정신이 있다. 이들은 서로를 지시하고 전제한다. 개개의 한국인들이 정신적 존재로 있어야 한국정신이 있을 수 있는가 하면, 한국정신이 있어야 그 속에서 한국인들은 정신적으로 한국인이 된다. 이 둘은 이렇게 서로에게 담지되어 있으며 따라서 자연히 서로에게 의존되어 있다. 그리고 내용적으로도 물론 서로 영향을 주고받으며 서로 조건지어 주고 서로 제약한다. 한국의 작가들은 한국정신의 한 구현체인 한국어라는 객관정신의 내용에 의해 영향을 받고 제약을 받는다. 물론 그것에 의해 뒷받침되고 그것에서 영양과 힘을 얻는다. 한국어가 빈약한 언어라면 그 언어로 느끼고 상상하고 사유하는 한국작가의 작품이 풍성한 문학적 내용을 담기란 어렵다. 그러나 또 다른 한편 한국어는 그러한 개별적 작가들의 언어적, 문학적 활동을 통해 더 풍성해지고 더 활력을 얻게 되는 것도 사실이다. 셰익스피어는 영어를 격조 높은 문화어로 만드는 데 기여했으며, 또 영어는 셰익스피어 문학을 가능케 해준 모태이기도 하다.

객관정신은 개인정신에 대해 그저 후원자 내지 영양원(營養源)에 머물지 않고 거스르기 어려운 강력한 힘으로 작용하기도 한다. 이 저항의 힘이 너무나 거대하고 강력하여 개개인에게 객관정신은 일종의 운명처럼 느껴지기도 한다. 개인적 신앙이나 신념에 철퇴처럼 내려지는 종교적, 법적, 정치적인 사회적 '처벌'은 바로 이를 말해 주는 것이다.

초개인적 포괄성, 개인정신에 비견될 수 없을 만큼 큰 규모의 개체성 및 시간성, 개인정신을 무력하게 만드는 거대한 힘, 객관정신이 갖는 이러한 특성들을 강조하다 보면 객관정신과 개인정신의 관계를 실체와 속성, 또는 본질과 현상의 관계로까지 보게도 되는데, 이는 물론 잘못이다. 하르트만에 따르면 헤겔의 잘못이 바로 이것이다. 하르트만은 헤겔이야말로 초개인적인, 역사적으로 활동하는 정신을 인지하고 이를 지칭하기 위해 '객관정신'이라는 용어를 처음 사용한 "객관정신의 발견자"[44]라고 하면서 그를 높이 평가하지만, 이 객관정신의 지위와 성격에 대한 형이상학적 사변에 대해선 철저히 비판적이다. 헤겔에 따르면 결국 객관정신이란 "개개인을 넘어서는 더 상위 차원의 존재로서 고유한 존재방식과 고유한 생을 갖는 일반적 정신실체(Geist-Substanz)"[45]요, 이에 비해 볼 때 개인정신은 정신실체가 자신을 실현시키기 위해 택하는 수단으로

---

44 PdgS 198.
45 PdgS 6.

서 그것의 불완전한 표현이요, 말하자면 "실체인 객관정신에 대해 속성인 것처럼 관계한다."[46] 그러나 "객관적 정신은 개인들의 배후에 있는 존재가 아니요, 개인들로 구성되고 개인들로 해소되지는 않지만 그래도 오직 개인들 속에 있는 존재다. 그리고 개인들도 비록 객관정신에 담지되어 그 속에 있기는 하지만 객관정신 때문에 객관정신을 위해서 있는 것이 아니고 자신을 위해서 자신 때문에 존립하는 것이다."[47] 이렇듯 앞서 말한 '상호연관성'의 여러 내용을 살펴보면, 객관정신과 개인정신의 관계를 실체와 속성의 관계로 보는 것은 타당치 않다.

하르트만은 오히려 헤겔의 실체(Substanz) 개념을 상위 현존(Superexistenz)이라는 개념으로 대체시켜, 객관정신을 "개인들의 생에 기초해(zugrundeliegen) 있는 것이 아니라 오히려 이들을 포괄하고 상향형성하는 높은 차원의 생"[48]으로 본다. 이렇게 '상위에 존립하는(superexistierend)' 것으로 볼 때, 하위에 존립하는 개개인의 정신에 의존하고 담지되면서 그 나름대로의 독자성을 갖고 힘을 발휘하는 현상이 더욱 적절하게 파악된다는 것이다.

문화의 사회성의 존재론적 기초를 객관정신과 개인정신 간의 독특한 관계를 통해 살펴봄에 있어 특기할 만한 것은 개인정신이 객관정신을 '대리한다(stellvertreten)'는 점이다. 객관정신은 상위에 존재하는 공동정신으로서 개인정신에 힘을 발휘하지만, 그럼에도 그의 활동에는 실제

---

46 PdgS 6.
47 PdgS 200.
48 PdgS 288.

로 개인정신의 의식적인 개입, 참여가 꼭 요구된다. 객관적 정신에는 의식이 결여돼 있기 때문이다. "객관정신은 의식도 아니고 인격도 아니다."[49] 의식과 인격성 위로 고양된 객관정신에는 이것을 직접 담지하는 심적 존재층이 결여되어 있다는 것이다. 셸러처럼 '총체의식(Gesamtbewußtsein)'이나 '총체인격(Gesamtperson)'을 객관정신의 직접적 지반으로 설정하는 것은 하르트만이 보기에는 현상을 무시하는 형이상학적 사변이다.[50] 객관정신의 의식은 간접적으로 개인정신을 매개로 하여 개인들에게 있는 셈이다. 즉 객관정신의 의식의 주체는 개개인들이다. 따라서 개인정신은 이 점에서 객관정신을 대리할 수밖에 없게 된다. 그리고 불행한 것은, 개인적인 인격체들의 의식이 규모가 거대한 객관정신을 다 감당해 낼 수 없기 때문에 객관정신이 현실적으로 역사 속에서 그 자신의 길을 잃기도 한다는 것이다. 개인의 의식은 객관정신에게는 실로 "부적합(inadäquat)"[51]한 것이다. 정치적, 역사적 불행은 근본적으로 볼 때 그 활동의 주체인 객관정신이 자신에게는 부적합한 개개인의 의식활동을 통해서밖에는 자기실현을 할 수 없다는 정신의 존재론적 구조에 있는 셈이다.

---

49 PdgS 303.

50 PdgS 306 참조.

51 PdgS 311.

2. 역사성의 존재론적 기초

이상으로 우리는 문화의 사회성이 객관적 정신의 활동에, 특히 객관정신과 개인정신의 상호연관 관계 속에 기초지어져 있음을 살펴보았다. 그러면 문화의 또 하나의 원리인 역사성은 정신적 존재의 어떤 모습에서 파악될까? 역사란 원리적으로 과거가 현재 속으로 진입해 들어오고 현재가 미래에로 진입해 나아갈 때 성립하는 것이다. 어느 경우에 있어서나 구조적으로 보면 객관정신이 시간적 거리를 뛰어넘어 계속적으로 존립하는 데서 성립한다. 우리는 이 계속적 존립을 두 가지 형태로 나누어 생각해 볼 수 있다. 하나는 지속적인 존속이요, 다른 하나는 비지속적인, 즉 단속적인 재현을 통한 존속이다.

첫째 형태의 존속은 "변전하는 객관정신이 일단 획득한 형태 그대로 직접 존속해 나아가는"[52] 모습에서 찾아진다. 여기서는 과거가 "생동하는 정신 그 자체에 있는 형태를 직접 보존하는 방식으로"[53] 현재로 진입해 온다. 그리하여 여기서는 과거의 정신적 자산이 지속적으로 보존되어 과거의 정신에서처럼 똑같이 현재의 생동하는 정신에도 그대로 생생하다. 보존능력과 자기형성능력이 직접 상호 침투하여 언어나 지식이나 생활방식 등 정신적인 것의 보존과 변전 가운데서 함께 발휘된다. 변화 가운데서도 "이미 성취된 것, 완성된 것이 비약 없이 한 세대에서 다음 세

---

52 PdgS 484.
53 PdgS 547.

대로 인수되는 방식으로"[54] 전수된다. 그리하여 여기서는 특히 개인이 공동정신에 '성장해 들어가는(hineinwachsen)' 현상이 결정적인 역할을 한다.

둘째 형태의 존속은 그 방식이 좀 복잡한데, 그 분석을 위해 우리는 하르트만에서 정신의 제3의 존재형식으로 제시된 '객체화된 성신'의 존새론적 기초와 구조를 살펴보기로 한다. 정신은 다른 실질존재층에 의거해서만 존립하는 실질존재다. 따라서 그가 독자적인 자율의 영역을 확보하고 있기는 하지만, 이 다른 실질존재층이 없이는 그의 자유로운 활동 자체도 불가능해진다. 사실 정신의 활동이란 하위의 다른 실질존재층을 매체 혹은 수단으로 이용해서만 가능하다. 다른 정신과의 의사소통을 위해서든, 기술적 유용성의 목적을 위해서든, 아니면 예술적 창조를 위해서든, 정신은 이 다른 실재존재에 자신을 외화(外化, äußern)시켜야 한다. 이 정신의 자기표출, 자기외화는 직간접으로 결국은 물질적 존재층에서 고정된 결과를 낳게 되는데, 이 과정을 하르트만은 주체에서 객체로 된다는 뜻에서 '객체화(Objektivation)'[55]라고 이름한다. 그리고 이렇게 하위 존재층에 객체화된 정신(objektivierter Geist)을 정신의 제3의 존재형식으로 설명한다.

정신은 근본적으로 자기외화, 즉 이 객체화를 통해서만 자기활동을 할수 있는 존재이므로 모든 정신은 순간적이나마 엄격한 의미에서는 객체

---

54 PdgS 485.
55 사물이 인식의 대상으로 되는 대상화(Objektion)와 구별됨.

화된 정신의 형식으로 존립할 수밖에 없다고 볼 수도 있다. "모든 발언, 모든 말, 모든 몸짓, 태도 등이 … 이미 객체화"[56]다. 그러나 이런 정도의 객체화에서는, 그 정신이 객체로 되기는 했지만 아직도 여전히 생동하는 개인정신에 의해 담지되어 있고 이 개인정신의 삶의 흐름과 더불어 흘러 갈 뿐 그 자체 독자적인 것으로 자립하진 못하고 있다. 그러나 정신의 객 체화가 존재적으로 더 안정적인 무기적 물질을 토대로 해서 이루어진다 면, 이렇게 객체화된 정신은 본래의 생동하는 정신의 생의 흐름으로부터 이탈되어 나와 그 새로운 물질적 토대를 담지자로 하여 자립성을 얻게 될 것이다. 객체화된 정신은 그 존재적 자립성의 토대를 그것이 담지되 는 물질의 안정성에서 갖게 된다. 객체화 과정이 이런 양식으로 이루어 지면, 본래의 주체였던 생동하는 정신이 시간의 흐름과 더불어 더 이상 존립하지 않는다 해도 그것이 객체화되어 있는 물질적 형상이 남아 있는 한, 그의 정신은 흘러가 없어졌다고 말할 수 없는 것이다. 과거가 현재 속에 살아남는 것이 역사성립의 주요요건이라고 볼 때, 정신의 객체화, 즉 객체화된 정신의 존립은 정신에 역사성의 존재론적 구조가 내재해 있 음을 입증해 보이는 것이라 하겠다. "과거가 죽어서 상실되지 않고, 오늘 에 살고 있는 정신 속으로 솟아올라 그 속에서 현재화됨"[57]에 역사성은 존립하는데, 객체화된 정신이 자립화하여 생동하는 정신을 넘어서서 존 립한다는 사실이 바로 이 조건을 정확히 충족시켜 주고 있다.

---

56 PdgS 411.
57 PdgS 417.

좀 더 자세히 살펴보자면, 객체화된 정신은 생동하는 정신의 변전으로부터 이탈되어 나옴으로써 그의 직접적인 담지자를 상실하지만, 이로써 그저 망실되는 것이 아니라, 어떤 물질적 형성물에 담김으로써 자신을 보존하게 된다. 이렇게 해서 그는 일단 휴지(休止)하게 된다(stillgelegt). 그러면 그는 일단 생동성을 잃는다. 그러나 그는 다른 시간과 장소에서 다른 생동하는 정신에 의해 깨워지고 새로이 생동할 수 있게 된다. 즉 '다시 태어나게' 된다. 이렇게 다시 태어나게 되면 그는 생동하는 정신에 작용하여 영향을 준다. 즉 "객체화된 것은 일단 현실화되면, 살아 있는 정신을 움직인다."[58] 되살아난 객체화된 정신이 살아 있는 정신을, 직접적으로 개인정신을, 그러나 간접적으로는 객관적 정신까지도, 움직이게 할 수 있는 것은, 그가 객체화되어 휴지에 들어갈 때 생동성을 잃게 되는 대신에 그로써 객관성 즉 초개별성을 얻었기 때문이다. 그래서 모든 객체화된 형성물들에 있어 특징적인 것은 "그들을 산출한 어떤 역사적 정신의 근본구조를 그들 자신에 지니고 있으며, 그것을 다른 생동하는 정신에게, 그 생동하는 정신이 그것을 이해할 수만 있다면, 항상 다시 전달해 줄 수 있다"[59]는 점이다. 과거가 현재에 와 닿을 수 있는 것도 그리고 또 미래에로 밀고 들어갈 수 있는 것도 바로 이 객체화된 정신의 자립적 성격에 힘입고 있는 것이다. 객체화된 정신이란 비유적으로 말하자면 '역사의 기억'인 셈이다.

객체화된 정신은 생동하는 정신이 그의 창조작업을 마치는 바로 그곳

---

58 PdgS 420.
59 PdgS 416.

에서 성립되고 보존하는 것으로, 정신활동의 산물이요, 정신적 자산이다. 그런데 이 정신적 자산은 생동하는 정신의 변전에서부터 벗어나 새로운 물질적 담지자에게서 존립의 토대를 가지게 된다는 점에서 시간적 제약을 크게 벗어나는 고정적인 존재가 된다. 그러나 좀 더 유심히 살펴보면 이것의 존재는 실은 고정불변의 것이라고 보기 어렵다. 물론 이를 담지하고 있는 물질적 토대의 존재적 유한성도 문제가 된다. 즉 객체화된 정신이 담기는 물질적 토대의 성격에 따라 그 담지 자체에도 제약이 있겠고, 또 같은 정신이라도 그 담지자에 따라 그 내용이 변할 수도 있을 것이다. 그러나 더 크게 문제가 되는 것은, 이렇게 해서 일단 휴지된, 즉 잠든 정신을 깨우는 정신에 있다. 객체화된 정신의 창조자가 아닌 다른 어떤 생동하는 정신이 그 잠든 정신을 정신적 실체로 인식하고 이해해서 이를 깨워 다시 태어나게 한다는 보장도 없고, 또 비록 그렇게 한다 하더라도 그때 다시 깨어난 정신이 본래 잠들었던 정신 그대로의 모습이라는 보장도 없기 때문이다. 자연석으로 오해받아 그대로 묻혀 있는 석조물이 있다면, 거기에 객체화된 정신은 정신적 존재로 존재한다고 볼 수 없는 것이요, 서로 상반되는 해석과 이해를 허용하는 역사적 유물이 있다면 거기에 담긴 객체화된 정신은 자립적이고 자기동일적인 존재를 지니고 있다고 보기 어려울 것이다. 객체화된 정신이 생동하는 정신의 변화를 벗어서 자립적 고정성을 확보함으로써 시간의 흐름을 버텨내는 것은 사실이지만, 이 자립성이 결코 완전한 것이 못 되기 때문에, 이에 기초해서 성립되는 역사성도 존재론적으로 완전한 것이 되지 않음은 당연하다. 즉 역사세계란 존재로서 보자면 불완전한 존재라는 것이다.

V. 문화의 존재론적 이중성

이상에서 우리는 문화의 실체가 인간 정신의 활동 및 그 산물에 있다는 전제 아래, 인간 정신이 어떤 존재형식을 갖고 문화를 형성하는지 그 사회성과 역사성이라는 형식적 요건에 초점을 맞춰 살펴보았다. 이로써 우리는 문화세계의 존재론적 기초를 살펴본 셈이다. 그러면 이 존재론적 기초는 어떤 구조로 이루어져 있으며, 그 구조에는 아무런 문제성이 없는가? 이제 우리는 문화의 존재론적 기초인 정신존재가 안고 있는 구조적 문제점을 검토해 보고자 한다. 이는 물론 앞서 살펴본 분석내용을 다른 시각에서 심화시켜 보는 것이지 새로운 작업을 시작하는 것은 아니다. 먼저 우리는 개인적 정신과 객관적 정신의 구별 없이 활동하는 정신이 구조적으로 갖는 존재론적 문제성을 살펴보고, 이어서 객체화된 정신에서의 문제점을 살펴보도록 한다.

1. 활동하는 정신의 존재론적 이중성

우리는 앞에서 정신존재가 다른 실질존재층에 의존해 있긴 하지만, 그것에로 환원되어 해소되지 않을 뿐더러, 그 자체 고유한 존재원리에 따라 그것을 활용하여 자신을 형성해 가는 자율성을 갖는 독자적 실질존재임을 확인했다. 즉 정신존재는 의존적이며 자립적인 존재임을 확인했다. 그런데 바로 여기서 이 자율성이 존재론적으로는 문제가 된다.

엄밀한 의미에 있어 진정한 존재란 그것을 인식하는 주관과의 연관성으로부터 철저히 벗어난 즉자적인 존재 그 자체를 가리킨다. 더 확대시켜서 보자면 인식뿐만 아니라 인간 정신의 다른 여러 활동으로부터도 독립되어 그 자체로 존재하는 존재만이 존재론적 탐구대상이 되는 진정한 존재다. 그런데 정신의 존재에 있어서는 어떠한가? 앞의 이중적 파악 가운데서 다른 실재존재에 의존되는 부분은 정신존재의 즉자적 측면이라고 볼 수 있다. 비록 그 다른 실질존재로 환원되지는 않는다 하더라도, 그 다른 실질존재가 정신의 활동에 따라 주조되는 존재가 아니라 그 자체 즉자적인 존재인 이상, 이 존재의 제약을 받아들이는 정신존재의 의존 측면은 즉자적인 것으로 규정할 수 있을 것이다. 그러나 정신존재의 본질적 핵심은 이 의존성에 있지 않고 자율성에 있으며, 이 자율의 측면은 그야말로 정신 자신의 자유로운 활동에 맡겨져 있는 것으로 즉자적 성격을 갖지 않는 것이다.

정신의 자유란 우선적으로 정신이 스스로를 규정하고 형성할 수 있고 또한 형성해야 함을 뜻하는 것이다. 하르트만도 지적하듯 정신은 "그가 본래적으로 무엇인지가 그 자신에 달려 있는"[60] 존재요, "언제나 자신을 자신인 것으로 비로소 만들어내야 하는"[61] 존재다. 이렇듯 자신의 고유한 자발적 활동이 자신의 '존재'에 결정적인 것이라면, 정신의 즉자성은 의문시될 수밖에 없다. 하르트만도 이를 시인하여 "개인적인 정신세계의 다양성은 존재적으로 부차적이다. 아무도 그 존립을 부인하진 않겠지만, 그것은 즉자적 존립은 아니다"[62]라고 말한다.

---

60 PdgS 104.
61 PdgS 167.
62 PdgS 99.

정신의 실질세계에의 의존적 측면을 정신이 이미 실재에 있어 완결된 즉자성을 지니고 있다는 점에서 실질적 즉자성(reales Ansichsein)이라 한다면, 바로 이 자유의 측면은 정신이 대자적으로 자기형성을 통해 비로소 자기존재를 정립할 뿐 실재로서 언제나 완성되지 않은 것이라는 점에서 비실질적 대자성(irreales Fürsichsein)이라고 할 수 있겠다. 그렇다면 과연 이 두 가지 규정성은 그저 상충할 뿐인가? 이를 양립하는 것으로 통일시킬 수는 없을까?

이에 대해 우리는 다음과 같이 그 통일적 이해를 시도해 본다.

정신존재의 '의존적 자율성'이란 실재존재로서의 정신이 실질세계 내에서 다른 실질존재층과 일정한 의존관계를 가짐으로써 비로소 가능한 자율성을 가리킨다. 정신이 자기형성의 자유를 가지되 이것이 바로 정신의 실질적 존재연관상 그러하다는 것이다. 정신이 "자유에로 강요되어 있다"[63]는 하르트만의 말은 이를 압축적으로 표현해 주는 것이다. '강요되어 있음'을 실질적 존재연관의 강제적 필연성으로 이해하고, '자유'를 이로부터 성립되어 나오는 것으로 이해할 수 있을 것이다. 사실 정신은 자유로울 수도 자유롭지 않을 수도 있는 존재가 아니라 실질적 존재연관상 자유로울 수밖에 없는 존재다. 즉 정신의 자유는 정신에 의해 자유롭게 선택되는 것이 아니라 실질적 존재연관상 이미 결정되어 주어진 것이다. 실질적 사태로서의 자유가 정신에게 그의 활동에 있어서의 자유에 선행되어 있는 셈이다. 그리고 실질적 존재연관상의 이 자유는 정신의

---

63 PdgS 134.

자유로운 활동에 의해서 형성된 것이 아닌 즉자적인 것이다. 한마디로 말해 정신은 이미 즉자적으로 그 대자성을 존재적 규정으로 갖고 있다.

정신의 즉자성과 대자성을 정신존재의 통일성을 기하는 두 계기로 보되, 이를 그저 정태적, 구조적으로만 보지 말고, 역동적 연관 아래서 보려는 것이 우리의 관점이다. 즉 정신존재가 실재적 즉자성을 가지되, 그의 존재가 완전히 규정되지 않는 방식으로 즉자적이라고 파악하자는 것이다. 그래서 이 대자성을 그저 부차적인 것으로 볼 것이 아니라 역동적 관점에서 '완성적' 계기로 보자는 것이다.

이런 관점에서 보면, 의존성(즉자성)과 자립성(대자성)이라는 두 측면이 개념적 모순에도 불구하고 실제로는 단절되지 않은 것으로 그리고 양립가능한 것으로 파악된다. 그러나 그렇다 하더라도 대자성의 영역, 즉 자유에 의해 형성될 비실질적인 영역 자체를 존재론적으로 규정함이 어려운 난제로 남는 것은 여전하다. 그리고 이는 정신적 산물로 객체화된 정신에 있어서도 마찬가지다.

2. 정신적 산물의 존재론적 이중성

정신의 객체화는 정신이 다른 하위의 실질존재에 대해 의존적이며 동시에 자율적이기 때문에 가능하기도 하고 동시에 필요하기도 한 것이다. 정신이 다른 실질존재처럼 실질적 규정으로 완결되어 있다면, 즉 전혀 자기형성의 자유가 없다면 객체화는 불가능할 것이다. 또, 만일 정신이 그 활동에 있어 무한히 자유롭다면 굳이 이 실질세계에 자신을 표현하려 할 필요도 없을 것이다.

이러한 이중성은 객체화된 정신의 양면성에서도 엿보인다. 객체화된 정신은 처음 객체화될 때는 생동하는 정신으로부터 벗어나므로 이 정신으로부터 자유롭고 그 대신 물질적 사물에 의존하게 된다. 그러나 그가 다시 어떤 생동하는 정신에게 발견되어 재탄생할 때에는 물질에서부터 풀려나 다시 그 인식하는 정신에 의존하게 된다.

그러면 이제 정신이 객체화되어 어떤 물질적 형성물에 담지되어 있는 구조를 생각해 보자. 그 형성물은 일차적으로 물질적 존재요, 당연히 실재적 즉자존재다. 그러나 그 형성물을 정신적 활동의 산물로 보는 한, 즉 객체화된 정신으로 보는 한, 중요한 것은 이 일차적으로 지각되는 물질적 사물이 아니다. 하나의 조각품을 볼 때, 적어도 그것을 예술작품으로 보는 한, 우리가 보는 것은 그 돌이나 청동 등 물질적 자료가 아니다. 우리는 그것을 통해서 그 속에 담긴 정신을, 즉 객체화된 정신을, '들여다' 보고자 한다. 여기서 우리는 객체화된 정신을 담지하고 있는 모든 문화적 산물이 존재적으로 이중구조를 지니고 있음을 확인할 수 있다. 하르트만은 문화적 산물 자체를 객체화된 정신이라고 보고 이것이 복층성(復層性, Zweischichtigkeit)을 지니고 있다고 이렇게 서술하고 있다. "모든 객체화된 정신은, 그 총체적 형성물로 이해된다면, 본질적으로 이층적이요 이중구조물이다. 그리고 이 두 층은 이질적인 존재방식을 지닌다."[64]

이 두 층 가운데 하나는 즉자적이고 자립적인, 정신이 아닌 물질적 실

---

64 PdgS 423.

재이고, 다른 하나는 즉자적이지 않고, 그것을 이해하는 정신에 대해서만 현존하는, 주관연관적 비실재다. 앞의 것이 우리의 감각적인 지각에 직접 주어지는 것인 반면, 뒤의 것은 이 감각적 지각을 매개로 하여 간접적으로 이해되는 것이다. 이런 점을 고려하여 하르트만은 앞의 것을 전경(前景, Verdergrund)이라 부르고, 뒤의 것은 배경(背景, Hintergrund)이라 부른다.[65] 정신적 산물의 존재방식에 있어 본질적인 것은 바로 이 두 개의 이질적인 존재층이 결합되어 있다는 데 있다. 정신적 산물, 즉 문화재 속에서 개체화된 정신이 보존되어 전수되는 현상은 우리에게 자명한 것이지만, "정신적 내용이 사물적인 실재존재의 형태에 결합되어 있다는 것"[66]은 존재론적으로 볼 때 '수수께끼'고 '아포리아'다. 여기서 더욱 특이한 것은 개인정신이나 객관정신에서처럼 (객관정신은 개개인을 토대로 하여 간접적으로 그렇지만) 정신의 존재층이 다른 모든 하위 존재층에 담지되어 있지 않고 오직 물질이라는 최하위 존재층에만 의거해서 존립한다는 것이다. 말하자면 담지하는 형성물에 유기적 존재와 심적 존재로 이루어진 중간층들이 결여되어 있다는 것이다. 실재세계의 "성층의 고리가 … 깨어져 나간"[67] 것이다. 구조적으로 보자면 존재적 구조가 이렇게 파손됨으로써 객체화된 정신은 더 이상 생동하지 못하고 잠들게 된 것이다. 그래서 객체화된 정신은 이제 자립적이지 못하다. 엄격히 말하자면 그는 비실재적이다. 왜냐하면 단층적 구조인 물질적 형성

---

65 PdgS 423 이하 및 N. Hartmann, Ästhetik, Berlin, 1953(이하 Ä), 90 이하 참조.
66 PdgS 423.
67 Ä 85.

물에 담지됨으로써 그는 이 속에서 다만 '나타날' 뿐이기 때문이다. 다시 말해 비실재적인 것으로서 그는 생동하는 정신처럼 그를 담지하는 이 토대를 재구성하거나 규정하지 못하고 다만 그 안에서 현상할 뿐이다. 달리 표현하자면 그는 오히려 이 실질 형성물 속에 "사로잡혀 구금된"[68] 정신이다.

객체화된 정신 자체와 이를 담지하는 물질적 형태 사이의 관계 중 또 다른 본질적인 요인은 정신적 배경이 물질적 전경을 통해 현상한다는 사실이다. 잠든 정신이 다시 깨어나기 위해서 꼭 필요한 과정이 바로 이것이다. 그런데 바로 이러한 '현상관계'에서 볼 때 반드시 요구되는 것이 그 정신적 배경을 인지하고 이해할 수 있는 제삼자, 즉 또 다른 정신이다. 현상하는 것은 반드시 '무엇(누구)에게' 현상한다. "물질 속에 갇혀 저장된 것"[69]을 정신적 내용으로 인지하고 이를 이해하는 존재에게만 그 배경이 전경을 뚫고 나타나는 것이다.

사실 객체화된 정신은 생동하는 정신에 의존해 있지 않다는 의미에서 자립적인 것이 아니고, 생동하는 정신으로부터 이탈되고 풀려나 있다는 의미에서 자립적인 것이기 때문에, 이 자립성이란 실은 즉자존재성 속에서 성립하는 것이 아니라 그 비실질성에서 성립하는 것이라고 보아야 할 것이다. 이 비실재성이란 곧 여기서는 '누구에게 나타남'으로써 비로소 실질적일 수 있다는 의미가 된다. 물질 속에 잠들어 있는 정신을 다시 인지하고 이해하여 깨우는 제삼자, 그렇게 깨어 '나타나기' 전에는 비실질

---

68 PdgS 450.
69 Ä 84.

적인 주관의존적 존재를 깨워내 실재적인 존재로 재형성시키는 제삼자, 이것은 물론 생동하는 정신이요, 직접적으로는 신체성과 의식을 하위 토대로 갖는 개인적인 정신이다. 이 정신이 없다면 정신적 배경과 물질적 전경으로 이루어진다는 정신적 산물의 복층적 구조 자체가 성립된다고 보기 어렵다. 따라서 객체적, 정신적 산물은 3항관계(Dreigliedrigkeit)로 파악되어야 타당하겠다. "객체화된 정신의 존속은 항상 그때그때 생동하는 살아 있는 정신의 특정한 대응활동에 의거되어 있기"[70] 때문이다.

　이제 분명해진 것은 객체적 형성물에 있어 정신적인 것은 그 자체 즉 자적으로 그 속에 존재하는 것이 아니라 그것을 파악하는 정신에게 그 형성물을 관통해 나타난다는 것이다. 그리고 바로 여기에 객체화된 정신의 존재방식이 문제되는 것이다. 엄격히 말해 그것은, 활동하는 정신의 자율적인 측면이 그러했던 것처럼, 비실질적, 대자적 존재라고 해야 할 것이다. 즉 이 객체화된 존재는 실재하는 것이 아니라, 그것을 그러한 정신적 존재로 인지하는 정신의 추가적 활동에 의해서만 비로소 실재하는 것으로 나타날 수 있는 존재인 것이다.

　이상에 비추어 볼 때 정신적 활동의 산물로서의 문화세계도 존재론적으로 이중구조적임을 알 수 있다. 즉, 실재적 즉자성의 측면(즉 물질적 전경)과 비실재적 대자성(즉 정신적 배경)이 결합되어 있는 이중구조임을 알 수 있다. 구조적으로 보아, 이 물질적 전경과 정신적 배경이 제삼

70　PdgS 423.

자, 즉 이해하는 정신에 의해 결합된다고 말할 수는 있다. 좀 더 정확히 말하자면, 생동하는 이해하는 정신이 정신과 물질의 존재층만을 갖는 문화적 산물의 얼개에 자신의 유기적 존재와 심적 존재의 존재층을 채워 넣어, 그 객체적 형성체를 온전한 실재존재로 완성시킴으로써 이 두 이질적인 존재층을 결합시키고, 이로써 저 상이한 존재방식의 영역을 결합시켜 하나의 통일된 실재적 존재로 만든다고 말할 수는 있다.

그러나 이해하는 정신에 의존되어 있는 이 비실재적 대자성의 영역 자체를 존재론적으로 규정하는 일이 어려운 난제로 남는 것은 여전하다.

VI. 전망: 문화과학적, 문화철학적 함의

사회적, 역사적으로 직조되는 문화세계는 역시 사회성과 역사성을 갖는 인간 정신의 활동 및 그 활동의 산물 속에 그 존재론적 기초를 갖고 있다. 그러나 우리가 살펴본 그 기초는 존재론적으로 이중구조를 안고 있어서 확고한 것이 아니었다. 정신이나 그 산물이 이중구조적이기는 하지만 하나의 통일체로 존립하는 현상을 이해하기 위해 우리는 이들이 지니고 있는 이질적인 두 존재 측면을 실제에 있어서 상호 양립가능한 것으로 파악하여 양자를 결합시킬 수 있는 논리적 출구를 모색하였다. 정신의 존재가 '즉자적으로 대자적'이라는 것, 정신적 산물의 즉자성과 대자성이 이해하는 정신에 의해 재결합된다는 것이 그것이었다. 그러나 여전히 이들의 '대자적 측면' 자체는 존재론적으로 규정하기 어려운 난제로 남아, 결국 문화세계가 그 구조 전체에 있어 볼 때 존재론적으로 남김없이 규정되기 어려운 것임이 드러난 셈이다.

그렇다면 이와 같은 귀결이 모두에서 언급된 문화철학적인 문제들에 대해 갖는 함의는 무엇일까? 여기서 우리는 문화(정신)과학의 방법론의 문제에 대해, 그중에서도 특히 역사학의 성격에 대해, 그리고 자연과 문화의 관계에 대해, 우리의 귀결이 갖는 함의를 다만 원리적인 것에 국한해 조망해 보기로 한다.

　문화과학의 탐구대상인 문화세계가 앞서 살펴본 바와 같이 존재론적으로 이중구조를 가지고 있다면, 그 탐구의 방법 또한 일원적일 수는 없을 것이다. 더욱이 즉자적 실재의 세계인 자연을 탐구대상으로 하는 자연과학적 방법을 문화탐구에 전횡적으로 적용한다는 것은 부당한 것이다. 문화세계를 진정 문화적인 것이게끔 해주는 것은 바로 그것의 존재론적인 비실질적 대자성에 있는 만큼, 자유로운 정신활동의 주관적(및 주체적) 개입연관을 밝히는 방법이 오히려 타당한 것으로 생각된다. 그리고 비실질적 대자성의 영역에의 주관적(주체적) 개입이 일반화되어 법칙적으로 정립될 수 없는 '자유로운' 것인 이상, 딜타이, 빈델반트, 리케르트 등이 주창한 기술, 이해, 해석의 방법은 이런 의미에서 불가피한 것이라고 생각된다. 주지하다시피 빈델반트가 역사적 문화과학을 특수한 것, 일회적인 것, 개별적인 것을 실연적 단칭판단으로써 개성기술적(idiographisch)으로 탐구하는, 직관에 의거해 법칙 아닌 형태를 인식하고자 하는 정식과학이라고[71] 규정한 것은 이러한 입장을 잘 대변해 주는

71　H. Schnädelbach(이한우 역), 『헤겔 이후의 역사철학』, 문예출판사, 1986(1974), 177쪽 참조.

것이라고 본다. 그러나 정신의 자유로운 활동이라는 측면만을 지나치게 강조하여 그 활동이 정신 아닌 다른 실질존재층, 즉 자연에 의거하고 있음을 간과해서는 안 될 것이다. 문화객체를 "가치로 가득 찬 현실"[72]로 보고, 이를 "가치와 상관없이 고찰될 수 있는 자연"[73]에 철저히 대립시킨다면, 이는 지나친 정신주의적 형이상학의 결과라고 하겠다. 기술, 이해, 해석의 방법을 불가피하게 받아들이되 정신활동이 근거하고 있는, 정신활동을 제약하는 정신 외적 실재세계에 대한 경험과학적 성과를 그 어떤 형이상학적 선(先)결정 없이 그대로 참조하는 것이 원리적으로 타당한 길이라 하겠다. 정신의 문화적 활동을 물질적 자연의 현상에로 환원시키는 것이 오류이듯이 문화현상 전체를 오직 정신의 가치지향적, 이념적 활동으로만 보는 것도 오류일 것이기 때문이다. 이와 같이 형이상학적 선결정의 오류를 피한다면, 기술, 이해, 해석의 방법으로서는 문화현상에 대한 보편타당한 인식을 얻기 어렵다는 사실에 크게 좌절하지 않아도 될 것이다. 그러한 인식을 얻는다는 것은 원리적으로 불가능할 뿐 아니라, 문화세계를 이해하는 데 있어 도움이 되지도 않을 것이기 때문이다. 문화(정신)과학이 탐구하고자 하는 것은 근본적으로 정신의 자유로운 활동이요, 진정한 의미에서의 정신의 자유란 그 어떤 보편적 원리에 의해서도 파악되지 않을 것이기 때문이다.

같은 관점에서 우리는 역사(학)의 성격에 대해서도 생각해 볼 수 있다.

---

72 H. Rickert(윤명로 역), 『문화과학과 자연과학』, 삼성문화문고, 1973(1898), 53쪽.
73 같은 책, 52쪽.

역사를 일어난 객관적 사건 자체로 이해하게 되면, 역사연구는 그 객관적 사건의 전후관계를 인과적으로 설명하는 실증과학이 되거나 혹은 그것을 목적적으로 해석하는 정신과학이 되거나 할 것이다. 그리고 역사를 특정사관 아래서 기술되고 해석되는 주관적 구성물로 이해하게 되면, 역사연구는 그 대상이 되는 역사 자체와 구분이 애매해지는, 굳이 말하자면 기왕의 기술에 대한 재검토, 해석에 대한 재해석으로 되는, 이념적 체계로 성격지어질 것이다. 더 나아가 전자의 관점에서 보면 역사철학의 과제는 역사의 주체, 법칙, 의미, 방향, 목표 등을 묻는 일이 되고, 후자의 관점에서 보면 역사서술을 논리적 의미론적, 인식론적 관점에서 분석하고 비판하는 일이 될 것이다. 앞의 것을 사변적, 객관적, 내용적 역사철학이라고 한다면, 뒤의 것은 비판적, 분석적, 형식적 역사철학이라 할 수 있을 것이다.[74]

그러나 역사세계에는 객관적 사건이 갖는 실질적 즉자성의 측면도 있고, 그에 대한 해석을 기다리고 있는 비실질적 대자성의 측면도 있다. 객체화된 정신에 대한 앞서의 분석에 비추어 보자면, 역사는 정신을 담아 보존하고 있는 물질적 형성물이라는 즉자적 실재와 그 담겨 있는 정신을 인지하고 되살려내는 살아 있는 정신의 부단한 상호관계에서 성립한다고 하겠다. 전자만을 역사의 내용으로 볼 수도 없고 후자만을 역사의 성립근거로 볼 수도 없을 것이다. 전자만을 토대로 하여 역사의 방향과 과

---

74 W. Dray, in *The Encyclopedia of Philosophy*, N.Y./London, 1967, Vol.6, 247 및 W. Walsh(김정선 역), 『역사철학』, 서광사, 1989(1967), 21쪽 이하 참조.

정을 인과법칙적으로 파악하려는 것이 역사연구의 방법이 되어서는 안 되겠지만, 그렇다고 이 실증적 탐구를 도외시해도 안 될 것이다. 역사 자체가 즉자적 사태에 토대하고 있듯이 역사연구도 이 객관적 사태에 기초해야 할 것이다. 이 측면을 충실히 수용하고 난 후라면, 역사연구에 있어 더욱 중요한 부분인 잠든 정신과 깨우는 정신의 관계가 법칙적으로 정립되지 않는다는 점은 불가피한 것으로 받아들일 수도 있을 것이다. 문제는 어느 한쪽으로 치우치는 형이상학적 독단을 피하는 것이다.

이제까지 살펴본 문화세계의 존재론적 문제성은 그 뿌리로 거슬러 들어가 볼 때 종국에 가서는 자연과 문화의 관계에 이른다고 생각된다. 근본적으로 자연과 문화는 존재론적으로 분리되어 대립되는 두 영역인가? 문화세계는 자연세계로 환원되는가, 아니면 그 역인가? 그것도 아니라면 자연과 문화는 어떤 방식으로 통합되는가?

앞서의 논의에 비추어 본다면 앞의 세 가지 선택지는 받아들이기 어려워진다. 문제는 자연의 세계와 문화의 세계가 상호 양립하면서 결합되는 방식을 존재론적으로 해명하는 일일 것이다. 인간 정신은 문화를 창조함에 있어서도 정신 아닌 다른 실질존재에 의거해 이를 자료로 활용함으로써 자신의 독자적인 존재를 구성한다는 것이 밝혀졌기 때문이다. 이런 시각에서 보면, 셸러가 '정신'과 '생(충동)'을 근본적으로 상이한 인간의 (나아가서는 우주 전체의) 두 존재적 원리로 보는[75] 데 대하여 비판적 견해를 편 겔렌의 발상이 주목할 만하다. 겔렌에 따르면 문화란 근본적으

---

75 M. Scheler, *Die Stellung des Menschen im Kosmos*, Bern/München: Franke, 1975(1928), 특히 36 이하 참조.

로 자연이 요구하는 인간의 행동에 의해 형성되는 것으로 그 자체 자연으로부터 원리적으로 이탈되는 것이 아니다. 문화란 "인간에 의해 이 세계 안에 지어 넣어진 둥우리"[76]로서 "환경세계에 대한 동물적인 생래적 적응이 인간에게는 결여되어 있기 때문에 생존을 위해 필수적인"[77] 것이다. 결국 그것은 인간의 "지적 행동에 의해 새로이 형성된 자연"[78]이라는 것이다. 인간은 본래 자연적 존재인데 이에 추가적으로 정신적 존재이기도 하다는 것이 아니다. 인간은 그저 '자연적으로'만은 도저히 생존조차 할 수 없는 특이한 자연적 존재여서, 그의 자연적 삶의 여건을 문화적인 것으로 재구성하지 않을 수 없다는 것이다. 말하자면 인간은 그 자연적 본성에 있어서 정신적, 문화적 삶을 창조할 수밖에 없는 '자연적으로 문화적인' 존재라는 것이다. 문화를 이렇게 인간에 의해 변형된 자연으로 보는 것은, 인간 정신이 그 존재구조상 실재세계에 의존함으로써만 실질세계로부터 자유로워질 수 있는 존재라는 앞서의 분석과 노선을 같이하는 것이라고 생각된다.

---

76 A. Gehlen, *Anthropologische Forschung*, Hamburg: Rowohlt, 1975(1961), 21.
77 같은 곳.
78 같은 곳.

10 정보문화의 존재론적 구조와 특성[*]

I. 서론

광의에 있어 문화란 정신의 활동 자체와 그 활동의 산물로 이루어진다. 그런데 사적(私的) 개인의 차원을 넘어서서 역사적, 사회적 맥락에서 보면, 이 두 가지 중에서도 특히 정신활동의 산물이 정신활동 자체보다 더 중요한 대상이 된다. 왜냐하면 정신활동 자체는 그 유동성, 가변성, 불안정성 때문에 아직 객관적 사태로서 역사와 사회를 형성하는 토대가 되지 못하는 반면 정신활동의 산물은 역사적, 사회적으로 정착되어 어느 정도 불변적인 안정성을 지니기 때문이다. 특히 문화를 객관적인 학문적 탐구의 대상으로 삼을 때, 그 문화란 개인정신의 직접적인 체험내용이

* 「정보문화의 존재론적 구조와 특성」, 『철학연구』 43집, 1999.

아니라 정신 외적 요소를 매체로 하여 역사적 지평과 사회적 공간 속에 '객관적인' 내용으로 정착된 정신을 가리키는 것으로 봄이 타당할 것이다. 따라서 문화존재론은 그렇게 문화의 내실로 정착된 정신의 존재방식이나 정신이 그렇게 정착되는 구조적 양상을 그 탐구주제로 삼아야 할 것이다.

여기서 우리는, 정신 외적 사물에 스스로 외화(外化)되어 객관적으로 정착된 정신활동의 산물 일반을 그 구체성과 사물성에 초점을 맞춰 일단 '문화재(文化財)'라 불러보자. 문화재란 말하자면 문화를 담는 재료이며 곧 그것이 문화의 자산이다. 문화재가 어떤 양상을 띠느냐 하는 것은 시대적인 지역적인 여건에 따라 달라질 것이요, 이것이 곧 당대 해당 문화권의 정체성(正體性)을 떠받치는 기초가 되기도 할 것이다. 이를테면 우리가 석기시대의 문화와 청동기시대의 문화를 구분하고 각각의 특성을 논의하거니와, 이는 바로 그 시대를 주조했던 저 문화재의 특성에 초점을 맞추고 그에 대한 이해를 전제로 하는 것이라고 보아야 할 것이다.

그런데 지난 반세기 동안에 이루어진 인공지능 및 통신 기술의 획기적인 발달은 현대사회에서 이 '문화재'의 영역에 획기적인 변화를 가져오게 했다. 즉 인공지능기술과 통신기술이 제휴함으로써 기존의 문화재와는 전혀 다른 구조와 특성을 갖는 문화재가 등장하게 되었다.

여기서 말하는 인공지능이란 물론 기억과 추론 등 일정한 범위 내에서는 인간의 지적 능력을 인간보다 더 완벽하게 대신 수행하는 컴퓨터의 지적 기능을 가리킨다. 그리고 통신기술이란 문자뿐 아니라 음성이나 영상까지도 전 지구촌을 무대로 하여 초고속으로 동시다발적 쌍방적으로 전달 교환하는 새로운 기술을 말한다. 이 두 기술이 결합함으로써 오늘날에는 정신활동의 산물인 문화재에 '정보'라고 일컬어지는 독특한 형태를 띠는 것이 가담하게 되었고, 그것도 아주 중요하고도 필수적인 것으로 문화생활 전반에 광범하게 퍼지게 되었다. 우리는 이를 잠정적으로 '정보문화재'라 불러보는데, 이와 더불어 문화존재론에도 이 새로운 '정보문화재'의 존재론적 기초와 구조와 특성을 밝혀야 하는 새로운 과제가 또한 주어진다.

이 과제를 수행하기 위해 먼저 해야 할 일은 이 새로운 의미의 '정보'로 이루어지는 문화재의 범위를 정하고 그 여러 양상을 기술하는 일이다. 인간의 지적 활동이 직접 창출한 성과물을 종래의 '문화재'라 한다면, '정보문화재'는 전기전자 공학기술에 의거해 확장된 활동의 성과물, 특히 인공지능의 도움을 얻어 창출한 문화재로 파악할 수 있을 것이다. 따라서 정보문화재에는 실질적으로 전신, 전화, 방송, TV, 비디오, 영화, 컴퓨터 음악, 컴퓨터 그래픽, 각종 컴퓨터 소프트웨어 등이 모두 포함될 것이다. 그러나 이를 좀 더 세분하여 전기전자 공학기술 일반에 의거해 창출되는 것 모두를 광의의 '정보문화재'라 한다면, 전자공학기술 중에서도 특히 인공지능기술, 즉 컴퓨터 기술에 의해 산출된 성과물만을 가리켜 협의의 '정보문화재'라 부를 수도 있을 것이다. 오늘날 특히 문화생활 전반에 획기적이고도 심대한 변화를 몰고 옴으로써 실제로 우리의 비상한 관심사가 되고 있는 것은 물론 후자이다. 따라서 우리도 이에 논구의 초점을 맞추기로 한다.

새로운 형태의 문화재인 정보문화재의 특성을 명료히 파악하기 위해 이를 종래의 문화재와 비교해 보는 것도 중요하다. 이 비교를 통해 우리는 정보문화재의 존재론적 특이성을 분석하는 데 도움을 얻을 뿐 아니라 그 범위의 확장 및 양상의 변용가능성까지도 가늠해 볼 수 있기 때문에 더욱 그렇다. 근본적으로 정보문화재는 고정성, 안정성, 지속성, 내구성, 동일성, 보편성, 공동성 등을 결여하고 있으며, 이와 반대로 유동성, 불안정성, 단속성, 가변성, 다양성, 특수성, 개별성 등의 성격을 강하게 지닌다. 정보문화재는 바로 이러한 본성 때문에 문화적 정체성(正體性)과 사회공동체의 동일체적 안정성을 해칠 수도 있다는 우려를 자아내면서도 다른 한편으로는 다양하고 개방적이며 생동감 넘치는 새로운 문화창출의 가능성을 크게 열어줄 수 있다는 점에서 긍정적이고도 적극적인 개척의 대상영역이 되고 있다.

이 새로운 문화재, 즉 '정보문화재'에 대한 존재론적 탐구가 더더욱 중요한 의의를 갖는 것은, 그 새로운 정보문화재 속에는 현실과 가상의 구분이 어려울 뿐 아니라 그다지 필요하지도 않은 대상들이 포함되어 있기 때문이다. 가상은 물론이고 현상마저도 그 배후의 실재 또는 본질의 구명이라는 진지하고도 숭고한 과제 앞에서 무가치한 것으로 배제되어 왔던 전통적인 이분법적 사유지평 위에서는 다루어지기 어려운 문제가 바로 여기에 도사리고 있다.

정보문화재에 대한 존재론적인 분석에서 우리가 기대하는 것은 우선이 정보문화재의 기초와 구조의 해명이다. 여기서도 정신적 산물 일반이 지니는 존재론적인 이중구조가 물론 드러나겠지만, 더 나아가 종전의 문화재와는 달리 그 구조가 수학적 관계로 환산될 수 있다는 점이 획기적인 구조적 특성으로 밝혀질 것이다. 즉 정신적 내용을 결정하는 것이 종전의 문화재에서는 그것을 담고 있는 물질적 사물의 형식/형상인데, 이 새로운 정보문화재에서는 이 형식이 다시 연산가능한 수학적 관계로 환원된다는 것이다.

II. '정보존재론'을 위한 출발지평의 정초

앞에서 우리는, 문화란, 특히 그것이 객관적인 학문적 탐구의 대상이
될 때엔, 개인정신의 직접적인 체험내용이 아니라 정신 외적 요소를 매
체로 하여 역사적 지평과 사회적 공간 속에 '객관적인' 내용으로 정착된
정신을 그 구성요소로 함을 지적했다. 따라서 문화존재론은 그렇게 문화
의 내실로 정착된 정신의 존재방식이나 정신이 그렇게 정착되는 구조적
양상을 그 탐구주제로 삼아야 할 것이다. 니콜라이 하르트만은 이를 '객
체화된 정신(objektivierter Geist)'이라 일컫고 이에 대한 다각적인 현
상기술과 구조분석을 역사철학의 정초를 위한 작업으로 시도하고 있는
데, 그의 작업내용은 아주 드문 것으로 지금 우리의 관심사에 비추어 볼
때 가치 있는 단초를 제공하리라 본다.

정보문화재에 대한 존재론적인 논구가 특별한 분석을 요구함은 충분
히 수긍할 수 있는 일이다. 그러나 그럼에도 불구하고 그것이 정신적 활
동의 산물인 '객체화된 정신'으로서의 '문화재'임에는 틀림이 없으므로,
우리는 이 대상의 분석을 위한 접근로를 확보하기 위해, '객체화된 정
신'에 대한 하르트만의 논구를 출발지평으로 삼아보고자 한다.[1]

---

1 이하의 세 소절은 필자의 다른 연구(「하르트만과 포퍼의 문화존재론에 관한 비교연구」, 미
  발표)에서 정리한 내용을 옮겨 활용하고 있는 것임을 밝힌다.

1. 정신존재의 세 형식

정신을 실질세계에서 경험할 수 있는 인간 정신에 국한시키는 한, 정신적 존재가 시간성과 개체성의 근본범주를 그 존립의 존재적 원리로 받아들임은 당연하다. 그런데 거기에도 그 규모와 양식에 변양이 있음을 또한 알 수 있다. 이런 관점에서 하르트만이 정신존재를 세 가지 형식으로 파악한 것은 시사하는 바가 크다.[2] 개인적 정신(personaler Geist), 객관적 정신(objektiver Geist), 객체화된 정신(objektivierter Geist)이 그것인데, 이들의 관계를 통해, 특히 객체화된 정신을 중심으로 한 이들의 관계를 통해 우리는 '문화재'의 존재론적 구조를 좀 더 내실 있게 파악할 수 있기 때문이다.

개인적 정신이란 문자 그대로 인격적인 개인의 정신을 가리키는 것이다. 그 활동이 가장 생생하고 직접적이고 구체적인 데 반해, 다른 한편으론 시간적, 공간적 제약을 가장 많이 받는, 즉 그 수명이 짧고 특수성과 개별성을 벗어나지 못하는 정신이다.

객관적 정신이란 공동체의 성원이 공유하는 살아 활동하는 공동정신이다. 민족정신, 시대정신이 바로 이 객관적 정신이다. 따라서 객관적 정신은 초개인적 포괄성을 갖고, 지역적으로도 광범하게, 시간적으로도 장기적으로 작용하는 '규모가 큰' 정신이다.

객체화된 정신은 정신적 활동의 산물을 가리킨다. 정신적 활동은 물질

---

2 이하 N. Hartmann, *Das Problem des geistigen Seins*, Berlin, 1962(1933)(이하 PdgS), 16, Kap. 44, Kap., 특히 71 이하 참조.

을 비롯한 하위 존재층을 토대와 재료로 하여서만 가능한 것인데, 이런 방식으로 이루어진 정신의 활동이 특히 물질적 사물에 그 결과를 외화(外化)시켜 남길 때, 이것이 곧 객체화된 정신이다. 객체화된 정신은 실질적으로 모든 문화재를 이루는 것이다.

이 세 가지 방식의 정신은 독특한 방식으로 서로 긴밀히 연관되어 있다. 즉, 이 중 어느 둘이 상호 의존적, 상호 담지적, 상호 제약적, 상호작용적인 내적 관계를 가질 때 제3의 것은 이들을 매개해 주는, 그런 독특한 방식으로 서로 연관관계를 갖는다. 구체적으로 말해, 개인적 정신과 객관적 정신이 상호연관될 때 객체화된 정신이 이 둘을 매개하고, 개인적 정신과 객체화된 정신이 상호연관될 때 객관적 정신이 이 둘을 매개하며, 객관적 정신과 객체화된 정신이 상호연관될 때 개인적 정신이 이 둘을 매개한다.

예를 들어보자. 우리들 개개인의 정신적 활동이 유기적으로 총화를 이루어 한국정신을 이룰 때나, 한국정신의 영양을 흡수하여 우리 개개인이 한국인으로서 성장할 때나, 이 둘을 매개해 주는 것은 한국어를 비롯한 한국문화의 유산 전체라 아니 할 수 없다. 또 우리 중의 어느 화가가 회화 작품을 하나 완성하거나 우리 각자가 문화재 중의 하나인 석굴암을 보고 거기서 종교적, 예술적 가치를 발견할 때, 거기에는 우리 모두가 공유하는 한국인의 얼이라는 한국적인 객관적 정신이 암암리에 매개의 역할을 하고 있다는 것이다. 나아가 한국인의 얼이 다보탑에 어려 있다고 말할 때, 우리는 그 한국의 객관적 정신과 다보탑이라는 문화재를 매개하는 것으로서 그것을 세운 석공이나 그것을 이해하는 우리 자신의 존재, 즉 개인정신의 존재를 생각하지 않을 수 없다.

개인적 정신과 객관적 정신은 살아 활동하는 정신이라는 점에서 공통적이고, 객관적 정신과 객체화된 정신은 초개인적 공동성을 지닌다는 점에서 공통적이다. 그러고 보면 공동성도 지니고 생동성도 지니는 정신은 바로 객관적 정신으로, 이런 점에서 이것이 곧 역사의 주체라고 일컬어지기도 한다.

2. 정신의 객체화, 문화재의 등장

이 세 가지 형식의 정신존재 중 지금 우리의 주제에 직결되는 형식의 정신은 객체화된 정신이다. 정신은 실질적 존재영역의 최상위 존재층으로서 그 하위에 있는 여러 존재층을 토대로 하고 재료로 해서만 존립한다. 물론 이것이 하위층에로의 환원을 가리키는 것은 아니지만, 정신이 실질적 세계 위에 '떠다니는(schwebend)' 것이 아니라 이 세계에 '의거해(依據, aufruhend)' 존립하는 것인 이상, 이는 불가피한 것이다. 이는 달리 말하자면, 정신은 그의 하위층에 자신을 외화(外化)시킴으로써만 그 스스로 존립하고 활동할 수 있음을 가리킨다. 이를테면 우리의 일상적인 언어생활도 신체적 발성과 공기의 파동 같은 물리적 매개현상을 통해서만 가능한 것이다. "모든 발언, 모든 몸짓, 태도 등이 … 이미 객체화이다."[3] 정신의 객관성도 따지고 보면 이 외화를 통해 가능해지는 것이다. 정신의 활동이 '밖으로 나가' 여러 주관들에게 접근가능한 것으로

---

3 PdgS 411.

안정됨으로써 '객관적인' 것이 되기 때문이다.[4] 상위층의 하위층에 대한 일반적 의존관계에 비추어 볼 때, 정신의 외화가 가장 두드러지게 나타나는 곳은 역시 최하위층인 물질적 존재층이 된다. 엄격히 말하자면 모든 정신적 활동은, 그 자체가 물질적 현상은 아니지만, 결국은 물질적 존재를 수단과 매개로 해서 이루어진다.

정신의 객체화는 이렇듯 그것이 다른 실질적 하위 존재층에 대해 의존적이며 동시에 자율적이기 때문에 가능하기도 하고 동시에 불가피하기도 하다. 만일 정신이 다른 실질적 존재처럼 실질적 존재의 범주들로 규정되어 완결되어 있다면, 즉 자기형성의 자유가 전혀 없다면, 객체화는 불가능할 것이다. 또 만일 정신이 그 활동에 있어 아무런 실질적 존재범주의 규정에 제약받지 않는 무제약적으로 자유로운 존재라면 이 실질적 존재영역 속에 자신을 실현시킬 필요도 없을 것이다.

그런데 정신이 객체화된 것이 활동하는 개인의 신체에 직접 담겨 있어 이 활동과 더불어 흘러가면, 그 객체화된 내용은 정신적 자산으로서 독자적 자립성을 갖지 못한다. 그러나 정신의 활동내용이 그 활동 자체로부터 벗어나 안정된 물질적 사물에 외화된 채로 정착되고 나면, 그 정신적 내용은 생동하는 정신적 활동의 시공적 제약을 벗어나 그 자체의 독립성을 갖게 된다. 이것이 바로 '객체화된 정신'이다. 돌에 새겨진 비문을 예로 들어보자면, 그 비문에 새겨진 정신적 내용은 그 비문을 짓고 새

---

4 하르트만은 이를 어떤 존재자가 인식의 대상으로서 주관에 '마주 세운다(ob-iectus)'는 의미의 '대상화(Objektion)'와 구별하여 '객체화(Obketivation)'라고 일컫는다. PdgS 407 참조.

긴 사람이 가고 없어도 그 사람의 개인적 주관을 떠나 수천 년 동안 독자적으로 거기에 남아 있을 수 있으며, 다른 많은 사람들에게 전수되고 확장될 수 있게 되거니와, 이것이 곧 '객체화된 정신'이다. 이 객체화된 정신은 그 객관성을 기초로 하는 공유가능성을 통해 인간의 사회성을 강화 확장시켜 주며,[5] 시간적 제약을 크게 벗어나 시간적 거리를 다리 놓아주는 그 지속성을 통해 인간사회의 역사성을 가능하게 해준다.[6]

3. 객체화된 정신, 문화재의 존재방식

여기서 우리는 이 객체화된 정신의 존재방식에 대해 각별한 관심을 갖게 된다. 왜냐하면 이것이 곧 문화재 일반의 존재적 실질을 구성하는 것이요, 이것의 독특한 존재방식이 바로 그것의 존재론적 위상을 결정짓는다고 생각하기 때문이다.

정신이 객체화되어 어떤 물질적 사물에 담지되어 있다고 할 때, 과연 그 사물은 단순한 물질적 존재인가, 아니면 그 자체가 하나의 정신적 존재인가. 우선 정신적 활동에 의해 형성되었다는 점에서 그 사물을 자연물과 구별하여 '객체화 형성물(Objektivationsgebilde)'이라고 불러보자. 그리고 이 형성물을 하나의 총체적 통일체로 보아 곧 객체화된 정신이라고 간주해 보자.[7] 이 객체화된 정신은 그 존재방식이 전혀 다른 두

---

5 졸고, 「문화의 존재론적 기초와 구조」, 『철학연구』 37집, 철학연구회, 1995 참조.
6 졸고, 「역사성의 존재론적 기초와 구조」, 『인문과학』 26집, 성균관대학교 인문과학연구소, 1996 참조.

개의 상이한 존재층으로 이루어져 있다. 전면(前面)에 나타나는 물질적 존재층과 그 배후(背後)에 숨겨져 있는 정신적 존재층이 그것이다. 이를 테면 위에서 예로 든 비석은 돌로 되어 있다는 점에서 분명 하나의 물질적 존재이지만, 거기에 어떤 사가(史家)의 사상이 표현되어 있다는 점에서는 정신적 존재이기도 하다. 그 비석의 표면이나 새겨진 음각(陰刻) 등 그 전면은 우리의 신체적 감각에 의해 직접 지각되지만 거기 새겨진 문구(文句)가 지닌 뜻은 그것을 해독할 수 있는 사람의 정신적 능력에 의해 간접적으로 이해될 수 있을 뿐이다.

하르트만은 이런 점을 고려하여 이들을 각각 '전경(前景, Vordergrund)'과 '배경(背景, Hintergrund)'이라고 부르는데,[8] 전자는 주관독립적, 자립적, 실질적 존재인 데 반해 후자는 주관연관적, 의존적, 비실질적 존재라는 사실이 주목되는 점이다. 문제는 이렇게 이질적인 두 존재층이 결합되어 통일체를 이루고 있다는 점이다. 하르트만도 "정신적 내용이 물질적인 실질존재의 형태에 결합되어 있다는 것은 … 존재론적으로 볼 때 수수께끼"[9]임을 시인하고 이를 하나의 근본 아포리아로 보고 있다. 여기서 더욱 문제가 되는 것은 활동하는 개인정신에서처럼 정신존재층이 마음, 생명, 물질 등 모든 하위 존재에 의해 담지되어 있지

---

7 '객체화된 정신'이라는 용어를 사용함에 있어 혼란을 피하기 위해 '광의'로 쓰일 경우와 '협의'로 쓰일 경우를 구별하는 것이 필요하다고 본다. 즉, 하르트만 자신은 이렇게 엄밀히 구별하지 않고 문맥에 따라 적당히 무리 없이 사용하고 있지만, '객체화 형성물' 전체를 가리킬 경우와 그 속에 담긴 '정신적 의미내용'만을 가리키는 경우를 구별하는 것이 필요하다고 본다. 지금의 이 대목은 광의로 사용되고 있는 경우다.
8 PdgS 423 이하.
9 PdgS 423.

않고 오직 물질이라는 최하층에 의거해서만 존립한다는 사실이다. "실질세계의 성층의 고리가 ⋯ 깨어져 나가"[10] 생명적 존재와 심적 존재라는 두 개의 중간층은 없는 채 존립한다는 것이다. 하여튼 이 두 존재층 중 존재론적으로 특히 문제가 되는 것은 배경의 정신적 존재[11]인데, 그것의 주관의존적 비자립성 때문에 그렇다. 그것은 어느 활동하는 정신적 개인이 전경의 물질적 존재층을 꿰뚫고 들어가 그것을 정신적 내용으로 인지하고 이해할(ersehen) 때에만 그 정신적 개인에게 나타나는(erscheinen), 그런 존재다. 엄격히 말해 그것은 완전한 실재성을 갖지 못한, 이를테면 '반실재(半實在)'인 셈이다. 그것은 중간층이 결여된 채 오직 물질존재층에만 담지됨으로써 더 이상 자력으로 활동하지 못하고 휴지(休止)상태에 들어가 잠든(stillgelegt) 정신이다. 외부의 제삼자, 즉 다른 살아 움직이는 정신이 그것을 깨워 내야 비로소 정신적 존재로 부활하는, 다시 실재성을 얻게 되는, 그런 불완전한 존재다.

여기서 부각되는 것이 바로 이 제삼자인 이해하는 정신이다. 잠재적으로만 실재적인 객체화된 정신을 현실적으로 실재적인 존재로 만드는 요인이 바로 이것이기 때문이다. 이 제삼자는 구조적으로 볼 때 물질존재층과 정신존재층 사이의 결손을 보완함으로써 정신존재를 실재적인 것으로 복원시키는 역할을 한다고 볼 수 있다. 이렇게 보면 이 이해하는 정신이 없이는 객체화된 형성물의 저 이중적 구조 자체가 성립될 수 없는

---

10 N. Hartmann, *Ästhetik*, Berlin, 1966(1954), 84.

11 '객체화된 정신'이란 용어를 좁은 의미로 사용한다면 그때 지시되는 것은 바로 이 '정신적 배경'이다.

일이다. 따라서 전체적으로 볼 때 광의의 객체화된 정신적 산물은 그 존재구조상 불가피하게 세 가지 요인, 즉 물질적 전경, 정신적 배경, 제3의 이해하는 정신으로 구성되어 있음을 알 수 있다. 하르트만도 이런 맥락에서 "객체화된 정신의 존속은 항상 생동하는 정신의 특정한 대응적 활동에 의거해 가능하다"[12]고 지적하고, 이를 '3항관계 (Dreigliedrigkeit)'라고 명명하였다.[13]

III. 정보문화재의 성립기초와 그 범위

정보문화재도 존재론적으로 볼 때 근본적으로는 이상에서 분석해 본 구조를 가지고 있을 수밖에 없다고 본다. 그것이 활동하는 정신의 산물이라는 점에서 이 구조를 지닐 수밖에 없다는 말이다. 그러나 이미 예고했듯이 이는 우리의 앞으로의 분석을 위한 출발지평에 지나지 않는 것이다. 정보문화재에만 독특한 존재론적 특성을 밝혀내기 위해서는 이에서 더 나아가 종래의 문화재가 갖고 있지 않던 새로운 양상에 주목해야 할 것이다. 그리고 이를 위해 우리가 일차적으로 해야 할 일은 '정보문화재' 또는 '정보'[14]를 적절하게 개념적으로 규정하고 아울러 그 범위를 정하는 일이다. 이 새로운 용어가 여러 학문분야에서 다소 혼란스럽게 사용되고 있기 때문에, 이 일은 더욱 중요하다고 본다. 우리는 '정보문화재' 또는 '정보'에 대한 개념규정 및 범위확정을 시도하기에 앞서 이 새

---

12 PdgS 423.
13 PdgS 450.

로운 형태의 문화재를 존립가능하게 한 기술적 기초가 무엇인지를 먼저
알아보아야 하겠다.

1. 정보문화재의 과학기술적 기초

'정보화'를 가능케 하는, 많은 사람들이 '혁명적'이라는 표현을 서슴없
이 사용하는 정보통신기술의 비약적 발달의 실질은 무엇일까? 우리는
이 문제와 관련해 우선 두 가지를 동시에 고려해야 한다고 본다. 앞에서
도 언급했듯이 하나는 정보전달(통신) 내지 의사소통(커뮤니케이션) 기
술의 발달이고, 다른 하나는 정보처리(인공지능 내지 컴퓨터)기술의 발
달이다. 그러나 종국적으로 우리는 고도로 발달된 이 두 가지 기술이 융
합되어 총체적인 하나의 기술이 되었다는 점에 특별히 관심을 가져야 할
것이다. 한마디로 말해, '정보화'는 정보를 (1) 인간의 지능적 능력을 넘
어서는 정도의 고도의 수준에서 분석, 조작, 처리하는 컴퓨터 기술과 (2)
그 결과를 시공적 제약을 크게 벗어나 광범한 영역에서 신속하게 대량으
로 상호 전달하는 커뮤니케이션 기술이 하나의 통일적인 기술단위로 융

---

14 '정보'와 '정보문화재'의 관계는 하르트만의 논구에서 '객체화된 정신'과 '객체화 형성물'
   사이의 관계와 구조적으로는 같다고 본다. 즉 엄격히 보자면 두 경우 모두 전자는 후자에
   담기는 정신적 내용이 될 것이다. 그러나 하르트만에게서도 '객체화된 정신'이란 개념을
   이 두 가지가 다 결합된 것을 가리키는 것으로 쓰이는 경우가 있듯이(이를 구별하기 위해
   필자는 객체화된 정신이라는 개념을 광의와 협의로 구분한 바 있다), 여기서도 문맥에 따라
   개념 운용상 특별히 혼란스러운 점이 없을 경우에 한해 '정보'라는 개념을 정보문화재에
   정보가 담긴 그 총체를 지칭하는 것으로 사용하도록 하겠다. 왜냐하면 이러한 용어법이 상
   식적으로는 더 자연스럽게 이해될 것이기 때문이다.

합되어 예상치 못했던 혁명적인 성과를 가져옴으로써 가능해진 것이다.

1) 정보전달기술

먼저 커뮤니케이션 기술의 발달에 대해서 생각해 보자.

커뮤니케이션 이론의 관점에서 보자면, 인류의 역사에 가장 먼저 획기적 사건으로 등장하는 문자의 고안과 인쇄술의 발명은 의사소통에서 우선 공간적 제약을 극복하려는 시도로 이해할 수 있다. 신속한 의사소통보다는 정확하고 풍부한 정보를 널리 전하려는 목적을 달성코자 한 것이 곧 문서요 도서라는 말이다. 문자가 고안되어 사용되기 이전에 의사소통의 수단은 거의 전적으로 대면(對面)을 전제로 한 구어(口語)였다. 초점이 없는 청각에 주로 의존하되 다른 감각작용도 함께 참여하는 이 '구어에 의한 의사소통'은 직접적, 총체적, 전인적인 성격을 강하게 갖는다. 이에 비해 '문자에 의한 의사소통'은 초점을 맞출 것을 요구하는 시각에 의존하기 때문에 선택적이고, 오직 시각만이 작용하기 때문에 국지적이고, 결과적으로 소리와 의미와 시각을 분리시킨다. 전달되는 정보가 압축적이고 정밀한 반면, 논리적이고 선형적(線形的) 사고를 요구하기 때문에 이것이 문화의 변양에 가져온 파장은 심대하다.

인쇄술의 발명이 문자체계라는 의사소통 수단의 구조적 성격 자체를 바꾸어놓았다고 할 수는 없을 것이다. 그러나 인쇄공정의 분석적, 단계적, 순차적인 조판 및 인쇄의 공정과 이의 활용으로 도서가 다량으로 보급된 것은 문자문화의 폭발적인 확장, 팽창을 야기했다. 이로써 획일적이고 집단적인 의사소통, 이른바 '매스 커뮤니케이션'이 가능해졌던 것이다. 이 변화가 가져온 사회적, 문화적 파장은 실로 엄청난 것으로, 이를 기점으로 하여 서양의 이성주의적인 '근대'가 열렸다고 해도 과언이 아니다.

공간적 제약뿐 아니라 시간적 제약도 함께 극복하려는 시도는 다른 방면에서 여러 수단을 강구해 냈다. 가청(可聽) 거리를 최대한 활용하여 결과적으로 의사소통, 즉 정보전달의 시간을 단축시키는 비교적 단순한 고안물로 우리는 북, 피리, 나팔 등을 이용하는 통신수단을 우선 생각할 수 있다. 또 가시(可視) 거리를 최대한 활용하여 시간적 간격을 단축시키는 것으로는 깃발, 거울, 봉화(烽火) 등을 이용하는 통신수단을 생각할 수 있다. 그러나 이러한 통신수단은 비록 어느 정도 시간적 간격을 단축시키는 성과를 거두긴 했으나, 다른 한편 정보전달의 정확성, 정보내용의 풍부성 등은 처음부터 기대하기 어려운 것이었다.

1844년 마르코니가 발명한 전신술은 공간적 거리가 가져다주는 제약을 완전히 극복함으로써 의사소통의 동시성을 확보하게 되었을 뿐만 아니라, 그 정보전달의 정확성과 내용의 풍부성을 또한 도모할 수 있게 되었기 때문에 획기적인 것이었다. 그러나 이 전신술만 해도 아직 인간의 감각을 직접 확장시킨 것이라고는 할 수 없다. 모스 부호라는 인위적인 의미체계를 통해서만 의사소통이 가능했기 때문이다.

이에 비하면 전화야말로 명실공히 청각의 직접적인 확장을 실현시킨 통신수단이라 할 수 있다. 육성을 직접 들을 뿐만 아니라 즉시 '피드백'이 가능한 쌍방 소통이라는 점에서 그렇다. 전화가 개인 대 개인 간의 의사소통 수단이라면, 라디오는, 비록 쌍방적 의사소통을 희생시킨 것이긴 하나 청각의 직접적 확장이라는 의사소통기술을 다중의 집단에로 확장시킨 것이라 할 수 있다. 문자의 고안에 뒤이은 인쇄술의 발명이 시간적 거리를 극복하지 못한 채 집단적 의사소통을 가능하게 한 계기가 되었다면, 라디오의 출현은 시간적 거리까지도 극복함으로써 동시적으로 집단적 의사소통이 가능하게 된 전기를 마련했다.

전화나 라디오가 청각이라는 단 하나의 감각을 공간적으로 확장시킨 의사소통 수단이라면, 텔레비전은 청각과 시각을 동시에 함께 직접적으로 확장시킨 의사소통 수단이다. 비록 두 가지 감각작용을 재통합하는 데 불과하긴 하지만, 정보수집에 있어 가장 중요한 두 가지 감각을 재통합한다는 점에서 텔레비전의 등장은 실로 획기적인 것이다. 의사소통기술의 발달로 인해 분열된 인간의 지각작용이 기술 그 자체의 고도화를 통해 다시 통합할 수 있음을 예고하는 낙관적 징후로서도 이는 의미심장한 것이다.

아닌 게 아니라 텔레비전 기술은 화상(畫像)과 음향(音響)을 동시에 원격지로 보내는 기술이라는 점에서, 위에서 말한 감각적 지각의 확장을 위해 개발된 기술을 인지적 사유의 확장을 위해 발전시켜 온 인공지능기술과 결합시키도록 하는 동기를 제공했다고 볼 수 있다. 그리고 이는 종국적으로 사유와 감각의 기술적 재통합을 촉발시켰다는 점에서 인류의 기술문명사에 획기적인 사건이 아닐 수 없다.

통신기술과 연관지어 볼 때, 정보문화재의 기술적 기초는 근본적으로 '전자파의 이동'에 있다고 보아야 할 것이다. 왜냐하면 전자파가 공간적 거리를 뛰어넘어 하나의 신호로서 컴퓨터와 같은 기계장치에 의해 판독 가능한 형태로 원거리에 제공될 때 바로 그것이 정보가 되기 때문이다. 이 전자파의 전달에 있어 그 정확성과 단순성을 위해 정보의 기본단위로 사용되는 것이 '비트(bit)', 즉 이진법적 대수체계(binary digit)다. 뉴미디어 기술체계에서는, 모든 메시지는 그것이 정보가 되기 위해서는 이 '비트' 양식의 신호로 부호화하여 발신자를 떠나게 되며, 수신자에게서는 이것이 다시 역순으로 해독됨으로써 커뮤니케이션이 이루어지는 것이다.

2) 정보처리기술

그러면 이제 정보처리(인공지능, 컴퓨터)기술에 대해 생각해 보자. 유사 이래 인간은 그의 사유활동을 보좌해 줄 수단을 강구해 왔다. 문자와 서책도 바로 이러한 요구에서 고안된 것이라 볼 수 있다. 그러나 이들은 대체로 '기억'을 보좌하는 것이었지 사유활동 자체를 대행해 주는 것은 아니었다. 수판이나 계산척 같은 단순한 도구가 추론적 사유 자체를 돕는 역할을 하기도 했으나, 기억 및 추론의 사유활동을 본격적으로 대행해 주기 시작한 것은 역시 오늘날의 '컴퓨터'다. 영국의 수학자 튜링(Alan Turing)은 "On Computable Numbers"라는 논문에서 인간 두뇌의 정보처리 구조를 기계장치 속에 재현시키면 인간을 능가하는 산술적 사유능력을 갖고 작동하는 '사유하는 기계'를 만들 수 있음을 암시하였다. 또 공학자 섀넌(Claude Shannon)은 논리적 명제의 진위를 정보의 흐름을 담지하는 전기회로의 연결과 단절(ON, OFF)에 응용해 컴퓨터 기능의 이론적 설계를 발전시켰다. 그 후 위너(Nobert Wiener)는 인간의 두뇌 및 신경 구조가 응용된 컴퓨터, 즉 '피드백'을 통한 자체 수정이나 자체 조정 체제를 갖는 기계장치의 가능성을 제창하여 정보처리과정과 인간의 인식과정이 동일시될 수 있다는 이론적 기초를 마련하기도 하였다. 1940년대 말, 1950년대 초에 등장한 ENIAC이나 UNIVAC은 그 성능이

미숙한 것이었으나 오늘날의 컴퓨터를 선도(先導)한 초기의 컴퓨터라 할 것이다.[15] 그러면 오늘의 컴퓨터가 보여주는 정보처리기능에 대해 좀 더 알아보자.[16]

컴퓨터의 가장 기본적인 기능은 방대한 양의 정보를 신속히 처리 조작할 수 있다는 데에 있다. 다양한 원천으로부터 얻는 방대한 양의 정보를 저장하고 이를 일정한 지침에 따라 처리하여 그 결과를 요구에 맞게 다양한 방식으로 제공해 준다. 이러한 기능을 수행하기 위해 컴퓨터는 자료의 입력장치, 처리장치, 기억장치, 출력장치를 갖추고 있다.

입력장치란 키보드, 광학판독기, 영상판독기 등으로서 자료를 중앙처리장치에 입력시켜 주는 장치다. 키보드는 주로 문자로써 텍스트를 입력시키는 가장 기본적인 입력장치라 할 것이다. 광학판독기(optical reader)란 종이 등에 기록된 기호를 컴퓨터가 빛으로 읽어 들이는 형태로 객관식 시험 답안지로 사용하는 OCR 카드가 바로 이런 종류의 것이다. 영상판독기(image reader)란 문자 그대로 사진이나 그림 등의 영상을 읽어 들이는 장치로 흔히 스캐너라고 하는 것이 그 일종이다.

출력장치로는 브라운관을 이용하는 모니터, 액정입자를 이용하는 액정모니터(LCD) 등 처리된 자료를 화면에 제시하는 것과 프린터나 플로터처럼 종이 위에 문자나 도형을 인쇄하여 제공해 주는 것이 있다.

이상과 같은 입출력장치 외에도 최근에는 컴퓨터의 사용목적에 따라

---

15 전석호, 『정보사회론』, 나남출판, 1995, 227쪽 이하에서 참조.
16 김영석, 「정보화 사회와 뉴미디어」, 최정호 외 편, 『정보화 사회와 우리』, 소화, 1995, 제2장, 45쪽 이하 참조.

녹음기, 마이크, 텔레비전, 비디오레코더, 카메라 등이 그 자체로 입출력 장치로 이용되기도 하며, 심지어는 인간의 육성을 인식하는 입력장치가 개발되기도 하였다. 이 모든 것이 컴퓨터가 멀티미디어의 핵심으로 등장하면서 고안된 것들이다.

컴퓨터에서 가장 핵심적인 부분은 역시, 일정한 절차에 따라 외부로부터 입력된 자료를 처리하고 조작하는 처리장치라 할 것이다. 이때 일정한 절차는 소프트웨어 프로그램이 지시하는 바에 따라 결정된다. 중앙처리장치(CPU)라고 하는 이 부분은 초기에는 진공관으로 구성되었으나, 트랜지스터, 집적회로, 초집적회로 등이 차례로 개발되면서 그 성능이 엄청나게 향상되어 왔다.

정보처리장치 못지않게 중요한 것이 기억장치다. 기억장치에는 컴퓨터가 입수한 정보를 처리하는 절차를 지시해 주는 프로그램을 담고 있는 주 기억장치와 입력정보를 단순히 저장하는 보조 기억장치가 있다. 그리고 주 기억장치는 다시 컴퓨터의 기본작동에 관련되어 있는 변경불가능한 재생전용 기억장치(ROM)와 이용자가 추가, 삭제, 변경할 수 있는 가변성 기억장치(RAM)로 구분되기도 한다. 보조 기억장치는 처리가 끝난 정보를 저장하는 보조장치로 컴퓨터 내부에 장착되어 있는 하드 디스크, 휴대가능한 플로피 디스크, 또는 자기테이프 등이 그것이다.

우리에게 지금 중요한 관심사는 무엇보다도 이른바 중앙처리장치라는 것을 통해 정보가 어떤 방식으로 정보를 인식하고 처리하느냐 하는 것이다. 컴퓨터가 정보를 인식하는 방식은 지극히 단순하다. 즉 컴퓨터는 모든 정보를 0과 1로 해체 환원시켜 이진법적으로 인식할 뿐이다. 이는 전기전자공학적으로 볼 때 ON과 OFF의 형태로 환원 처리될 수 있는 방식이기 때문에, 수학적 연산을 기계적 작동과정으로 대체시키는 데에 있어 필수적으로 요구되는 방식이다. 이처럼 단순한 형태의 정보분석 방식으로 방대한 자료를 신속히 처리할 수 있는 이유는 결국 전기전자 작용의 신속성에 있다고 해야 하겠다.

위에서도 언급된 '비트(bit)'에 대해 다시 생각해 보자. 이진법적 대수체계(binary digit)인 비트란 실제에 있어 전기전자적으로는 정보인식의 최소단위인 ON과 OFF를 가리킨다. 이런 비트가 짝수로 여러 개 묶여 하나의 최소 단위정보를 이룰 때, 우리는 그것을 '바이트(byte)'라고 부른다. 1바이트가 8비트로 이루어진 경우를 생각해 보자. 1이라는 숫자는 8개의 비트 중 7개의 비트가 OFF 상태이고 마지막 8번째 비트가 ON인 상태를 가리키고, 2라는 숫자는 7번째 비트만이 ON 상태이고 나머지는 모두 OFF 상태라고 상정할 수 있다. 8개의 비트가 각각 ON 또는 OFF 상태로 있을 때, 이 8개의 비트가 연출할 수 있는 가능한 경우의 수, 즉 조합가능한 코드의 수는 2의 8승(2^8)인 256개에 이른다. 우리가 흔히 '8비트 컴퓨터'라고 말할 때, 이는 컴퓨터의 기억소자 1바이트가 이렇게 8비트로 구성됨으로써 256개의 코드를 식별하여 그중 어떤 코드를 담아낼 수 있음을 가리키는 말이다. 1바이트가 16비트로 구성될 경우, 조합가능한 코드의 수는 2의 16승(2^{16})인 16,384개에 이르며, 32비트로 구성될 경우엔 2의 32승(2^{32})인 17,179,869,184개에 이른다. 따라서 1바이트당 비트 수가 많을수록 단위시간에 처리할 수 있는 정보의 양은 기하급수적으로 증대됨을 알 수 있다.

물론 바이트 수가 많아질수록 저장할 수 있는 정보량이 증대하는 것도 당연하다. 1바이트란 위에서 보았듯 하나의 코드를 담는 단위정보의 최소단위다. 흔히 컴퓨터의 기억용량을 말할 때 킬로바이트(kilo-byte: 1000bytes), 메가바이트(mega-byte: 1000,000bytes), 기가바이트 (giga-byte: 1000,000,000bytes) 등의 단위를 쓰는데, 이는 곧 기억장치가 한 번에 저장할 수 있는 정보단위의 총량을 가리키는 것이다.

주어진 정보가 이렇듯 엄청난 수의 단위로 분해되긴 하지만, 이렇게 분해된 단위정보가 바로 전기전자적으로 신속히 처리되기 때문에 컴퓨터의 정보처리 능력은 상상 이상의 것이 된다. 우리가 경험하는 이 자연적 세계 속에서 전기전자 작용보다 더 신속한 작동을 보여주는 현상을 우리는 아직 알지 못하고 있다. 그리고 컴퓨터의 이러한 이진법적 기능, 즉 디지털 기능은 이를 수용할 수 있도록 발전해 온 정보통신기술과 결합하여, 엄청난 사회문화적 파급효과를 가져오는 복합기술을 출현케 하였다.

3) 두 가지 기술의 융합

감각작용을 확장시키려는 목적으로 발전시켜 온 커뮤니케이션 기술, 그리고 사유작용을 확장시키려는 목적으로 발전시켜 온 컴퓨터 기술, 이들은 처음에는 별개의 독자적인 기술이었지만, 이제 서로가 하나의 통합기술로 결합됨으로써 '신체적 제약을 뛰어넘어 지각내용을 사유할 수 있게 해주고, 시공적 제약을 뛰어넘어 사유내용을 지각하게 해주는' 혁명적인 결과를 가져온 것이다. 이 새로운 기술을 '뉴미디어 기술'이라 칭하기도 하는데, 이 용어는 "고도의 정보처리기술과 정보전송기술이 추가된 새로운 차원의 미디어 기술"[17]을 가리키는 새로운 표현이다.

좀 더 자세히 살펴보면, 이 기술융합은 아날로그 방식으로 전달되는 정보를 디지털 코드로 바꾸어놓는 과정을 개발해 냄으로써 가능해진 것이다. 진공관, 트랜지스터의 발명에 뒤이어, 1960년대의 집적회로(Integral Circuit) 개발, 1970년대의 마이크로프로세서(Microprocessor) 발명으로 이어지는 일련의 전자기술은 정보처리 및 전달의 핵심기제를 더욱 소형화, 고집적화(高集積化), 고질화(高質化)시켜 왔다. 그러나 이러한 발전의 과정은 급기야 디지털 방식의 등장으로 이어졌다. 실제로 컴퓨터와 통신의 융합이 이루어질 수 있었던 근본적인 요인은 극소전자 기술의 발전과정에서 비롯된 디지털 방식에 있다. 디지털 방식은 컴퓨터의 정보처리(processing) 부분과 정보전송(transmitting) 부분이 상호 결합될 수 있는 바이너리 코드(binary code) 방식에 따른 공통언어 시스템에 의해 가능해진 것이다.[18]

아날로그(analogue) 방식은 음성, 음향 등 청각적 지각내용이나 색채, 명암, 영상 등 시각적 지각내용의 물리적 속성을 전류나 전압의 크기 등 전기적인 연속량으로 변화시켜 전달했다가 이를 다시 역방향으로 원상복구하는 방식이다. 그러나 이런 방식의 전송 및 재생 과정은 매우 복잡하고 민감한 기술적 처리를 요구하기 때문에 특히 원거리 통신에서는 전달속도도 느릴 뿐 아니라 잡음 등이 동반하는 결함을 면하기 어렵다. 이에 비해 디지털 방식은, 위에서 살펴보았듯, 어떤 형태의 정보라도 바이너리 코드를 이용해 정보의 단위를 1과 0이라는 비트(bit)로 분화시켜 이의 연속된 흐름을 전송함으로써 이와 같은 기술적 한계를 극복한 것이

---

17 전석호, 앞의 책, 214쪽.
18 같은 책, 221쪽 참조.

다. 특기할 만한 것은, 이 디지털 방식의 정보처리 및 전달 과정에서는 음성, 문자, 영상 등 모든 정보형태가 등질화되어 획일적으로 처리될 수 있다는 점이다. 한마디로 말해, 문자든 영상이든 음향이든 그 질적 성격에 구애받지 않고 각종의 정보를 오직 0과 1로 환원시키는 디지털 코드로 전환시킴으로써 (1) 정보자료에 대한 동일한 방식의 수학적 연산처리가 가능해졌고, (2) 정보의 전달이 주변 조건에 구애받지 않고 정확해졌다는 점이 획기적인 것이다. 이른바 '멀티미디어'의 세계가 구축될 수 있게 된 것은 바로 이 디지털 코드화에 의한 기술융합을 통해서이다.[19]

2. '정보'에 대한 새로운 정의 및 그 범위의 확정

사전적 의미에서의 '정보'란 문화의 발상과 더불어 있어 왔다고 보아야 할 것이다. 일반적으로 우리는 정보를 "주어진 환경 속에서 인간의 모든 지적 행위를 구조화시켜 주는 유형적 표상의 결과 또는 상태이자 인간의 정신적 활동에 필요한 자료의 수집과 해석을 지속시켜 주는 과정"[20]이라고 정의하는 데본스(A. Debons)의 입장을 받아들일 만하다고 본다.

정보의 의미를 좀 더 명확히 하기 위해 데이터, 지식과의 관계를 살펴

---

19 김영석, 앞의 글, 54쪽 이하 참조; 추광영, 「커뮤니케이션 혁명과 미래문화」, 『철학과 현실』, 1997 가을, 92쪽 이하 참조. 그 밖에도 이에 대한 지적은 관련문헌마다 거의 보편적이다.

20 A. Debons, *Information Science, Search for Identity*, N.Y.: Marcel Dekker, 1974.

보도록 하자.[21] 데이터 혹은 자료는 외부대상과 관련된 사실들을 나타내기 위해 사용하는 구체적인 숫자나 상징물을 말한다. 즉 이것은 컴퓨터에 입력, 저장, 처리되는 요소들이다. 반면에 정보는 이들이 유용하게 조직되거나 선택되는 연관을 가리킨다. 어떤 점에서는 외부대상과 관련된 사실들 간의 관계를 함의한다는 뜻에서 데이터의 구조적 특성이라고 할 수도 있겠다. 이를테면 전화번호부 속에 기록되어 있는 이름, 주소, 전화번호 등은 각기 데이터이지만 이들을 연관시키는 관계는 정보가 된다는 말이다. 그리고 더 나아가 지식이란 정보를 평가하거나 이해하는 힘이라 할 수 있다. 즉 우리의 관심이나 목적에 관련하여 정보의 의미를 파악할 때, 그것은 지식이 된다. 이를테면 백과사전 속의 수많은 정보의 의미를 우리의 상황에 맞게 이해하고 이용할 수 있을 때 우리는 지식을 갖게 된다고 볼 수 있다는 말이다.

그러나 '정보사회'를 출현케 하는 새로운 의미에서의 '정보'에 대해선 새로이 규정하는 것이 마땅히 필요하다고 본다. 위에서 살펴본 기술적 기초를 염두에 두고 볼 때, 여기서 이 정의 가운데서도 우리는 특히 '인간의 지적 행위를 구조화시켜 주는 유형적 표상의 결과'라고 지적한 점에 유의하는데, 왜냐하면 이는 엄밀히 과학적으로 분석하고 조작하고 처리하는 일이 가능한 대상에 정보 개념을 국한시키려는 발상을 드러내 보여주고 있기 때문이다.[22]

위에서 살펴본, 정보문화재를 성립시키는 기술적 기초를 함께 고려한

---

21 김영석, 앞의 글, 25쪽 참조.

다면, 디지털 방식으로 이루어지는 수학적 연산처리가 바로 이 '인간의 지적 행위를 구조화시켜 주는' 핵심적 과정이 되며, 따라서 우리는 '정보'를 바로 이와 같은 과정으로 처리될 수 있는 모든 자료연관으로 파악하는 것이 타당할 것이다. 그것이 설사 단적인 감각적 지각표상이라 하더라도, 디지털 코드로 환원되어 저장, 처리, 전달될 수 있다면 그것이 곧 새로운 의미에서의 정보라는 말이다. 바로 이러한 성격 때문에 정보는 "사람이 결정을 내릴 때, 다양한 선택지 가운데서 가능한 한 불확실성을 감소시킬 수 있는 것을 선택케 하는 유형화된 물질 혹은 에너지"[23]라고 정의할 수도 있는 것이다.

'정보문화재' 존립의 기술적 기초를 참작하여 일단 이상과 같이 '정보'에 대한 정의를 받아들인다면, 이의 범위 또한 그 기술적 성과의 범위와 합치하도록 설정되어야 할 것이다. 그런데 여기서 우리는 커뮤니케이션 학자들이 말하는 '뉴미디어'와 연관지어 이 문제를 검토할 필요가 있다고 본다.

'정보'라고 표현하긴 하지만 이를 광의로 받아들여 '정보문화재'로 이해한다면, 앞에서 살펴보았듯 그것은 어디까지나 일차적으로는 정신활동의 산물을 담지하는 도구 내지 매개물의 성격을 갖는 것이 사실이다.

---

22 '정보'를 "수단적 목적을 위하여 자료를 재구성하는 패턴 내지 설계"라고 정의하고, "정보를 설계하는 목적과 관련하여 패턴의 타당성을 평가하는 일련의 판단"인 '지식'으로부터 이를 획연히 구별하는 다니엘 벨의 견해도 이에 근접한다고 본다. Daniel Bell, "The Social Framework of the Information Society", in Tom Forester(ed.), *The Microelectronics Revolution*, Cambridge: The MIT Press, 1981, 이동만 역, 『정보화 사회의 사회적 구조』, 한울, 1984, 21쪽.
23 김영석, 앞의 글, 26쪽.

그러므로 '문화재'라고 일반적으로 부를 수 있는 것은 근본적으로 커뮤니케이션 이론가들이 '미디어'라고 부르는 것과 같은 성격의 것이요, 특히 우리가 '정보문화재'라고 부르는 것은 이들이 '뉴미디어'라고 일컫는 것과 외연상 합치한다고 보아 무방할 것이다. 그리고 이런 맥락에서 우리는 정보문화재의 범위를 정함에 있어 '뉴미디어'에 대한 커뮤니케이션 이론가들의 견해를 참조하는 것이 좋을 것이다.

뉴미디어란 "기존의 미디어에 새로운 컴퓨터 및 통신 기술이 결합됨으로써 종래와는 다른 새로운 형태의 정보수집, 처리와 가공, 전송, 분배, 이용 등을 가능케 하는 미디어"[24]라고 사전적으로 규정할 수 있다. 뉴미디어를 규정함에 있어 핵심적 요소는 그것이 통신기술과 컴퓨터 기술의 결합을 토대로 하여 성립하느냐 그렇지 않느냐 하는 점에 있다. 프랑스의 노라(S. Nora)와 밍크(A. Minc)가 사용하는 '텔레마띠끄(telematique)', 미국의 외팅거(A. Oettinger)가 제안한 '컴퓨니케이션(Compunication)' 등의 말은 바로 이 점을 명료히 하기 위해 주조한 용어라고 할 수 있다.[25] 굳이 구별하여 풀이하자면, 앞의 것은 단적으로 컴퓨터와 원거리 통신이 결합된 현상을 가리키기 위해 쓰는 용어이고, 뒤의 것은 새로운 디지털 코드에 의해 컴퓨터, 전화, 텔레비전이 결합된 정보전달과정을 가리키기 위한 것이었다고 말할 수 있을 것이다. 이렇듯,

---

24 같은 글, 25쪽.
25 이 용어들이 등장하는 저술들은 다음과 같다. S. Nora/A. Minc, *The Computerization of Society*, Cambridge, MA: The MIT Press, 1980; A. Oettinger, *High and Low Politics: Information Resources for the 80's*, Cambridge, MA: Ballinger, 1977.

뉴미디어란 흔히 새로운 컴퓨터 공학과 통신기술에 의거하여 광범하게 활용되고 있는, 하드웨어와 소프트웨어를 다 포함하는 정보 테크놀로지 전체를 가리키는 말이다.

이상의 고찰을 토대로 해볼 때 정보문화재의 범위는 이른바 뉴미디어의 다양한 종류 전체를 다 포함하는 것으로 보아야 할 것이다.[26] 지금까지 고안되어 활용되고 있는 것들을 열거해 보면 다음과 같다. (앞의 [ ] 속에 적은 것은 종래의 방식을 가리킨다.)

[편지] 전자우편

[신문, 잡지] 전자신문

[전신, 전화, 텔렉스] 팩시밀리, 화상전화, 화상회의, 문서 및 음성메일, 비디오텍스, 화상응답, 쌍방형 CA TV

[라디오, TV] AM 스테레오 방송, PVM 방송, TV 음성다중방송, 문자방송, 정지화 방송, 팩시밀리 방송, CA TV, HD TV, 위성방송

[타자기, 금전등록기] 워드프로세서, 퍼스컴, 카드 단말기

[서류철] 데이터 처리 네트워크: 정보은행 및 검색 시스템

---

26 정보문화재를 반드시 커뮤니케이션의 대상에만 국한시켜서는 안 될 것이다. 그러나 문제는 그 어떤 목적으로 어떤 형태로 산출되든 간에, 그것이 위에서 말한 두 가지 기술의 결합으로 이루어진 것이라면, 그것은 새로운 통신기술에 의해 원거리로 전달될 수 있다는 점에서, 모든 정보문화재는 가능적으로는 뉴미디어에 의한 커뮤니케이션의 대상이 된다. 예를 들어 순전히 자기표현의 목적으로 어느 화가가 컴퓨터를 이용해 한 폭의 그림을 그렸다고 해보자. 그 그림은 화가 자신의 의도와는 상관없이 즉시 원거리로 전송되어 많은 사람들이 감상할 수 있다. 그렇다면 이것도 일종의 커뮤니케이션이라고 보아야 할 것이다.

이 모든 것들은 전달수단에 따라 유선계, 무선계, 위성계, 패키지계로 구분하기도 하고, 그 정보의 특성에 따라 영상계, 음성계, 데이터계로 분류할 수도 있는데, 이를 정리해 보면 대개 다음과 같다.[27]

(1) 전달수단별 분류

① 유선계 : 광통신, CA TV, 비디오텍스와 데이터베이스, 전자신문, LAN, VAN, ISDN

② 무선계 : 텔레텍스트, Subscription TV, Lowpower TV, Multi-channel Multipoint Distribution Service, HD TV, 정지화 방송, PCM 방송, FAX 방송, 화상회의, 코드데이터 방송, 무선전화, 무선호출

③ 위성계 : 직접위성방송, Satelite Master Antenna TV, VSAT 네트워크, 이동통신, HD TV

④ 패키지계 : 비디오 디스크, 컴팩트 디스크, 비디오 카세트, 디지털 오디오 디스크

(2) 정보특성별 분류

① 영상계 : 케이블 TV, 비디오텍스, 텔레텍스트, 화상회의, 직접위성방송, 고화질 TV, 정지화 방송, 전자신문 등

② 음성계 : AM 스테레오 방송, PCM 방송, 원격음성회의, 무선전화

③ 데이터계 : 팩시밀리 방송, Telewriting, 텔레텍스트, 코드데이터

---

27 김영석, 앞의 글, 34쪽 이하 참조.

IV. 정보문화재의 현상적 특징

　이렇게 열거한 것만 보더라도, 이제 오늘날의 인간의 문화생활은 정보문화재의 바다 속에서 영위되고 있으며, 이것이 없는 세계는 더 이상 생각하기 어려운 형편이 되었다. 인류의 문명사를 커뮤니케이션 미디어의 변천에 초점을 맞추어 해석하려는 이론가들도 있지만, 분명 이 새로운 양식의 정보문화재는 인간의 문화생활을 획기적으로 전변시키고 있는 것이 사실이다.

　이를테면 맥루한(M. Mcluhann)의 미디어 이론에도 큰 영향을 준 것으로 알려진 캐나다 출신의 경제사학자 인니스(Harold Innis)는 커뮤니케이션 기술의 발전에 기초한 '커뮤니케이션 사관(史觀)'을 처음으로 피력한 사람이다.[28] 그는 인류역사에 새로운 커뮤니케이션 테크놀로지가 등장함에 따라 인간의 커뮤니케이션 양식은 물론 문화변동에 직접적인 영향을 미친다는 결정론적인 정보사관을 제시한다. 커뮤니케이션이란 인간만이 유일하게 사용하는 언어와 상징체계, 그리고 그로부터 부여되는 의미의 교환과 공유의 전반적인 과정을 뜻한다. 그리고 커뮤니케이션 기술이란 커뮤니케이션이 이루어지는 일체의 과정을 결정하는, 인간이

---

[28] H. Innis, *Empire of Communication*, N.Y.: Oxford Univ. Press, 1950; *The Bias of Communication*, Univ. of Toronto Press, 1951 참조.

개발 발명해 낸 도구적 수단이다. 인간이 역사발전의 주체인 한, 인간의 역사와 문화가 커뮤니케이션의 기술에 의해 그 성격이 결정되는 것은 당연하다. 그러면 뉴미디어의 실질적 내용이 되는 정보문화재는 어떤 현상적 특징을 보이기에 문명의 획기적 전변까지 말할 정도로 그 여파가 큰가? 존재론적 구조분석에 앞서 이에 대해서도 철학적인 관점에서 알아보기로 하자.

1. 커뮤니케이션에 미치는 영향

이 정보문화재는 우선 새로운 미디어로서 커뮤니케이션에 다음과 같은 영향을 미치고 있다.[29]

첫째, 모든 커뮤니케이션 체계가 상호작용에 의거한 쌍방향적인 것으로 바뀐다는 점이다. 여기서 상호작용이란 엄밀히 말해 커뮤니케이션 장치가 사용자에게 응답하는 것을 매개로 하는 것이다. 이러한 상호작용성은 커뮤니케이션 과정에서 참여자로 하여금 더 정확하고 더 효과적으로 의사소통을 할 수 있도록 만들어준다.

둘째, 커뮤니케이션의 탈대중화가 가능해진다는 점이다. 대규모 집단에게 획일적 메시지를 일방적으로 전달하는 것이 아니라, 특정 대상과 특정 메시지를 상호 교환할 수 있기 때문에, 미디어 이용에서 말하자면

---

29 이하 E. Rogers, *Communication Technology: The New Media in Society*, N.Y., 4-6, 김영석, 앞의 글, 40쪽 이하에서 재참조; 추광영, 앞의 글, 94쪽 이하도 참조.

개인화가 가능해진다는 점이다. 즉 실제로는 대면(對面) 커뮤니케이션이 아니면서도 대면 형태의 커뮤니케이션이 가능해진다는 점이다.

셋째, 커뮤니케이션이 비동시적으로도 가능해진다는 점이다. 즉 종전처럼 송신자와 수신자가 동시에 커뮤니케이션에 참여해야 하는 시간적 제약을 벗어난다는 점이다. 송신자의 육성을 수신자가 편리한 시간에 들을 수 있는 것이 그 단적인 한 예다.

넷째, 커뮤니케이션이 네트워크화하고 광역화한다는 것이다. 다음에 언급하겠지만, 일원적인 디지털 기술이 보편화됨에 따라 각종의 미디어 시스템 사이에 상호 호환성이 높아지고, 그 결과 전 체계가 네트워크화하여 자연히 그 범위가 광역화되는 것이다. 이를테면 이제는 지구촌 어디에서나 어느 곳을 향해서나 직접 각종의 통신이 즉각 가능해진 것이 그 모습이다.

2. 미디어로서의 현상적 특징

새로운 정보문화재가 커뮤니케이션에 미치는 이상과 같은 영향과 나란히 우리는 정보문화재가 뉴미디어로서 활용됨에 있어 띠게 되는 현상적 특징을 또한 파악해야 하는데, 그 특징의 핵심은 바로 미디어들 간의 종합화(綜合化, integration) 및 융합화(融合化, convergence)에 있다고 본다.[30]

먼저 융합화 현상에 대해 생각해 보자. 정보신호가 디지털 방식으로 통일되고 광통신과 위성통신기술이 보편화되면서 미디어 간의 벽이 허물어지는 것이 곧 미디어 융합화 현상이다. 영상을 전하든 음성을 전하든 아니면 단순히 문자로 된 데이터를 전하든 그 기술적 과정은 디지털 방식이라는 하나의 공통된 메커니즘으로 이루어지기 때문에 이것이 가능해진 것이다. 이제는 우편, 전신, 전화 같은 개별 통신수단과 신문, 라디오, TV 같은 대중 미디어의 구별이 점차 무의미해지고, 미디어 통신 서비스도 양쪽을 겸하는 이른바 경계형 서비스가 더 보편화되고 있는 형편이다.

이 융합화 현상에 힘입어 가능해지는 것이 곧 미디어들의 종합화 현상이다. 고도화된 유무선 전송수단이 융합됨으로써 각 미디어마다 개별적으로 자체의 정보통신망을 갖는 것이 불필요하게 되어 모든 종류의 정보를 일원적인 양식으로 송수신하게 되는 것이 바로 이 종합화 현상이다. 다시 말하자면, 기존의 개별적인 통신망을 하나의 물리적인 디지털 통신망으로 통합시켜서 모든 정보통신 서비스를 그 안에서 수행하는 것을 가리킨다. 이를테면 각 가정에서도 단말기 하나로 전화, 텔렉스, 팩시밀리, 비디오텍스, 라디오나 TV까지 다 함께 이용할 수 있는 종합 정보통신망을 구축할 수 있는 것이다.

융합화, 종합화와 더불어 부수현상으로 생각해 볼 수 있는 것이 영상화(映像化, visualization) 현상이다. 인간의 감각 가운데서 가장 정보수집 능력이 뛰어난 것은 물론 시각이다. 감각으로서는 고도의 추상화까지도 수행할 수 있는 것이 시각이기 때문이다. 따라서 우리는 가능한 한 시각적 지각내용을 갖고자 원한다. 메시지 내용의 호환을 가능하게 하는

---

30 김영석, 앞의 글, 38-39쪽 참조.

디지털 기술은 이러한 요구에 부응하여 지각상(像)의 유형이 서로 다른 문자, 영상, 음성, 기호 등 이질적인 정보형태들을 스크린을 통해 영상화된 정보형태로 변양시켜 전달하고자 한다. (전자신문 등) 기존의 활자 미디어의 변모뿐 아니라 음성이나 음향 같은 청각 미디어도 영상을 동반하는 시각중심적인 것으로 변모해 가고 있는 것이 오늘의 추세다.

3. 정보문화재 자체의 구조적 특성

미디어로서의 역할에 초점을 맞춰볼 때 우리는 이상과 같은 새로운 현상들을 지적할 수 있고, 이상의 현상적 특성은 바로 새로운 미디어 즉 정보문화재 자체가 갖고 있는 구조적 특성에서 연유하는 것으로 보아야 할 것이다. 그렇다면 지금 뉴미디어로서 고찰된 정보문화재는 그 자체 존재론적으로 어떤 특성을 갖고 있는지 살펴보기로 하자. 여기서 우리는 정보문화재 그 자체가 갖는 특성을 종래의 문화재 일반과 대조하여 살펴보는 일도 중요하다고 본다.

이러한 맥락에서 우리는 다음과 같은 점을 정보문화재가 갖는 존재론적 특성으로 열거해 본다.

(1) 정보문화재는 종래의 문화재 일반과 비교해 볼 때, 그 산출이 훨씬 더 용이하고 또 변양도 얼마든지 가능하다. 따라서 창의성이 더 많이 허용되고 물리적, 시공적 제약을 더 많이 벗어날 수 있다. 심지어는 인간에게 주어진 자연적인 현실을 뛰어넘는 '가상적인 현실(假像現實, virtual reality)'을 창출할 수도 있다.

(2) 정보문화재는 복제(複製)가 용이할 뿐만 아니라, 복제의 횟수도 무한정일 수 있다.

(3) 바로 이 점 때문에 정보문화재는 그 안정성이 종래의 문화재 일반처럼 그 매체의 물리적 견고성에 의존하지 않고, 오히려 그것을 보존, 전달, 활용, 복제하는 과정의 사회적, 규범적 장치의 지속성과 안정성에 의존한다.

(4) 위에서 거듭 상론했듯이, 정보문화재는 그 내용이 변질, 훼손되지 않고 정확하고도 신속하게 익명의 다수에게 전달, 확산할 수 있다.

(5) 따라서 정보문화재는 이렇듯 취급이 용이한 그만큼 악의적으로 조작되거나 왜곡되거나 훼손될 가능성도 또한 갖고 있다.

(6) 마찬가지 이유에서 정보문화재는 계층, 연령, 신분, 직업 등과는 아무런 상관도 없이 누구에게나 노출되기 쉽고, 따라서 공익의 방어, 개인의 프라이버시 보호, 또 청소년의 보호 차원에서 이를 산출, 유통, 향유하는 전 과정에 일종의 사회적 안전장치 같은 것이 요구된다.

무엇보다도 정보문화재는, 그것을 담지하는 물질적 재료가 전자공학적으로 처리되는, 지극히 가변적이고 미시적이고 섬세하고 유연한 것이기 때문에, 그 자체 창출과 폐기뿐 아니라 복제와 전달과 확산이 용이하다는 점이 두드러진 특성이다. 따라서, 우리의 지금의 주제는 아니지만, 정보문화재가 인간의 문화생활 전반을 기초지어 주는 시대가 도래하면, 인간의 사회성과 역사성에도 그 질적, 양적 변화가 급속히 찾아오리라고 예측하는 것은 어려운 일이 아니다.

그런데 이 모든 특성들은 결국은 정보문화재가 그 산출되고 전달되고 수용되는 기술적 과정상 갖게 되는 독특한 존재론적 구조에서 연유하는 것들이라고 보아야 할 것이다. 왜냐하면 정보문화재를 존립케 하는 이 전기전자적 첨단기술이 종래에는 생각하기 어려웠던 독특한 존재론적 토대를 정보문화재에 제공하고 있기 때문이다. 이제 그 존재구조에 대해 살펴보기로 하자.

V. 정보문화재의 존재구조

1. 문화재 일반의 존재구조

1) 전경과 배경: 질료와 형상

이 문제를 다루기 위해 여기서 우리는 다시 Ⅱ절의 출발지평으로 되돌아가 객체화된 정신의 이중구조와 3항관계에 대한 분석내용으로부터 어떤 논구의 단초가 찾아질 수 있을지 생각해 보기로 하자. 먼저 그곳에서 우리가 얻어낸 통찰내용을 간략히 정리해 보자.

(1) (광의의) 객체화된 정신은 그 존재방식이 전혀 다른 두 개의 상이한 존재층으로 이루어져 있다. 전면에 나타나는 물질적 존재층인 '전경(前景)'과 그 배후(背後)에 숨겨져 있는 정신적 존재층인 '배경(背景)'이 그 것이다.

(2) 정신존재층, 즉 협의의 객체화된 정신은 여기서 마음, 생명, 물질 등 모든 하위 존재에 의해 담지되어 있지 않고 오직 물질이라는 최하층에 의거해서만 존립한다.

(3) '전경'은 주관독립적, 자립적, 실질적 존재인 데 반해 '배경'은 주관연관적, 의존적, 비실질적 존재다. 즉 후자인 정신적 내용은 어느 활동하는 정신적 개인이 전경의 물질적 존재층을 꿰뚫고 들어가 그것을 정신적 내용으로 인지하고 이해할(ersehen) 때에만 그 정신적 개인에게 나타나는(erscheinen), 반실재(半實在)다.

(4) 이 휴지(休止) 상태에 들어가 '잠든' 정신을 깨워 정신적 존재로 부활시키는 것이 바로 제삼자인 생동하는 정신이다. 이 이해하는 정신이 없이는 객체화된 형성물의 저 이중적 구조 자체가 성립되지 않는다. 따라서 전체적으로 볼 때 광의의 객체화된 정신적 산물은 그 존재구조상 불가피하게 세 가지 요인, 즉 물질적 전경, 정신적 배경, 제3의 활동하는 정신으로 구성되어 있다.

이제 우리가 더 천착해 들어가야 할 문제는 물질적 전경의 어떤 요소에 의거해 정신적 배경이 결정되느냐 하는 것이다. 거꾸로 말하자면 정신활동은 물질적 전경의 어떤 요인을 통해 자신의 활동내용을 외화시켜 표현하고 이를 통해 거기에 실려 있을 수 있느냐 하는 것이다. 다른 관점에서, 이해하는 제3의 정신을 함께 고려해 볼 때, 이 문제는, 이 제3의 정신은 물질적 전경의 어떤 요소를 매개항으로 하여 그 배경의 정신적 내용을 이해하느냐 하는 것이다. 굳이 구분하자면 앞의 물음은 존재론적인 것이고, 뒤의 물음은 인식론적인 것이겠지만, 우리는 여기서 일단 인식내용의 차이가 전적으로 존재내용의 차이에 의존되어 있다는 소박한 실재론의 입장에서 문제에 접근해 보기로 한다.

구체적으로 문제 제기를 해보자. 우리는 어떤 그림을 보고는 예술적 가치가 높다고 판단하고, 어떤 다른 그림을 보고는 그렇지 않다고 판단한다. 더욱이, 유사한 모티브와 유사한 오브제를 갖는 동일한 화가의 그림들을 놓고도 서로 다른 평가를 한다. 그러면 여기서 그 평가의 차이는 어디에서 기인하는지 생각해 보자. 감상하는 평가자의 심미안 내지 평가 능력이 동일하다고 가정한다면, 이 차이는 분명 표현된 그림 자체, 즉 화가의 정신을 담고 있는 그 매체에서 기인한다고 보아야 할 것이다. 동일한 캔버스와 동일한 염료를 사용했다고 했을 때, 즉 물질적 재료에는 차이가 없다고 할 때, 그 평가의 차이, 즉 이해한 정신적 내용의 차이는 과연 어떤 요인에서 기인할까?

여기서 우리는 일단 아리스토텔레스의 고전적인 도식을 원용하여 이 문제에 접근해 보도록 하자. 모든 사물은 질료(Materie)와 형상(Form)으로 구성되어 있다고 할 때, 이 형상이란 바로 그 사물을 그 사물이게끔 해주는 본질인데, 질료는 바로 이것이 규정하는 대로 형태지어지게 마련이다. 물론 아리스토텔레스에 따르면 이 두 가지 원인 외에도 운동인, 목적인이라는 다른 원인들이 함께 참여하여 그 사물의 그 사물로서의 현존 전체를 결정하지만, 이들 중에서도 바로 형상이 가장 결정적인 역할을 하는 까닭은 이것이 바로 그 사물이 도대체 무엇인지를 결정하는 것이요, 인간 지성이 개념적 사유를 통해 파악할 수 있는 것이기 때문이다.

인간 정신활동의 산물인 문화재의 경우, 그 형상은 인간이 그저 이미 있는 것을 파악하는 것이 아니라, 그 자신의 정신활동을 통해 정하는 것이다. 이렇게 정해진 형상, 이를테면 작곡가의 악상(樂想), 작가의 주제, 화가의 화상(畵想) 등은 질료, 즉 이러한 것들을 구체화시킬 수 있는 재료, 즉 음의 높낮이 및 길이, 문장, 색채와 구도 등을 형태화시키는 데 있어 결정적인 역할을 한다. 그것이 '완전히' 구현되는 일은 불가능하겠지만, 기술 즉 예술적 기법의 고도화에 따라 가능한 한 완전한 구현에 가까워질 수 있음을 인정해야 예술적 정진이 의미 있을 것이다. 기술의 정도에 따라 그 완전성에 차이가 있긴 하겠지만, 하여튼 '질료'는 '형상'이 규정하는 데 따라 형태화된다. 이렇게 형태화된 질료 자체가 곧 형상이라고 말할 수는 없지만, 형상은 이 형태화된 질료에 의거해서만 존립할 수 있는 만큼, 형상을 파악하려는 제3의 정신은 어쩔 수 없이 이 형태화된 질료의 모습을 통해 그 형상을 파악할 수밖에 없다. 결국 위의 예에서 잘 그린 그림과 잘 못 그린 그림의 차이는, 형상은 동일한 것이라고 가정되었기에, 형상(즉 화상)이 질료(즉 재료)에 얼마나 잘 구현되었는가, 달리 말하자면 질료(즉 재료)가 형상(즉 화상)에 의해 얼마나 잘 규정, 재구성되었는가 하는 것에 달리게 된다.

객체화된 정신의 존립에 있어 형상(Form) 자체와 질료 내지 재료의 구성 또는 형태화(Formung)의 이러한 관계는 앞서(Ⅱ절) 살펴보았듯이 정신존재의 본성상 불가피한 것으로 볼 수밖에 없다. 따라서 우리는 지금 우리의 문제, 즉 물질적 전경의 어떤 요소에 의거해 정신적 배경이 결정되느냐, 거꾸로 말하자면 정신활동은 물질적 전경의 어떤 요인을 통해 자신의 활동내용을 외화시켜 표현하고 이를 통해 거기에 실려 있을 수 있느냐 하는 이 문제에 대해, 명백히 '물질적 전경의 구성형식, 형태화 형식에 의거하여'라고 대답할 수 있다고 본다.

이 점을 고려해 볼 때 우리는 위에서 하르트만의 논구내용을 정리한 것에 다음과 같이 덧붙이는 것이 온당하다고 생각된다.

(5) 따라서 (광의의) 객체화된 정신은 그 자체는 (물질적 전경을 보면) 즉자적으로 실질적(real)이면서 동시에 (정신적 배경을 보면) 대자적으로 비실질적(irreal)이기도 하다. 전자는 이미 완결된 것이지만, 후자는 생동하는 정신에 의존하는 미완의 것이요, 그런 의미에서 가능적인 존재다. 그리고 바로 이 가능성의 존재를 현실성의 존재로 구현시키는 매개항은 곧 형상 즉 구성(형태화)형식이다.

2) 질료와 형상: 현상과 형태화

이 맥락을 좀 더 상론해 보자. 앞에서 우리는 정신적 배경은 이미 완결되어 존재하는 것이 아니고 다만 제3의 생동하는 정신이 그것을 간파할 (ersehen) 때 비로소 그에게 현상하는(erscheinen) 것임을 지적한 바 있다. 이 사태를 지금의 문제에 관련시켜 보자. (광의의) 객체화된 정신에서 완결되어 존재하는 것은 그러그러한 형태로 구성된(geformt) 물질적 전경뿐이다. 그러나 이것만으로는 여기에 정신적 존재가 충실히 구현되어 있다고 보기 어렵다. 정신적 내용은 말하자면 여기에 아직 다만 가능적 존재로서 잠재되어 있을 뿐이다. 정신적 내용은 그렇게 형태지어진 전경에서 그것을 꿰뚫고 정신적 내용을 간파하는 생동하는 정신에게 나타날(erscheint) 때 비로소 온전히 정신적 존재로 현실화되는 존재다.

문제는 현상(Erscheinung)과 형태화(Formung) 사이의 관계에 대해 어떤 더 분석적인 설명을 할 수 있는가 하는 것이다. 구체적으로 하나의 조각 작품을 생각해 보자.

한 조각가가 그의 머릿속에 있는 아이디어, 이미지, 상(想 또는 像)을, 청동이라는 재료를 특정형태로 빚어냄으로써, 여기에 표현, 구현한다고 하자. 그의 아이디어, 이미지, 상은 형상(形相, Form)이 되어 청동이라는 질료를 형태적으로 규정(formen)한다. 이 조각가의 정신적 내용은 그 조각 작품에 표현되었다고 하겠으나, 엄밀히 존재론적으로 말하자면 그러그러하게 형태지어져(geformt) 구성되어 있는 청동의 형태(Form)를 매개로 일단 외화되어 청동이라는 물질 속에 잠재되어 있다고 해야 할 것이다. 이때 조각가의 정신적 내용은 '형태짓는 형상(formende Form)'인 데 반해 조각작품으로 빚어진 청동이라는 이 물질은 '형태지어진 형태(geformte Form)'다.

이 작품은 이제 누군가가 감상하게 된다. 이때 감상자가 육안으로 보는 것은 일차적으로 청동이라는 질료가 이러저러하게 구성되어 있는 형태다. 그러나 그가 진정한 감상자라면 그가 '정신적으로' 보는 것은 그 청동의 '형태지어진 형태'를 매개로 해서 '현상하는' '형태짓는 형상'이요, 곧 조각가의 정신적 내용이다. 문제는 어떻게 전자를 매개로 해서 후자를 파악하느냐 하는 것인데, 여기에서 우리는 고도로 세련된 예술적 직관력 외에 다른 것을 더 말할 수 없다. 전자와 후자의 관계를 더 분석적으로 요소화시켜 설명한다는 것이 '추후적으로는' 가능할지 모르나 요소적으로 분석된 그러한 관계에 대한 이해가 곧 저 직관을 가능케 하거나 저 직관을 대치시켜 주지 못하는 것을 우리는 예술작품 감상이라는 체험을 통해서 잘 알고 있다. 만일 이것이 가능하다면, 개개 예술작품의 고유한 미적 가치에 대해서 말하는 것이 무의미할 것이요, 어떤 의미에서 가장 잘 조작할 수 있는 제작공정을 통해 예술작품을 양산하는 일이 가능할 뿐만 아니라 권장되어야 할지도 모르는 일이다.

물론 지금 예로 든 예술작품의 경우는 '형태짓는 형상'과 '형태지어진 형태' 사이의 관계를, 달리 말하면 작가의 '형태화'와 그것의 감상자에게의 '현상' 사이의 관계를 분석적으로 설명하기가 가장 어려운 경우일 것이다. 그러면 이와 정반대로 이 설명이 비교적 용이한, 아주 대조적인 경우를 생각해 보자. 기하학적 도형을 그려 보이며 어떤 기하학적 관계를 설명하는 교사와 이를 보면서 교사의 설명내용을 이해하려는 학생이 있다고 해보자. 이 경우 실로 문제가 되는 것은 원이나 삼각형을 그려 보이고 있는 종이 위에 그려진 연필 자국에 대한 감각적 지각내용 자체가 아니라, 그것을 다만 매개로 하는 추상적 도형이나 또는 공간적 관계일 것이다. 물론 여기서도 전경이 배경을 매개하는 것은 분명하지만, 그 관계가 사안 자체를 좌우할 만큼 중요한 것은 되지 않는다. 좀 비뚤게 그렸다 해서 문제가 될 것은 없는 것이다. 이 경우에 있어서는, 교사의 정신활동의 내용인 '형태짓는 형상'과 학생에게 나타난 '형태지어진 형태' 사이의 매개관계를 파악하는 것이 분석적으로 설명할 수 없는, 고도의 직관력이라고 볼 필요는 없는 일이다. 이 경우에는 오히려 이 둘 사이에 확정적인 관계가 있어서 그 관계가 논리적으로 객관적으로 기술될 수도 있을 것이다.

문자나 기호체계로 구성되어 있는 도서의 경우, 특별히 도서로서의 역할 외에 다른 목적이 그것을 통해 기도되고 있지 않을 경우(더러는 책이 단순한 사상내용을 담는 매체가 아니라 종교적, 정치적, 사회적 상징을 갖는 경우도 있지만, 이런 것들은 예외로 친다면), 우리는 감각적으로 지각되는 물질적 전경의 '형태'를 따로 문제 삼지 않는다.[31] 그러나 도서 이외의 모든 문화재는 이 물질적 전경에 '형태지어진 형태'와 이를 통해 현상하는 '형태짓는 형태' 사이의 관계가 중요한 요인으로 문제가 된다.

그리고 앞서 말했듯, 이 관계의 파악은 보통 직관적일 수밖에 없다.[32] 따라서, 일반화시켜 말하자면, 객체화된 정신을 창조하는 정신의 직관과 그것을 다시 이해하여 부활시키는 정신의 직관이 합치할 때, 정신적 교류가 충실히 이루어지는 것이다.

2. 정보문화재의 존재구조

종래의 문화재 일반에서는 종국적으로 '직관되는' '형식/형상'이 그 객체화된 정신의 존재에 결정적인 요소였다. 그렇다면 정보문화재에서는 사정이 어떻게 달라지는가? 근본적으로 존재적 구조 자체가 바뀌는 것일까, 아니면 종래의 그것에 어떤 변양이 생겨나는 것일까?

여기서 우리는 이른바 '정보문화재'를 어떻게 정의하고 그 범위를 어떻게 규정했는지 다시 한 번 상기하도록 하자. 우리는, 정보를 '디지털 방식으로 이루어지는 수학적 연산과정으로 처리될 수 있는 모든 자료연관'으로 파악하였다. 중요한 점은, 그것이 설사 단적인 감각적 지각표상이라 하더라도 디지털 코드로 환원되어 저장, 처리, 전달될 수 있다면,

---

31 이 점은 심리상태 중 명제적 태도(propositional attitude)로 분류되는 것에서는 감각질 (qualia)이 문제되지 않는다는 사실을 연상시킨다. 예술작품에서는 시각, 청각 등 감각내용이 그 작품의 감상에 있어 결정적인 역할을 하는 반면, 이를테면 어떤 수학적 연관의 이해에 있어서는 도형이나 문자에 대한 직접적 지각내용은 문제되지 않고 오히려 그것을 매개로 사유된 내용, 즉 명제적 내용만이 문제된다는 점을 생각해 보자. 그리고 이 기회에 시각, 촉각 등 감각적인 상태와 믿음, 욕구, 의도 등 지향적인 상태의 이질성에 대해서도 깊이 생각해 보자. 김재권(하종호/김선희 역), 『심리철학』, 철학과현실사, 1997, 49쪽 참조.
32 직관적일 수밖에 없다는 것은 그것이 분석적 추론적이지 않다는 뜻이요, 따라서 어떤 논리적, 수학적 연산/계산으로 대체될 수 없음을 가리킨다.

그것이 곧 새로운 의미에서의 정보가 된다는 점이다. 그리고 그 범위도 '기존의 미디어/문화재에 새로운 컴퓨터 및 통신 기술이 결합됨으로써 종래와는 다른 새로운 형태의 정보수집, 처리와 가공, 전송, 분배, 이용 등을 가능케 하는 미디어/문화재'라고 규정했다. 여기서 핵심적으로 중요한 것은 그것이 인공지능기술, 즉 컴퓨터 기술의 산물이라는 점이다. 따라서 우리는 컴퓨터가 산출하는 결과물이 어떤 존재론적 구조를 갖는지 살펴봄으로써 정보문화재의 존재구조를 파악할 수 있을 것이다. 그리고 이를 위해서는 먼저 컴퓨터의 기능 자체를 철학적인 관점에서 검토해 볼 필요가 있다.

1) 컴퓨터 기술의 근본성격

컴퓨터는 말할 것도 없이 인공적으로 제작된 정보처리장치이다. 그러나 컴퓨터는 앞서도 지적했듯이 단순히 인간의 신체적 제약을 극복하려는 신체의 확장으로서의 기계가 아니다. 획기적인 점은 그것이 인간에게 고유하다고 생각해 왔던 기능, 즉 인간의 정신적 활동의 기능을 제한적이나마 대체, 확장, 증폭함으로써 인간의 정신적 활동 자체에 거꾸로 영향을 미치고 경우에 따라서는 그 활동을 규정한다는 사실이다. 따라서 컴퓨터를 개발하고 활용함에는, (비록 무의식적일지라도) 특정한 철학적 입장이나 확신이 전제되어 있다고 봄이 온당하다. 컴퓨터의 기능을 철학적인 관점에서 검토하기 위해서는, 인간의 정신활동을 컴퓨터의 기능에 비추어 해명하고자 하는 심리철학적 입장, 즉 기계기능주의(machine functionalism)의 주장내용을 점검하는 일이 도움이 되리라 본다. 컴퓨터를 고안하고 제작함에 있어 이것이 암암리에 전제가 되었다고 볼 수 있기 때문이다. 사실 컴퓨터를 활용하여 자연적인 인간 지능의 많은 활동영역을 대체할 수 있다고 믿는 데에는 인간의 정신적, 심적 활동은 컴퓨터의 작용과 다를 바 없다는 이 견해가 그 배경이 된다고 할 것이다.

기계기능주의에 따르면 "어떤 물리적 상태를 주어진 기계상태가 실현된 것으로 만드는 것은 입력과 출력 및 다른 기계상태들을 실현시키는 물리적 상태들에 대한 그것의 인과적 역할이다."[33] 이는 마치 기능주의에서 "하나의 주어진 심리상태를 바로 그런 심리상태로 만드는 것은 바로 감각적 입력과 행동적 출력 및 다른 심리상태들에 대한 그것의 인과적 역할"[34]인 것과 같다. 이런 생각을 바탕으로 하면, 심리영역의 하나인 사유작용을 규제하는 논리적 관계가 물리적 세계를 지배하는 기계적 인과관계로 대체될 수 있다는 전제 아래서 구상된 '튜링기계'야말로 이 기계기능주의의 견해를 구체화시켜 주는 실증물이라 할 수 있다. 따라서 "어떤 것이 심성을 갖는다는 것은, … 그것의 심적 상태들이 기계표의 내적 상태들과 동일시됨으로써, 그것이 물리적으로 실현되는 적절히 복잡한 '튜링기계'가 된다는 것"[35]과 다를 바가 없게 된다. 이를 좀 더 부연해보자. 어떤 심리적 주체의 가능한 모든 입력과 출력의 완전한 명세서를 갖고 있고, 따라서 그 모든 입출력 관계들을 다 알고 있다고 하면, 그에 관한 심리학을 구성함에 있어 우리가 할 일은 그의 내적 상태들을 구성

---

33 김재권, 앞의 책, 154쪽(번역문 약간 교정). Jaegwon Kim, *Philosophy of Mind*,
    Boulder: Westview Press, 1996, 87 참조.
34 같은 곳.
35 같은 책, 156쪽.

하는 이러한 요소들의 집합 전체를 명료히 체계화시키는 것이다. 그러면 어떤 입력요소가 어떤 출력을 산출하는지 예측할 수 있을 것이며, 또 그 산출되는 이유를 설명할 수 있을 것이다. 벌써 반세기 전에 제시된 일종의 사유실험이지만[36] 이 튜링기계는 원리상 컴퓨터의 원형이라 할 수 있다.

그러나 인간의 심적 과정을 — 사유에 국한한다 하더라도 — 기계적 인과관계로 대체하여 파악하려는 시도가 그 과학적 접근법과 설명력에 있어 아무리 탁월한 것이라 하더라도, 그것이 인간의 심적 과정을 완전히 파악할 수 있다고 보기 어려운 이유는 여럿 있다. 즉 심리철학적으로 이 기계기능주의는 중요한 난제들을 안고 있다. 우선, 심적 작용주체의 고유한 실재성 같은 것은 부인한 채 입출력이 같은 내용이라면 그것은 바로 그 심적 주체의 동일성이 보장되는 것으로 보아야 할 것인지, 아니면 심적 주체의 고유한 실재성을 인정하고 그로부터 입출력의 기계적 동일성을 설명해야 할 것인지 하는 문제도 쉽게 해결되지 않는 문제다.[37]

또, 심적 상태가 다르려면 물리적 과정이 다르지 않을 수 없는 것은 수긍이 가지만, 각기 다른 물리적 과정이 동일한 심적 상태를 실현시키는 일이 전혀 불가능하다고 볼 이유는 없다는 사실에 대한 지적도 인간의 심적 과정에 대한 기계기능주의를 약화시키는 결정적인 비판이 된

---

36 A. M. Turing, "Computing Machinery and Intelligence", in *Mind*, No.236, 1950 참조.
37 기능주의를 제시하면서도 도구주의/반실재론의 입장을 취할 것인가, 실재론적인 입장을 취할 것인가 하는 문제.

다.[38]

그러나 컴퓨터가 이런 발상에서 고안된 이상 이러한 발상의 중심 아이디어가 컴퓨터의 기능을 규정하는 것은 너무나 당연한 일이요, 지금 우리의 관심은 바로 여기에 있다. 우리의 주 관심사로 나아가기 위해 우리로서는 이상의 심리철학적 배경을 다음과 같이 잠정적으로 정리하기로 한다.

(1) 표상들은 그들이 표상하는 외부적 대상들과 필연적인 관계를 갖지 않는다.

(2) (위의 입장을 표상적 회의주의라 할 때) 이러한 표상적 회의주의에도 불구하고, 방법론적 유아론(唯我論)을 취함으로써 (즉, 외부세계와는 상관없이 정신활동은 실재한다고 일단 가정하면) 인간 정신에 관한 연구는 가능하다.

(3) 정신과 육체는 전혀 다른 종류의 것들이다. 즉, 물리적 동일성이 결코 정신적 동일성의 필요조건이 아니다. 따라서 물리적으로 서로 다른 것들이 모두 동일한 정신적 표상을 가질 수도 있다. 그리고 정신적 표상은 물리적으로 환원될 수 없는 어떤 것이다.

(4) 정신의 모든 추리활동은 단지 계산일 뿐이다. 즉 사고란 마음속에 저장된 기호들을 형식적으로 조작하는 일종의 계산이다

---

38 이른바 '다수실현가능성 이론'의 문제 제기.

어떤 이는 그 사유방식의 원형을 생각해 볼 때 위 가운데 (1), (2), (3)은 실은 데카르트의 생각이었고, (4)는 홉스의 생각이었다고 보는데,[39] 원리적으로 보면 정신을 대상들에 작용하는 계산장치로 보는 이들의 통찰이 컴퓨터 개발의 논리적, 철학적 단초를 제공한 것이라고 볼 수는 있을 것이다.

중국어의 의미는 전혀 이해하지 못하면서도 '중국어방'에 들어오는 입력에 적절히 대응하는 출력을 내보내는 그런 '중국어방 컴퓨터'가 있다 할 때,[40] 우리는 그것이 인간이 아니더라도 적어도 그것을 하나의 도구적 기제로서는 활용할 수 있을 것이요, 결과적으로 컴퓨터의 기능을 잠정적으로는 이 영역 안에서 규정하는 데에는 큰 문제가 없을 것이다.

우리로서는 잠정적으로 인간의 심적 작용은 '의미론적인 기구(semantic engine)'이기도 하지만, 컴퓨터는 다만 '통사론적인 기구(syntactic engine)'에 멈춘다는 견해를 받아들이고,[41] 일단 이 심리철학적인 원리적인 문제를 떠나 좀 더 구체적으로 컴퓨터가 수행하는 작업내용의 성격을 검토하는 데로 나아가 보기로 하자. 그것은 단적으로 다음 두 명제로 압축된다고 본다.

(1) 무엇보다도 컴퓨터는 수학적 계산을 수행한다. 이 작업이 가능하게

---

39 김영정, 『심리철학과 인지과학』, 철학과현실사, 1996, 68쪽 이하 참조.
40 써얼의 유명한 비유. J. Searle, "Minds, Brains, and Programs", in *Behaviorial and Brain Science* 3, 1980; 김재권, 앞의 책, 175쪽 이하 참조.
41 김재권, 앞의 책, 178쪽 참조.

된 데에는, 이미 지적했듯이, 한편 수학에서 수학적 증명과정을 엄밀히 형식화하는 형식주의가 발전했던 것과, 다른 한편 실제로 튜링이 단순한 계산기계를 제작하여 수학적 기호조작과정을 물리적 기계조작과정으로 대체, 재현시키는 데 성공했던 것이 그 기초를 이루고 큰 기여를 했다.

(2) 컴퓨터는 이 수학적 계산기능을 활용하여 정보를 처리한다. 섀년 (C. Shannon)이 명료히 밝혔듯, 이때 정보란 그 구체적인 내용과는 아무 상관없이 단순히 두 개의 동등한 대안들, 이를테면 0과 1, 혹은 참과 거짓 중 하나를 선택함으로써 이루어지는 것이다. 따라서 정보의 기본적인 단위는 '비트(bit = binary digit = 二枝擇一)'다. 컴퓨터가 복잡다양한 내용을 간단명료하게 파악, 처리할 수 있는 근본이유는 그것이 정보를 그 구체적인 내용과는 상관없이 별개의 것으로 취급함으로써 복잡하고 다양한 사태연관 자체에서 벗어나 오직 그 논리적, 수학적 형식에 좇아 작동하기 때문이다. 이 점이 아주 중요한 것이다.

이상으로써 우리가 확인할 수 있는 것은, 컴퓨터 기술은 어디까지나 기계적, 공간적, 양적 표상을 논리적, 수학적, 형식적 관계 속에서 처리하는 기술이라는 사실이다. 그렇다면 이러한 기능에 의해 산출된 정보문화재는 그 구조상 어떤 존재론적인 성격을 지닐까? 이 문제가 우리가 검토해 보아야 할 마지막 문제다.

2) 정보문화재의 존재구조

(1) 수학적 관계

종래의 문화재 일반에서는 그것이 산출되고 이해되는 일반적 과정에 있어 객체화된 정신의 배경(즉 정신적 내용)이 지니고 있는 형태짓는 형상(formende Form)과 전경(즉 물질적 재료)에 형태지어진 형태(geformte Form) 사이의 관계를 매개시켜 주는 것이 바로 직관이었다. 정보문화재에 있어 크게 다른 점은 바로 이 매개의 역할을 수학적 계산이 수행한다는 것이다.

한 걸음 더 나아가 컴퓨터의 핵심적인 기능 자체가 바로 수학적 계산을 토대로 한 정보처리에 있기 때문에, 컴퓨터의 작동을 통해 산출해 얻은 정신의 산물은 근본적으로 형식적, 논리적, 수학적 연산을 통해 얻어진 기계적, 공간적, 양적 단위들의 복합과 누적으로 이루어진 것으로 볼 수밖에 없을 것이다. 물론 이 수학적 연산작용이 항상 겉으로 드러나 의식되는 것은 아니겠지만, 그 근본구조에 있어선 이것이 토대가 됨에는 예외가 없을 것이다. 달리 말하자면, 종래의 문화재 일반에서는 하나의 객체화된 정신이 '무엇'인지를 결정하는 것은 직관적으로 파악되는 그것의 '형상'이었는데, 이제 이 정보문화재에 있어서는 그것이 바로 수학적으로 계산되는 수학적 양적 관계 그 자체로 환원되고 만다는 것이다.

예를 들어 TV 모니터에 낙조의 전원 풍경이 펼쳐져 있다고 해보자. 정보수용자, 즉 시청자에게 지금 이 화면은 그대로 한 폭의 (경우에 따라서는 움직이는) 그림으로 감상될 뿐 거기에 그 어떤 수학적 연산활동이 개재되어 있음을 알아차릴 수가 없다. 그러나 이 화면은 실은 우리의 감각

404

에는 단적인 질적 속성으로 감지되는 여러 요소들, 이를테면 색채, 조명, 구도 등 여러 요소들을 각기 양적 단위로 환원, 분석하여 이를 다시 수학적 관계에 좇아 재종합하는(즉 계산하고 처리하는) 과정을 통해 얻어낸 것이다. 이 그림은 화가의 상상력을 토대로 예술적 직관력과 이 직관내용을 물질적 재료에 실제로 구현기키는 기술(예술: techne 아닌 ars)에 의존하여 그려진 '창작품'이 아니라, 주어진 (상상에서 얻어 올 수도 있으나, 그렇지 않고 계산해 낼 수도 있는, 아니 상상에서 얻어 온다 하더라도 수학적으로 처리되는 방식으로 주어진) 아이디어를 정치한 수학적 분석과 계산과정을 통해 전자기술적으로 모니터에 '현상하게' 함으로써 만들어진 일종의 '제작품'이라 해야 할 것이다. 이 그림은 어떤 화가가 그린 회화 한 폭과 그 존재구조상 엄연히 다른 것이다. 굳이 극단적으로 말하자면 그것은 한 폭의 그림이 아니라, 한 폭의 그림으로 보일 뿐인 수학적 관계다.

(2) 감각질의 해체

바로 앞에서 수행했던 문화재 일반의 구조에 대한 분석을 감각질(qualia) 문제[42]와 연관시켜 생각해 보자. 정보문화재가 근본적으로 수학적 연산과정을 토대로 하여 구조지어지는 존재라면, 그것은 정량화할 수 있는 물리적인 존재내용만을 지닐 뿐 그 이상의 분석불가능한 내용을 존재의 최종단위로 가질 수가 없다. 즉 감각질을 실재하는 존재단위로서 지닐 수는 없다.

종래의 일반적인 문화재에서는 그 창조과정에서 종국적인 주관의 정신적 작용방식은 직관이고 그에 대응하는 최종적인 대상으로서의 존재단위는 감각질이라고 보아야 할 것이다. 그리고 이 최종적인 감각질들의 연관관계도 높은 차원의 또 다른 감각질로 직관 혹은 직감되는 것이 보통이다. 그리하여 여기에는 감각질들의 다층적인 구조가 객관적으로 실재하고 그에 대응하여 더 세련된 직관작용이 주관의 정신활동으로 있게 마련이었다. 하나하나의 색채에 대한 단적인 감각적 직관과 여러 색체가 어우러진 한 폭의 그림이 지니는 아름다움을 총체적으로 직관하는 능력을 상정하지 않고서 그림을 그린다는 것은 상상할 수조차 없는 일이다. 일반 문화재의 창출과 이해에 있어 위에서 말한 용어로 표현하자면 '형상'들이 복층적으로 '형태화'하고 또 '현상'하는 일은 아주 보편적인 일이다.

그곳에서 예로 든 기하학적 관계의 이해에 있어서는 궁극적으로 감각

---

42 인간의 심적, 정신적 과정을 물리주의적으로 이해하고자 할 때, 최후까지 일종의 아포리아로 남는 것이 이 '감각질(qualia)' 문제가 아닐까 한다. 보통 '의식'에 관한 심리철학적 논의에서는 명제태도에 수용될 수 없는 원초적이고 순수한 감각, 감정 등의 심리상태의 측면에만 국한해 이 개념을 적용하게 되는데, 지금 우리의 논의에서는 이 범위를 좀 넓혀 '반드시 물리주의적이지 않더라도 어떤 방식으로든지 더 이상 분석적으로 설명되기 어려운 단적인 감각이나 감정'을 가리키는 개념으로 사용하기로 하자. 그리고 경우에 따라서는 그 범위를 더 넓혀 어떤 심리상태와 그것을 야기하거나 그로 인해 야기되는 외적, 신체적 대상과의 관계가 분석적으로 해명되지 않을 경우, 그 통일적 연관관계 전체를 지시하는 개념으로도 사용하도록 하자. 왜냐하면 물리주의적인 이론적 분석가능성이 가장 정치한 개념이긴 하지만, 우리가 현실적으로 체험하게 되는 보통의 정보문화재에는 그러한 분석을 가하기 어려운 많은 것들이 함께 용해되어 있다고 보기 때문이다. 그러나 현실적으로는 이렇듯 어떤 방식으로도 분석되기 어려운 심적 활동의 대상들이 정보문화재로 창출되는 과정에서는 컴퓨터의 본질적인 속성상 철저히 물리적, 수학적 분석과 종합의 과정을 거친다는 사실이 주목해야 할 점이고, 이 과정에서 '감각질'은 적어도 객관적 실재로서의 존재적 지위를 상실하게 된다는 점이 특기할 만한 것이다.
감각질의 문제에 관한 논의는 김재권, 앞의 책, 296쪽 이하 및 김영정, 앞의 책, 75쪽 이하 참조.

질과 그의 직관이 문제되는 것이 아니다. 아주 수준 높은 명제태도가 요구되는 경우일 테니까 말이다. 그려진 도형을 지각함에 있어 감각질이 문제된다 해도 그것은 아주 부차적이고 단순한 것에 불과하다. 그러나 일반적으로 어떤 한 정신활동의 산물을 다른 정신이 이해함에 있어, 특히 예술작품의 경우에 있어, 궁극적으로 그 이해가 가능한 것은 바로 이러한 복층적 감각질들의 연관을 이에 대응하는 다차원적 직관이 파악할 수 있기 때문이다.

그런데 이제 정보문화재에 있어선 사정이 달라진다. 정보문화재에 있어선, 감각질로 감지될 수밖에 없는 어떤 내용도 적어도 그것이 전자공학적 컴퓨터 기술에 의해 창출되는 순간에 있어서만큼은 수학적, 물리적 관계연관 이상이 아니다. 그것을 창출하는 주관이 지니고 있는 최종적인 감각질도 수학적, 물리적 관계연관으로 일단 전환되어야 하기 때문이다. 그리고 이는, 앞서 여러 차례 지적되었듯이, 디지털 기술에 의해 모든 정보의 내용이 수학적, 논리적 구조로 전환되고 이것이 또다시 전기적, 물리적 구조로 전환되는 과정을 거쳐 창출되기 때문이다. 정교하기 짝이 없는 컴퓨터라 하더라도 그것이 기계인 이상 감각질을 갖는다고 볼 수는 없다는 우리의 직관과도 이는 부합한다. 물론 이렇게 창출된 정보문화재의 내용이 심적 주관에 감지될 때엔, 심적 주관에 의해 그것이 재창출되며, 이때 입력되어 있던 수학적, 물리적 관계연관이 규정적 역할을 함은 당연하다.

한 걸음 양보하여, 정보문화재를 창출하는 과정 역시 심적 주관에 의해 수행된다는 점을 염두에 두어 (즉 이의 역할이 더 결정적이라고 생각하여) 정보문화재에 있어서도 감각내용의 최종단위는 그대로 더 이상 분석될 수 없는 감각질로 인정할 수밖에 없다고 하자.[43] 그러나 적어도 이 최종단위의 감각질들이 어떻게 서로 관계맺고 있는지, 그 복층적 관계만큼은 수학적으로 계산되고 처리된다고 보는 것이 온당할 것이다.[44] 예를 들어 어떤 색채 화면을 구성한다 할 때, 특정한 수학적, 물리적 정량관계를 특정한 색채와 대응시키는 직관작용만큼은 수학적 계산을 통해 산출해 내진 못할지라도, 그 특정한 색과 다른 색의 관계를 정량화하여 이를테면 어떤 전자기술적 과정을 거쳐 빨간색이 점차 파란색으로 변양될 수 있는지 등을 계산하고 이 계산을 기초로 화면을 적절히 의도대로 변양,

---

43 기능주의의 입장을 엄격히 고수하면, 결국 감각질 문제에 대해선 수긍할 만한 설명의 길을 찾기 어려운 듯이 보인다. 심리상태란, 그것이 물리적인 것인지 정신적인 것인지도 따질 필요 없이, 다만 이러저러한 (인과적) 기능을 지니고 발휘하는 것으로 이해되어야 한다고 할 때, 이러한 기능과 인과적 연결고리를 확실히 갖는다고 볼 수 없는 감각질은 어디에 자리 잡아야 할까? 내 마음이 지금 붉은 색깔이라는 감각질에 물들어 있든지 검붉은 색깔이라는 감각질에 물들어 있든지, 그것이 내 행동이나 또는 감정이나 의지에 인과적으로 확인할 수 있는 아무런 차이도 가져오지 않는다면, 이 감각질이란 것은 과연 공허한 것이라고 주장하여 우리의 심적 작용영역에서 추방할 것인가. 아니라면, 확인할 길은 없지만 결국은 미묘하게나마 인과적 기능으로 나타날 수밖에 없는 것이라고 확인해 보일 수 없는 주장을 계속할 것인가. "산은 산이요, 물은 물"이라는 선불교적 정관의 상태까지는 문제 삼지 않는다 하더라도, 이를테면 아름다움 그 자체에 대한 감상 따위는 어떻게 '기능적으로' 설명될 것인가. 기능주의의 한계가 여기에 있고, 이러한 심리철학적 입장을 토대로 등장한 인공지능기술의 한계가 여기에 있다고 보아야 하지 않을까. 김재권, 앞의 책, 301쪽 이하 및 김영정, 앞의 책, 81쪽 이하 참조.

44 물론 이때 최종적인 감각질의 최종적인 단위를 무엇으로 잡아야 할 것이냐 하는 문제에 있어 우리는 쉽게 확정된 답을 찾기 어려울 것이다. 우리로서는 그것을 다만 '이제까지의 과학적 탐구에 의해서도 더 이상 분석적으로 설명되지 않되, 우리의 감각작용에는 명백하게 단적으로 주어지는 감각내용'이라고 형식적으로 잠정규정할 수밖에 없다고 본다. 예를 들어 색채를 빛의 파장으로 분석하여 설명한 것이 오래지만, 왜 어떤 길이의 파장이 어떤 색채를 우리에게 감각하게 하는지 설명하지 못한다면, 그 파장이 곧 색깔 자체가 아닌 이상, 우리로선 파장의 길이가 아닌 특정의 색채 자체를 최종적인 감각질로 받아들여야 할 것이다.

조작하는 것은 일반적 기술에 속할 것이다. 앞에서 우리가, 새로운 미디어 기술을 통해 감각적 지각내용이 사유의 대상으로 되고 사유의 대상이 감각적 지각의 대상으로 됨으로써, 감각과 사유의 두 영역이 상호 이행하게 되었다고 지적했던 것이 바로 이 내용이다.

이때 수학적 계산내용을 전자공학적 기술이 충분히 수용해 내어 실제로 그 내용을 시각적이든 청각적이든 어떤 매체를 통해 현실적으로 구현시켜 낼 수 있느냐 하는 것은 원리적으로 볼 때 존재론적인 중심문제가 아니다. 이는 마치 한 화가가 머릿속에 떠오른 이미지를 화폭에 옮김에 있어 수련 부족으로 뜻대로 되지 않는다 해도, 그의 이미지와 화폭이라는 매체 사이에 성립하는 존재론적인 관계가 조금도 바뀌지 않는 것과 마찬가지다. 아니 오히려 붓놀림이 뜻대로 되지 않는 것을 의식하고 이를 극복하려고 애쓰는 화가와는 달리, 컴퓨터가 수행하는 전자공학적 기술과정은 스스로 하는 일의 구체적 내용에 대해서는 스스로 아무것도 의식하고 있지 않으며(피드백 과정 같은 메커니즘을 통해 특별히 오류를 자가수정하도록 설계된다 하더라도, 이 역시 작업내용 자체에 대한 모종의 개입이라고 보긴 어렵다), 그에 대해 아무런 전자공학적 반응도 하지 않는다. 한마디로 말해 컴퓨터가 수행하는 이 메커니즘은 그가 지금 '무엇'을 그리는지에 대해 전혀 관여하지 않고, 다만 '어떻게' 그려야 할지에 대한 그 물리적, 수학적 지시를 따를 뿐이다. 말하지면 그는 지금 '그림'을 '그려내고' 있는 것이 아니라, 정량화된 '물리적, 수학적 관계'를 구상적으로 실현시키고 있을 뿐이다. 이렇게 볼 때 정보(문화재)의 존재론적 구조를 분석해 온 우리로서 마지막에 만나는 것은 바로 이 물리적 수학적 관계연관이요, 이는 적어도 정보(문화재)의 존재에 있어선, 아리스토텔레스가 사물의 존재를 분석하여 그 사물의 그 사물됨을 결정해 주는 최종적 규정성으로서 '형상'이라고 개념화시켰던 것의 자리에 오는 것으로 인정하지 않을 수 없는 것이다.

VI. 결론 및 여론(餘論)

이제 정보(문화재)가 지니는 존재론적 구조에 대한 이제까지의 분석을 정리하고, 이 주제와 연관하여 우리가 더 고찰해야 할 남은 문제를 조망해 보기로 하자.

정보(문화재)도 인간의 문화를 구성하는 정신활동의 산물로서, 물질적 재료를 매체로 하여 객체화된 특이한 방식의 정신이다. (엄밀히 말하자면 정보라는 정신적 산출물이 정보문화재라는 물질적 매체에 객체화되어 문화를 구성한다고 말해야 할 것이다.) 따라서 정보(문화재)도 종래의 문화재 일반처럼 존재론적으로 보면 정신적 '배경'과 물질적 '전경'으로 이루어진 이중적 구조를 지니고 있으며, 더 면밀히 살펴보면 물질적 전경을 꿰뚫고 들어가 정신적 배경을 인지하는 또 다른 정신존재를 요구한다는 점에서 3항관계를 갖는다. 아무튼 이러한 일반적인 존재론적인 구조로 인해 정보문화재도 인간의 사회성과 역사성의 구성에 절대적인 역할을 하며, 인간을 문화적 존재로 존립게 하는 존재적 토대가 된다.

그런데 정보(문화재)는 인공지능기술과 통신기술의 융합으로 이루어진 독특한 뉴미디어 기술의 성취물이라는 점에서 문화재 일반이 갖는 이러한 구조적 특성 외에 고유한 또 다른 특성을 갖는다. 정신적 배경이 물질적 전경을 규정하는 방식이 철저히 수학적으로 계산되고 전자공학적으로 처리된다는 점이 바로 그것이다. 정신적 내용을 일종의 형상으로서 물질적 질료에 구현시킴에 있어서나 물질적 질료에 구현된 정신적 내용을 일종의 형상으로 인식 부활시킴에 있어서나, 정보(문화재)에 있어서는 더 이상 감각적 지각을 중심으로 하여 내적으로 누적된 직관과 숙련된 신체적 기술이 활동하는 것이 아니라, 분석적, 수학적, 공간적 사유와 전자공학적 기술이 활동하게 된다. 따라서, 정보(문화재)의 존재론적 내용 자체, 즉 본질이 궁극적으로는 이제 물리적, 수학적 관계 이상의 다른 무엇으로 규정하기 어렵게 된다.

주관적 측면에서 보면 감각적 지각내용을 논리적, 수학적 사유를 통해 처리하게 되고, 거꾸로 그러한 사유의 결실을 단적으로 지각하게 되는 일이 가능해지는 셈이다. 감각과 사유라는 서로 치환될 수 없는 세계인식의 두 원천으로 여겨져 왔던 인간의 인식기능이 서로 전이할 수 있게 되었다는 것이다.

이러한 존재구조상의 특성으로부터 우리는 정보(문화재)의 여러 현상적 특성을 이해하게 된다. 무엇보다도 정보(문화재)는, 그것을 담지하는 물질적 재료가 전자공학적으로 처리되는, 지극히 가변적이고 미시적이고 섬세하고 유연한 것이기 때문에, 그 자체 창출과 폐기뿐 아니라 복제와 전달과 확산이 용이하다. 또 그 산출의 과정이 수학적으로 조작된 것이기 때문에 거기에는 인간의 섬세한 심정적, 정서적 요소가 담기기 어렵고 자칫 물질적 관계 또는 이것에로 환원될 수 있는 것들만이 '객체화'될 가능성이 크다. 지금 우리의 주제는 아니지만, 이러한 성격을 갖는 정보(문화재)가 인간의 문화생활 전반을 기초지어 주는 시대가 도래하면, 인간의 사회성과 역사성에도 그 질적, 양적 변화가 급속히 찾아오리라고 예측하는 것은 어려운 일이 아니다.

우리는 정보(문화재)에 대한 이상의 존재론적인 분석과 병행하여 기호학적인 관점에서 정보문화재의 문화적 실질성(실재성)에 대해 연구해 보는 것도 필요하다고 본다. 문화세계에서 실질성(실재성)이란 탈주관적인 독자적인 것이 아니다. 문화적 실질(실재)이란 의미부여, 의미표현의 주관연관적 기호체계 외에 다른 무엇이 아니라는 발상은 바로 '정보문화재'의 본성을 이해하는 데 있어 의미 있는 출발점이 된다고 보기 때문이다. 정보문화재를 창출하는 정신과 이를 인지, 향유, 사용하는 정신의 복합적이고 순환적인 관계를 하나의 체계 속에서 조망하고 이를 중심으로 하여 정보문화재의 성립기초, 그 의의 등이 해명되지 않고서는, 특히 '가상의 현실성'에 대해 철학적으로 그 존재방식 및 구조 등을 존재론적인 관점에서 온전히 논구한다는 것이 어렵다고 본다.

근본적으로 볼 때 새로운 정보(문화재)를 출현시킨 인공지능과 통신기술은 단순히 신체의 감각적 지각능력을 확장하는 데에 멈추지 않고, 말하자면 두뇌의 활동을 확장시키는 기술까지도 포함하는, 이제까지는 없던 새로운 기술이다. 이 점에서 인간과 동물의 육체적 근력에 의존했던 농업사회나 이의 확장을 기계에서 찾았던 산업사회와는 달리, 사유와 정보전달의 능력을 확장시키는 정보통신기술이 주도하는 앞으로의 정보사회는 인간에게 자연적으로 주어진 세계를 넘어서서 새로운 정보(문화재)를 제약 없이 창출할 수 있는 활동공간까지 구성해 내는 가히 혁명적 변화를 불러올 가능성이 크다. 이른바 사이버스페이스(cyberspace)라는 것이 바로 그것이고, 그 속에서 이미 우리가 만나고 있는 '가상현실(virtual reality)'이 그런 것이다.

412

정보(문화재)가 보편적인 것으로 확산된 사회에서, 과연 '사유하는 기계'가 인간에게서 노고를 덜어주고 안락과 행복을 가져다줄 것인지, 아니면 그것에 인간의 삶이 종속될 위험이 커질 것인지, 또는 인간의 감각적 지각활동이 자연적 세계를 넘어선 '가상현실'로 확장됨으로써 인간의 삶이 더 윤택해질 것인지, 아니면 더 불안정해질 것인지, 문명사적인 관점에서 이런 문제에 대해 논구하는 것 또한 화급한 철학적 과제라고 본다.

11 역사세계의 성립과 정신의 개입[*]

I. 서론: 주제의 존재론적 배경

1. 관념과 실재

'실재론'이라고 명명될 수 있는 철학적 입장에도 그 편차에 따라 여러 다양한 주장이 나올 수 있겠지만, 그 근본입장은 아마도 다음과 같은 명제로 압축될 수 있을 것이다.

"세계는 인식주관 및 행위주체와 상관없이 우리의 의식 밖에 독자적으로 존립하며, 우리가 인식 및 행위의 대상으로 삼는 것은 바로 그러한 세계다."

---

* 「역사성의 존재론적 기초와 구조」, 『인문과학』 26집, 1996.

이는 별다른 철학적 반성 없이도 우리 모두가 일상적으로 받아들이고 있는 세계정위의 출발지평이다. 그러나 철학적 반성의 결과 이 명제가 의문시되고 나아가 부인되는 것 또한 사실이다. 이 '실재론적' 근본명제를 부인하는 철학적 입장을 거칠게 망라하여 우리는 보통 '관념론적'이라고 부르는데, 철학적으로 관념론적인 견해를 갖게 되는 데에는 근본적으로 볼 때 다음과 같은 사실을 의식하기 때문이라고 본다.

(1) 주관의 의식이 직접 확인할 수 있는 것은 표상, 관념 등 의식내용뿐이다.

(2) 따라서 주관의 의식과 무관한 사물의 존재란 일단 인정할 수 없고, 따라서 모든 존재는 오직 주관연관적이다.

이 관념론적인 입장을 고수하면, 결국 우리의 의식 밖에 있는 세계의 실재성은 일단 부정될 수밖에 없다. 기껏 인정된다고 해도 그것은 오직 우리의 의식에 의해 매개됨으로써 가능하다. 즉 세계는 우리의 의식이 그것을 대상으로 받아들임으로써만 실재하는 것으로 간주될 수 있을 뿐이다.

첫째 명제는 그 자체만으로서는 거짓이 아니다. 그러나 이는 존재자가 존재하는 모습의 일부 즉 그것이 주관과 관계하며 존재하는 모습만을 말해 줄 뿐, 그 전체를 말해 주는 것은 아니다. 의식주관에 직접적으로 주어지는 것은 물론 의식내용이다. 그러나 그것이 존재자에 관한 의식내용인 한 우리는 바로 그것을 통해 그것의 출처 즉 독자적으로 존재하는 존재자 자체에로 나아갈 수 있다고 볼 수는 없겠는가. 즉 '의식에 주어짐

(소여)'을 통해 의식에 주어지는 것 자체(존재자)에로, '의식에 나타남(현상)'을 통해 의식에 나타나는 것 자체(존재자)에로, '의식에 대해 마주 섬(대상)'을 통해 의식에 대해 마주 서는 것 자체(존재자)에로 나아간다고 볼 수는 없겠는가.

그런데 이를 간과한 채 의식의 내재성에만 묶여 곧 둘째 명제로 넘어간다면, 이는 독자적인 존재자 자체를 놓치고 마는 오류를 범하는 것이 된다. 의식주관과의 상관자만을 존재자로 보는 것은, 의식에 직접 주어지지 않는다는 이유만으로 존재함 자체를 부인하고 존재함을 다만 주관과 상관함으로 환원시키는 것이요, 그것을 의식에 주어짐(소여), 나타남(현상), 마주 섬(대상)으로 대체시키는 것이 되기 때문이다. 따라서 우리는 이 '관념론적' 견해 중, 첫째 명제에 머물러 세계의 실재는 인정하되 적어도 인식되는 세계는 주관적 인식-의식 활동의 구성물이라고 보는 온건한 입장은 인식론적 관념론이라고 불러 수용하지만, 둘째 명제에까지 나아가 주관적 인식-의식 활동의 산물인 관념만이 실재하는 것의 전부라고 보는 극단적인 입장은 존재론적 관념론이라고 지칭하여 배제하고자 한다.

그러나 이와 같은 우리의 온건한 입장이 그대로 수용되기 어려운 주제 영역이 있다. 인간의 정신적 활동과는 상관없이 이미 그에 앞서 주어지는 '자연'과는 달리, 이 활동을 통해 비로소 존립하게 되는 '문화와 역사'의 세계가 바로 그것이다. 문화와 역사는 주관의 의식적 활동을 통해 산출되는 영역으로, 어떤 관점에서 보더라도 단적으로 주관독립적 실재로 보기 어려운 요소와 측면을 지니고 있기 때문이다.

세계의 실재성은 다만 의식내재적 관념에 의해 의존적으로 성립할 뿐이며, 의식 속에서 직접적으로 확인되는 관념이야말로 진정한 실재라는 관념론적인 견해는 우리의 상식적 견해와 정면으로 상반되는 것이다. 그러나 역사세계처럼 존재영역에 따라서는 단순히 우리의 상식적 견해만으로는 이해하기 어려운 독특한 존재방식을 갖는 대상도 있는 것이 사실이다. 실재하는 것이 과연 세계 자체인가, 아니면 세계에 대한 관념인가. 역사의 존립에 관해 이 문제를 고찰하기에 앞서 우리는 이 첨예한 대립을 피히테와 마르크스를 논쟁 상대로 내세워 더 명료하게 서술해 보기로 하자.

2. 의식과 존재

피히테는 의식(Bewußtsein)을 원천으로 하여 여기서부터 존재(Sein)를 도출해 냄으로써 세계의 존재근거를 정신적 자아(Ich)의 능동적 활동(Tathandlung)에서 찾고자 하였다. 그에 따르면, 모든 사실(Tatsache)은 의식에 대해서 비로소 무엇이 될 수 있으며 본질적으로 대상의식의 법칙에 귀속되는 것이다. 따라서 사실은 무조건적인 최초의 출발점이 될 수 없다. 그리고 피히테에게 무엇보다도 중요한 것은 의식 속에 사실보다도 더 근원적인 것, 즉 활동이 있다는 것이다. 의식이란 최후의 궁극적 모습에 있어 능동적인 것이요, 이런 의미에서 이성은 실천적이라고 그는 확신한다. 자아는 그 근원에 있어 비아(非我, Nicht-Ich), 즉 대상에 구속되어 있는 비자립적인 이론적 자아가 아니다. 주관과 그 대상 사이의 괴리를 극복하지 못하는 이 이론적 자아를 포괄하며 넘어서는 실천적 자아가 바로 자아의 본원적인 모습이다. 바로 이 실천적 자아에서 비아, 즉 대상은 자아에 대립되어 있는 것으로서가 아니라 자아에 의해 산출 정립 되는 것으로 이해된다. 대상의 존재는 그것을 정립하는(setzen) 실천적 자아의 의식에 그 근원을 갖고 있다.

"자신을 존재하는 것으로 정립하는 활동 그 자체 속에 그 존재가 성립 하는 것은 자아요, 절대적 주관"[1]이라고 말하고 있듯이 자아의 존재근거 가 자아 속에 있음은 당연하다. 그러나 피히테는 더 나아가 비아, 즉 대 상도 오직 자아에 대해서만 존립한다고 봄으로써, 그 존재근거를 자아에 서 찾은 것이다. 그는 이렇게 적고 있다. "근원적으로는 자아 외에 정립 되는 것이 없다. … 따라서 대립되어 정립되는(entgegengesetzt) 것도 오직 이 자아에 대해서뿐이다. 이렇게 대립 정립되는 것이 바로 비아이 다."[2]

물론 피히테가 말하는 '자아'가 경험적, 개별적, 심적 자아라고 보아서 는 안 될 것이요, 이는 어디까지나 칸트적 의미의 선험철학적 자아 개념 이 심화 강화된 것으로 이해해야 할 것이다. 이런 점에서 '의식'에서 '존 재'를 이끌어내는 그의 존재론적 구도는 존재 전체를 '정신의 절대적 이 념'으로부터 연역해 내는 헤겔의 '절대적 관념론'의 토대가 되었다고 해 도 과언이 아닐 것이다. 그러나 피히테에 있어서든 헤겔에 있어서든 그 '의식'이 경험적 주관의 의식을 포괄한다는 점을 염두에 두고 보면, '존 재'가 '의식'을 결정한다는 '경험과학적'인 마르크스의 견해를 그에 상반

---

1 J.G.Fichte, "Grundlage der gesammten Wissenschaftslehre"(1794), in I. H. Fichte(hrsg.), *Fichtes Werke*, Berlin: W.de Gruyter, 1971, 제1권, 97.
2 같은 책, 104.

되는 것으로 마주 세워 대비해 보는 것이 부당하진 않을 것이다.

마르크스는 "문제는 의식에 있는 것이 아니라 존재에 있으며, 사유에 있는 것이 아니라 삶에 있다. 즉 세계의 여러 연관관계에 의존되어 있는 개인의 경험적인 발전과 삶의 외적 여건에 있다"[3]고 말함으로써 철학적 탐구의 출발점이 객관적 세계의 '존재'에 있음을 분명히 하고 있다. 그가 주지하다시피 존재론적으로는 물질주의를 견지하고 인식론적으로는 실재론을 견지하는 것을 생각한다면 이는 당연한 것이기도 하다. 그는 한 걸음 더 나아가 주관적 의식활동이 객관적 세계에 의존되어 있으며 이것에 의해 결정된다고 주장함으로써, 실질적으로 '의식'은 '존재'에 그 원천을 갖고 있다는 생각을 드러내고 있다. 그는 이렇게 강조하고 있다. "의식이 삶을 결정하는 것이 아니라, 삶이 의식을 결정한다. 전자의 고찰 방식에서는 개인의 의식에서부터 출발하지만, 후자에서는 개개인들의 현실적인 삶에서 출발하며, 의식을 오직 그들의 의식으로만 고찰한다."[4] 엥겔스는 뒤링의 철학을 비판하는 가운데 다음과 같은 말로, 의식이 세계, 특히 자연적 세계의 산물임을 더욱 분명히 한다. "사유와 의식이 대체 무엇이며 어디서부터 유래하는지 묻는다면, 우리는 그것이 인간의 두뇌의 산물이며 인간 자체가 그 주변 속에서 그 주변과 더불어 발전해 온 자연의 산물임을 알게 될 것이다. …"[5] 엥겔스는 뒤링의 철학도 결국은

---

3 K. Marx/F. Engels, *Dle deutsche Ideologie*, in *Karl Marx/Friedrich Engels Werke*, Berlin: Dietz, 1983, 제3권, 245.

4 같은 책, 27.

5 F. Engels, *Herrn Eugen Dührings Umwälzung der Wissenschaft*, in *Karl Marx/Friedrich Engels Werke*, Berlin: Dietz, 1986, 제20권, 33.

헤겔의 철학에 그 진리성의 뿌리를 지니고 있다고 말하면서, 헤겔의 철학을 "열병에 들뜬 환상(Fieberphantasie)"[6]이라고 비난하고 있다.

의식에서 존재의 근거를 찾으려는 관념론 철학은 과연 '열병에 들뜬 환상'에 지나지 않는가. 의식과 존재의 관계에 대해 — 물질주의 입장은 유보하고 — 과연 실재론적 관점만이 전적으로 타당할 것인가.

자립적으로 존재하는 사물의 그 존재 자체(무엇의 있음, 現存)는 의식주관의 그 어떤 인지적 활동과도 관계없는 것으로 인정하되, 그 사물을 대상으로 삼아 인식을 할 경우 그 인식의 내용(무엇의 무엇임, 本相)만큼은 의식주관의 활동에 의존하는 것으로 이해한다면, 이는 관념론과 실재론의 거친 대립을 넘어설 수 있는 좀 더 정교한 입장이라 할 수 있다. 즉 존재론적으로는 실재론적이되 인식론적으로는 관념론적인 입장을 취함으로써 이 대립을 극복할 수 있으리라는 것이다. 그러나 이렇게 조정된 절충적 관점에 서서도 파악하기 힘든 주제영역이 바로 문화와 역사의 존재영역이다. 이 영역에서는 의식을 존재의 근원으로 보려는 관념론적 관점을 좀 더 많이 수용하여 인식론적 관념론의 입장보다는 좀 더 강화된 입장을 취해야만 하리라 본다. 말하자면, 역사에 대한 의식이 없으면 역사 자체가 형성되어 성립하기 어렵다는 의미에서 '역사의식은 역사존재의 기초'라는 명제를 정당화하기 위해서는 존재론적으로도 관념론적인 관점을 취하는 일이 불가피하리라고 본다.

---

6 같은 곳.

3. 역사의식과 역사의 존재

의식에서 존재가 도출되는지, 아니면 의식은 다만 존재를 반영하고 존재에 의존할 뿐인지, 의식과 존재의 상관관계에 대한 이상의 상반되는 논구를 역사의 영역에 적용시켜 보자.

역사란 그저 지나간 과거사의 누적이 아니요, 과거사가 현재에 되살아나는 데서 성립되는 것이다. 과거가 현재에 되살아난다 함은 과거의 정신적 활동이 그대로 살아 움직여 현재의 그것에 직접 연결됨을 가리킨다기보다는, 일단 묻혔거나 잊혔던 과거의 정신적 활동의 '산물'이 현재 활동하는 정신에 의해 발견되고 수용됨으로써 이 현재의 정신에 영향을 미쳐 작용함을 가리키는 것이다. 과거가 현재 속에서 이렇게 '부활'하는 것은 물론 현재의 정신이 미래를 지향하는 활동, 즉 미래를 미리 앞당겨 현재화시키는 활동과도 연관되어 있다. 과거를 현재에 되살리고 또한 미래를 현재에 앞당기는 정신의 활동, 바로 여기서 역사는 성립하게 되거니와, 이러한 정신의 활동에 필수적으로 동반되는 것이 곧 '역사의식'이다. 과거와 미래의 긴장관계 속에 현재를 놓는 이 역사의식이 없이는 역사의 성립을 말할 수 없다.

역사에 대한 의식이 없이는 역사 자체가 성립하기 어렵다는 말은, '일어난 사건으로서의 역사'와 '이야기되고 쓰인 것으로서의 역사'라는 '역사'가 갖는 두 가지 의미 내지 계기 중 뒤의 것을 생각해 보면 더욱 분명해진다. 어떤 사건을 사건으로서 전하고 기록한다는 것은 그 사건에 대해 그 발단과 경과와 결말을 알고 나아가 그것의 숨겨진 의의나 그것이 장차 불러일으킬 영향 등을 알지 못한다면 불가능한 일일 것이다. 역사

422

의식의 기초적 내용을 이루는 것은 우선 이 '사실에 대한 앎'이요, 이런 의미에서 역사의식은 역사기술, 기술로서의 역사가 성립하기 위해 필수불가결한 것이다. 그러나 역사의식의 진정한 의미와 역할은 이 '사실에 대한 앎'에 있다기보다는 이러한 사실들의 시간적 계기에 대한 앎, 즉 이러한 사실을 둘러싼 과거와 현재와 미래의 연계와 결합의 맥락에 대한 앎에 있다고 보아야 할 것이다. 물론 여기에는 모든 역사적 사건이나 인간의 개인적, 사회적 행위들이 유한하고 상대적이라는[7] 통찰이 동반할 수 있다. 아무튼 과거의 일이 그저 지나가 없어져버리는 것이 아니라 현재의 삶에 작용함으로써 과거와 현재가 연계 결합된다는 것에 대한 통찰이 없다면, 역사서술은 이루어지지 않을 것이요, 이런 의미에서 역사는 성립되지 않을 것이다.

그러나 다른 관점에서 보면, 실제로 일어난 사건의 존재를 전제해야만 이에 대한 앎과 나아가 넓은 의미에서의 '역사의식'도 성립한다고 말할 수 있다. 일어난 사건으로서의 역사가 역사로 성립하는 데 있어 역사의식이란 기껏해야 이차적이요, 필수불가결한 것이라고 보기는 더욱 어렵다는 것이다. 상식적으로 생각해 볼 때 자명해 보이는 견해다. 오히려 역사적 사건들의 성격에 따라, 시간적 계기를 통한 그것들의 상관적 영향의 역학에 따라 그것들을 바라보는 '역사의식'이 결정되는 측면도 부인하기 어려울 것이다. 역사의식이라는 것도 결국은 역사적 사건들의 연속

---

7 W. Dilthey, "Der Aufbau der geschichtlichen Welt in den Geisteswissenschaften", in *W. Dilthey Gesammelte Schriften*, Stuttgart: Teubner/Göttingen: Vandenhoeck & Ruprecht, 1973, 제7권, 290 이하 참조.

으로 이어지는 현실적 삶의 맥락 속에서 싹트고 숙성되는 정신적 지성작용의 산물이라고 볼 수 있기 때문이다.

역사의 성립 및 존립에 대해 역사의식은 과연 어떤 연관관계를 가질까? 역사의식을 근원으로 해서 이것에 의존해서만 역사는 성립하는가, 아니면 역사는 역사의식과 무관하게 그 자체로 존립하며 역사의식이란 다만 이에 의존하고 이에서 파생되는 부차적 산물에 불과한 것인가? 이 문제는 본질적으로 역사의 이중적 구조 그 자체에서 유래하는 것이다. 역사의식의 내용을 다룬다면 우리는 역사관에 따라 서로 다른 여러 가지 다양한 것을 말할 수 있을 것이다. 이를테면 과거의 정신적 산물 중 무엇을 현재에 되살리느냐, 미래를 어떤 모습으로 현재에 앞당기느냐 하는 물음 등을 문제 삼는다면, 이런 문제들은 역사의식의 내용에 따라, 나아가 이 역사의식을 기초로 형성되는 사관에 따라 달리 대답될 것이다.

그러나 지금 우리의 문제는 그 구체적 내용에 있는 것이 아니라 그 모두에 공통되는 일반적 기능 및 역할과 이것의 역사성립과의 구조적 관계를 밝힘에 있는 것이다. 따라서 역사관의 내용문제는 일단 유보해 놓기로 한다. 그러나 그 내용은 문제 삼지 않는다 해도 과거와 현재와 미래의 연계 및 결합에 대한 '의식'을 문제 삼는 데에는 자연히 다음과 같은 형식적 문제들은 제기된다고 본다. 과거의 역사에 얽매이지 않는 역사의식의 등장은 가능한가? 가능하다면 그것이 가능한 근거는 역사존재의 세계 속에서 어떻게 찾아질 것인가? 이것이 불가능하다면 역사에서 혁명과 같은 이념지향적 창조적 활동은 무근거한 환상에 불과한 것인가? 역사의 진보란 도대체 가능한가? 가능하다면 그 근거는 무엇이며, 또 어느 정도로 어떤 범위 내에서 가능하겠는가? 진보와 보수의 역학관계는 어떤 역사존재론적 구조를 내장하고 있는가?

이제 우리는 기성적 존재로서의 역사와 역사의식을 갖고 활동하는 현재적 정신 사이에서 전개되는 상호적인 작용현상을 기술함으로써, 역사성립의 존재론적 구조 속에서 역사의식이 작용하는 양상 및 그 범위, 또는 한계를 형식적 측면에서 구명하고, 이와 더불어 저와 같은 '형식적' 역사철학의 문제들, 혹은 달리 말해 '역사존재론적' 문제들에 대한 의미 있는 답변도 준비하고자 한다.

II. 정신적 산물과 활동하는 정신의 상호관계

니콜라이 하르트만은 정신활동의 산물을 '객체화된 정신(Objekti-vierter Geist)'이라 부르고, 이것이 정신의 다른 두 양태인 '개인적 정신' 및 '객관적 정신'과 어떻게 상호 매개, 상호 규정하는지 상론한 바 있다.[8] 지금 우리의 관심사는 개인적 정신이든 객관적 정신이든 현재 생동적으로 활동하는 정신이 과거로부터 물려받는 정신적 유산 — 그 자체가 물론 그 당시로서는 현재적인 정신활동의 신물이었지만 —, 즉 '객체화된 정신'과 어떤 관계를 갖고 있는지 하는 것이다. 오늘 살아 움직이는 정신이라고는 하지만 그것이 과거로부터의 맥락을 벗어나 갑자기 출현한 것은 아니리라는 점에서, 활동하는 현재적 정신은 역사적 유산에 의존되어 있음에 틀림없다. 그러나 그렇다고 하여 그것이 전혀 독자성을 갖지

---

8 N. Hartmann, *Das Problem des geistigen Seins*, Berlin: de Gruyter, 3. Aufl., 1962 (이하 PdgS), 2부 및 3부.

못하고 오직 과거의 유산을 되풀이하기만 하는 정신이라고 볼 수도 없을 것이다. 그것은 오히려 과거의 유산을 더욱 강화시켜 오늘에 되살릴지 아니면 아주 폐기시켜 버릴지까지도 결정하는 자주적인 힘도 발휘하기 때문이다. 따라서 이 양자의 관계는 처음부터 암시되었듯이 여러 가지 점에서 '이중적으로 상호적'이라고 보아야 온당할 것이나. 우리는 이제 하르트만의 서술에 크게 의존하여 몇 가지 관점에서 이 '이중적 상호관계'의 현상을 점검해 보기로 한다. 여기서 우리는 이 이중적 상호관계의 무게 추(錘)를 쥐고 양자 중 어느 쪽에 더 무게를 실어줄지를 결정하는 것이 곧 '역사의식'임을 간파하게 될 것이다.

1. 정신적 산물의 피조성과 독자성

정신적 산물은 문자 그대로 활동하는 정신에 의해 '산출된' 것이다. 그러므로 그것은 활동하는 정신에 의해 주조된, 그에 의해 변형되거나 재구성될 수도 있고 극단적인 경우에는 아주 처분될 수도 있는, 그에 '대해' 상대적으로 존재하는, 그에 의존되어 있는 것이다. 활동하는 정신은 말하자면 정신적 산물이 존립하게 되는 근원이자 전제이다. 예술작품이나 문학작품을 생각해 보면, 이 작품들이 창조되어 존립하게 되려면 말할 것도 없이 작가의 활동하는 정신, 즉 창작하는 정신적 활동이 있어야 하며, 이는 자명한 대전제다.

정신적 산물이 활동하는 정신에 의존되어 있음을 보여주는 또 다른 측면은 그것이 일단 피조된 후, 시간적, 공간적 격리를 뛰어넘어 다시 되살아나는 현상에서 확인된다. 정신적 산물은 활동하는 정신에 의해 일단 창조된 후에도 오직 살아 활동하는 정신에 의해 다시 이해되고 수용될 때에만 시공적 거리를 극복하고 현재에 되살아날 수 있는 것이다. 만일 그것을 '정신적 존재'로 인지하고 그 '정신적 내용'을 이해하는 활동하는 현재적 정신이 없다면, 그것은 적어도 정신적 존재로서는 존립할 수 없게 된다. 어떤 예술적 작품이 그것이 창작되고 난 후 수세기가 지나 후세인에 의해 그 창작정신이 다시 재발견되고 재평가되면 그것은 시간적 간격을 뛰어넘어 새로이 '되살아나게' 되며, 만일 — 극단적으로 가정해 — 아무도 그것을 정신적 활동의 산물로 인지하지 못한다면, 그것은 그대로 하나의 비정신적인 물질적 사물로 머물고 말 것이다.

그러나 이렇게 의존적이면서도 다른 한편 정신적 산물은 그 나름대로의 독자성을 또한 갖는다. 활동하는 정신은 그 활동의 결과를 어떤 방식으로든지 물질적 재료에 담아 '객체화'시키게 마련인데 — 이것이 곧 그의 활동의 본래적인 모습이기도 하거니와 — 이렇게 일단 물질적 사물에 각인(刻印), 주조(鑄造)되어 활동하는 정신의 생생한 흐름에서 벗어난 정신적 산물은 그 나름대로의 독자적인 구조적인 범주적 자립성을 지니게 된다. 다시 말해 정신적 산물은 그것을 제약하는 "조건들이 갖는 타율적 법칙성을 뛰어넘는 자율적 법칙성"[9]을 갖는다. 하나의 문학작품은 일단 작가의 손을 떠나 객관적인 공공의 정신적 자산이 되면, 바로 그 때문에 작가의 정신적 변화나 혹은 죽음과도 상관없이 독자적인 물질적 존재기초를 갖고 존립하게 된다.

---

9 PdgS 517.

정신적 산물은 그저 활동하는 정신을 벗어나는 자립성을 갖는 데서 멈추지 않고 더 나아가 활동하는 정신에 중량감을 갖고 다가서는 것이기도 하다. 왜냐하면 활동하는 정신은 일차적으로 이 정신적 산물을 산출함으로써만 자기 활동을 전개시킬 수 있고, 또 앞서 산출된 이 산물의 자산을 재료와 토대로 해서만 계속적으로 너 확장적인 활동을 전개할 수 있기 때문이다. 특히 역사적 연속성이 문제되는 경우, 정신의 활동은 이렇게 밖에는 달리 이해될 수가 없다. 따라서 활동하는 정신은 정신적 산물을 "지고 가는(負擔하는, tragend)" 주체이기도 하지만 동시에 정신적 산물에 "맞닥뜨려 당황해하는(betroffen)" 존재이기도 하다.[10] 한 사람의 작가나 예술가는 그에 앞서 활동했던 많은 선대 작가나 예술가들의 작품을 의도적으로든 부지불식간에든 섭렵하게 되고 또 그로부터 직간접의 영향을 받지 않을 수 없다. 그 작품들을 접하고 그것을 이해 수요하는 것은 그 작품들을 오늘에 되살리는 능동적 활동이지만, 의도적으로든 그렇지 않든 그것들을 외면할 수 없고 또 그것들로부터 영향을 받는다는 것은 그것들에 '맞닥뜨려지는' 피동적 상태를 가리키는 것이다.

정신적 산물이 활동하는 정신에 대해 이렇게 거꾸로 작용을 가하게 되는 이 점은 또 두 가지로 구분지어지는데, 정신적 산물이 활동하는 정신의 활동을 촉진시켜 주는 원동력으로 작용하는(bewegend) 경우와 거꾸로 그 활동을 억제하는 제동력으로 작용하는(hemmend) 경우가 그것이다.[11]

---

10 PdgS 517 참조.
11 PdgS 518.

작가나 예술가가 과거의 문화적 유산으로부터 풍부한 영양을 흡수하여 이를 그의 창작활동의 밑거름으로 삼는다면, 이때 정신적 산물은 활동하는 정신의 활동의 원동력으로 작용하는 셈이지만, 만일 그러한 문화유산이 경직된 인습과 같은 것으로 작용해 작가나 예술가가 새로운 작품의 창작에 오히려 방해를 받는다면, 이때 정신적 산물은 현재적 정신의 활동을 도리어 억제하는 제동력으로 작용하는 셈이 된다.

2. 활동하는 정신의 능동성과 피구속성

정신적 산물, 즉 '객체화된 정신'의 피조성을 말하다 보면 이는 곧 활동하는 정신, 즉 '살아 움직이는 정신'의 능동성을 말하는 셈이 되고, 정신적 산물의 독자성을 말하다 보면 이는 곧 나아가 활동하는 정신의 피동성, 피구속성을 말하는 셈이 된다. 그래서 사실 능동성, 독자성과 피동성, 의존성의 이 두 측면은 관점을 정신의 현재적 활동에 두느냐 아니면 정신적 산물에 두느냐에 따라 서로 엇갈려 드러나게 된다. 그리고 관점을 어디에 두든 이 두 성격은 서로 배타적인 것이 아니라 상호 결속되어 있는 것이라는 점에 그 독특성이 있다. 이를테면 한 작가의 활동하는 정신이 능동적이라는 사실과 그것이 과거의 문화적 유산을 수용하고 그것에 의해 경우에 따라서는 구속당하기도 한다는 사실은 서로 배타적이지 않고 서로 수용적이라는 것이다. 말하자면 '의존성 속의 독자성'이랄까, 아니 '의존하는 만큼의 독자성'이라 할 수 있는 관계[12]를 갖고 있다는 것이다. 그런 만큼 우리는 여기서 앞서 언급한 것을 관점만을 바꿔 반복 기술할 것이 아니라, 특히 능동적인 정신의 현재적 활동이 과거의 정신적 산물을 어떻게 수용하는지, 다시 말해 어떻게 과거의 유산을 능동적인 활동의 토대로 삼으며 동시에 그것에 매이는지, 그 연관관계에 초점을 맞춰 살펴보기로 한다.

먼저 정신적 산물이 활동하는 정신의 손에서 산출돼 나와 다시 활동하는 정신에게 짐이 되어 돌아가는 과정을 하르트만에 따라 다음 네 가지 계기로 요약해 보자.[13]

(1) 활동하는 정신은 객체화를 통해 정신적 자산을 자기 밖으로 산출하여 내놓는다. 그렇게 함으로써 그것을 자신의 삶의 과정, 즉 변천과 몰락으로부터 벗어나게 한다.

(2) 그러나 활동하는 정신은 그 정신적 자산을 정신 일반의 계속적 활동으로부터도 벗어나게 하지는 못한다. 객체화된 정신의 고유한 존재방식이 그 정신적 산물에 한계를 부여한다.

(3) 활동하는 정신은 변천하면서 진행되고, 객체화된 정신은 그에게로 다시 돌아온다. 정신적 자산은 활동하는 정신 없이는 존재할 수가 없다. 그것은 정신 아닌 — 돌이나 문자 같은 — 물질적 형성물에 붙어 있는 것만으로는 온전히 자립할 수 없다. 활동하는 정신 밖으로 내세워지는 상태란 안정된 것이 아니어서, 정신적 자산은 그 존재를 온전히 하기 위해 활동하는 정신으로 되돌아온다. 객체화된 정신은 활동하는 정신의 삶 밖

12 N. Hartmann, *Neue Wege der Ontologie*, 5.Aufl., Stuttgart: Kohlhammer, 1968 (1942), 75 이하 참조.
13 PdgS 519 이하 참조.

으로 내던져져도 매번 활동하는 정신에게로 되돌아온다.

(4) 그러나 객체화된 정신은 변화된 활동하는 정신에로 돌아오기 때문에 이것에 하나의 고유한 요인으로, 그것도 아주 낯선 이물체처럼 작용한다. 그러면 그것은 활동하는 정신이 지고 가거나 떨쳐버리거나 해야 할 짐이 되고, 활동하는 정신은 그것과 대결하여 그것에서 벗어나려 한다.

정신적 산물은 비록 처음 그것이 산출될 때는 활동하는 정신을 떠나는 것으로만 보이겠지만, 그것은 반드시 활동하는 정신에게로 되돌아와 ─ 이때는 물론 시간적으로 뒤에 오는 다른 어떤 개인이나 공동체에 돌아오는 것이지만 ─ 그 활동에 토대를 제공해 주면서 동시에 짐으로서의 작용도 행사하는 것이다. 왜 정신적 산물은 활동하는 정신에 대해 토대가 되면서 동시에 부담해야 할 짐이 되는가? 그 이유는 정신의 '객체화' 현상의 본질적 구조 속에 있다. 정신은 활동하기 위해서는 불가피하게 정신이 아닌, 그보다 하위에 있는 존재층을, 그리하여 종국에 가서는 물질적인 형성물을 그 매체로 사용해야만 한다. 다시 말해 "모든 활동하는 정신은 자신에 부여하는 그 어떤 형태형성에 있어서든 이 형태형성이 객체화되도록 하여 감각적으로 파악할 수 있는 형식으로 자기 밖에 산출하는데, 그는 이를 작은 규모로든 큰 규모로든, 담화에서나 저작에서나, 입법에서나 예술에서나 그렇게 한다. 그리고 그는 이를 자신을 벗어나 다른 것에 작용하기 위해서 비로소 필요로 하는 것이 아니라, 이미 자기 자신의 요구 때문에 자신의 일상을 위해, 자신의 삶의 형식을 위해 필요로 한다."[14] 따라서 활동하는 정신은 물질적 구조물을 활용하여 자신의 활동을 전개한다는 점에서는 그것을 토대로 이용하는 셈이지만, 다른 한편 정신적 내용이 일단 그 물질적 구조물에 고착되고 나면 그 물질적 구조물 자체의 독자적 자립성 때문에 그렇게 객체화된 정신적 내용을 임의로 변경시킬 수 없다는 점에서 보면, 그것이 활동하는 정신을 속박하는 장애물이 되기도 한다.

활동하는 정신에 정신적 산물이 장애물로 작용하는 이 측면은 정신의 '공동성'과 더불어 더욱 강화되기도 한다. "정신의 삶의 형식은 개인들의 정신적 공동성에 기초하고 있는데, 이는 개인들 간의 의사소통이나 공동자산의 전승 없이는 성립할 수 없다. 몸짓, 말, 문자, 개념, 교의, 격언 및 이와 유사한 모든 것들은 이 공동성을 유통시키는 화폐와 같은 것이다."[15] 이렇듯 '객체화'는 정신존재에 있어 불가피한 것이고, 거기엔 물질적인 매체와 공동성의 요인이 반드시 개입하게 되어 있다. '공동성'도, 정신이란 근원적으로 공동적 삶의 지평 위에서 형성되는 것이기에, 활동하는 정신의 현실적 활동을 위해 꼭 필요한 계기이지만, 이 또한 객체적으로 고착되어 생명적 흐름에서 벗어나고 나면 다른 한편 활동하는 정신에게 하나의 장애물로 작용할 수 있는 것이다. 이 두 가지 점은 서로 연관되면서 정신의 존재방식에 있어 독특한 계기들이요, 어떤 점에서 정신이 세계 내 존재로서 실질적 실재성을 갖는 고유한 방식이기도 하다.

이 객체화의 결과 즉 정신적 산출물이 활동하는 정신 안에 그대로 다 남아 있게 된다면, 활동하는 정신은 그 자신의 새로운 창의적 활동을 할

---

14 PdgS 521 이하.
15 PdgS 522.

수 없을 만큼 이의 장애를 받을 것이다. 그래서 "활동하는 정신은 자신에게 필요한 것만을 보존하고, 그에게 짐이 되는 것은 버린다."[16] 바로 여기서 우리는, 역사를 탐구함에 있어 중요한 것으로 제기되는 여러 문제들, 이를테면 개인과 전체의 관계 문제, 전통의 보존과 문화창조의 문제, 보수와 진보의 균형 문제, 문화적 혁명의 가능성 문제 등의 기초를 이루는 근본문제와 만나게 되는데, 활동하는 정신과 정신적 산물의 대결이라는 주제가 바로 그것이다.

III. 활동하는 정신과 정신적 산물의 대결

1. 일반적 양상

활동하는 정신과 정신적 산물이 대립하는 양상을 하르트만은 다음과 같이 일반화시켜 정식화하고 있다. "정신의 생은 자기형성 및 자기변형에서 존립한다. 정신은 그의 느낌, 믿음, 앎의 영역에서 거듭 새로운 형식으로 자신을 주조해 낸다. 이 형식들은 직접적으로 이 정신의 생의 형식이다. 그러나 그것은 이들을 … 동시에 '객체화된' 형식들로 자신의 밖으로 산출하지 않으면 안 된다. 그렇게 함으로써 활동하는 정신은 그때그때의 자신의 형태를 현상하는 이법성과 초시간성에로 고양시킨다. 그런데 이렇게 고양된 형태는 실질적 형성물에 고착되어 활동하는 정신

---

16 PdgS 522.

보다 오래 존속하면서, 이제 더 계속해서 스스로 변형해 나아가는 활동하는 정신에 대항하여, 그에게 '굴레'가 된다."[17] 그런데 여기서 우리의 관심을 끄는 의미 있는 것은 다음 두 가지다. 첫째, 객체화된 정신이 활동하는 정신에게 속박하는 굴레로 다가서는 것과 활동하는 정신이 물질적 재료를 매체로 하여 자신을 산출해 내는 자유로운 활동을 수행하는 것이 서로 다른 별개의 사태를 가리키는 것이 아니라 정신활동이라는 동일한 하나의 사태를 가리킨다는 점이다. 둘째, 동일한 사태임에도 불구하고 이 상호관계는 정신적 활동이 역사를 형성해 나아감에 있어 두 국면 중 어느 쪽에 무게중심이 놓이느냐에 따라 보수적인 성향을 띠기도 하고 진보적인 성향을 띠기도 함으로써, 실질적으로 역사의 발전이나 퇴보를 이해하는 데 있어 중요한 계기를 이룬다는 점이다. 이제 이러한 관점에서 좀 더 상론해 보기로 하자.

1) 속박과 자유의 일체성

정신은 고정된 실체가 아니다. 활동하는 정신은 본래 자기형성을 통해서만 지속적으로 존립할 수 있는 존재다. 그리고 객체화란 곧 이 자기형성의 과정이다. 그런데 [객체화된] "정신적 산물이 동시에 활동하는 정신[의 활동내용]을 '영원화'시킨 것이라면, '객체화'는 이런 경향으로 보아 형태형성 과정의 정지를 뜻하는 것이요, 따라서 이는 정신의 삶의 정지를 뜻하는 것이다."[18] 활동하는 정신은 객체화 과정 없이는 생존할 수 없

---

17 PdgS 524.

지만, 이렇게 되면 객체화와 함께 살 수도 없는 일이다. 그러므로 활동하는 정신은 거듭하여 객체화를 추진할 수밖에 없다. 이리하여 모든 활동하는 정신은 끊임없이 객체화한 정신적 산물에 자신을 결속시키게 되는데, 바로 이 결속이 자신의 생동성에 대한 장애요 속박이 되기도 한다. 즉 "정신은 자기 자신을 속박에 매이게 하지 않을 수 없고 자신이 객체화시킨 것들로 자신에게 짐을 지우지 않을 수 없다."[19] 산출활동을 자유로 이해하고 산출된 것에 의해 속박받는 것을 부자유로 이해한다면, "정신은 무엇으로써 자신을 부자유하게 만들지 하는 데서는 자유롭지만, 자신을 부자유하게 만들지, 만들지 않을지 하는 데서는 자유롭지 못하다. … 그의 이 부자유에 대해서는 스스로 창출한 부자유를 깨뜨림으로써 기도할 수 있는 추후적인 자기해방만이 대응한다."[20] 정신의 활동은 불가피하게 비정신적인 실재존재, 심적, 생명적, 물질적 존재를 통해 이에 의거해서만 가능한 것이요, 이는 정신 스스로가 자유롭게 선택한 것이 아니다. 정신이 선택할 수 있는 것은 다만 어떤 실질존재를 재료로 하여 자신을 실현시키느냐 하는 것뿐이다. 조각가는 재료를 써서 조각 작품을 창작할 것인가, 재료를 안 쓰고 할 것인가를 자유롭게 정할 수가 없다. 재료를 쓰지 않고서는 도대체 창작을 할 수가 없다. 그가 자유롭게 선택할 수 있는 것은 다만 어떤 재료를 쓸 것인가 하는 것뿐이다. 그리고 그가 자유롭게 선택한 재료는 당장 그의 작품활동에 일정한 굴레를 안겨준다.

---

18 PdgS 525.
19 PdgS 525.
20 PdgS 525.

석재나 목재를 택하느냐, 아니면 청동을 택하느냐 하는 것이 ─ 작품구상, 표현 등 ─ 그의 창작활동에 어떤 특성을 규정해 줄 것이고, 이는 곧 특정한 한계를 지어주는 것이 될 것이다. 따라서 그가 자유롭게 선택한 재료는 곧 그에게어떤 속박을 가져다준다고 보아야 할 것이요, 이런 점에서 그의 창작활동에서의 자유는 곧 그에 대한 하나의 제약이라고 보지 않을 수 없다.

이렇듯 객체화된 정신적 산물(위의 예에서 완성된 조각품)이 활동하는 정신에 가하는 속박(구상과 표현에 있어서의 제약, 한계)은 활동하는 정신 자신의 자유(창작행위 자체)를 바로 그 이면에 지니고 있다. 객체화란 곧 활동하는 정신의 자기형성 과정에 본질적으로 수반하는 것이요, 정신의 자기형성이란 곧 그의 자유이기 때문이다. 말하자면 "그의 자유는 동시에 스스로 빚어낸 속박의 원천이다."[21]

이 속박과 자유의 일체성은 창조적 산출활동의 자유가 크면 클수록 그로 인해 빚어지는 부자유도 그만큼 커진다는 사실에서도 확인된다. 활동하는 정신이 더 활동적이고 더 생산적일수록, 그는 객체화를 통한 산출도 더 많이 더 강하게 하게 되고 그 산출물을 통해 자신에게 부과하는 짐 또한 그만큼 더 무거워지는 것은 당연하겠다. "정신적 자산의 무게와 함께 그것이 정신에 부과하는 부담도 증대한다."[22]

---

21 PdgS 525.
22 PdgS 526.

2) 보수와 혁명의 변증법

이상의 해명만으로도 우리는 이미, 객체화된 정신의 산물이 지니는 고정성에 문화적 변화과정에서의 보수적 계기들이 그 근원을 갖고 있고, 이에 반해 그 진보적, 혁명적 계기들은 활동하는 정신이 지니는 능동성에 그 뿌리를 갖고 있으리라는 것을 어렵지 않게 짐작할 수 있었다. 속박하는 정신적 산물과 자유로운 활동하는 정신 사이에 형성되는 갈등과 대립의 관계를 하르트만은 보수와 혁명 사이의 긴장이라는 관점 아래서 다음과 같이 세 항목으로 정리하고 이를 변증법적인 구도 아래서 이해하고 있다.[23]

(1) 활동하는 정신은 객체화를 통해 현재의 자신뿐 아니라 미래의 정신까지도 속박한다. 그는 객체화한 정신적 산물을 전승하여 그것이 후대의 정신에 다가가게 하는데, 이렇게 함으로써 그는 자신이 빚어낸 굴레를 후대의 정신에도 씌워 그 후대의 정신을 자신의 정신에 붙들어 매어두려 한다. 그는 그의 활동을 통해 자신에 대해서뿐 아니라 자신을 넘어서 아직 있지도 않은 어떤 정신에 작용을 미친다.

(2) 그러나 과거의 정신의 활동으로부터 영향을 받고 있는 현재의 정신도 그저 무방비 상태만은 아니다. 객체화된 정신의 산물이 어느 정도의 결정력을 갖고 있는 것은 사실이나, 그것은 거꾸로 현재의 활동하는 정신의 파악과 이해에 내맡겨져 있기도 하다. 그런데 이 활동하는 정신은

---

23 PdgS 530 이하 참조.

능동적으로 창출하는 정신이다. 그래서 그 자신의 창출활동 가운데서 이미 창출된 과거의 정신적 산물을 만나더라도, 그 전승받은 것을 그저 향유하고 소모하기만 하는 것이 아니라 그것과 부단히 쟁투한다. 그는 굴복하지 않고 씌워진 굴레와 대결하고, 그가 그것을 속박으로 느끼는 한 그것을 깨뜨리려 한다.

(3) 이렇듯, 활동하는 정신에는 스스로 원해서 산출한 것이 아니면서 자신에게 부착되어 부담을 주는 것에 저항하는 혁명적 경향이 있다. 그리고 이 경향은 바로 이것에 적대적인 속박 그 자체에 의해서 촉발된다. 말하자면 객체화된 정신적 산물은 활동하는 정신을 속박하면서 동시에 자신에게 반항하도록 사주하는 셈이다. 객체화된 정신적 산물이 활동하는 정신을 규정, 그의 자유를 제한하는데, 이로써 그는 오히려 활동하는 정신을 자유에로 불러 깨운다.

이렇게 서술함으로써 하르트만은 이 관계를 변증법적으로 이해하고 있는데, 이는 그가, 속박과 자유라는 모순 대립하는 계기들이 하나의 사태 속에서 일체화되고 있다고 보기 때문이다. 이 '변증법적' 관계에서 중요한 것은, 결국은 활동하는 정신의 능동적 힘이 객체화된 정신적 산물의 관성적인 힘을 이겨내게 된다는 점이다. 그것과 협조해서든 혹은 그것에 반항해서든, 그것을 수용 개조해서든 혹은 그것을 떨쳐버려서든, 활동하는 정신은 자기실현을 하게 된다는 것이다. "살아 움직이는 힘과 생명 없는 힘과의 항쟁에 있어서 결국은 언제나 전자가 우월하기"[24] 때문이다.

"활동하는 정신은 본질상 혁명적인데, 이는 객체화된 정신이 본질상 폭군적이라는 바로 그 이유 때문에 그러하다. 전자는 영원히 새로운 정신이다. 왜냐하면 그 삶의 형식과 존립의 형식이 부단한 자기혁신의 형식이기 때문이다. 이에 반해 후자는 활동하는 정신의 역사에 있어서 영원한 보수의 원리다. 왜냐하면 그것은 활동하는 정신과 나란히 자신의 고유한 '삶'을 갖지 않으며 자기 자신으로부터는 아무런 혁신도 경험할 수 없기 때문이다."[25] 그러나 활동하는 정신에 혁명의 원리가 있다고 해서, 지금 우리가 역사상의 혁명적 사건 같은 것을 언급하는 것은 아니다. 물론 그러한 혁명도 쌓이고 쌓인 정신적 산물의 '고정화'를 돌파하려는 활동하는 정신에 의해 수행되는 것은 사실이지만, 여기서 말하는 '혁명'이란 정신활동의 모든 영역에서 일어나고 있는, 정신활동의 구조 자체에서 유래한 "조용한 혁명"[26]을 가리키는 것이다. 이렇게 볼 때 "역사적 정신의 생은 본질적으로 객체화된 정신의 산출임과 동시에 그것과의 대결이다."[27]

2. 주요한 변양

활동하는 정신과 정신적 산물이 대결하는 양상은 구조적으로는 똑같이 이상 살펴본 바대로다. 그러나 정신활동의 영역에 따라, 정신적 사물

---

24 PdgS 531.
25 PdgS 532.
26 PdgS 531.
27 PdgS 532.

의 문화적 가치에 따라, 그리고 활동하는 정신의 생동력에 따라 상이한 양상을 띠는 경우도 있다. 이제 그 내용을 살펴보기로 하자.

1) 영역별 특성

활동하는 정신과 정신적 산물과의 갈등은 우선 겉보기로는 정신적 산물이 끊임없이 산출되면서 동시에 끊임없이 도태되고 있다는 현상에서 공통적으로 드러난다. 그러나 정신활동의 영역에 따라 그 시간적 거리와 그 강도(强度)에 있어 큰 편차가 나기도 한다. 이를테면 실정법과 현실적 법감정 사이의 갈등은 실정법의 개정 또는 폐지로 나타나는데, 이는 교의(敎義)와 종교적 심정 사이의 갈등이 교의의 변경으로 나타나는 것과는 내용적으로나 시간적으로나 크게 다르다. 마찬가지로 정착된 도덕과 생동하는 '에토스' 사이의 갈등은 그 성격이나 그것이 극복되는 양상에 있어 기성의 세계상과 새로운 학적 세계인식 사이의 갈등과 다르다. 이제 정신활동의 영역에 따라 이 관계에 있어 어떤 특성이 엿보이는지 살펴보기로 하자.

(1) 법률영역

현실적인 공동체적 법감정(법률감각)은 분명 활동하는 정신에 속한다. 그러나 그것의 내면적 형식이 실정법 체계로 성문화되면, 이는 이미 활동하는 정신으로부터 벗어나 밖에 객체화된 정신적 산물이다. 이 객체화된 법률은 고유한 힘을 갖고 활동하는 정신 자체를 압도하는 권위를 갖게 되는데, 여기서부터 이미 그것은 생생한 법감정과 동일한 것이 아니다. 따라서 법감정이 변화해도 법률은 그대로 작동하게 되고, 여기서 변화하는 법감정은 확정된 실정법에 대립하게 된다. "활동하는 정신은 이제 그를 지배하는 힘을 갖는 객관적 형성체로서의 법률을 '자신에 대립하는' 것으로 갖게 되며, 이로써 자신이 객체화시킨 것에 사로잡히게 된다."[28] 그는 이에 순응하거나 아니면 이 굴레를 깨뜨리거나 해야 한다. 실정법이 생동하는 법감정과의 갈등에서 결국 변화를 감수해야 하는 것은 현실적으로도 합당한 일이다. 법률이란 국가공동체적 삶의 최소규범이요 따라서 이 삶의 양태가 변화하면 그 자체 또한 이에 걸맞게 변화해야 하기 때문이다. 따라서 실정법이 법감정을 속박하는 정도나 이 속박이 풀리는 과정 등은 사회생활의 변화의 양상과 속도에 달려 있다고 해야 할 것이다.

(2) 종교영역

교의(교리)란 본래 종교적 심정이 느끼고 체험한 내용을 형식화시킨 것이다. 종교적 심정이 느끼고 체험하는 것은 "너무나 덧없고, 너무나 불분명하고, 너무나 몰입 또는 깨달음의 예외상태에 매어 있고, 또 전적으로 인간적 주관성의 자의(恣意)에 내맡겨져 있기"[29] 때문에, 어떤 형식에든 형식에 담아 넣어야 보존 견지할 수 있다. 종교적 심정 자체가 이런 형식화를 필요로 하는 것이다. 이런 형식화 없이는 인간의 공동체적, 종교적 심정이 품고 있는 믿음과 체험과 소망 등 신앙의 내용을 보존, 확장, 전수할 수가 없기 때문이다. 그러나 이 객체화 과정을 통해 종교적

---

28 PdgS 523.
29 PdgS 523.

심정은 자신을 실정종교라는 형식에 가두어놓게 되고, 실정종교는 순수한 종교적 심정을 억압하게 된다. 종교적 교리로 정착된 신앙의 내용은 법률의 내용처럼 현실적인 사회생활을 반영하고 있다기보다는 초월적 이상의 세계에 대한 희구를 담고 있기 때문에, 이것이 생동하는 종교적 심성을 속박하는 정도는 실정법에서처럼 직접적이지도 않고 강하지도 않은 것이 사실이다. 더불어, 순수한 종교적 심정이 억압받던 끝에 그 실정종교의 굴레를 깨뜨리고 자기해방을 도모하는 것도 장구한 기간에 걸쳐 그 갈등이 누적된 후에야 이루어진다. 진정한 의미에서의 보편종교가 인류사 전체에 그 힘을 드리우고 있는 이유도 바로 여기에 있다 하겠다.

(3) 학문영역

학적 탐구를 수행하는 정신의 생은 그 진정한 모습에 있어서는 그 어떤 기성의 개념이나 이론체계에도 얽매이지 않고 오직 자력으로 앞으로 앞으로 그 탐구의 활동을 밀고 나아간다. 그러나 이 탐구도 공동체적인 것이기 때문에 그때그때의 탐구현황을 개념으로 확정하고 학설체계 속에 객체화시키지 않고서는, 그 자체의 존립이 문제가 된다. 그리고 이 객체화된 학설체계는 누적되고 공유되어 하나의 세계상을 형성한다. 비록 그 유래는 생생하게 활동하는 정신의 탐구활동이었지만, 거기서 성과로 얻어진 세계에 대한 개별적 학적 인식은 이렇게 일단 객관적 체계로 구축되면 하나의 세계상을 형성하고, 이렇게 고정된 세계상은 거꾸로 탐구하는 정신의 활동에 영향을 주며, 경우에 따라서는 새로운 탐구를 방해 속박하기도 한다. 즉 기성의 세계상은 자신에게 고유한 개념과 명제를 갖고 이 탐구하는 정신의 활동을 속박하여 자신의 내부에 머물러 있게 한다. 그러나 학적 인식은 오직 사상(事象)의 소여(所與), 즉 현상에만 충실해야 하므로 자기수정, 증대의 모습으로 변천하게 마련이고, 그러다 보면 이 기성의 세계상을 자신에게 대립하는 것으로 인지하게 된다. 종국적으로는 학적 인식은 탐구의 진전을 포기하고 정지하지 않으려면, 이 세계상과 대결하여 그것을 굴복시키지 않으면 안 된다. 그러나 학적 탐구의 영역에서 이런 혁명적 전변이 일어나는 것을 쉽게 기대하기는 어렵다. 왜냐하면 학적 탐구란 그 진정한 모습에 있어서는 어디까지나 가능한 한 시대적, 문화적 상대성을 뛰어 넘어설 수 있는 보편적 진리를 그 목표로 잡고 있기 때문이다. 그리고 경직된 세계상이 새로운 인식에 의해 수정되거나 전도될 때에도, 그 문화적 영향력이 엄청난 것에 비해 보면 저항이나 격돌이 거세지 않은 가운데 ― 이와 연관된 사회적, 정치적 세력 간의 격돌을 배제하고 본다면 ― 이루어지는 것을 알 수 있다. 이는 학적 탐구에서 그 성과를 정당화시켜 주는 것은 보편이성의 합리성이기 때문이다.

(4) 도덕영역

생동적인 도덕감(에토스)은 현실적으로 가치들 중에서 특정의 것들을 '선호하는(Wertvorzug)' 정신의 활동에 존립하는 것이요, 이에 반해 도덕이란 "가치 있는 행동의 어떤 유형을 특정한 개념들 속에 각인한 것"[30]이다. 이런 종류의 개념이 '덕(Tugend)'의 개념이고, 그 반대의 것은

---

30 PdgS 526.

'부덕(Untugend)' 또는 '악덕(Laster)'의 개념으로 두루 통용되고 있
다. 물론 이 개념들의 체계 속에는 가치의 등급이 확정되어 있고 또 누구
나 이해할 수 있도록 객관화되어 있다. 여기서도 이러한 개념들은 일단
고정되고 나면 '침전'하는 경향이 강해 에토스의 발전에 방해가 될 뿐이
다. 즉 참다운 도덕적 심정을 담아내지 못하는 정형화된 예절로 '침전'하
게 된다는 것이다. 이에 반해 진정한 에토스는 이렇게 객체화된 도덕을
앞질러 나아간다. 그리고 자신을 따라오지 못하는 기성도덕의 경직성을
아주 민감하게 느낀다. 에토스는 기성도덕을 자신에 대립하는 속박으로
인식하는 데 있어, 어떤 다른 영역에서 활동하는 정신보다 더 민감하다.

(5) 예술영역

예술적 창작의 영역에서는 이 갈등과 대립의 양상이 그리 심각하지 않
다. 왜냐하면 여기서는 "속박현상이 말하자면 창작의 엄청난 배후로 자
취를 감추기"[31] 때문이다. 물론 예술적 창작에 있어서도 그 정신적 활동
의 산물이 안정성을 갖고 그 예술적 정신을 보존하면서 이를 다른 감상
하는 정신에게 보여줌으로써, '객체화된' 형성물이 갖는 일반적인 본성
을 지니는 것은 마찬가지다. 다른 점은 생생하게 활동하는 정신 쪽에 있
다. 예술적 창작활동을 수행하는 정신은 처음부터 그 활동의 산물 자체
를 목적으로 하지 않는다. 즉 그 안에 생동하는 예술적 정신을 붙잡아 두
려고 하지 않는다. "순수한 예술가는 [창작물을 통해] 영향을 끼치고자

---

31 PdgS 528.

하지 않고, 다만 그의 작품을 감상하는 사람 앞에 내놓는다. 그가 원하는 것은 오직 관조 자체요 관조의 즐거움뿐이다."[32] 그가 의도하지도 않는 강한 영향력을 행사할 수 있는 까닭은, 그 창작물이 감상하는 사람을 속박하는 힘보다 그가 앞질러 나아가면서 간취한 미적 가치가 감상하는 사람을 움직이게 하는 힘이 더 크기 때문이다. 예술적 창작의 활동에 있어서는, 대상에 대한 객관적 인식이나 공동체적 삶의 객관적 규범 등이 본질적으로 문제되는 것이 아닌 만큼, 객체화된 정신적 산물로서의 작품 자체가 갖는 속박하는 성격은 약화되기 마련이다. 또 그래야만 그것이 진정한 예술적 창작활동이 된다. "예술작품은 역시, 그 최고의 형태에 있어서도, 대상적 일반성을 갖기를 요구하지는 않는다."[33]

2) 정신적 산물의 차이에서 오는 변양

정신적 산물과 활동하는 정신 사이의 갈등 및 대결 관계는 정신적 산물에 담긴 정신적 내용에 따라 그 양상이 달라질 수도 있다. 이를테면, 방금 위에서 보았듯, 미적 가치를 담지하는 예술적 창작물이 — 창작자이든 감상자이든 — 활동하는 정신에 대해 갖는 관계는 사회적 최소규범을 담지하는 실정법이 생동하는 법감정에 대해 갖는 관계와 아주 다르다. 이처럼 정신활동의 영역 자체를 달리하여 정신적 산물에 담기는 정신적 내용 자체가 유형적으로 상이한 가치 종류를 보이는 경우에는 물론이고, 같은 영역에서도 정신적 내용에 담기는 가치의 질과 양에 따라 그

---

32 PdgS 529.
33 PdgS 529.

것이 활동하는 정신에 대해 갖는 관계는 달라질 것이다.

창작된 내용의 위대성과 충만성에 있어 현재 활동하는 정신이 산출하는 평준적 내용을 훨씬 능가하는 정신적 자산이 있다고 해보자. 과연 이것들도 오직 객체화된 정신적 산물이라는 이유 때문에 활동하는 정신을 속박하는 것으로 작용하겠는가. 이를테면 '햄릿'이라는 희곡에 객체화되어 있는 셰익스피어의 문학정신은 오직 그것이 수백 년 전에 그렇게 작품 속에 산출되어 고정화되었다는 이유 때문에 오늘날 문학적 창작활동을 하는 문학도들에게 자유로운 문학적 상상을 속박하는 굴레로 다가오겠는가. 그렇지 않을 것이다. 도리어 그 객체화된 정신은 현재 활동하는 정신을 다른 객체화된 정신에 의해 속박받는 것으로부터 해방시켜 줄 것이다. 스케일이 큰 위대한 정신적 산물은 활동하는 정신에게 되돌아와 이 정신을 살찌우며 이 정신의 편에 서서, '폭군적으로' 되어 이 정신을 속박하는 열등한 다른 정신적 자산을 분쇄한다.[34]

그것도 객체화된 정신적 산물인 만큼 보수적 성격을 띠는 것은 사실이다. 그러나 이런 경우에는 그 보수적 작용이 활동하는 정신의 진보라는 관점에서 보더라도 바람직한 것으로 정당화된다. 왜냐하면 "활동하는 정신이 그것을 능가할 수 없는 한, 활동하는 정신은 자신을 위해서도 그것을 결여할 수 없고 다만 자기형성을 통해 그것을 향유할 수 있는 수준에까지 향상해야"[35] 하기 때문이다.

---

34 PdgS 540 참조.
35 PdgS 533.

이렇듯, 문화사적으로 볼 때, 활동하는 정신이 객체화된 정신적 산물에 의해 아주 강력하게 규정당하고 있으면서도 그것에 대해 저항하기는 커녕 그것을 전혀 속박으로 느끼지 않고 전적으로 수용하려는 자세를 보이는 경우도 허다하다. 이를테면 르네상스 시대의 문예정신이 역사 속에 묻힌 그리스 정신에 대해 보인 자세 같은 것이 아주 대표적인 것이라 할 수 있을 것이다.

활동하는 정신은 객체화된 정신적 산물 중 과연 어느 것이 자신보다 앞서 있으며 자신보다 우월하여 자신을 속박하지 않고 해방시켜 주는 것인지 어느 정도는 미리 알 수 있다. "왜소하고 빈약한 것은 생명이 다해진 것으로서 활동하는 정신에 의해 곧 팽개쳐지지만, 위대하고 뛰어난 것은 … 여러 세대에 걸쳐 여러 시대를 지배하고 이들보다 더 오래 존속하면서도 이들에게 '폭군'으로 비춰지지는 않는다."[36] 그리고 이러한 현상은 대개 정치적, 사회적 영역에서는 거의 발견되지 않으며, 생활양식이나 취미, 습속, 도덕의 영역에서보다는 문학, 예술, 학문, 종교의 영역에서 더 많이 발견된다.

3) 활동하는 정신의 차이에서 오는 변양

객체화된 정신적 산물과 활동하는 정신과의 갈등적 관계는 활동하는 정신의 역량과 힘에 따라서도 또한 달라진다. 활동하는 정신이 객체화된 정신에 끌려다니지 않고 그것을 자신의 발전에 재료로 활용할 수도 있기

---

36 PdgS 533.

때문이다. 객체화된 정신적 산물이라는 것도 본래는 활동하는 정신에게서 산출되어 나온 것이다. 따라서 활동하는 정신은 비록 그것이 자기에게 굴레로 다가온다 해도, 그것이 정신과 전혀 근원을 달리하는 자연에서 온 것이 아닌 이상, 결국 그것을 수용하거나 폐기하거나 함으로써 자신의 활동과 존속에 유리하게 대결할 수 있다. 우리는 앞에서 활동하는 정신의 '혁명적' 성향에 대해 언급한 바 있었는데, 기존의 정신적 산물이 갖고 있는 보수성에 저항해 활동하는 정신이 '혁명적' 활동을 수행함에 있어서도 그의 잠재적 힘의 크기에 따라 그 성과가 달라질 것이다. 예를 들어, 한 민족의 문화적 잠재능력이 과거의 정신적 유산이 부과하는 짐의 무게를 버티어내지 못할 만큼 노쇠해 있다면, 그런 민족은 더 이상 활동하는 정신으로서 역사를 주도해 나가기 어려울 것이다. 그런 민족정신은 과거로부터의 유산이라는 질곡에 사로잡혀 미래를 향해 그것을 돌파할 힘이 없는 정신이요 "역사적으로 죽어가는 정신"[37]이다. 이런 경우엔 다른 젊은 정신이 그 노쇠한 정신의 자리에 들어서게 되고 과거의 속박과의 쟁투는 이제 이 젊은 정신이 수행해 나아간다.

3. 역사형성의 맥락

여기서 우리는 객체화된 정신과 활동하는 정신과의 갈등과 대결이 본질적으로 역사과정을 형성하는 한 중요한 계기가 된다는 것을 확인할 수

---

37 PdgS 532.

있다. 객체화된 정신적 산물이란 더 이상 살아 활동하는 정신은 아니다. 살아 활동하는 정신이 이 객체화된 정신의 관성적 중량에 짓눌려 그의 활동이 방해받고 억제된다면, 그 정신의 역사는 더 이상 발전하지 않을 것이며, 활동하는 정신이 객체화된 정신적 산물을 부분적으로는 폐기하고 또 부분적으로는 영양으로 삼아 더 활발히 활동할 수 있게 된다면, 그 정신에게서 역사는 발전할 것이다. 이제 역사과정의 형성에 활동하는 정신과 객체화된 정신적 산물과의 관계가 어떻게 개입하는지 그 구조적 양상을 알아보자.

역사과정이란 본질적으로 "과거가 현재 속으로 뚫고 들어오고, 현재가 미래 속으로 뚫고 나아가는"[38] 과정인데, 이는 그 실질에 있어 객체화된 정신적 산물이 보존되었다가 다시 되살아나 생동하는 과정에 의해 규정되는 것이요, 따라서 결국 객체화된 정신적 산물과 활동하는 정신과의 관계에 귀착하는 것이다. 과거의 정신적 산물이 어떻게 현재의 정신에 전승 부활하느냐 하는 문제나 현재의 정신적 활동이 어떻게 객체화되어 미래의 후세 정신에 전승 발현되느냐 하는 문제나 한결같이 객체화된 정신이 활동하는 정신에 의해 소생, 부활하는 것에 그 핵심적 기초를 갖고 있기 때문이다.

먼저 과거가 현재에로 들어오는 양상을 생각해 보자. 과거의 정신이 현재에 되살아나는 데에는 두 가지 길이 있다. 정신적 활동이 단절 없이 지속되는 경우가 그 하나이고, 정신적 활동의 결과가 객체화되어 일단

---

38 PdgS 546.

묻혔다가 현재의 정신에 의해 되살아나는 경우가 다른 하나다. 그런데 역사존재론적으로 중요한 의미를 갖는 것은 바로 이 후자의 경우다. 이미 언급되었듯이 객체화된 정신적 산물과 활동하는 정신과의 역동적 관계가 문제되는 곳은 바로 이 경우에서이기 때문이다.

이 두 방식의 정신이, 하나는 과거를 대변하고 하나는 현재를 대변하면서, 어떤 이중적 상호관계를 갖는지에 대해서는 앞에서 충분히 상론하였다. 과거의 객체화된 정신은 현재의 활동하는 정신에 대해 한편으로는 북돋워주는 원동력으로 작용하고 다른 한편으로는 억제하고 속박하는 굴레로 작용한다. 이에 상응해 현재의 활동하는 정신은 과거의 객체화된 정신에 대해 한편으론 존중하고 수용하는 태도를 취하기도 하고 다른 한편으론 배척하여 폐기하려는 태도를 취하기도 한다. 중요한 것은 이 이중적 작용 및 태도가 양자택일적인 배타적인 것이 아니라, 내면적으로 언제나 결합되어 있다는 것이다. 물론 이 관계는 획일적이지 않고 위에서 살펴보았듯 정신활동의 영역에 따라 변양을 보이는데, 그 분화된 양상 중 아주 극단적으로 대조를 보이는 것은 기술과 종교에서다.

기술은 순전히 현재의 목적을 추구하기 때문에, 여기에서는 순간의 활동하는 정신이 전부다. 기술은 가장 가까운 길을 택하기 때문에, 기술에게는 옛것과 전래된 것은 오직 속박이 될 뿐이다. 기술은 옛것을 팽개치고 앞을 바라볼 뿐이다. 기술은 객체화된 정신을 필요로 하지 않기 때문에 이를 배척한다.[39]

---

39 PdgS 549 참조.

이에 반해 종교에서는 현재의 정신도 과거를 먹고 살아간다. 객체화된 계시, 즉 성서가 영속적인 전거(典據)로서 신앙의 내면적인 형식에 대해 최고의 기준이 된다. 객체화된 정신은 현재의 활동하는 정신이 따라잡을 수 없는 정신적 자산의 지고한 완성태로 인정되기 때문에 현재 속으로 뚫고 들어올 뿐만 아니라 현재의 활동하는 정신을 규정한다. 종교적 심정은 이 권위를 굴레로 느끼지 않을 뿐 아니라 이 권위에 자신을 복속시킴으로써 자신의 신앙을 확고히 한다.[40]

그러나 여기서 역사존재론적으로 진정 문제가 되는 것은 활동하는 현재적 정신이 객체화된 과거의 정신에 대해 어느 정도 수용적이고 배척적이냐 하는 데에 있지 않고, 과연 그 과거의 정신으로부터 무엇을 배척하고 무엇을 수용하느냐 하는 데에 있다. 이는 곧 무엇이 과거로부터 현재로 진입해 들어오며 또한 미래로 전승되어 나갈 것인지 하는 문제요, 여기에 효소처럼 결정적인 작용을 하는 것이 역사의식이라 할 것이다.

III. 역사의식의 존재론적 연관

1. 역사성립의 존재론적 토대 및 구조

활동하는 정신과 정신적 산물과의 상호관계에 대한 이상의 기술을 자료로 삼아 우리가 이제 정리해야 할 것은 그 관계의 골조를 이루며 그 가

---

40 PdgS 550 참조.

운데 내장되어 있는 존재론적 구조다.

역사가 성립하는 데 있어 역사의식이 어떤 구조적 기능을 수행하는지 살펴보기 위해서는 자연히 역사가 어떤 존재론적 기초 위에서 어떤 구조로 성립되는지 먼저 구명해야 할 것이다. 필자는 이 주제에 관해 앞서 논구한 바가 있기 때문에 여기서는 다만 지금의 논의를 위해 필요하다고 생각되는 최소한의 논의배경만을 언급하고자 한다.

역사는 일차적으로 일어난 사건들이 그저 과거 속으로 흘러가 버리지 않고 현재에 되살아나는 데서 성립한다. 역사의 내용을 자연현상이 아닌 인간의 정신활동으로 보는 한, 과거사가 현재에 되살아난다는 것은 곧 과거의 정신적 활동이 현재의 정신적 활동에 작용하여 이 현재의 정신적 활동을 어느만큼 규정함을 뜻하는 것이다. 과거의 정신적 활동이 현재의 정신적 활동에 작용하는 방식 가운데서도, 전자가 그대로 살아 움직여 후자에 직접 연결되는 연속적 존속의 방식보다는 특히 전자가 일단 묻혀 잊혔다가 후자에 의해 발견되고 이해되어 되살아나는 계속적 재현의 방식이 여기서 더 중요한데, 그 이유는 이 후자의 방식이 시간적, 공간적 제약을 전자의 방식보다 훨씬 더 광범하게 극복할 수 있기 때문이다.

과거가 현재 속에서 되살아나는 데에는 또한 미래를 미리 앞당겨 현재화시키는 활동과도 연관되어 있다. 미래를 앞당겨 현재화시킨다는 것은 미래를 구상하고 그 구상된 미래에 따라서 현재의 행동을 규정한다는 것이요, 따라서 현재의 행동은 과거를 현재에 '부활'시키는 일과 불가분하게 결속되어 있기 때문이다. 미래를 현재에 앞당긴다는 것은 아직 없는 것이 이미 있는 것에 작용하여 영향을 미치게 한다는 것인즉, 가치 있는 것을 목적으로 설정하고 이의 실현을 위해 수단을 취택하는 정신의 목적적 활동이 바로 이를 가능케 하는 것이다.

과거를 현재에 되살리고 미래를 현재에 미리 앞당기는 정신의 활동이 곧 역사가 성립하는 토대가 되므로, 역사성립의 존재론적 계기들은 자연히 (1) 정신활동의 산물과 정신활동 자체의 상호적 관계 및 (2) 정신활동과 이법적 존재인 가치의 상호관계를 존재론적으로 구명하는 가운데서 드러날 것이다. 그렇다면 이들 관계의 존재론적인 구조는 어떠한가?

1) 객체화된 정신과 활동하는 정신의 관계의 존재론적 구조

객체화된 정신은 정신활동의 산물로 일단은 생동하는 정신을 떠나 물질적인 형성물에 담긴 죽은 정신이다. 정신은 독자적으로 존립하지 못하고 오직 정신 아닌 다른 실재존재에 담지되어야만 존립할 수 있기 때문에 심적, 생명적 존재와 결합되어 활동하는 정신을 떠난 이상 객체화된 정신은 다른 어떤 실재존재에 담겨야 한다. 흔히 그러하듯 물질적 형성물에 담기면 객체화된 정신은 여기서 이 물질의 안정성에서 자신의 존재론적 자립성의 토대를 확보하게 된다. 따라서 물질적 형성물은 그것의 존재를 위한 '필요조건'이라 할 수 있다. 객체화된 정신은 이 과정을 통해 생동하는 정신의 변전을 벗어나 자립하게 되지만, 다른 한편으로는 그의 새로운 존재지반인 그 물질적 형성물에 의존하게 된다.

객체화된 정신의 의존성은 여기에서 그치지 않는다. 그것은 정신적 존재로서 존립하기 위해서는 그것을 정신적 존재로 이해하는 제2의 다른 활동하는 정신이 요구되는데, 바로 이 제2의 정신에 그것은 의존하게 된다. 이에 의존해서만 객체화된 정신은 '부활'할 수 있기 때문이다. 객체화된 형성물을 놓고 보면, 그것은 겉으로는 그저 물질적인 사물이다. 객체화된 정신이 그 속에 담겨 있다고는 하지만 사실 그것은 거기에 '실재하는(real)' 것이 아니라 '비실재적으로(irreal)' 잠재적으로만 존재하는 것이다. 객체화된 정신이 부활한다는 것은 바로, 이렇게 비실재적으로 존재하던 그것이 실재적으로 된다는 말이요, 여기서 이 '실재화'에 결정적 역할을 하는 것이 곧 제2의 활동하는 정신이다. 따라서 이 제2의 정신에 대한 의존성은 객체화된 정신이 잠재적으로 존재하다가 현실적으로 존재하기 위해 요구하는 '충분조건'이다.

여기서 우리가 확인할 수 있는 것은 객체화된 정신과 활동하는 정신의 관계가 (1) 비실재적 존재와 실재적 존재의 관계이며, (2) 후자의 실재성에 힘입어 전자의 비실재성이 실재성으로 변전한다는 점이다. 비실재적 존재를 실재화시키는 이 현상은 존재론적으로 어떻게 설명될까? 객체화된 정신을 담지하는 형성물을 총체적으로 살펴보면, 거기엔 물질적 '전경(Vordergrund)'과 정신적 '배경(Hintergrund)'만이 있고 이를 유기적으로 연결시켜 주는 생명적 층이 결여되어 있다.[41] 활동하는 현재의 정신이 잠든 객체화된 정신을 깨워 비실재적인 존재에서 실재적인 존재로 완성시킨다는 것은 바로 이 결핍을 메꿔 '대리'로나마 그 존재적 성층을 완전하게 하는 것으로 이해된다. 다른 구도에서 보면 이렇게도 설명된다. 물질적 전경을 통해 배경의 정신적 내용이 나타나는('현상하는') 것은, 역방향으로 전경을 통해 배경에까지 꿰뚫고 들어감으로써 그 배경

---

41 PdgS 423 이하 참조. 이 점에 관해서는 특히 N. Hartmann, *Ästhetik*, Berlin: de Gruyter, 2. Aufl., 1966, 90 이하 참조.

을 이해하는 제2의 활동하는 정신이 있을 때에만 가능하다. 따라서 활동하는 정신이 객체화된 정신을 부활시킨다는 것은 인식작용을 통해 인식되는 대상의 존재를 산출한다는 말도 된다.

2) 가치와 정신활동의 관계의 존재론적 구조

활동하는 현재의 정신이 수행하는 미래의 현재화, 즉 미래의 선취(先取)에는 목적의 설정과 수단을 통한 이의 실현이라는 인간행위의 보편적 구도가 깃들어 있다. 인간의 모든 정상적인 행위는 목적적이다. 미래에 실현될 목적을 미리 설정해 놓고 그것에 맞추어 현재의 행위를 기획한다. 과거의 객체화된 정신적 산물을 현재에 전승하는 일에도 미래를 선취하는 이 목적적 활동은 내적으로 깊이 연관되지 않을 수 없다. 그러면 목적으로 설정되는 가치와 이의 실현을 위해 활동하는 정신은 존재론적으로 어떻게 연관지어져 있을까? 이 목적적 활동의 구조를 존재론적으로 분석해 보면 다음과 같다.[42]

(1) 목적설정 : 비실질적인 무엇이 미래의 행위의 종국점으로 선취된다. 실재시간을 역행하는 이 과정은 직관시간을 구사할 수 있는 인간 정신에게서만 가능하다.

(2) 수단선택 : 목적을 실현시킬 수단을 선택한다. 목적에서 출발하여

---

42 PdgS 152 이하; N. Hartmann, *Aufbau der realen Welt*, 3. Aufl., Berlin: de Gruyter, 1964, 514 이하; N. Hartmann, *Teleologisches Denken*, 2.Aufl., Berlin: de Gruyter, 1966, 68 이하 참조.

실재시간을 거슬러, 시간적으로 후속할 것이 선행하는 것을 결정하는 방식으로 정해 나간다.

(3) 목적실현 : 실재시간의 흐름에 따라 최초의 수단에서부터 행동에 옮긴다.

여기에선 실질세계의 인과연관이 정신이 구상해 낸 목적연관에 봉사하도록 새로운 구도가 짜이는데, 이 목적연관에서는 시간적으로 나중에서야 실현될 비실질적인 것이 시간적으로 앞서는 실질적인 것을 결정한다. 한마디로 말하자면, '아직 없는 것이 이미 있는 것을 결정한다'는 것이다(앞의 (2) 단계). 여기서 아직 없는 비실질적인 것은 물론 목적으로 설정된 가치다. 실질세계에 속하지 않는 가치가 실질세계 내의 사물을 움직이게 하는 데에는 바로 인간의 능동적 정신활동이 필수불가결한 동인(動因)으로 요구된다.

미래를 선취하여 역사과정을 단절 없이 형성하려는 것도 종국적으로는 비실질적 — 여기서는 이법적 — 존재를 실질적 존재로 만드는 일이요, 따라서 사유와 실천을 통해 존재를 산출하는 일이다.

2. 역사의 존재론적 구조 속에서의 역사의식

이렇게 보면 과거를 현재에 되살림에 있어서도, 미래를 현재에 미리 선취함에 있어서도, 활동하는 현재의 정신의 역할과 기능은 가히 결정적이라고 말할 수 있다. 활동하는 현재의 정신이 이해하고 수용해야만 과거의 객체화된 정신의 산물도 수면상태에서 깨어나 비실질적 존재에서 실질적 존재로 부활하고, 또 활동하는 현재의 정신이 목적으로 구상하고 설정해야만 비실질적 (이법적) 가치도 실질존재로 실현될 수 있는 출발점을 얻게 되기 때문이다.

그렇다면 이 활동하는 정신 가운데서도 어떤 요소가 이 역사과정의 형성에 실질적인 동인으로 작용할까? 우리는 활동하는 정신이 갖는 역사의식이 바로 그것이라고 생각한다. 왜냐하면 정신이 갖는 의식 중 특히 그의 '역사적 현실'에 대한 의식이, 즉 전 역사과정의 현실연관성에 대한 의식이 바로 그에게 역사의 지평을 열어줄 것이기 때문이다. 역사의식이란 "지나간 과거의 정신이 객체화된 족적 속에서 자신의 원천을 찾으려는"[43] 의식이다. 역사의식이란 또 "역사적으로 살아 움직이면서 변전하는 객관적 정신의 자기의식"[44]이기도 하다. 역사의식이 객체화된 정신의 자취 속에서 자신의 근원을 찾는다는 것은 활동하는 정신이 자신의 현실의 원천을 과거에서 찾으려 한다는 것이요, 역사의식이 역사적 생의 주체인 객관정신의 자기의식이라는 것은 정신은 언제나 대리적으로나마 과거와 미래의 긴장관계를 떠안고 현실을 살아가는 자기모습을 반성하고 있다는 말이다. 역사의식이란 결국 활동하는 정신이 자기인식을 포함한 총체적인 현실인식을 토대로 하여, 역사과정의 맥락과 계기에 대해 갖게 되는 반성적 의식이다. 따라서 거기에는 현실적 이해관계와 직접적으로 명백히 연관되어 있는 '살아 있는' 과거에 대한 의식도 있지만, 전혀 그렇지 않은 '아주 죽은' 과거에 대한 의식도 있다. '아주 죽은', '중

---

43 PdgS 557.
44 PdgS 561.

성적인' 과거에 대한 의식이야말로 과거에 대한 편견 없는 순수한 학적 탐구를 가능하게 해줄 것이기 때문에 '역사적 현실'에 대해 오히려 더 넓고 투명한 시야를 제공해 주고, 이로써 도리어 역사과정 전체에 대한 치우침 없는 견해를 가능하게 해줄 것이다.[45]

활동하는 정신이 객체화된 과거의 정신을 현재에 부활시킬 때나, 아직 오지 않은 미래를 현재에 선취할 때나, 그의 이러한 '역사적' 행위에는 언제나 역사의식이 동반되어 있음이 분명하다. 따라서 내용적으로 무엇을 되살리고 무엇을 폐기시키며, 무엇을 선취해야 할지를 결정하는 가치판단과는 무관하게, 역사의식은 이미 활동하는 정신의 작동과 더불어 역사의 성립 그 자체에 불가결한 한 요인으로 작용하고 있는 셈이다. 다시 말하자면, 역사의 성립을 위해 꼭 필요한 '실재화'의 과정을 — 즉, 비실재적으로 존재하던 정신적 내용을 실재적인 것으로 만들어 존재를 완성시키는 과정을 — 수행함으로써 그는 — 적어도 기술된 것으로서의 — 역사를 그 존재적 토대 위에 올려놓고 있다.

IV. 결론: 문화창조 및 역사발전의 계기 – 역사의식

1. 역사의식의 역사존재론적 의미

다시 한 번 정리해 보면, 과거의 정신적 활동의 산물을 현재에 되살려

---

45 PdgS 561 참조.

내는 현재의 살아 있는 정신은 다음과 같은 점에서 그 활동이 이중성을 안고 있다. 즉 현재의 살아 있는 정신은 한편으로는 자율적이고 창의적으로 과거의 정신적 산물, 즉 '객체화된 정신'을 취사선택하고 재해석하는 능동성을 갖고 있는 반면, 동시에 다른 한편으로는 바로 그 과거의 정신적 산물을 지반으로 하여 직간접적으로 그것에서 '영양'을 섭취하여 성장하고 형성된다는 점에서 수동성을 갖기도 한다.

객체화된 정신, 즉 넓은 의미에서의 모든 정신적 '문화재' 없이는 그 누구도 정신적 존재로 성장할 수 없는 일이요, 그의 현재의 정신은 이런 점에서 바로 과거의 정신의 후손이다. 문화의 역사에 있어 전통의 의미는 바로 여기에 있다 하겠다. 그러나 현재를 사는 정신은 그저 과거정신의 후손임에 멈추지 않고 또한 자신의 고유한 정신적 세계를 구축해 나가는 창의적 활동을 펴기도 한다. 문화의 진보 내지 발전의 의미는 여기서 찾아진다고 본다.

이렇게 보면 객체화된 정신은 살아 활동하는 정신을 한편으로는 전통의 굴레 속에 구속하고 다른 한편으로는 진보, 발전에로 해방시켜 주는 토대를 제공하기도 한다. 이 보수적 전통과 진보적 발전 사이의 긴장관계, 구속과 해방의 길항관계 속에서 살아 있는 정신의 위상을 결정해 주는 것이 곧 역사의식이다. 앞에서 언급했듯, 활동하는 정신은 결국엔 객체화된 정신의 속박을 이겨내고 자기를 실현시킨다. 살아 움직이는 것이 죽은 것에 의해 죽임을 당할 수는 없는 일이기 때문이다. 이런 의미에서 "역사는 후퇴하지도 않고, 제자리에서 되풀이하지도 않으며, 오직 앞으로 전진할 수밖에 없다"[46]고 한다면, 이 역사발전의 계기는 곧 역사의식에 있다고 하겠다. 그러나 역사의식의 의의는 여기에만 있는 것이 아니다. 그것의 역사존재론적 의미는 다음에 있다. 즉, 활동하는 정신의 작동과 더불어 역사의 성립 그 자체에 기초를 제공해 주고 있다는 점에 있다. 다시 말하자면, 역사의 성립을 위해 꼭 필요한 '실재화'의 과정, 즉 비실재적으로 존재하던 정신적 내용을 실재적인 것으로 만들어 역사적 존재를 완성시키는 과정을 수행함으로써 — 적어도 기술된 것으로서의 — 역사에 그 존재적 토대를 제공해 준다는 점에 있다.

2. 역사의식의 인간학적 함의

인간은 "문화의 창조자이자 문화의 피조물"이라는 명제가 있다.[47] 이 논문에서의 우리의 의도에 비추어 보면, 이 명제는 인간학적 명제라기보다는 역사철학적 명제다. 현재를 살고 있는 정신은 분명 문화의 창조자다. 그리고 문화는, 즉 과거에 객체화된 정신의 총체는 이 현재적 정신의 새로운 문화창조를 가능케 해주는 지반이요 영양원이다. 그러나 이 문화는 동시에 현재적 정신의 활동범위를 제한하고 그 활동방식을 제약하는 '굴레'로 작용하기도 한다. 이런 의미에서 현재적 정신은 과거의 정신적 산물의 총체인 문화에 의해 빚어지고 형성되는, 그 피조물이기도 하다.

인간이 "문화의 창조자이자 문화의 피조물"이라는 인간학적인 명제는 이렇듯 활동하는 정신이 객체화된 정신에 대해 갖는 양면적 관계에 대한

---

46 PdgS 540.
47 M. Landmann, *Philosophische Anthropologie*, Berlin: de Gruyter, 1969, IV부, 172 이하 참조.

역사존재론적 분석을 통해서도 정당화된다. 즉, 활동하는 정신이 객체화된 정신에 의해 속박받는 측면을 고려해 보면, 인간은 문화의 피조물로 이해되고, 반면에 객체화된 정신이 활동하는 정신에 원동력을 제공해 주어 문화적 창조를 고무하는 측면을 고려한다면, 인간은 문화의 창조자로 이해될 것이다.

이 두 가지 이해는 실은 양자택일 식의 배타적인 것이 아니거니와, 이 점도 객체화된 정신과 활동하는 정신의 이중적 상호관계에 의해 잘 설명될 수 있는 것이다. 그리고 두 가지 정신의 이중적 상호관계를 어느 편에서 고찰하든, 활동하는 정신의 역사의식은 정신의 역사적 발전을 위한 중요한 계기로 작용하는 것이 분명하므로, 우리는 역사의식과 연관지어 이 명제를 이렇게 변용해도 좋으리라 본다. "역사의식은 문화의 창조자로서의 인간과 문화의 피조물로서의 인간을 매개해 주는 연결고리다."

문화를 "인간의 활동에 의해 변화된 자연"으로 규정하는[48] 입장에 대해서도 우리는 앞서 시도한 역사존재론적 분석을 토대로 비판을 가할 수 있을 것이다. 문화세계가 자연을 토대로 하고 있음은 명백한 사실이다. 그러나 그렇다고 하여 문화를 단순히 정신이 자연에 가한 활동의 산물로만 이해한다면, 이는 다소 단순하고 소박한 문화이해라고 하겠다. 정신적 활동의 차원 자체가 입체적으로 복잡하여, 문화에는 이 복합적인 정신 자체의 내부적 활동산물이 중요하고도 큰 부분을 차지하고 있기 때문이다. 이러한 경향은 발전된 문화일수록 더 강하게 지니고 있다고

---

48 A. Gehlen, *Anthropologische Forschung*, Hamburg: Rowohlt, 11. Aufl., 1975, 21 이하 참조.

하겠다.

객체화된 정신과 활동하는 정신과의 상호 의존 및 상호 대립의 이중적 관계만을 고려해 보더라도, 문화란 결국은 변양된 자연에로 환원될 수 있다는 견해는 역사세계를 염두에 두지 않고 문화세계를 평면적으로 이해하는 데서 오는 단견이라 생각된다.

12 역사와 정신의 길항관계[*]

— 베르그송, 포퍼, 하르트만의 역사발전론 비교 —

I. 서론

  개인적인 삶에서든 공동체적인 삶에서든 '더 나은 삶'에 대한 희망은 자연상태를 넘어서서 문화적인 삶을 영위하는 인류 모두가 보편적으로 품고 있는 '삶의 전제조건'일 것이다. 이는 특히 공동체적인 삶의 지평에서 '역사의 발전', '문화의 흥성'이라는 관념을 낳으며, 공동체적 삶에 관심을 갖는 철학은 자연히 발전이나 퇴보, 흥성이나 쇠퇴의 기준이 되는 원리가 무엇인지 구명하고자 시도하게 된다. 역사철학 또는 문화철학이 다루어야 할 근본문제들 중의 하나가 곧 그것이다. 어떤 사회가 더 발전한 사회인가? 무엇이 역사발전, 문화발전의 척도일까? 이 물음에 대해

[*] 「문화발전의 요건에 관한 역사존재론적 고찰」, 『철학연구』(대한철학회) 91집, 2004.

베르그송과 포퍼는 공히 '열린사회에로의 진입', 또는 사회의 '개방'이라고 답한다. 그러나 이 두 철학자가 말하는 '열린사회'의 내용은 서로 사뭇 다르다. 다르다 못해 그 핵심 개념인 '개방성'이 서로 대립적인 요소를 담고 있기까지 하다. 즉, 베르그송이 보기에 '열린'사회를 가능케 해주는 요소인 비지성적인(혹은 초지성적인) 것이 포퍼가 보기에는 '닫힌' 사회를 받쳐주는 요소가 될 수 있고, 포퍼가 보기에 '열린'사회의 전제가 되는 요소인 합리성이 베르그송이 보기에는 '닫힌'사회의 특징이 될 수도 있다는 것이다. 따라서 이 두 사람에게 역사의 발전, 문화의 흥성은 그 방향이 서로 역행하는 듯한 인상마저 준다.

과연 그럴까? 우리는 먼저 '열린사회'를 가능케 해주는 원리에 대한 베르그송과 포퍼의 견해를 살펴보고 이들을 비교 검토해 보고자 한다. 그러고 나서, 베르그송과 포퍼의 견해가 드러내 보이는 일견 대척적인 듯한 관계를 종합적으로 조망할 수 있는 제3의 관점을 모색해 보고자 한다. 여기서 우리는 문화사적 변화의 기본 틀을 '역사존재론적' 관점에서 검토하는 하르트만에 크게 의거하게 될 것이다. 물론 우리의 관심은 여전히 문화발전의 요건을 찾는 데 있으므로, 어떤 역사존재론적 여건에 처했을 때 한 문화공동체는 흥성하거나 쇠퇴하는가 하는 문제를 다루게 될 것이다. 물론 이 논구에는 문화 그 자체가 존재론적으로 볼 때 세계 속에서 어떤 기초 위에 있으며 어떤 구조를 지니고 있는지에 대한 논구가 전제되어 있다.[1]

---

1 졸고, 「문화의 존재론적 기초와 구조」, 『철학연구』 35집, 1994; 「역사성의 존재론적 기초와 구조」, 『인문과학』 26집, 성균관대학교 인문과학연구소, 1997 등 참조.

즉 우리의 논구는 문화의 역사성을 구성하는 정신존재론적 분석성과를 토대로 하여, '생동하는' 정신과 '객체화된' 정신과의 관계에 초점을 맞춤으로써 정신 활동의 '합리성' '비합리성'을 포괄하는 문화발전의 요건을 모색하는 데로 나아갈 것이다.

II. 베르그송에서 '열린사회'의 원리

1. 닫힌사회의 성격과 닫힌도덕의 역할

베르그송에게 있어서 사회는 하나의 유기체다. 그리고 유기체로서의 사회는 구성원인 개개인의 의지와 무관한 어떤 질서를 지녀야 한다. 그런데 이 질서는 개개인에게서는 우선 그들의 습관적인 행동 속에 스며들어 있다. 그러나 습관적인 행동만으로 그 질서가 지켜지기 어려울 때, 다시 말해 개개인의 자유로운 의식이 이에 저항할 때, 그 습관의 원리는 '의무'로 의식되어 도덕적 강제성을 갖게 된다. 물론 이 단계에서는 개개인의 사회화 과정이 필수적이긴 하다. "일상적 의미에서 파악된 의무가 습관에 대해 갖는 관계는 [동물에게서 행동의] 필연성이 [그들이] 자연적 본성에 대해 갖는 관계와 같다."[2] 동물에게서는 집단의 생존을 유지하는 질서가 본능적 행동의 필연적 법칙으로 나타나지만, 인간에게서는 사회를 유지하는 질서가 습관이나 의무의 형태로 나타난다는 것이다. 의무란

---

2 H. Bergson, *Les deux sources de la morale et de la religion*, PUF, 1961(1932)(이하 MR), 7.

습관을 토대로 하는 것이요, 이 양자 사이에 어떤 단절이 있는 것이 아니다. 의무체계란 하나로 연관된 습관들이 개인들의 자유의지에 부딪쳐 의식된 것일 뿐이다.

사회적, 도덕적 의무는 그 사회가 가진 집단적 습관의 산물일 뿐이다. 이렇듯 한 사회에 도덕적 의무가 존재하는 것은 무엇보다도 그 사회의 유지와 보존을 위해서다. 그래서 개인을 사회에 통합시키는 기능을 수행하는 것이 바로 개인을 '사회적 자아'로서 양성하는 도덕적 의무다. 개인은 도덕적 의무를 내면화하고 습관화함으로써 '본능적으로' 사회에 귀속하게 된다. 인간의 심층적인 영혼은 사회적인 것과 무관한 자유의 세계를 갈망하기도 한다. 그래서 인간은 때때로 반사회적인 범죄를 저지르기도 한다. 그러나 인간은 또한 본성적으로 사회적 존재이기 때문에 '사회적 자아'와 '개인적 자아'의 괴리를 괴로워하다가 자기 범죄를 고백하거나 그에 상응하는 벌을 받고 다시 사회에 통합되기를 바란다.[3]

사회는 우리에게 많은 의무를 부여하며, 우리는 그 의무에 거의 습관적으로 복종한다. 우리가 사회적 의무에 따라 습관적으로 행동하는 동안, 우리는 그것을 거의 의식하지도 않으며 별다른 노력을 하지도[4] 않는다. 즉 우리는 규칙에 따라 행하는 행동을 '자연적으로' 선택한다. 습관은 미리 형성된 일정한 행위에의 기제다. 그리고 일단 형성된 습관은 일

---

3 MR 11 참조.
4 베르그송에게 있어서 의식의 발생은 신비로운 그 무엇이 아니다. 의식은 우리 몸이 수용된 외적 자극을 외부로 되돌려주는 방식을 선택할 때 발생하는 것이다. 즉 의식은 선택하는 행위이며, 행위가 자동적인 것으로 되면 의식은 곧 사라진다. H. Bergson, *Matiere et memoire*, PUF, 1961(1896), 11 이하 참조.

종의 필연성의 힘을 가지고 우리의 의지에 작용하여 반성과 자율의 여지를 허락하지 않고 무의식적으로 행동하도록 한다. 이는 마치 동물이 '본능적으로' 어떤 필연적인 법칙에 따라 행동하는 것과 같다. 처음에는 지적이었으나 점차로 본능을 모방하게 되는 활동이 인간에게 있어서는 습관이라 불리는 것이다.

그러나 어떤 의무가 주어질 때 그것을 따르기 위해서 내적 긴장과 극기가 수반될 때도 있다. 그것은 이미 자기 내부에 그 의무에 대한 저항이 발생했다는 것을 의미한다. 그럴 때 우리는 행동을 머뭇거리게 되며, 다른 행동방식을 고려하기도 한다. 이러한 저항이 있을 때, 이를 다스리는 것이 이성이다. "예외적인 저항에 저항하기 위하여, 즉 우리를 옳은 길에 머물게 하기 위해 우리는 필수적으로 이성을 가져야 한다."[5] 이성이 우리로 하여금 의무에로 되돌아가게 한다는 것이다. "논리적으로 일관성 있는 요구에 맞춰 자신의 행위에 이성적 질서를 부여하는 것은 … 논리적인 상호 협동이 본질적으로 경제적이기"[6] 때문이다. 규칙에 복종하는 것이 사회에 커다란 응집력을 제공해 준다는 것이다.

이렇게 볼 때, 본능적 행위, 습관적 행위, 그리고 이성적 행위는 그 본질에 있어 궤도를 함께하는 것이다. '필연적인 본능'과 '강한 습관'과 '엄격한 의무' 모두 그 실행에서의 견고성과 안정성에 있어서 차이가 있을 뿐, 이미 형성되어 있는 집단이나 사회의 유지와 존속에 필요한 행동 기제다. 본능의 역할을 지향하는 사회적 습관이나 이를 보정(補正)해 주

---

5 MR 16.
6 MR 17.

는 이성적 의무나 모두 본질적으로는 본능이 개미나 벌을 그 사회에 종속시키는 것과 똑같은 방식으로 인간을 사회에 귀속시킨다. 따라서 이러한 습관(즉 덕)이나 의무로 구성되는 도덕은 물론 개인적 이기주의를 제어함으로써 사회를 유지하는 기능을 수행하지만, 궁극적으로 보면 더 커다란 실재로서의 한 사회를 보존하려는 집단적 이기주의의 성격을 띠게 된다.

우리가 현실에서 만나는 이러한 상식적 의미에서의 사회를 베르그송은 '닫힌사회(societe close)'로 규정하고 이에 봉사하는 도덕을 '닫힌도덕(morale close)'으로 이해한다.[7] 자연적으로든 역사적, 사회적으로든 특정한 수의 구성원으로 형성되어 크고 작은 하나의 단위를 이루는 모든 사회는 일단 이러한 닫힌사회의 성격을 갖는다. 그런 사회는 가족을 넘어 국가에 이른다 해도 다른 사회, 다른 구성원에 대해 배타적이라는 점에서 여전히 닫힌사회다.

닫힌도덕은 특정 사회의 보존과 유지를 위한 것이므로 결코 인류를 바라보지 못하며, 국경 밖으로 뛰어 넘어가지 못한다. 따라서 그것에 기초하고 있는 닫힌사회는 다른 사회에 대해 철저히 배타적이며 폐쇄적이다. 그래서 그 사회의 구성원은 자기가 속한 집단 이외의 사람에 대해서는 무관심한 채 언제나 공격을 준비하는 투쟁적인 태도를 취한다. 닫힌도덕은 보편적 선의 구현이 아니라 한 사회의 보존과 이익을 지향하는 것인 만큼 필연적으로 투쟁을 유발하게 된다. 이방인에 대한 이 배타성과 공

---

7 MR 26 이하 참조.

격성의 표현이 바로 전쟁이다. 전쟁은 닫힌사회들 사이에서 일어날 수밖에 없는 필연적인 현상이다.[8]

2. 열린사회의 가능성과 열린도덕의 지향

닫힌사회에의 집단적 이기주의가 극복된 후에 비로소 구현될 수 있는 사회가 바로 베르그송이 제시하는 열린사회다. 이 열린사회는 닫힌사회와는 달리 가족이나 국가를 뛰어넘어 전 인류를 품는 사회다. 이 열린사회는 오직 '사랑의 운동'에 의해서만 구현될 수 있다. 베르그송은 가족에 대한 사랑이나 민족에 대한 사랑을 인정하지만, 이를 보편적 인간성 자체에 대한 인류애와 구별한다. 인류애, 박애는 가족애나 조국애와 달리 실은 대상에 의해 규정받지 않는 사랑이요, "대상을 갖지 않는 … 그저 그 자체만으로도 충분한 하나의 운동"[9]이다. 진정 제약 없는 박애만이 집단적 이기주의를 극복하고 인류를 하나로 묶는 정신적 공동체를 실현할 수 있다는 것이다. 이런 사회는 인간을 깊이 변화시킴으로써 인류의 도덕적 이상을 창조적으로 실현한다. 그리고 그러한 '열린사회(societe ouverte)'를 가능하게 하는 도덕은 바로 '열린도덕(morale ouverte)'이다.

열린도덕은 한 사회의 보존을 목적으로 하는 것이 아니다. 열린도덕은 인간의 사회적 제약을 뛰어넘어 사랑을 실현하려는 도덕이다. 닫힌도덕

---

8 MR 28 이하 참조.
9 MR 35.

이 '의무를 강요하는' 도덕이라면 열린도덕은 '자발적 복종을 호소하는' 도덕이다. 닫힌도덕이 점점 비인칭적인 형식으로 바뀌어 더욱 추상화되는 반면, 열린도덕은 모범이 되는 하나의 뛰어난 인격 속에서 구체화된다. 전자의 일반성은 하나의 법칙에 대한 보편적인 승인과 관계하지만, 후자의 일반성은 하나의 모범적인 인간을 닮는 것과 관계한다.[10] 닫힌도덕이 사회생활이 우리에게 부과하는 '사회적인' 도덕이라면, 열린도덕은 "격률들의 다양성과 일반성이 한 인격의 통일성과 개별성 속으로 융합하는"[11] '인간적인' 도덕이다.

베르그송은 열린도덕의 이러한 성격을 위대한 종교적 성자들을 통해 설명한다. 사람들이 아무것도 요구하지 않는 그들을 따르려고 하는 것은 그들이 사람들에게 던져주는 정서적 감동 때문이다.[12] 이와 같은 감동을 베르그송은 음악적 감동에 비유한다.[13] 감동적인 음악을 듣는 동안, 그 감동이 식지 않고 남아 있는 동안, 우리는 그 음악이 마치 행동의 준칙이 되듯이 그 음악 소리의 부름에 따라 자발적으로 행동하게 된다. 음악은 우리를 감동시킴으로써 자발적인 창조의 힘을 일깨워준다. 위대한 성자가 주는 감동도 이와 마찬가지다. 위대한 성자의 실존은 사람들의 영혼을 부르고 그 부름이 사람들에게 자발적 창조의 힘을 일깨운다.

이렇듯 열린도덕은 본능적 습관이나 이를 보정해 주는 이성의 산물이

---

10 MR 30 참조.
11 MR 31.
12 "그들은 아무것도 요구하지 않지만, 대중을 얻는다. 그들은 훈계할 필요도 없으며 가만히 있기만 하면 된다. 그들의 존재 자체가 일종의 호소력이다." MR 30.
13 MR 36 참조.

아니다. 베르그송의 고유한 용어로 말하자면, 지능(intelligence)의 산물이 아니라, 직관(intuition)의 산물이다. 베르그송에 있어서 직관이란 대상의 내부로 파고 들어가 그것과 공감하는 것이다. 위대한 정신의 부름에 직접적으로 응답하고 그 정신에 공감함으로써 실현되는 열린도덕은 따라서 직관의 작품이 아닐 수 없다. 베르그송은 열린도덕이 습관이나 이성에 의해서가 아니라 감성(sensibilite), 정서(emotion), 정열(passion)의 작용에 의해 성립하고 실현된다고 말하는데, 이들은 모두 직관과 결부된 것들이다. 베르그송은 이들이 모두 '비지성적인' 것이지만 본능이나 습관 못지않게 의지에 직접적인 작용을 가하는 힘이라고 보았다.[14] 성자의 호소에 감동하여 그에 복종하는 태도는 곧 직관적으로 그의 정신활동에 동참해 들어가는 것이다. 이처럼 직관을 통해 위대한 정신의 세계에 동참하게 되면 우리는 하나의 새로운 질적 변화를 체험하게 되는데, 그것이 바로 '해방의 감정(sentiment de liberation)'이다. 이는 닫힌도덕에서 공리주의적 관심이 대상으로 삼는 안락, 쾌락, 부와 같은 것이 가져다줄 수 있는 것이 아니요, 오히려 이러한 것들에 대한 관심에서 해방됨으로써 체험할 수 있는 위안과 환희다.

바로 이러한 해방을 추구한다는 점에서 열린도덕은 나아가 비약적이고 전진적인 성격을 지닌다. 열린도덕은 단순한 자연적 차원의 집단적 생존을 추구하려는 것이 아니라, '열린 영혼의 자유'를 추구하는 것이다.

---

14 '지성 아래에 머무는(infra-intelleuelle)' '표면의 동요'든 '지성을 넘어서는 (supraintellectuelle)' '심층의 분출'이든 정서는 비지성적인 것이다. MR 41 참조.

닫힌도덕이 '압력(pression)'을 본성으로 갖는 데 반해 열린도덕은 '열망(aspiration)'을 본성으로 갖는다.[15] 닫힌도덕은 압력을 수단으로 하여 사회의 보존을 도모한다. 그리고 그것을 통해서 사회의 안녕과 개인의 쾌락을 추구한다. 이와는 반대로 열린도덕은 물질적 쾌락보다 정신적 기쁨을 지향한다. 쾌락(plaisir)은 그 자체 폐쇄적인 성격을 갖는다. 생명적 쾌락을 만끽하게 되면 우리의 정신은 더 이상 자신을 벗어나고자 하지 않는다. 그러나 정신적 기쁨(joie)을 누리게 되면 우리의 정신은 스스로를 개방해 자신을 초월하고 무엇인가에로 향하고자 한다.[16] 열망은 이렇게 우리의 정신을 비약시키고 전진하게 한다. 이러한 열린도덕을 통해서만, 우리는 의무를 강요하는 폐쇄적이고 집단이기적인 사회적 연대의식에서 벗어나 보편적 인류애에 기초한 열린사회로 나아가게 된다.

이상에서 우리는 베르그송의 '열린사회'가 직관, 정열과 정서적 감동, 이를 통한 '사랑의 비약', '열린 영혼의 자유' 등을 그 요건으로 하고 있음을 살펴보았다. 근본적으로 볼 때, 열린사회란 인간 정신이 그의 비지성적(혹은 초지성적) 활동을 통해 생명적 자연의 질곡으로부터 해방되어 생존에 요구되는 공리적 가치의 확보를 위한 경쟁에서 벗어난 이상적인 사회라 할 수 있다. 그렇다면 포퍼가 말하는 '열린사회'는 어떤 것인가?

---

15 "우리는 도덕의 양극단에서 압력과 열망을 발견한다. 압력은 비인격적일수록 습관이나 본능에 더 가까워져 완전해지는 데 반해, 열망은 개별적 인격이 우리 속에 그것을 가시적으로 더 지피면 지필수록 강렬해진다." MR 48.
16 MR 49 참조.

III. 포퍼에서 '열린사회'의 원리

베르그송과 마찬가지로 포퍼 또한 열린사회야말로 진정한 자아의 해방을 가져다주는 사회이고, 전 인류가 행복을 구가하며 살아남을 수 있는 사회라고 본다. 하지만 그 열린사회의 원리는 베르그송이 제시하는 것과 사뭇 다르다.

포퍼는 역사주의야말로 열린사회를 파괴하는 최고의 적이라고 단언하며, 역사주의가 파악하고 있는 '닫힌사회'를 구명한다.

1. 역사주의와 닫힌사회의 기초

그의 정의에 따르면 역사주의란 "역사적 예측을 사회과학의 기본적 목적이라고 생각하고, 역사발전의 기저에 놓여 있는 리듬, 유형, 법칙, 경향 등을 발견함으로써 이를 달성할 수 있다고 보는 사회과학의 한 접근법"[17]이다. 포퍼는 이와 같은 역사주의의 정의에 따라 이 진영에 속하는 대표적인 철학자들을 언급하는데 플라톤, 헤겔, 마르크스가 바로 여기에 속한다. 포퍼는 이들이 표면적으로 주장하는 바는 각기 상이하지만, 그 이면에는 다음과 같은 공통된 주장을 하고 있다고 본다.[18]

첫째, 전체론이다. 이에 따르면 한 사회는 그 사회를 구성하는 개인을

---

17 Karl Popper, *The Poverty of Historicism*, NY: Harper & Row, 1964(이하 PH), 3.
18 이하 PH 17 이하; 이한구, 『역사주의와 역사철학』, 문지사, 1986, 247쪽 이하 참조.

떠나서 그 자체의 독특한 성격과 전통을 가지고 있다. 이 주장은 사회를 하나의 유기체로 보고, 마치 생물학에서 다루는 유기체 이론처럼 사회를 탐구해야 한다는 내용을 포함하고 있다. 이와 같은 전체론의 입장에 서게 되면 어떤 사회를 이해하고 설명하는 데 있어 그 집단의 역사나 전통을 우선적으로 이해해야만 한다.

둘째, 역사적 법칙론이다. 이것은 개인으로부터 독립해 있는 사회 전체가 어떤 필연적인 발전법칙을 갖는다는 견해다. 이 이론에 따르면 인류의 역사는 필연적인 발전법칙에 따라 진행하며, 그 법칙을 우리가 파악하게 되면 우리는 과거의 역사를 완전히 해석할 뿐만 아니라, 미래의 역사도 예측할 수 있게 된다.

셋째, 위 두 이론의 결합에서 자연스럽게 도출되는 유토피아주의다. 만약 사회가 독립적인 법칙을 갖는 하나의 전체이고, 그리고 그것이 필연적인 발전법칙을 가지고 있다면, 우리는 그 법칙에 대한 지식을 기초로 하여 그 사회가 나아가는 역사적 정향과 목적에 부응하여 현재의 사회를 변혁할 수 있다고 기대할 수 있다. 이것이 바로 유토피아적 사회공학이다. 이러한 유토피아주의를 받아들이면 우리는 결코 현실의 단편적 개선에 만족할 수 없게 되어 더 철저한 해결책을 찾으려 할 것이다.

그렇다면 역사주의의 관점에서 파악된 사회는 어떤 점에서 폐쇄적 성격을 지닐 수밖에 없는 것일까? 그 이유는 간단하다. 역사주의는 유기체적 전체론에 기초하여 개인을 도구화하고, 거역할 수 없는 역사법칙이라는 것을 인간에게 덮어 씌움으로써 인간의 이성을 무력화하고 인간을 운명의 노예로 만들기 때문이다.

역사주의의 전체론에 따르면 개인은 유기체적인 사회의 한 부분에 불과한 것으로서, 전체를 위해 존재하는 것이 된다. 유기체의 각 부분인 개체들은 유기체 속에서만 존재할 수 있을 뿐 유기체를 떠나서는 존립할 수 없기 때문이다. 결국 이러한 사회에서는 정치적 전체주의가 등장할 수밖에 없다.

정치적 전체주의는 국가는 국민의 자유를 보호하기보다는 국민의 도덕생활을 통제하기 위해 권력을 사용해야 한다고 주장한다. 그것은 개인의 양심과 인격적 결단으로 이루어지는 '도덕적 규범의 영역'을 희생시켜 국가에 의해 부과된 '법의 영역'을 증대시키려 할 것이며, 따라서 개인의 책임을 부족주의적 터부나 개인에 대한 전체의 무책임으로 대치시키는 결과를 낳을 것이다.[19]

역사주의가 파악하는 사회는 규범이나 관습을 절대시하는 사회다. 왜냐하면 여기서는 규범과 관습을 마치 유기체의 생물학적 법칙성과 유사한 것으로 여기기 때문이다. 따라서 이 사회의 구성원들에겐 자신의 행위를 규제하는 규범을 바꾼다는 것은 생각조차 할 수 없는 것이다.

또 이러한 사회는 비타협적인 급진주의를 잉태하기 쉬운 사회다. 이 사회는 역사나 사회 발전의 목적을 인정하고, 그 목적에 부합하게 사회를 급진적으로 변혁할 수 있다고 보기 때문이다. 그런데 문제는 그 목적을 누가 어떤 것으로 파악해 내느냐 하는 데 있다. 결국 각각의 사회는 그 자신만의 독특한 목표를 제시할 것이고, 또한 그러한 목적에 대한 앎을 배타적으로 소유하는 독재자나 독재정권이 모든 개인 위에 군림하게

---

19 Karl Popper, *The Open Society and its Enemies*, London: Routledge & K. Paul, 1963(1945)(이하 OS), 113, 173 이하 참조.

될 것이다.

그리고 다른 형태를 띤 사회나 집단에 대해 비타협적인 자세를 취함으로써 결국은 전쟁이라는 비극을 초래하게 될 것이다.

2. 비판적 합리주의와 열린사회의 원리

역사주의를 비판하는 가운데 포퍼는 자신의 '비판적 합리주의'를 드러내며, 역사주의의 닫힌사회를 극복할 '열린사회'의 모습을 그 비판적 합리주의를 기초로 해서 그려 보인다.

비판적 합리주의는 인식과 실천에 있어서 이성의 역할을 중시하면서도 독단적인 이성이 아닌 비판적 이성을 주장하는 것으로서, 이성의 오류가능성과 합리적 비판을 기본원리로 내세운다. 이러한 비판적 합리주의는 두 가지 주장을 포함하고 있다.

첫째, 이성은 본래 오류를 범할 가능성을 갖고 있다는 것이다. 이에 따르면 모든 이론은 가설적 성격을 지니며 절대적으로 확실한 인식의 근거는 존재하지 않는다. 비판적 합리주의는 확실한 지식을 확보하려는 열망에서 인식을 독단화하려는 태도가 오히려 인식의 진보를 방해한다고 본다. 그리고 이러한 태도는 사회적, 정치적 영역에서 절대적 진리를 주장하는 이데올로기를 양산하여 독재적인 체제를 초래하게 된다고 비판한다.

둘째, 모든 인식은 합리적 비판을 필요로 한다는 것이다. 우리는 비판적 검토와 토론을 통해 우리의 잘못을 인식하고 개선할 수 있다. 우리가 진리를 궁극적으로 정초하려 욕심 내지 않고 합리적 논증의 도움으로 비

476

판적으로 시험하고 논의한다면, 우리는 절대적 확실성에는 도달할 수 없을지언정 진리에로 가까이 접근해 갈 수는 있다.

이러한 비판적 합리주의는 진리탐구에 있어서 논증과 주의 깊은 관찰에 의해서 언젠가는 객관적 진리에 도달할 수 있다고 믿는 과학적 태도를 지지하는 것이며, 실천문제에 있어서도 같은 방법으로 서로의 주장과 이해관계의 충돌을 피해 대다수가 받아들일 수 있는 어떤 타협에 도달할 수 있다고 믿는 태도다.

그렇다면 이러한 비판적 합리주의에 기초해 있는 '열린사회'란 과연 어떤 것일까?

첫째, 열린사회는 전체주의에 대립되는 개인주의의 사회다. 포퍼에 따르면 전체로서의 사회란 본질적으로 사회적 삶의 경험을 설명하기 위해 구성된 이론적 구성물에 불과한 것이다. 우리가 흔히 이런 이론적 구성물을 사물로 오인하는 이유는 그 모형이 성격상 추상적이거나 이론적이어서 변화하는 사물의 내부나 또는 영구적인 본질로 생각되기 쉽기 때문이다. 역사주의적 전체론이 범하고 있는 잘못은 바로 이와 같은 사고에서 발생하는 것이다. 전체론에서 주장하는 전체는 결코 학적 탐구대상이 될 수 없고, 개체의 관점에서 관찰하고 분석하는 방법론적 개체론만이 진정한 과학적 방법이 된다는 것이 포퍼의 생각이다. 즉 사회적 과정들과 현상들 혹은 사건들은 그 사회의 구성원인 개인들의 행위와 개인들의 상황에 대한 기술로부터 연역되는 것이지, 개인들의 행위와 상황이 전체로서의 사회의 독자적 법칙으로부터 연역을 통해 설명되어서는 안 된다는 것이다.[20]

이러한 관점에 기초해 있는 열린사회는 따라서 그 사회의 규범을 불변적인 것으로 보지 않고 언제든지 변경될 수 있는 약속의 체계로 본다. 열린사회에서 개인은 스스로 판단하고 독자적인 결단을 내리며, 각자 그에 대한 책임을 진다. 열린사회는 추상적인 불변의 규범이 아니라 개인의 이성과 자유, 박애의 신념에 의거하여 성립하는 사회요, 따라서 개인의 자유와 권리가 확보되는 사회다.[21]

둘째, 열린사회는 사회 전체의 급진적인 개혁보다는 점진적이고 부분적인 개혁을 시도하는 점진주의의 사회다.[22] 그래서 포퍼는 닫힌사회의 유토피아적 사회공학과 구분되는 열린사회의 점진적 사회공학을 내세운다.

포퍼의 점진적 사회공학은 우선 자연과학의 법칙이나 가설과 유사한 사회학적 법칙이나 가설이 존재한다는 것을 전제하고, 이 법칙이나 가설들을 공학적 형식으로 표현할 수 있다고 생각한다. 그리고 이 점진적 사회공학은 역사 혹은 사회 발전의 목적을 공학의 범위를 넘어선 것으로 본다. 이 점에서, 역사의 목적을 공학의 범위 안에 있는 것으로 보는 역사주의의 유토피아적 사회공학과 크게 다르다. 포퍼에 의하면 점진적 사회공학자의 임무는 사회제도를 설계하며 기존 제도를 개조하고 운용하는 일이다. 그는 역사적 정향이나 인간의 운명에 관해서는 묻지 않는다. 다만 그는 인간은 자기 운명의 주인이며, 우리는 우리의 목적에 따라서 인간 역사의 방향을 바꾸거나 그것에 영향을 미칠 수 있다고 믿는다. 또

20 이한구, 앞의 책, 248쪽 참조.
21 같은 책, 244쪽 참조.
22 같은 책, 252쪽 이하; OS 157 이하 참조.

한 그는 이런 목적이 역사적 배경이나 역사의 추세에 의해 우리에게 부과되는 것이 아니라, 우리 자신에 의해 선택되고 만들어지는 것이라고 믿는다. 그러므로 점진적 사회공학자는 정치의 과학적 기초를 역사적 정향에 두지 않고, 우리의 소망과 목적에 따라 사회제도를 구성하고 변화시키는 데 필요한 사실적 정보에 둔다.

IV. 베르그송과 포퍼의 상반과 이의 지양

이상 우리가 간략히 살펴본 바에 따르면, 포퍼에게서 '열린사회'는 철저히 합리적 사유를 근간으로 하는 이성적 활동에 의거해 건설되는 사회다. 이성이 독단에 빠지는 것을 경계하여 자기비판을 강조하고, 절대적 진리에 대한 환상이 전제적 실천 이데올로기를 낳을 것을 경계하여 진리의 가설적 성격 및 이성의 오류가능성을 강조하긴 하지만, 역시 우리가 신뢰할 수 있는 것은 이성이요, 이성의 활동 외에 '열린사회'를 건설할 원리로서 제시할 수 있는 것이 따로 있지는 않다고 보는 것이 사실이다.

포퍼는 인간의 역사를 닫힌사회에 대한 열린사회의 투쟁의 역사로 파악하기도 한다. 그것은 곧 비합리주의에 대한 합리주의의 투쟁이다. 열린사회만이 전 인류가 살아남을 수 있는 유일한 사회라고 믿는 포퍼가 닫힌사회에서 열린사회로의 이행가능성을 인간의 이성에서 찾는 것은 따라서 당연하다. 물론 포퍼가 주장하는 이성은 독단적인 이성이 아니라 비판적 이성이다. 비판적 이성은 자신의 한계와 오류가능성을 인정하는 지적 겸손을 견지하는 이성이다. 이러한 비판적 이성에 기초한 비판적 합리주의가 바로 '열린사회'를 열게 하는 원동력인 것이다.

이상 살펴본 것처럼 열린사회와 닫힌사회에 대한 베르그송과 포퍼의 견해는 유사한 내용도 담고 있지만, 이들 사회를 정초해 주는 원리에 대해서는 근본적인 차이점을 드러내고 있다. 베르그송의 열린사회가 정서적 직관에 기초해 있는 사회인 데 반해, 포퍼의 열린사회는 비판적 합리성에 근거해 있는 사회라는 점이 그것이다. 즉, 이 양자는 '개방성'의 원리에 대해 거의 대립되는 주장을 하고 있는 것이다. 만약 베르그송이 포퍼의 주장을 들었다면 아마도 그는 포퍼가 주장하고 있는 과학적 정신에 입각한 비판적 합리주의는 사회를 '개방'시키는 것이 아니라 오히려 '폐쇄'시키는 역할을 하는 것이라고 비판했을 것이다. 또한 포퍼의 입장에서 보면, 베르그송이 주장한 정서적 감동이니 신비적 직관이니 하는 것은 사회의 '개방성'을 저해하는 미신과 같은 부류의 정신활동으로 여겨질 수도 있을 것이다.

　이렇듯, 문화발전의 척도를 사회의 '개방성'이라는 계기에서만 찾는다면, 우리는 베르그송과 포퍼의 대립된 견해를 정합적으로 수용할 방도를 찾기 어렵다. 사회적, 역사적 삶의 주도적 역할을 하는 것이 인간 정신임에는 이견이 없으나, 그 정신의 어떤 활동이 사회를 '개방'시켜 인간의 문화를 발전시키느냐 하는 문제에 있어서는 거의 상반되는 견해를 보이기 때문이다.

　여기서 우리는 정신활동의 특정 부면 또는 특정 기능에만 국한하지 않고, 합리적 사유를 기초로 하는 이성과 비합리적 직관을 기초로 하는 감정 또는 정서를 모두 포함하는 정신의 활동을 전혀 다른 관점에서 관찰함으로써 문화발전의 요건을 가늠해 볼 길을 모색할 필요를 느끼게 된다.

이러한 맥락에서, 정신활동의 특정 부면이나 특정 기능에 주목해 이의 신장이 문화발전의 요건이 되는 것으로 이해하려는 베르그송이나 포퍼의 '열린사회' 이론과는 전혀 다른 개념 틀로 문화발전의 요건을 구명하려고 시도한 니콜라이 하르트만의 역사존재론이 우리의 주의를 끈다. 하르트만은 정신활동을 총체적으로 검토하되 그 존재방식 내지 활동방식의 차이에 주목하여 정신을 구별하고 시간의 흐름 속에서 이들이 맺는 관계를 통해 문화발전의 요건을 구명하고자 한다. 이제 그 이론의 주요 내용을 검토해 보기로 하자.

V. 하르트만에서 문화발전의 요건

1. 정신의 목적활동성: 가치의 실현

하르트만의 성층이론에 따르면 세계는 물질, 생명, 심성, 정신이라는 네 가지 존재층으로 성층지어져 있으며, 정신은 그 최상위층에 자리하고 있다.

그래서 정신은 모든 하위 존재층에 의해 담지되어 있으며 하위 존재층의 존재규정을 받아들여야 한다는 점에서 그들에 의존되어 있고 그들에 의해 제약받고 있다. 그러나 그렇다고 정신이 하위 존재층들의 단순한 복합물이거나 파생물인 것은 아니다. 정신에는 하위 존재층으로 환원될 수 없는 구성요소가 있어 고유성과 자립성을 갖는다. 인간 정신은 말하자면 자연에 담지되어 있으면서도 자립적인 존재요, 의존되어 있으면서도 자율적인 존재다.[23] 이것이 어떻게 가능한가? 그 이유는 하위 존재층들이 비록 정신을 떠받치고 있음으로써 일정 부분 제약을 가하기도 하긴 하지만, 그것은 어디까지나 정신의 존립 자체의 조건이 될 뿐이기 때문이다. 하위 존재층들은 정신이 자신들을 딛고 서서 그 위에서 자신들을 어떻게 자료로 활용해 무엇을 형성하는지에 대해 전혀 관여하지 않기 때문이다.[24] 정신은 "의존성 가운데서의 자립성과 예속성 가운데서의 독립성"이라는 독특한 존재규정을 갖는다. 그렇다면 정신은 하위 존재층으로 환원되지 않는 자립성과 독립성을 어떤 고유한 활동으로 실현시켜 나가는가?

하르트만은 이 문제에 있어 인간 정신의 고유한 활동방식을 특징짓는 가장 본질적인 것으로 목적활동성(Zwecktätigkeit)을 든다.[25] 인간 정신은 완결된 세계에서 이미 존재하는 것을 반복하는 삶을 살지 않고 미완의 세계에서 자기형성을 하며 아직 실재하지 않는 가치를 실현하는 존재요, 여기에 견인차로서 작용하는 것이 목적성(Finalität)이라는 것이다. 정신은 하위 존재층을 지배하는 인과연관(Kausalnexus)을 상향형성(Überformen)[26]하는데, 이때 이를 결정하는 구조가 바로 목적연관(Finalnexus)이다. 이는 다름 아니라 목적을 설정하고 이를 실현시키는

---

23 N. Hartmann, *Aufbau der realen Welt*, Berlin: de Gruyter, 1964(1939)(이하 AdrW), 60절, 501 이하 참조.

24 성층이론에 관해서는 AdrW 50-61절에 상론되어 있음. 이 무관성에 대해서는 특히 57절 참조.

25 이하 AdrW 61절; N. Hartmann, *Neue Wege der Ontologie*, Stuttgart: Kohlhammer, 1968(1942), 12절 참조.

26 인과연관의 내적 규정, 즉 인과법칙은 그대로 보존하되 이를 다른 규정 아래 두는 방식으로 '재활용'함을 뜻함. AdrW 51절, 440 이하 참조.

활동을 함에 있어 인과관계를 활용하는 정신의 모습을 가리키는 것이다. 인과연관 자체에는 없던 '목적'을 향하여 인과연관이 움직여 나아가는 것이 되므로, 목적구조 속에 인과구조가 재등장하여 새로이 정위되는 것이다.

여기서 중요한 것이 목적으로서 설정되는 것이 무엇이냐 하는 문제인데, 하르트만의 대답은 바로 '가치'다. 인간 정신은 독자적으로 실재하는 이법적 존재로서의 가치[27]를 파악하는 직감의 능력이 있어, 이를 파악하여 모든 행동의 목적으로 삼는다. 하르트만의 인간학적 성찰에 따르면, 인간은 그 자연적 본성상 즉자적(an sich)으로 대자적(für sich)인 존재요, 달리 말해 자연적 본성상 정신적일 수밖에 없는 자연적 존재인데, 이때 정신의 대자성은 실재세계 밖의 이법적 존재로서의 가치를 실재세계 내부에 실현시킴으로써 자신의 미완적 존재를 형성시켜 나가는 데 그 본질이 있다.

인간은 숙명적으로 실재세계 내부에 살면서도 정신이라는 특이한 존재층 때문에 이 실재세계 밖의 이법적 가치영역으로 정향되어 있는 "이중국적자"요, 이를 통해 "언제나 자신을 자신인 것으로 비로소 만들어내야 하는"[28] 존재라는 것이다.

---

27 하르트만은 가치실재론을 주장하는 사람으로서, 가치를 사물의 본질, 논리법칙, 수와 더불어 이법적 존재(ideales Sein)에 속하는 것으로 설명한다. 가치에 대한 상대적 체험과 상대적 인식이 경험 가운데서 나타나는 이유는 인간 정신의 '가치안'이 상대적이기 때문이라고 주장한다. N. Hartmann, *Zur Grundlegung der Ontologie*, Berlin: de Gruyter, 1965(1933), 49절 참조.

28 N. Hartmann, *Das Problem des geistigen Seins*, Berlin: de Gruyter, 1962(1933)(이하 PdgS), 167.

가치실현의 소명(召命)을 갖는 정신적 존재로서 인간의 숙명이 이러하다면, 인간이 창출해 내는 문화세계에 있어서의 발전은 '더 높은, 더 많은 가치의 실현'으로 규정될 수 있을 것이다. 하르트만은 역사발전의 척도 같은 것으로서 이를 명시적으로 천명하지는 않았지만, "자신의 존재에 의미를 부여하고 이를 실현시키려는 욕구는 인간의 본질에 놓여 있는 근본정향"[29]이라는 말로도 이러한 견해를 표명한다. 그렇다면 정신의 활동이 어떠할 때 가치의 실현은 극대화될까? 이 물음에 대한 하르트만의 대답이 지금 우리의 관심사다.

2. 활동하는 정신과 정신적 산물의 이중적 관계

하르트만은 정신을 그 존재방식 내지 작용양태에 따라 세 가지로 구별한다. 이들은 인간 정신의 세 측면이라고 할 수도 있다. 개인적 정신(personaler Geist), 객관적 정신(objektiver Geist), 객체화된 정신(objektivierter Geist)이 그들이다.[30] 개인적 정신이란 문자 그대로 인격적인 개인의 정신을 가리키는 것이다. 그 활동이 가장 생생하고 직접적이고 구체적인 데 반해, 다른 한편으론 시간적, 공간적 제약을 가장 많이 받는, 즉 그 수명이 짧고 특수성과 개별성을 벗어나지 못하는 정신이다. 객관적 정신이란 공동체의 성원이 공유하는 살아 활동하는 공동정신이다. 따라서 객관적 정신은 초개인적 포괄성을 갖고, 지역적으로도 광

---

29 PdgS 301.
30 이하 PdgS 71 참조.

범하게, 시간적으로도 장기적으로 작용하는 '규모가 큰' 정신이다. 민족정신, 시대정신이 바로 이 객관적 정신이다. 객체화된 정신은 정신적 활동의 산물을 가리킨다. 정신적 활동은 물질을 비롯한 하위 존재층을 토대와 재료로 해서만 가능한 것인데, 이런 방식으로 이루어진 정신의 활동이 특히 물질적 사물에 그 결과를 외화(外化)시켜 남길 때, 이것이 곧 객체화된 정신이다. 객체화된 정신은 실질적으로 모든 문화재를 이루는 것이다.

이 세 정신의 관계가 어떤 형태의 것일 때, 정신은 더 높고 더 많은 가치의 실현에 성공함으로써 역사의 발전과 문화의 흥성에 기여하는지, 이 문제를 사회적, 역사적 차원으로 넓혀 고찰하려 한다면, 우리는 특히 객관정신과 객체화된 정신의 관계에 주목해야 할 것이다. 객관정신은 곧 사회를 가능케 하는 공동정신이요, 객체화된 정신은 역사를 성립시켜 주는 기초를 놓기 때문이다.

우선 객체화된 정신, 즉 정신적 산물의 의의를 생각해 보자. 객체화된 정신은 생동하는 정신의 활동으로부터 이탈되어 나와 물질적 사물에 담기면서 일단 생동성을 잃는다. 그러나 정신은 동시에 사물에 담기어 자신을 보존한다. 이렇게 해서 그는 일단 휴지(休止)하게 되어 생동성을 잃는다. 그러나 그는 거기서 '휴면상태'로 자신을 보존하고 있다가 다른 시간과 장소에서 다른 생동하는 정신에 의해 깨워져 '다시 태어나게' 된다. 이렇게 다시 태어나게 되면 그는 생동하는 정신에 작용하여 영향을 준다. 즉 "객체화된 것은 일단 현실화되면, 살아 있는 정신을 움직인다."[31] 되살아난 객체화된 정신이 살아 있는 정신을 움직이게 할 수 있는 것은, 그가 생동성을 잃게 되는 대신에 객관성 즉 초개별성을 얻었기 때문이다. 그래서 모든 객체화된 형성물들에 있어 특징적인 것은 "그들을 산출한 어떤 역사적 정신의 근본구조를 그들 자신에 지니고 있으며, 그것을 다른 생동하는 정신에게 항상 다시 전달해 줄 수 있다"[32]는 점이다. 과거가 현재에 와 닿을 수 있는 것도 그리고 또 미래에로 밀고 들어갈 수 있는 것도 바로 이 객체화된 정신의 자립적 성격에 힘입고 있다. 객체화된 정신이란 비유적으로 말하자면 '역사의 기억'인 셈이다.

이런 점을 고려하여 생동하는 객관정신과 객체화된 정신의 관계를 생각해 보자. 오늘 살아 움직이는 정신이라고는 하지만 그것이 과거로부터의 맥락을 벗어나 갑자기 출현한 것은 아니리라는 점에서, 활동하는 현재적 정신은 역사적 유산에 의존되어 있음에 틀림없다. 그러나 그렇다고 하여 그것이 전혀 독자성을 갖지 못하고 오직 과거의 유산을 되풀이하기만 하는 정신이라고 볼 수도 없을 것이다. 그것은 오히려 과거의 유산을 더욱 강화시켜 오늘에 되살릴지 아니면 아주 폐기시켜 버릴지까지도 결정하는 자주적인 힘도 발휘하기 때문이다. 따라서 이 양자의 관계는 처음부터 암시되었듯이 '이중적으로 상호적'이라고 보아야 온당할 것이다. 정신적 산물의 피조성과 독자성을 함께 지니고 있다는 것, 그리고 활동하는 정신의 능동성과 피구속성을 함께 지니고 있다는 것이 바로 그것이다.

정신적 산물은 문자 그대로 활동하는 정신에 의해 '산출된' 것이다. 그러므로 그것은 활동하는 정신에 의해 변형되거나 재구성될 수도 있고 극

---

31 PdgS 420.
32 PdgS 416.

단적인 경우에는 아주 처분될 수도 있는 것이다. 이 점은 그것이 시간적, 공간적 격리를 뛰어넘어 다시 '되살아나는' 현상에서도 확인된다. 정신적 산물은 오직 살아 활동하는 정신에 의해 다시 이해되고 수용될 때에만 시공적 거리를 극복하고 현재에 되살아날 수 있기 때문이다.

그러나 이렇게 의존적이면서도 다른 한편 정신적 산물은 그 나름대로의 독자성을 또한 갖는다. 일단 물질적 사물에 각인(刻印), 주조(鑄造)되어 활동하는 정신의 생생한 흐름에서 벗어난 정신적 산물은 그 나름대로의 독자적인 구조적인 범주적 자립성을 지니게 된다. 하나의 문학작품은 일단 작가의 손을 떠나 객관적인 공공의 정신적 자산이 되면, 바로 그 때문에 작가의 정신적 변화나 혹은 죽음과도 상관없이 독자적인 물질적 존재기초를 갖고 존립하게 된다.

따라서 활동하는 정신은 정신적 산물을 '지고 가는(負擔하는, tragend)' 주체이기도 하지만 동시에 정신적 산물에 '맞닥뜨려 당하는(betroffen)' 존재이기도 하다.[33] 한 사람의 작가나 예술가는 그에 앞서 활동했던 많은 선대 작가나 예술가들의 작품을 의도적으로든 부지불식간에든 섭렵하게 되고 또 그로부터 직간접의 영향을 받지 않을 수 없다. 그 작품들을 접하고 그것을 이해 수용하는 것은 그 작품들을 오늘에 되살리는 능동적 활동이지만, 의도적으로든 그렇지 않든 그것들을 외면할 수 없고 또 그것들로부터 영향을 받는다는 것은 그것들에 '맞닥뜨려 당하는' 피동적 상태를 가리키는 것이다.

---

33 PdgS 517 참조.

정신적 산물이 활동하는 정신에 대해 이렇게 거꾸로 작용을 가하게 되는 이 점은 또 두 가지로 구분되는데, 정신적 산물이 활동하는 정신의 활동을 촉진시켜 주는(bewegend) 경우와 거꾸로 그 활동을 억제하는(hemmend) 경우가 그것이다.[34] 작가나 예술가가 과거의 문화적 유산으로부터 풍부한 영양을 흡수하여 이를 그의 창작활동의 밑거름으로 삼는다면, 이때 정신적 산물은 원동력으로 작용하는 셈이지만, 만일 그러한 문화유산이 경직된 인습과 같은 것으로 작용해 작가나 예술가가 새로운 작품의 창작에 오히려 방해를 받는다면, 이때 정신적 산물은 도리어 제동력으로 작용하는 셈이 된다.

정신적 산물은 비록 처음 그것이 산출될 때는 활동하는 정신을 떠나는 것으로만 보이겠지만, 그것은 반드시 활동하는 정신에게로 되돌아와 그 활동에 토대를 제공해 주면서 동시에 짐으로서의 작용도 행사하는 것이다.

활동하는 정신은 물질적 구조물을 활용하여 자신의 활동을 전개한다는 점에서는 그것을 토대로 이용하는 셈이지만, 다른 한편 물질적 구조물에 고착된 객체화된 정신적 내용을 임의로 변경시킬 수 없다는 점에서 보면, 그것이 활동하는 정신을 속박하는 장애물이 되기도 한다. 객체화의 결과 즉 정신적 산출물이 활동하는 정신 안에 그대로 다 남아 있게 된다면, 활동하는 정신은 그 자신의 새로운 창의적 활동을 할 수 없을 만큼 이의 장애를 받을 것이다. 그래서 "활동하는 정신은 자신에게 필요한 것

---

34 PdgS 518.

만을 보존하고, 그에게 짐이 되는 것은 버린다."[35] 바로 여기서 우리는, 역사를 탐구함에 있어 중요한 것으로 제기되는 문제들, 이를테면 전통의 보존과 문화창조의 문제, 보수와 진보의 균형 문제, 그리고 지금 우리의 주제인 문화발전의 가능성 문제 등과 만나게 된다.

3. 활동하는 정신과 정신적 산물의 대결

활동하는 정신과 정신적 산물의 대결에서 우리의 관심을 끄는 것은 다음 두 가지다. 첫째, 객체화된 정신이 활동하는 정신에게 속박하는 굴레로 다가서는 것과 활동하는 정신이 물질적 재료를 매체로 하여 자신을 산출해 내는 자유로운 활동을 수행하는 것이 서로 다른 별개의 사태가 아니라 동일한 하나의 사태를 가리킨다는 점이다. 둘째, 동일한 사태임에도 불구하고 이 상호관계는 정신적 활동이 역사를 형성해 나아감에 있어 두 국면 중 어느 쪽에 무게중심이 놓이느냐에 따라 보수적인 성향을 띠기도 하고 진보적인 성향을 띠기도 함으로써, 실질적으로 역사의 발전이나 퇴보를 이해하는 데 있어 중요한 계기를 이룬다는 점이다.

활동하는 정신은 객체화 과정 없이는 생존할 수 없다. 그러므로 활동하는 정신은 끊임없이 객체화를 추진하며, 이리하여 객체화한 정신적 산물에 자신을 결속시키게 되는데, 바로 이 결속이 자신의 생동성에 대한 장애요 속박이 되기도 한다. 그러나 객체화된 정신적 산물(예를 들면 완

---

35 PdgS 518.

성된 조각품)이 활동하는 정신에 가하는 속박(구상과 표현에 있어서의 제약, 한계)은 활동하는 정신 자신의 자유(창작행위 자체)를 바로 그 이면(裏面)에 지니고 있다. 객체화란 곧 활동하는 정신의 자기형성과정에 본질적으로 수반하는 것이요, 정신의 자기형성이란 곧 그의 자유이기 때문이다. 달리 말하자면 "그의 자유는 동시에 스스로 빚어낸 속박의 원천이다."[36] 이 속박과 자유의 일체성은 창조적 산출활동의 자유가 크면 클수록 그로 인해 빚어지는 부자유도 그만큼 커진다는 사실에서도 확인된다. 활동하는 정신이 더 활동적이고 더 생산적일수록, 그는 객체화를 통한 산출도 더 많이 더 강하게 하게 되고 그 산출물을 통해 자신에게 부과하는 짐 또한 그만큼 더 무거워지는 것은 당연하겠다. "정신적 자산의 무게와 함께 그것이 정신에 부과하는 부담도 증대한다."[37]

객체화된 정신의 산물이 지니는 고정성에 문화적 변화과정에서의 보수적 계기들이 그 근원을 갖고 있고, 이에 반해 그 진보적, 혁명적 계기들은 활동하는 정신이 지니는 능동성에 그 뿌리를 갖고 있음은 어렵지 않게 짐작할 수 있다. 속박하는 정신적 산물과 자유로운 활동하는 정신 사이에 형성되는 갈등과 대립의 관계를 하르트만은 보수와 혁명 사이의 긴장이라는 관점 아래서 다음과 같이 세 항목으로 정리하고 이를 변증법적인 구도 아래서 이해하고 있다.[38]

---

36 PdgS 518.
37 PdgS 526.
38 PdgS 530 이하 참조.

(1) 활동하는 정신은 객체화를 통해 현재의 자신뿐 아니라 미래의 정신까지도 속박한다. 즉 그는 객체화한 정신적 산물을 전승하여 그 후대의 정신까지도 자신의 정신에 붙들어 매어두려 한다.

(2) 그러나 현재의 정신도 그저 무방비 상태만은 아니다. 객체화된 정신의 산물이 어느 정도의 결정력을 갖고 있는 것은 사실이나, 그것은 거꾸로 현재의 활동하는 정신의 파악과 이해에 내맡겨져 있기도 하다. 활동하는 정신은 전승받은 것을 그저 향유하고 소모하기만 하는 것이 아니라 그것과 부단히 쟁투한다. 그는 그가 그것을 속박으로 느끼는 한 그것을 깨뜨리려 한다.

(3) 이렇듯, 활동하는 정신에는 스스로 원해서 산출한 것이 아니면서 자신에게 부착되어 부담을 주는 것에 저항하는 혁명적 경향이 있다. 그리고 이 경향은 바로 이것에 적대적인 속박 그 자체에 의해서 촉발된다. 객체화된 정신적 산물이 활동하는 정신을 규정, 그의 자유를 제한하는데, 이로써 그는 오히려 활동하는 정신을 자유에로 불러 깨운다.

이 '변증법적' 관계에서 중요한 것은, 결국은 활동하는 정신의 능동적 힘이 객체화된 정신적 산물의 관성적인 힘을 이겨내게 된다는 점이다. "살아 움직이는 힘과 생명 없는 힘과의 항쟁에 있어서 결국은 언제나 전자가 우월하기"[39] 때문이다. 정신활동의 영역에 따라, 정신적 사물의 문화적 가치에 따라, 그리고 활동하는 정신의 생동력에 따라 이 양자 간의

---

[39] PdgS 531.

힘의 균형에 상이한 모습이 나타나리라는 것은 고려해야 할 것이다. 그러나 대체로 우리는 여기서 생동하는 정신의 힘이 전승되는 객체화된 정신의 무게를 이겨낼 때 문화발전의 계기가 주어진다는 것이 하르트만의 생각임을 알 수 있다. 그는 이렇게 말하기까지 한다.

"활동하는 정신은 본질상 혁명적인데, 이는 객체화된 정신이 본질상 폭군적이라는 바로 그 이유 때문에 그러하다. 전자는 영원히 새로운 정신이다. 왜냐하면 그 삶의 형식과 존립의 형식이 부단한 자기혁신의 형식이기 때문이다. 이에 반해 후자는 활동하는 정신의 역사에 있어서 영원한 보수의 원리다. 왜냐하면 그것은 활동하는 정신과 나란히 자신의 고유한 '삶'을 갖지 않으며 자기 자신으로부터는 아무런 혁신도 경험할 수 없기 때문이다."[40]

과거로부터 전승되는 정신적 자산을 현재 활동하는 정신이 충분히 활용하되, 그것을 질곡이나 중압으로 느끼지 않을 만큼 활동하는 정신의 힘이 충분할 때, 문화는 발전한다는 하르트만의 견해는 문화발전의 요건을 역사적 과정 속에서의 정신의 자기분화활동에서 찾으려 했다는 점에서, 그리고 정신의 활동을 정신 외적인 존재와의 관계까지도 고려하여 총체적인 것으로 간주했다는 점에서 베르그송이나 포퍼와는 전혀 다른 면모를 보여주고 있다.

---

40 PdgS 532.

참고문헌

• 주제 관련 니콜라이 하르트만의 저술 (약호)

Grundzüge einer Metaphysik der Erkenntnis, Berlin, [5]1965(1921)
  (MdE)
Zur Grundlegung der Ontologie, Berlin, [4]1965(1935) (GdO)
[하기락 역,『존재학원론: 신형이상학』, 형설출판사, 1989]
Der Aufbau der realen Welt, Berlin, [3]1964(1940) (AdrW)
[하기락 역,『존재학 범주론: 실사세계구조』, 형설출판사, 1986]
Neue Wege der Ontologie, Stuttgart, [5]1968(1942) (NWdO)
[손동현 역,『존재론의 새로운 길』, 서광사, 1997]
Einführung in die Philosophie, Osnabrück 6. Aufl. o.J.(1949) (EiP)
[강성위 역,『철학의 흐름과 문제들』, 서광사, 1990]
Das Problem des geistigen Seins, Berlin, [3]1962(1933) (PdgS)
[하기락/이종후 역, 『정신철학원론』, 이문출판사, 1991]
Teleologisches Denken, Berlin, 1966 (TD)
Ästhetik, Berlin, [2]1966 (1953) (Ä)
[전원배 역,『미학』, 을유문화사, 1995]
Kleinere Schriften I, Berlin, 1955 (KS I)
Kleinere Schriften II, Berlin, 1955 (KS II)
Kleinere Schriften III, Berlin, 1957 (KS III)

• 주제 관련 니콜라이 하르트만에 관한 연구서/연구논문

Silvia Becker, *Geschichtlicher Geist und politisches Individium bei N.
  Hartmann*, Bonn, 1990.
Otto F. Bollow, "Lebendige Vergangenheit. Zum Begriff des
  objektivierten Geistes bei N. Hartmann", in Alois J. Buch(hrsg.),
  Nicolai Hartmann 1882–1982, Bonn, 1982.
Manfred Brelage, "Die Schichtenlehre N. Hartmanns", in *Studium*

Generale 9(1956).

Alois J. Buch(hrsg.), *Nicolai Hartmann 1882–1982*, Bonn, 1982.

Gerhart Ehrl, *N. Hartmanns philosophische Anthropologie in systematischer Perspektive*, Cuxhaven, 2003.

Werner Flach, "Zur Kritik des N. Hartmannschen Geistbegriffs", in *Phil. Jahrbuch* 78(1971).

Hans Freyer, *Theorie des objektiven Gedanken an N. Hartmann*, Göttingen, 1982.

Arnold Gehlen(Rez.), "Nicolai Hartmann: Das Problem des geistigen Seins", in *Blätter f. Deutsche Phil.* 7(1933–34).

Arnd Grötz, *N. Hartmanns Lehre vom Menschen*, Frnkfurt a.M., 1989.

Karl Groos, "N. Hartmanns Lehre vom objektivierten und objektiven Geist" in *Zeitschrift f. Deutsche Kulturphilosophie* 3(1937).

Alois Guggenberger, *Der Menschengeist und das Sein. Eine Begegnung mit N. Hartmann*, Krailling vor München, 1942.

Theodor Haering, "Bemerkungen zum Begriff des geistigen Seins", in *Zeitschrift f. phil. Forschung* 11(1957).

Heinz Heimsoeth/Robert Heiß(hrsg.), *Nicolai Hartmann. der Denker und sein Werk*, Göttingen, 1952.

Gerhart Hennemann, *Das Bild der Welt und des Menschen in ontologischer Sicht*, München/Basel, 1951.

Katharina Kanthack, *Nic. Hartmann und das Ende der Ontologie*, Berlin, 1962.

Michael Landmann, "Nicolai Hartmann and Phenomenology", in *Phil. & phenomenol. Research* 3(1942/43).

Wolfgang Lörcher, *Ästhetik als Ausfaltung der Ontologie*, Meisenheim a.G., 1972.

Johannes Lotz, "Zwei Wege der Ontologie. N. Hartmann und M. Heidegger", in Alois J. Buch(hrsg.), *Nicolai Hartmann 1882–1982*, Bonn, 1982.

Martin Morgenstern, *Nicolai Hartmann*, Tübingen/Basel, 1992.

_____, *Nicolai Hartmann zur Einführung*, Hamburg, 1997.

Hariolf Oberer, *Vom Problem des objektivierten Geistes*, Köln, 1965.

Günther Patzig u.a., *Symposium zum Gedenken an N. Hartmann*, Göttingen, 1982.

Helmuth Plessner(Rez.), "Geistiges Sein. Über ein Buch N. Hartmanns", in *Kantstudien* 38(1933).

Sven Rohm, *Objektiver Geist und Ontologie der Sprache*, Berlin, 2008.

W. Schmied-Kowarzik, *Die Objcktivation des Geistigen*, Dorpat, 1927.

Albert Selke, *Schichtung und Entwicklung. Eine kategorial-analztische Untersuchung zur Schichtenlehre N. Hartmanns*, Mainz, 1971.

Dong-Hyun Son, *Die Seinsweise des objektivierten Geistes*, Frankfurt a.M., 1986.

Eduard Spranger, "Das Echte im objektiven Geiste", in Heinz Heimsoeth/Robert Heiß (hrsg.), *Nicolai Hartmann. der Denker und sein Werk*, Göttingen, 1952.

Josef Stallmach, *Ansichsein und Seinsverstehen. Neue Wege der Ontologie bei N. Hartmann und M. Heidegger*, Bonn, 1987.

William H. Werkmeister, *N. Hartmann's New Ontology*, Florida SU Press: Tallahassee, 1990.

Ingeborg Wirth, *Realismus und Apriorismus in N. Hartmanns Erkenntnistheorie*, Berlin, 1965.

Gerd Wolandt, *Nicolai Hartmann: Ontologie als Grundlehre*, in J. Speck(hg), *Grundprobleme der großen Philosophen, Philosophie der Gegenwart*(iv), Göttingen, 1984.

• 주제 관련 다른 철학자들의 논저

김경용, 『기호학이란 무엇인가』, 민음사, 1994.

김영정, 『심리철학과 인지과학』, 철학과현실사, 1996.

김재권 외, 『수반의 형이상학』, 철학과현실사, 1994.

김재권 외, 『수반과 심리철학』, 철학과현실사, 1994.

김형효, 『기호학과 문화의 해독법: 언어, 문화 그리고 인간』, 고려원, 1993.

다니엘 벨, 이동만 역, 『정보화 사회의 사회적 구조』, 한울, 1986.

라키토프, 이득재 역, 『컴퓨터 혁명의 철학』, 문예출판사, 1996.

리케르트, 윤명로 역, 『문화과학과 자연과학』, 삼성문화문고, 1973(1898).

박홍규, 「고별강연」, 『형이상학 강의 1』, 민음사, 1995.

보드리야르, 이상율 역, 『소비의 사회』, 문예출판사, 1997.

보드리야르, 하태환 역, 『시뮬라시옹』, 민음사, 1992.

슈네델바흐, 이한우 역, 『헤겔 이후의 역사철학』, 문예출판사, 1986(1974).

월쉬, 김정선 역, 『역사철학』, 서광사, 1989(1967).

이한구, 『역사주의와 역사철학』, 문지사, 1986.

전석호, 『정보사회론』, 나남출판, 1995.

최정호 외, 『정보사회와 우리』, 소화, 1995.

최재희, 『역사철학』, 청립사, 1971.

헬셀/로스, 노용덕 역, 『가상현실과 사이버스페이스』, 세종대 출판부, 1994.

홍성태 편, 『사이버공간, 사이버문화』, 문화과학사, 1996.

『현대사상』, 1997 봄, 맥루한 르네상스(특집), 민음사.

Aristoteles, *The Categories*, Harold P. Cook(ed.), Harvard Univ. Press, ³1962(1938).

R. Audi(ed.), *The Cambridge Dictionary of Philosophy*, N.Y.: CUP, 1995.

A. Beckermann/H. Flohr/J. Kim(eds.), *Emergence or Reduction? Essays on the Prospecs of Nonreductive Physicalism*, Berlin/New York, 1992.

Daniel Bell, "The Social Framework of the Information Society", in Tom Forester(ed.), *The Microelectronics Revolution*, Cambridge: The MIT Press, 1981.

H. Bergson, *Essai sur les données immédiates de la consciance*, Paris, 1958(1888).
[최화 역, 『의식에 직접 주어진 것들에 관한 시론』, 아카넷, 2001]
_____, *Matiere et memoire*, PUF, 1961(1896).
[박종원 역, 『물질과 기억』, 아카넷, 2005]

496

_____, *L'évolution créatrice*, Paris, 1958(1907).

[황수영 역, 『창조적 진화』, 아카넷, 2005]

_____, *Les deux sources de la morale et de la religion*, PUF, 1961
   (1932).

[송영진 역, 『도덕과 종교의 두 원천』, 서광사, 2005]

Donald Davidson, "Mental Events" (1970), in *Essays on Actions and
   Events*, OUP, 1980.

A. Devons, *Information Science, Search for Identity*, N.Y.: Marcel
   Dekker, 1974.

W. Dilthey, *Der Aufbau der geschichtlichen Welt in den
   Geisteswissenschaften*, Gesammelte Schriften Bd 7, Stuttgart:
   Teubner/Göttingen: Vandenhoeck & Ruprecht, 1973.

R. Dipert, *Artifacts, Art Works and Agency*, Philadelphia: Temple
   Univ. Press, 1993.

W. Dray, *Philosophy of History*, N. J.: Prentice-Hall, 1964.

M. Featherstone a.o., *Cyberspace, Cyberbodies, Cyberpunk*, London:
   Sage, 1995.

A. Gehlen, *Anthropologische Forschung*, Hamburg: Rowohlt,
   1975(1961).

_____, *Der Mensch*, Wiesbaden, 1976.

G. W, F, Hegel, *Vorlesungen uber die Philosophie der Geschichte*,
   Theorie Wekausgabe Bd 12, Frankfurt a. M.: Suhrkamp, 1982(1832).

M. Heidegger, *Die Technik und die Kehre*, Pfullingen, 1962.

[이기상 역, 『기술과 전향』, 서광사, 1993]

J. Heil/A. Mele(eds.), *Mental Causation*, Oxford, 1993.

J. Hirschberger, *Geschichte der Philosophie* 1. Freiburg/Basel/Wein,
   11. 1979.

E. Husserl, *Die Krisis der europäischen Wissenschaften und die
   transzendentale Phänomenologie*, 2. Aufl., den Haag, 1962.

[이종훈 역, 『유럽학문의 위기와 선험적 현상학』, 한길사, 1997]

H. Innis, *Empire of Communication*, N.Y.: Oxford Univ. Press, 1950.

_____, *The Bias of Communication*, Univ. of Toronto Press, 1951.

Immanuel Kant, *Kritik der reinen Vernunft*, Wissenschaftliche Buchgesellschaft Darmstadt, 1983(1781).

B. Irrgang, *Lehrbuch der Evolutionären Erkenntnislehre*, München, 1993.

Jaegwon Kim, *Philosophy of Mind*, Boulder: Westview Press, 1996. [하종호/김선희 역, 「심리철학」, 철학과현실사, 1997]

_____, "The Myth of nonreductive materialism", in *Supervenience and Mind*, CUP, 1993.

_____, *Mind in a Physical World. An Essay on the Mind-body Problem and Mental Causation*, The MIT Press, 1998. [하종호 역, 「물리계 안에서의 마음」, 철학과현실사, 1999]

_____, "Supervenience and nomological incommensurables", *American Philosophical Quarterly* 15(1978).

_____, "Concepts of sueprvenience", *Philosophy and Phenomenological Research* 45(1984).

_____, "Supervenience for multiple domains", *Philosophical Topics* 16(1988).

_____, "Supervenience as a philosophical concept", *Metaphilosophy* 21(1990).

_____, "Psychophysical laws and theory of mind", *Theoria* 33(1967).

_____, "Causality, identity, and supervenience in the mind-body problem", *Midwest Studies in Philosophy* 4(1979).

_____, "Psychophysical supervenience", *Philosophical Studies* 41(1982).

_____, "Supervenience and supervenient causation", *Southern Journal of Philosophy* 22(1984).

_____, "Epiphenomenal and supervenient causation", *Midwest Studies in Philosophy* 9(1984).

_____, "The myth of nonreductive materialism", *Proceedings and Addresses of the American Philosophical Association* 63(1989).

_____, "Multiple realization and the metaphysics of reduction",
  Philosophy and Phenomenological Research 52(1992).
_____, "The nonreductivist's troubles with mental causation", in J.
  Heil/A. Mele(eds.), *Mental Causation*, Oxford, 1993.
_____, "Mental causation in Searle's Biological Naturalism",
  Philosophy and Phenomenological Research 55(1995).

E. D. Klemke, "Karl Popper, Objective Knowledge and the Third
  World", *Philosophia* 9(1979).
M. Landmann, *Philosophische Anthropologie*, Berlin, 1969.
J. L. Mackie, *Logic and Knowledge*, Oxford, 1985.
B. P. McLaughlin, "The Rise and Fall of British Emergentism", in A.
  Beckermann/H. Flohr/J. Kim(eds.), *Emergence or Reduction?
  Essays on the Prospecs of Nonreductive Physicalism*, Berlin/New
  York, 1992
M. McLuhan, *Understanding Media*, London, 1994(1964).
[박유봉 역, 『미디어의 이해』, 삼성출판사, 1976]
J. Mittelstraß (hrsg.), *Enzyklopädie Philosophie und Wissenschafts-
  theorie*, Mannheim, 1984.
S. Nora/A. Minc, *The Computerization of Society*, Cambridge: MIT
  Press, 1980.
A. Oettinger, *High and Low Politics: Information Resources for the
  80's*, Cambridge, MA: Ballinger, 1977.
A. O'Hear, *Karl Popper*, London/Boston/Melbourne, 1982(1980).

K. Popper, *The Logic of Scientific Discovery*, N.Y., 1959.
_____, *Conjectures and Refutation*, London, 1963.
_____, *The Open Society and its Enemies*, London: Routledge &
  K.Paul, 1963(1945).
_____, *The Poverty of Historicism*, N.Y.: Harper & Row, 1964.
_____, *Objective Knowledge*, Oxford, 1972.
_____, "Intellectual Autobiography", "Replies to my Critics", in

Schlipp(ed.), *The Philosophy of Karl Popper*, Illinois, 1974.

_____, *The Self and Its Brain*, N.Y., 1977.

_____, *The Open Universe*, Totowa, 1982.

_____, *Knowledge and the Body-Mind Problem*, London/New York, 1994.

E. Le Pore/B. McLaughlin(eds.), *Actions and Events*, Oxford, 1985.

J. Ritter/K. Gründer, *Historisches Wörterbuch der Philosophie*, Bd 3, Basel/Stuttgrat, 1976.

R. Schäffler, *Einführung in die Geschichtsphilosophie*, Wissenschaftliche Buchgesellschaft: Darmstatt, 1980.

M. Scheler, *Die Stellung des Menschen im Kosmos*, Bern/München, 1975(1928).

[진교훈 역, 『우주에서 인간의 지위』, 아카넷, 2001]

P. A. Schlipp(ed.), *The Philosophy of Karl Popper*, La Salle, 1974.

J. Searle, "Minds, Brains, and Programms", in *Behaviorial and Brain Science* 3(1980).

A. M. Turing, "Computing Machinery and Intelligence", in *Mind* 236(1950).

손동현

서울대학교 철학과 및 동 대학원을 졸업한 뒤 독일 마인츠 대학교에서 철학, 교육학, 신학을 수학하고 니콜라이 하르트만 연구로 철학 박사 학위를 취득하다. 귀국 후 성균관대학교 철학과 교수로 취임하여 존재론, 문화철학, 인간학 등의 주제영역에서 연구, 교육하며 오늘에 이르다. 그간 성균관대학교에서 학부대학 초대학장을 6년간 지냈으며, 그 기간 중 한국교양교육학회를 설립하여 교양교육의 심화를 위한 범대학적 노력을 하다. 그전에는 철학연구회 및 한국철학회의 회장직을 맡아 철학교육의 확산을 위해 노력하다. 2011년 한국교양기초교육원의 설립을 도와 현재까지 그 원장직을 맡고 있다.

Die Seinsweise des Objektivierten Geistes(1987), 『중등도덕교육의 현실과 문제』(2003), 『나의 삶, 우리의 현실』(2005, 공저), 『학술적 글쓰기』(2006, 공저), 『공동체자유주의』(2008, 공저) 등의 저서와 『역사의 인식』(1979, 콜링우드 저), 『존재론의 새로운 길』(1997, 하르트만 저), 『비판이론』(1998, 그뮌더 저), 『문화학이란 무엇인가』(2004, 뵈메 저) 등의 역서가 있으며, 「문화의 존재론적 기초와 구조」, 「역사의식의 존재론적 연관」, 「선험적 주관성의 생물학적 기초」, "On Social Self", "1st-Person Philosophy & 3rd-Person Philosophy", "Schichtungsstruktur der Kultur und die Globalisierungsgrenze", "Philosophical Anthropology of Information-Communication Technology", "Bergson, Précurseur de l'épistémologie évolutionniste" 등의 논문이 있다.

세계와 정신

지은이   손동현

1판 1쇄 인쇄   2013년 2월 20일
1판 1쇄 발행   2013년 2월 25일

발행처   철학과현실사
발행인   전춘호

등록번호   제1-583호
등록일자   1987년 12월 15일

서울특별시 종로구 동숭동 1-45
전화번호 579-5908
팩시밀리 572-2830

ISBN 978-89-7775-761-5 93160
값 25,000원